DAMA International

The Data Management Association
The Premier Organization for Data Professionals Worldwide

I0056967

O Guia da DAMA® para o corpo de conhecimento em gestão de dados DAMA-DMBOK®

Primeira Edição

Mark Mosley, Editor – Desenvolvimento

Michael Brackett, Editor – Produção

Susan Earley, Editora Assistente

Deborah Henderson, Patrocinadora do Projeto

DAMA *International*

Publicado por:

Technics Publications, LLC
966 Woodmere Drive
Westfield, NJ 07090 U.S.A.
www.technicspub.com

Traduzido por: Capítulo Brasileiro da DAMA International®

Todos os direitos reservados. Nenhuma parte deste livro pode ser reproduzida ou transmitida em nenhuma forma ou por nenhum meio, eletrônico ou mecânico, incluindo fotocópia ou gravação, e nenhuma informação pode ser armazenada para posterior recuperação via sistema, sem permissão escrita da DAMA International®. O uso de partes em artigos e em outras obras é permitido desde que a origem seja citada.

O autor, o tradutor, o editor e o impressor tiveram cuidado na preparação deste livro, mas isto não implica em garantia total contra erros e omissões. Não assumimos a responsabilidade por consequentes danos acidentais em conexão com ou resultantes da utilização das informações ou programas aqui contidos.

ISBN 978-1-9355041-7-7

Alguns termos ou conceitos técnicos não foram traduzidos para o idioma português, isto porque há anos já fazem parte do cotidiano das empresas e profissionais. Como exemplo, podemos citar business intelligence, que embora, em alguns casos seja traduzido como Inteligência de Negócios, é muito mais utilizado com a denominação no idioma inglês. Em grande parte do texto, toda vez que uma palavra que não foi traduzida aparece pela primeira vez, foi colocada uma nota no rodapé com informações básicas.

São Paulo – março/2012

Rossano Soares Tavares – tradutor, revisor e organizador

Presidente CAPÍTULO BRASIL® DA DAMA INTERNATIONAL®

Créditos referentes à versão brasileira do DAMA-DMBOK®

A realização do trabalho de tradução da DAMA-DMBOK® foi organizada pelo CAPÍTULO BRASILEIRO® DA DAMA INTERNATIONAL® após inúmeras solicitações realizadas por profissionais e estudantes ligados a gestão de dados. O DAMA-DMBOK® em português será uma importante ferramenta para que as empresas possam planejar, executar e monitorar as atividades de gestão de dados e também servirá de apoio aos interessados na certificação CDMP® - Certified Data Management Professional - Professional certificado em Gestão de dados. Certamente o seu uso por profissionais e estudantes possibilitará a execução de processos mais eficazes e eficientes com relação a gestão de dados e desta forma contribuirá para que as empresas obtenham melhores resultados.

Esta obra técnica tem como objetivo apoiar a perpetuação das melhores práticas em gestão de dados e tem como elemento principal a governança de dados. Gestão de dados e governança de dados foram reconhecidos pelo CNPQ (Conselho Nacional de Desenvolvimento Cientifico e Tecnológico) como relevantes a partir da confirmação do patrocínio ao Enterprise Data World 2011. O apoio do CNPQ significa que a sociedade científica reconhece os assuntos tratados no DAMA-DMBOK® como uma proposta que realmente apresenta inovação e que trará benefícios para as organizações brasileiras. Consequentemente, se as organizações se beneficiam a sociedade também se beneficiará.

O trabalho de tradução foi um ato voluntário realizado por profissionais e estudantes que entendem a importância da gestão de dados, ou melhor, sabem a grande importância em se tratar os dados como sendo o mais importante ativo das organizações depois das pessoas. A gratidão do CAPÍTULO BRASIL DO DAMA INTERNATIONAL® será eterna com as seguintes pessoas: Alex Guido (estudante UniAnchieta), Allen Dupré (Diretor da WORD Comunicação), Artur U. Marques Jr. (Professor e Consultor Independente), Cauê Alves Monteiro (Ágora Corretora), Cíntia Alves Rezende (Petrobras), Fernando Leite (estudante da UniAnchieta), Hermann Dagys (Vice-Presidente DAMA Brasil®), Nanci da Silva César (estudante UniAnchieta) e Nathália Hanft Bráz (PUC-SP). Merece destaque especial o trabalho de revisão técnica realizado pelo Diretor de Estudos Técnicos da DAMA Brasil®, Bergson Lopes. A revisão da tradução foi feita pelo Marcelo Inocêncio e as imagens foram produzidas por Eduardo Godoy da LinkBrand. A todos muito obrigado.

Dedicado a todos os profissionais que contribuem para o desenvolvimento das profissões associadas a gestão de dados.

Índice

Este é um trabalho realmente monumental!

Esse livro é uma compilação exaustiva de todas as áreas de interesse e questões que visa garantir consideração em iniciar e operar a responsabilidade da gestão de dados em uma corporação moderna. É impressionante em sua compreensão. Não apenas identifica os objetivos e metas de cada questão e responsabilidade em gestão de dados, mas como também sugere a organização natural dos participantes e dos resultados finais que devem ser esperados.

Dito isso, eu não chamaria esse livro de um "como se faz", apesar de que existem conselhos suficientes neste livro sobre o que fazer e o que não fazer relativo a tantos processos que rodeiam gestão de dados e particularmente o desenvolvimento de dados. Ainda assim, não é um trato técnico. Ele tem uma abundância de referências técnicas, livros de "como se faz" que iriam, literalmente, preencher uma livraria para aqueles que estão interessados nos detalhes técnicos da gestão de dados.

Estou associado à DAMA desde seu início, e tenho acompanhado a evolução deste corpo de conhecimento, tanto em sua prática como em sua documentação por meio dos anos, que agora são quase 50!! A publicação começou como uma compilação não trivial de artigos e fatos substanciais sobre o pouco compreendido assunto de gestão de dados, que era orquestrado por algumas pessoas do Capítulo de Chicago da DAMA. Isso cresceu para este pragmático livro de mão para praticantes que merece um lugar na prateleira de todos os gestores de dados. Existe uma riqueza de informação para o iniciante em gestão de dados, mas também é de valor inestimável para o experiente, servindo como uma check-list de validação de seu conhecimento e de suas responsabilidades para garantir que nada "caia pelas falhas"! É impressionante sua dimensão e plenitude.

Os princípios iniciados pelo livro são:

1. Construir um consenso.
2. Prover definições padrões
3. Identificar princípios de guia.
4. Revisar práticas comuns bem aceitas.
5. Identificar brevemente problemas comuns.
6. Clarificar o escopo e os limites
7. Guiar leitores para recursos adicionais para compreensão mais profunda.

Eu diria que ele atinge facilmente seus objetivos traçados.

O "Guia DAMA para o corpo de conhecimento da gestão de dados (Guia DAMA-DMBOK®)" merece um lugar na prateleira de todo profissional de gestão de dados. Ele servirá como guia para estabelecer e designar responsabilidades para gerenciar e praticar o que tem se tornado a parte mais critica de recursos de propriedade da empresa, como essa (empresa) desenvolve com mais afinco na era da informação... OS DADOS!

Obrigado a todos vocês que contribuíram, e especialmente para os editores deste projeto monumental!

Obrigado a todos os gestores de dados presentes e futuros que estão em trilhos em chamas para as complexidades da era da informação. Essa peça de trabalho será para você, um guia muito valioso!

John A. Zachman
Glendale, Califórnia
Novembro, 2008

É de conhecimento comum que a verdade e o bom conselho variam de acordo com o contexto. Por causa deste fenômeno, que parece que soa tão ousada a tentativa de capturar um corpo de conhecimentos, melhores práticas ou princípios. No entanto, de maneira final, é a variedade de opiniões e a dependência em um contexto que faz com que os assuntos sejam ricos e profundos.

Nós na DAMA Internacional estivemos trabalhando em um corpo de conhecimento da gestão de dados (Guia DAMA-DMBOK) em várias formas durante muitos anos, por meio de nossas linhas guias para implementar recursos de gerenciamento de dados (versões de 1 à 4) e agora em nossa mais formal e estruturado guia. Foi um projeto complexo e imaginado, patrocinado e organizado pela VP em educação da DAMA Internacional, Deborah Henderson. A mesa editorial da DAMA Internacional ajudou de diversas maneiras o processo de criação e advogou pelo produto final.

O Guia DMBOK-DAMA em sua forma atual, esteve em desenvolvimento por mais de quatro anos, e é uma compilação completa das linhas guias, mencionadas acima. Começando em um inverno de 2004, Deborah Henderson, viajou ao capítulo de Chicago da DAMA, e realizou reuniões para apresentar o primeiro framework estruturado. Ela pediu pelo apoio, e por ideias para trazer esta grandiosa visão para a realidade. Mark Mosley se voluntariou como Editor-Desenvolvedor e começou com um framework em documento simples publicado como um download gratuito em nosso website da DAMA. Este documento simples passou por, até hoje, três importantes revisões. Atualizações em seu progresso foram enviadas para bancadas da DAMA e membros em reuniões e conferências. O interesse e a entrada durante as revisões do framework inicial foram realmente globais com mais de 3500 downloads em três línguas, em mais de 78 países e ainda estão aumentando.

Nós rapidamente descobrimos que a compreensão de nossa própria língua era um pré-requisito muito importante. O desenvolvimento de um glossário para o Guia começou em 2007 e logo se um trabalho substancial por si só; de fato poderia se suportar com suas próprias pernas. A DAMA responde fortemente por definições limitadas e datadas dos termos centrados em dados que tem se propagado desde 1960 e 1970. O gerenciamento de dados não é "uso de uma aplicação" ou um sinônimo para "administração de banco de dados". O Dicionário DAMA-DMBOK, publicado separadamente em 2008, é o glossário para o guia e agora um companheiro para o Guia DAMA-DMBOK. O Dicionário tem sido recebido com entusiasmo. Nós ouvimos de volta de muitos usuários do dicionário, alguns dos quais decidiram o utilizar como base em suas empresas por sua completude e autoridade.

O Guia DAMA-DMBOK foi escrito baseado no trabalho do framework, e foi desenvolvido de maneira colaborativa envolvendo muitos contribuidores primários e secundários, e muitas sessões de revisões de rascunhos por colegas, bem como o desenvolvimento de seu próprio website. Mais de 40 revisores participaram das sessões de revisão de rascunhos. A editora assistente Susan Earley se juntou ao grupo, incorporando os comentários para os rascunhos de segundo nível. Estes rascunhos procederam, Capítulo por capítulo, dentro de cópias de edição e do desenvolvimento do manuscrito.

O Guia DAMA-DMBOK atual é uma edição de base. A DAMA Internacional pretende tornar maduro o Guia com edições futuras. É desenvolvido como um "guia" e leitores devem esperar que cubra funções de gerenciamento de dados dentro de um certo ponto de profundidade, cada capitulo é incrementado com bibliografias focadas para uma leitura posterior sobre o assunto.

Nosso trabalho na DAMA Internacional é paralelo com o desenvolvimento da profissão de gestão de dados. A maturidade da profissão é refletida no surgimento da certificação profissional da DAMA, e no programa de educação continuada da DAMA. Também reflete no envolvimento da DAMA com outras organizações e corpos do governo para influenciar e se tornar parceira em suas atividades, tais como: desenvolvimento de currículos para profissionais de educação em gerenciamento de dados e padrões internacionais para a gestão de dados. O DAMA-DMBOK é parte de empurrão geral integrado para representar a profissão de gerenciamento de dados no mundo todo.

A publicação do Guia DAMA-DMBOK tem sido o problema de maior pressão de nossa comunidade de dados. Esperamos não desapontar essa comunidade. Iremos corrigir quaisquer erros ou omissões em edições futuras. Olhando para frente, a DAMA pretende atualizar o Guia DAMA-DMBOK publicando regularmente revisões agendadas. Isto envolve sermos mais rígidos com nossas certificações, educação, pesquisas e programas da indústria.

O Guia DAMA-DMBOK é realmente uma jornada que não pode ser representada apenas em uma edição. De maneira que novas perspectivas se desenvolvem em gerenciamento de dados, nos estaremos lá, atualizando e desafiando as melhores práticas para nossa profissão. Seus comentários, dúvidas e contribuições são sempre bem vindos, como já estamos planejando uma nova edição. Por favor, contate os editores por meio do email info@dama.org.

A missão da fundação DAMA (uma organização sem fins lucrativos) é expandir o conhecimento e a educação dentro da indústria de gerenciamento de dados. Doações para dar suporte a essa missão são necessários para que essa comunidade focada e valorizada continue a crescer. Todo dinheiro será utilizado para programas de desenvolvimento e levantamento de fundos, assim como para operações gerais. Presentes com taxas dedutíveis podem ser enviadas à "DAMA FOUNDATION, 19239 N. Dale Mabry Highway #122, Lutz, Florida 33584 U.S.A.

Deborah Henderson
Patrocinadora do Guia DAMA-DMBOK
VP de educação e pesquisa DAMA Internacional
Presidente da fundação DAMA
Toronto, Canadá

John Schley
Presidente da DAMA Internacional
Des Moines, Iowa, USA

Gostaríamos de agradecer nosso comitê organizador do Guia DAMA-DMBOK pela coordenação, logística e revisão em nossas reuniões praticamente semanais. O coração do comitê Deborah Henderson, Mark Mosley, Michael Brackett, Eva Smith, Susan Earley e Ingrid Hunt, apoiado pela Administração da DAMA Kathy Hadzibajric, realmente trouxe o Guia para a realidade por meio de muitas, muitas horas pessoais voluntárias alocadas.

Também agradecemos, aos contribuidores primários que abraçaram seriamente a visão do framework, e que dentro do seu formato restringido e de maneira voluntária, fomos capazes de entregar capítulos de materiais dentro do tempo e da agenda, pelos quais somos realmente gratos.

Particularmente gostaríamos de agradecer Mark Mosley pela sua teoria sólida, sua força pessoal e pelas intermináveis horas gastas, e a Michael Brackett, por seus conselhos precisos, milagres de redação e produção. Um agradecimento especial para John Zachman, Len Silverston e Ben Hu, nossos conselheiros da DAMA, pelos seus entusiasmos.

Finalmente gostaria de reconhecer as famílias de todos os voluntários neste projeto, que sacrificaram tempo pessoal, para se envolver com este segundo trabalho não remunerado.

Debora Handerson
Patrocinadora do Guia DAMA-DMBOK
VP de educação e pesquisa DAMA Internacional
Presidente da fundação DAMA
Toronto, Canadá

John Schley
Presidente da DAMA Internacional
Des Moines, Iowa, USA

O Guia DAMA-DMBOK é resultado de contribuição de muitos membros da DAMA. Sem os quais seria impossível de realizar um Guia como o DAMA-DMBOK. A profissão deve uma grande parcela de agradecimentos a esses membros da DAMA, por sua participação em um trabalho monumental.

A DAMA Internacional, a Fundação Internacional DAMA e o Conselho de Presidentes dos Capítulos da DAMA patrocinaram o projeto Guia DAMA-DMBOK. Suas visões, ideias, paciência e apoio contínuo deram base para estabelecer a continuação deste projeto.

Deborah Henderson, Presidente da Fundação DAMA e VP de Educação e Serviços da DAMA Internacional, é patrocinadora deste projeto. Era sua ideia desde o princípio, ela começou a se dedicar a ser patrocinadora do projeto em toda a sua extensão. A publicação deste documento é resultado de sua visão firme, entusiasmo, confiança e apoio incondicional.

Quatro pessoas contribuíram com tempo e esforço substanciais em todos os aspectos do desenvolvimento, revisão e produção do Guia DAMA-DMBOK

Deborah Henderson, Líder do projeto
Michael Brackett, Editor-produção

Mark Mosley, Editor-desenvolvimento
Susan Earley, Assistente de edição

A mesa editorial do Guia DAMA-DMBOK proveu comentários na direção do Guia DAMA-DMBOK, revisou capítulos e proveu ideias, edições e melhorias valiosas para o manuscrito. Eles representaram a linha de frente dos profissionais contribuindo para o desenvolvimento da profissão de gestão de dados. Os membros da mesa editorial estão listados abaixo em ordem alfabética, com seu papel de afiliação:

Michael Brackett, Editor—Production (Puget Sound)	Larry Burns (Puget Sound)
Patricia Cupoli (Philadelphia)	Mike Connor (Wisconsin)
Alex Friedgan (Chicago)	Dagna Gaythorpe (UK)
Mahesh Haryu (New York)	Cynthia Hauer (GEIA)
Deborah Henderson, Chair (Toronto)	Steve Hoberman (New Jersey)
Ben Hu (China)	Ingrid Hunt, Marketing (San Francisco)
Gil Laware (Chicago)	Wayne Little (Portland)
Tom McCullough (NCR)	Jim McQuade (Pittsburg)
Mark Mosley, Editor—Development (Chicago)	Catherine Nolan (Chicago)
John Schley (DAMA I)	Anne Marie Smith (Philadelphia)
Eva Smith, Infrastructure (Puget Sound)	Loretta Mahon Smith (NCR)
Glenn Thomas (Kentucky)	James Viveralli (IDMA)

O comitê planejador do Guia DAMA-DMBOK cuidou de uma vasta camada de detalhes necessários para trazer o manuscrito a sua publicação. Muitos destes detalhes foram revisados atrás da cena, mas eram críticos para a produção do Guia DAMA-DMBOK. Sem sua participação constante, diária, o Guia DAMA-DMBOK, simplesmente não existiria hoje.

Michael Brackett	Kathy Hadzibajric	Deborah Henderson
Ingrid Hunt	Mark Mosley	Eva Smith

Os autores que contribuíram escreveram os rascunhos das linhas inicais para cada capítulo. Estes rascunhos de capítulos foram circulados para revisão e retornaram para o autor e para a assistente de edição para que fossem feitas as melhorias. Os autores contribuintes são profissionais contribuindo para o desenvolvimento da profissão de gestão de dados.

Larry Burns	Mike Connor	Patricia Cupoli
Mahesh Haryu	Deborah Henderson	Steve Hoberman
Michael Jennings	Wayne Little	David Loshin
Michael G. Miller	Mark Mosley	Erik Neilson
Mehmet Orun	Anne Marie Smith	Gwen Thomas
John Zachman		

Muitos membros da DAMA revisaram os rascunhos dos capítulos e proveram comentários significantes que levaram à melhorias nestes capítulos. Estes revisores foram outra onda de profissionais que contribuíram para o desenvolvimento da profissão de gerenciamento de dados.

Michael Brackett	Larry Burns	Kris Catton
John Cheffy	Deborah Coleman	Mike Connor

Charmane Corcoran	Patricia Cupoli	Neena Dakua
Satyajeet Dhumme	Susan Earley	Cynthia Edge
Gary Flaye	Marty Frappolli	Alex Friedgan
Dagna Gaythorpe	Wafa Handley	Mahesh Haryu
David Hay	Deborah Henderson	Bill Hoke
Steve Hoberman	Rich Howery	Ben Hu
Chris Jones	David Jones	Gary Knoble
Gil Laware	Jeff Lawyer	Wayne Little
Shahidul Mannan	Pete Marotta	Danette McGilvray
Ray McGlew	Jim McQuade	Mark Mosley
Catherine Nolan	Annette Pence	Terence Pfaff
Michelle Poolet	Ghada Richani	John Schley
Anne Marie Smith	Eva Smith	Loretta Mahon Smith
Stan Taylor	Glenn Thomas	Gwen Thomas
Jim Viveralli	Jim White	Gwen Yung

Muitos membros da DAMA entraram no website do Guia DAMA-DMBOK, mas não enviaram nenhum comentário para parte a revisão.

Sid Adelman	Davida Berger	Maureen Bock
Robert Cathey	Jamie Deseda	Gordon Everest
Lowell Fryman	Jim Goetsch	Deborah Gouin
Jean Hillel	Jeff Ilseman	Emiel Janssens
Mattie Keaton	Beverly King	Josef Martin
Tom McCullough	Dennis Miller	Prashant Natarajan
Cynthia Nie	Brand Niemann	Mehmet Orun
Andres Perez	David Plotkin	Fabio Prando
Jie Shi	Kimberly Singleton	Fran Suwarman Sjam
William Tucker	Karen Vitone	Robert Weisman
Manfred Wennekes		

Os coeditores sinceramente agradecem a todos os membros da DAMA envolvidos no projeto do Guia DAMA-DMBOK. Sua contribuição foi inestimável para a criação do Guia DAMA-DMBOK e por aprofundar o desenvolvimento da profissão de gestão de dados. Nós sinceramente pedimos desculpas pela omissão, não intencional, de qualquer pessoa a qual tenha provido suporte para a edição do Guia DMBOK-DAMA.

Mark Mosley, Editor-desenvolvimento
Chicago, Illinois
Janeiro, 2009

Michael Brackett, Editor-produção
Lilliwaup, Washington
Janeiro, 2009

Capítulo 1 introduz a importância dos ativos de dados na era da informação, da função da gestão de dados, da profissão de gestor de dados, e os objetivos do Guia DAMA-DMBOK®. Este capítulo cria o estágio básico para a visão geral sobre a gestão de dados que será apresentada no próximo capítulo.

1.1 Dados: Um ativo da Organização

Dados e informações são a força motriz da economia no século 21. Na era da informação, os dados são reconhecidos como vitais para uma organização.

"As organizações que não entenderem a enorme importância da gestão de dados e informações como ativos tangíveis na nova economia não sobreviverão."

Tom Peters, 2001

Dinheiro e pessoas há muito tempo têm sido considerados como ativos das organizações. Ativos são recursos com valor reconhecido sob o controle de um indivíduo ou organização. Os ativos de organização ajudam a alcançar as metas da organização e, portanto, precisam ser cuidadosamente gerenciados. A captação e a utilização de tais ativos são cuidadosamente controladas, e os investimentos nestes ativos são efetivamente utilizados para alcançar os objetivos da organização.

Dados, e as informações criadas a partir dos dados, atualmente são amplamente reconhecidos como ativos da organização.

Nenhuma organização pode ser eficaz sem dados de alta qualidade. Hoje, as organizações dependem de seus ativos de dados para estar mais informadas e tomar decisões mais eficazes. Líderes de mercado estão alavancando seus ativos de dados, criando vantagens competitivas por meio de um maior conhecimento dos seus clientes, usos inovadores da informação, e eficiência operacional. As organizações estão utilizando os dados para fornecer melhores produtos e serviços, reduzir custos e controlar os riscos. Agências governamentais, instituições educacionais e organizações sem fins lucrativos também necessitam de dados de alta qualidade para orientar suas atividades operacionais, táticas e estratégicas. Como as organizações dependem e têm cada vez mais necessidade dos dados, o valor comercial dos ativos de dados pode ser mais claramente estabelecido.

A quantidade de dados disponíveis no mundo está crescendo a uma taxa estonteante. Pesquisadores da Universidade da Califórnia em Berkeley estimam que o mundo produza entre 1 e 2 bilhões de bytes de dados anualmente. Muitas vezes parece que estamos nos afogando em informação.

No entanto, para muitas decisões importantes, vivenciamos as lacunas de informação - a diferença entre o que sabemos e o que precisamos saber para tomar uma decisão eficaz.

Lacunas de informação representam um passivo da organização com impactos potenciais profundos sobre a eficácia operacional e rentabilidade.

Cada organização precisa gerenciar eficazmente os seus importantes dados e recursos de informação. Por meio de uma parceria da liderança de negócios e expertise técnica, a função de gestão de dados pode efetivamente fornecer e controlar ativos de dados e informações.

1.2 Dado, Informação, Conhecimento

Dados são a representação de fatos em forma de: texto, números, gráficos, imagens, som ou vídeo. Tecnicamente, "dados" é o plural da palavra em latim *"datum"*, que significa "um fato". No entanto, as pessoas comumente usam o termo como uma coisa singular. Fatos são capturados, armazenados, e apresentados como dados.

Informação são dados em contexto. Sem contexto, o dado não tem significado; nós criamos informações significativas ao interpretar o contexto em torno do dado. Este contexto inclui:

1. O significado de negócio para os elementos do dado e os termos relacionados.
2. O formato no qual o dado é apresentado.
3. O prazo representado pelo dado.
4. A relevância do dado para um uso determinado.

Dado é a matéria-prima que nós como consumidores de dados interpretamos para criar informação continuamente, como apresentado na Figura 1.1. A informação resultante guia nossas decisões.

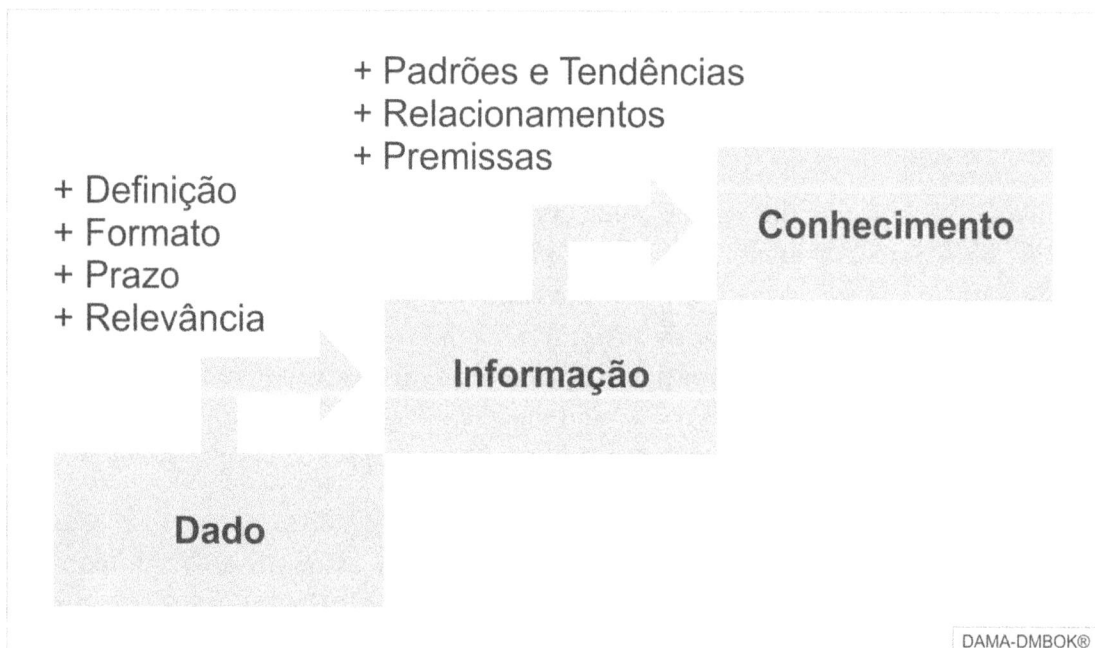

Figura 1.1 Dado, Informação e Conhecimento

O significado oficial ou o amplamente aceito de termos também representam um valioso recurso da organização, contribuindo para um entendimento compartilhado de informações significativas. Definições de dado são apenas alguns dos muitos tipos diferentes de "dados sobre dados", conhecida como meta-dados. Meta-dados, incluindo as definições de dado de negócio, ajuda a estabelecer o contexto de dados, e assim sendo gerenciar meta-dados contribui diretamente para a melhoria da qualidade da informação. Gerenciar ativos de informação inclui a gestão de dados e de seus meta-dados.

A informação contribui para o conhecimento. O conhecimento é a compreensão, a consciência, conhecimento, e o reconhecimento de uma situação e familiaridade com a sua complexidade. Conhecimento é a informação em perspectiva, integrado em um ponto de vista com base no reconhecimento e interpretação de padrões, tais como tendências, formadas com outras informações e experiências. Pode também incluir hipóteses e teorias sobre causas. O conhecimento pode ser explícito --- o que uma organização ou comunidade aceita como verdadeiro ---- ou tácito, que está dentro da cabeça dos indivíduos. Nós ganhamos em conhecimento quando compreendemos o significado da informação.

Como os dados e as informações, o conhecimento é também um recurso da organização. Trabalhadores do conhecimento procuram ganhar especialização por meio da compreensão das informações, e depois aplicam a especialização obtida tomando decisões e realizando ações mais assertivas e conscientes. Os trabalhadores do conhecimento podem ser especialistas, gestores ou executivos. Uma organização de aprendizagem é aquela que proativamente visa aumentar o conhecimento coletivo e de sabedoria de seus trabalhadores do conhecimento.

Gestão do conhecimento é a disciplina que fomenta a aprendizagem organizacional e a gestão do capital intelectual como um recurso da organização. Ambas a gestão do conhecimento e a gestão de dados são dependentes de dados e informações de alta qualidade. Gestão do conhecimento é uma disciplina estreitamente relacionada, embora neste documento, a gestão do conhecimento é Considerada além do âmbito da gestão de dados.

Dado é a fundação da informação, do conhecimento e, finalmente, de sabedoria e da ação bem informada. Os dados são verdadeiros? Não necessariamente! Os dados podem ser imprecisos, incompletos, desatualizados, e incompreensíveis. Durante séculos, os filósofos têm perguntado "O que é verdade?", e a resposta continua elusiva. Em um nível prático, a verdade é, em certa medida, a informação da mais alta qualidade --- dados que estejam disponíveis, sejam relevantes, completos, corretos, consistentes, em tempo adequado, utilizáveis, significáveis e compreensíveis. As organizações que reconhecem o valor do dado podem tomar passos concretos e proativos para melhorar a qualidade dos dados e da informação.

1.3 O Ciclo de Vida do Dado

Como qualquer ativo, o dado tem um ciclo de vida, e para gerenciar os ativos de dados, as organizações têm de gerenciar o ciclo de vida do dado, no qual ele é criado ou adquirido, armazenado e mantido, utilizado e eventualmente destruído. No curso da sua vida, o dado pode ser extraído, exportado, importado, migrado, validado, editado, atualizado, limpo, transformado, convertido, integrado, segregado, agregado, referenciado, revisado, relatado, analisado, garimpado, salvo, recuperado, arquivado e restaurado antes de eventualmente ser eliminado.

Dado é fluído. Dado flui, entrando e saindo de repositórios, e é empacotado para ser entregue em produtos denominados de informação. O dado é armazenado de forma estruturada em bancos de dados, em arquivos planos e em documentos eletrônicos rotulados ---- e em formatos menos estruturados ---- e-mail e outros documentos eletrônicos, documentos em papel, planilhas, relatórios, gráficos, eletrônicos, arquivos de imagem e áudio e gravações de vídeo. Aproximadamente 80% dos dados de uma organização estão em formatos não estruturados.

Os dados só têm valor quando são realmente utilizados, ou quando podem ser úteis no futuro. Todos os estágios do ciclo de vida do dado possuem custos e riscos associados, mas apenas o estágio de "uso" acrescenta valor ao negócio. Quando geridos eficazmente, o ciclo de vida do dado começa antes mesmo da aquisição de dados, com o planejamento corporativo para o dado, especificação do dado, e viabilização de captura de dados, entrega armazenamento e controles.

Projetos contemplam a especificação e viabilização de dados, e alguma coisa a respeito do planejamento do dado. O ciclo de vida de desenvolvimento de sistema (SDLC - The System Development Lifecycle), mostrado na Figura 1.2, não é o mesmo que o *Ciclo de Vida do Dado*. O SDLC descreve as etapas de um projeto, enquanto o ciclo de vida dos dados descreve o processo executados para gerenciar os ativos de dados.

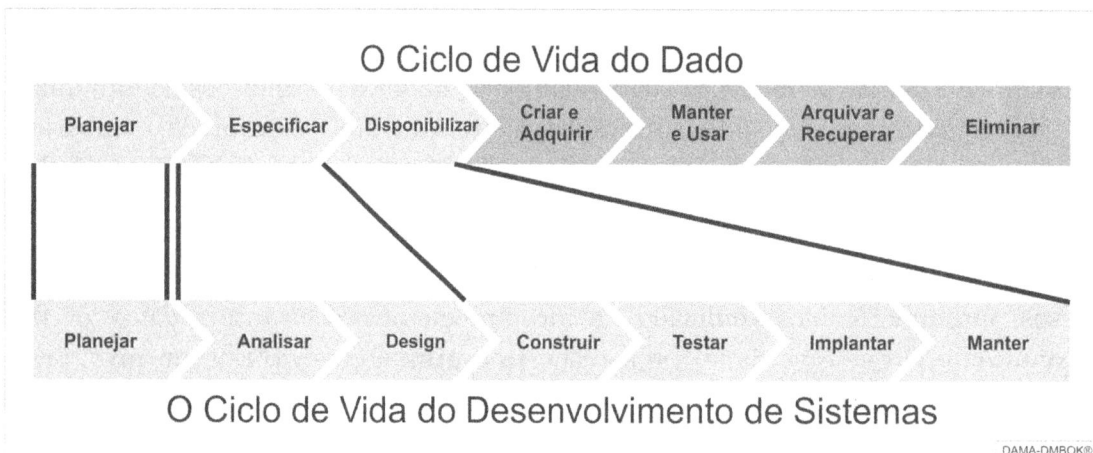

Figura 1.2 O ciclo de vida do dado e o ciclo vida de desenvolvimento do sistema

No entanto, os dois ciclos de vida estão proximamente relacionados, isto porque o planejamento, a especificação e a viabilização do dado são integralmente parte do SDLC. Outras atividades do SDLC são de natureza operacional ou de supervisão.

1.4 A função de Gestão de Dados

Gestão de dados (GD) é a função na organização que cuida de planejamento, controle e entrega de ativos dados e de informação. Esta função inclui:

As disciplinas do desenvolvimento, execução e supervisão *de* planos, políticas, programas, projetos, processos, práticas e procedimentos *que* controla, protege, distribui e otimiza *o* valor dos ativos de dados e informação.

Gestão de dados é conhecida por muitos outros termos, incluindo:

- Gestão da Informação (Information Management – IM)
- Gestão da Informação Organizacional (Enterprise Information Management – EIM)
- Gestão dos Dados Organizacionais (Enterprise Data Management – EDM)
- Gestão de Recursos de Dados (Data Resource Management – DRM)
- Gestão de Recursos de Informação (Information Resource Management – IRM)
- Gestão de Ativos de Informação (Information Asset Management – IAM)

Todos estes termos são geralmente sinônimos, mas este documento refere-se de forma consistente a Gestão de Dados. Frequentemente a palavra "organização" é incluída no nome da função para enfatizar o foco de toda a organização nos esforços realizados em Gestão de dados, ou seja, Gestão da Informação Organizacional ou Gestão dos Dados Organizacionais. A melhor prática recomendada é que a gestão de dados seja aplicada na organização como um todo. No entanto, a gestão de dados também pode ser utilizada efetivamente em um contexto local, sem uma aplicação na organização como um todo, embora com menor benefício para o negócio.

A função de gestão de dados inclui o que é comumente referido como administração de banco de dados, projeto de banco de dados, implementação e suporte à produção, bem como administração de dados. O termo administração de dados já foi uma forma popular de vagamente se referir a todas as funções de Gestão de dados, exceto a administração de banco de dados. No entanto, como a função de Gestão de dados amadurece, os componentes específicos de suas funções são melhores compreendidas. A função de gestão de dados é importante para as organizações independentemente do tamanho e finalidade.

O escopo da função de gestão de dados e a escala da sua implementação variam amplamente com o tamanho, meios e experiência das organizações. A natureza da gestão de dados permanece a mesma em todas as organizações, apesar de que detalhes da implementação geralmente se diferenciam.

1.5 A responsabilidade compartilhada

Gestão de dados é uma responsabilidade compartilhada entre profissionais de gestão de dados da Tecnologia da Informação (TI) e os gestores de dados de negócios (business data stewards) que representam os interesses coletivos dos produtores de dados e dos consumidores de informação. Os gestores de dados[1] servem como curadores para os ativos de

---

[1] Nota de tradução: a palavra no idioma inglês no texto original é data steward. Foi traduzida como gestor de dados para refletir as responsabilidades atribuídas a este papel.

dados. O profissional de gestão de dados serve como o curador especialista e técnico destes ativos dados.

Gestão de dados é a linha determinada na contabilidade para a responsabilidade de negócios em Gestão de dados. Gestores de dados são especialistas respeitados no assunto e os líderes de negócios designados para representar os interesses de dados de suas organizações, e assumir a responsabilidade para a qualidade e utilização dos dados. Bons gestores de dados cuidadosamente guardam, investem e alavancam os recursos que lhes são confiados. Gestores de dados devem garantir que os recursos de dados atendam as necessidades de negócios garantindo a qualidade dos dados e de seus meta-dados. Os gestores de dados colaboram em parceria com os profissionais de gestão de dados para executar atividades de gestão de dados e responsabilidades.

Os profissionais de Gestão de dados funcionam como curadores técnicos especializados em ativos de dados, muito parecido com os funcionários de um banco e com gestores financeiros que servem como tutores profissionais de recursos financeiros para seus proprietários e acreditadores. Enquanto gestores de dados cuidam dos ativos de dados, os profissionais de gestão de dados desempenham funções técnicas para proteger e permitir a utilização eficaz dos ativos de dados da organização. Os profissionais de gestão de dados trabalham em serviços de gestão de dados dentro das organizações no departamento de Tecnologia da Informação (TI).

Os dados são conteúdos que se deslocam por meio da infraestrutura de tecnologia da informação e sistemas de aplicação. A tecnologia da informação captura, armazena, processa e fornece dados. A infraestrutura de TI e sistemas de aplicação são as "tubulações" por meio da qual os dados fluem. Como as mudanças tecnológicas explodiram nos últimos cinqüenta anos, as organizações de TI têm tradicionalmente focado principalmente na manutenção de uma eficaz e moderna estrutura de hardware e software, e em um robusto portfólio de sistemas aplicativos baseados nesta infraestrutura. A maioria das organizações de TI tem focado menos na estrutura, significado e qualidade do conteúdo dos dados que fluem por meio da infraestrutura e dos sistemas. No entanto, um número crescente de executivos de TI e líderes de negócios hoje reconhecem a importância da Gestão de dados e a necessidade de um serviço eficaz de gestão de dados nas organizações.

1.6 Um Escopo Amplo

A global função da Gestão de dados apresentada na Figura 1.3 incorpora dez funções componentes:

- Governança de Dados: Planejamento, supervisão e controle sobre uso e gestão de dados.
- Gestão da Arquitetura de Dados: Definição do diagrama[2] para a gestão dos ativos de dados.

---

[2] Nota de tradução: a palavra no idioma inglês no texto original é blueprint

- Desenvolvimento de Dados: Análise, estruturação, implementação, testes, implantação e manutenção.
- Gestão Operacional de Dados: Presta suporte desde a aquisição de dados até a eliminação plena do dado.
- Gestão de Segurança de Dados: Garante a privacidade, confidencialidade e acesso apropriado.
- Gestão da Qualidade de Dados: Defini, monitora e incrementa melhorias na qualidade dos dados.
- Gestão de Dados Mestres e de Referência: Gerencia as versões "douradas" e réplicas.
- Gestão de Data Warehousing e business intelligence: gera relatórios e análises.
- Gestão de Conteúdo e de Documento: Gerencia dados localizados fora de bases de dados.
- Gestão de meta-dados: Integra, controla e fornece meta-dados.

Figura 1.3 Funções da Gestão de Dados

1.7 Uma profissão emergente

As práticas de gestão para os ativos estabelecidos como o dinheiro e as pessoas têm amadurecido durante muitos anos. Gestão de dados é uma função relativamente nova e os seus conceitos e práticas estão evoluindo rapidamente.

Dentro da comunidade de TI, gestão de dados é uma profissão emergente que exige conhecimentos e habilidades especializadas. O papel especializado em gestão de dados requer habilidade única e experiência para julgamentos. Hoje o profissional de gestão de dados demonstra um senso de propósito e excepcional compromisso com a gestão de ativos de dados.

Criar uma formal, certificada, reconhecida e respeitada profissão de gestão de dados é um processo desafiador. O ambiente atual é uma mistura confusa de termos, métodos, ferramentas, opiniões e publicações. Para amadurecer, uma profissão tem que estar bem estabelecida, a comunidade de gestão de dados precisa de padrões profissionais: termos e definições padrões, processos e práticas, papéis e responsabilidades, entregas e métricas.

Padrões e melhores práticas reconhecidas podem melhorar a eficácia dos gestores de dados e profissionais de gestão de dados. Além disso, padrões nos ajudam a nos comunicar com nossos colegas, gestores e executivos. Especialmente os executivos têm a necessidade plena de entender e adotar os conceitos fundamentais de gestão de dados para a efetiva aplicação, apoio e suporte na função de gestão de dados.

1.8 Um crescente corpo de conhecimento

Uma das características de uma profissão emergente é a publicação de um guia para reconhecimento do consenso a respeito de um corpo de conhecimento. Um "corpo de conhecimento" é geralmente aceito como verdadeiro em um campo profissional. Embora todo corpo de conhecimento seja geralmente largo e em constante crescimento, um guia para o corpo de conhecimento apresenta padrões termos e as melhores práticas.

1.9 DAMA - A Associação de Gestão de Dados

A Data Management Association (DAMA International®) é a *primeira organização para os profissionais de dados em todo o mundo*. DAMA International® é uma organização internacional sem fins lucrativos, com mais de 7.500 membros em 40 capítulos ao redor do globo. Seu propósito é promover o entendimento, desenvolvimento e prática em gerenciar dado e informação para dar suporte à estratégias de negócios.

A Fundação DAMA é uma afiliada da DAMA International® para educação e pesquisa, dedicada ao desenvolvimento da profissão de gestão de dados e para promover o avanço dos conceitos e práticas para gerenciar dados e informações como ativos da organização.

A missão conjunta da DAMA International® e da Fundação DAMA, coletivamente conhecida como DAMA, é *Liderar a profissão de gestor de dados em direção à maturidade*. A DAMA promove a compreensão, desenvolvimento e práticas de gestão de dados, informações, e o conhecimento como principais ativos da organização, independente de qualquer fornecedor específico, tecnologia ou método.

A DAMA Internacional pretende amadurecer a profissão de gestor de dados de diversos modos.

Alguns desses esforços incluem:

- A DAMA Internacional realiza anualmente o Simpósio Internacional da DAMA, agora denominado "The Enterprise Data World", a maior conferência profissional sobre Gestão de dados no mundo, em parceria com a Wilshire Conferences. Os workshops, tutoriais e sessões de conferência no Simpósio provêm educação continuada para os profissionais de gestão de dados.
- A DAMA Internacional realiza a Conferência anual Internacional DAMA Europe, a maior conferência profissional sobre Gestão de dados na Europa, em parceria com IRMUK. Os workshops, tutoriais e sessões de conferência no Simpósio provem educação continuada para os profissionais de gestão de dados.
- A DAMA International® oferece um programa de certificação profissional, reconhecendo a Certificação Profissional de Gestão de dados (CDMP® -Certified Data Management Professional), em parceria com o ICCP - Institute for Certification of Computing Professionals. Os exames certificação para certificação CDMP® também são usados pelo TDWI (The Data Warehouse Institute) no programa de CBIP (Certificação de Professionais de business intelligence).
- O Comitê Educacional da DAMA Internacional® oferece um framework às faculdades e universidades dos Estados Unidos da América e Canadá sobre como ensinar a gestão de dados como parte de qualquer currículo de TI e MIS seguindo o modelo de ensino superior de alto nível existente na América do Norte.

1.10 Finalidades do Guia DAMA-DMBOK®

DAMA Internacional elaborou este documento, o Guia do corpo de conhecimento em gestão de dados (The DAMA-DMBOK® Guide), para apoiar a profissão de gestor de dados. O Guia DAMA-DMBOK® pretende ser uma introdução definitiva sobre Gestão de Dados.

Nenhum livro pode descrever todo o corpo de conhecimento. O Guia DAMA-DMBOK® não pretende ser uma enciclopédia de gestão de dados ou um verdadeiro discurso completo sobre todas as coisas relacionadas com gestão de dados. Pelo contrário, este guia apresenta brevemente conceitos e identifica as metas de gestão de dados, funções e atividades entregas primárias, papéis, princípios, tecnologia e as questões culturais e organizacionais. Brevemente descreve como aceitar as boas práticas juntamente com importantes abordagens alternativas.

1.11 Metas do Guia DAMA-DMBOK®

Como uma introdução definitiva, os objetivos do Guia DAMA-DMBOK® são:

1. Criar um consenso para uma visão geral aplicável das funções de gestão de dados.
2. Fornecer as definições padrão comumente usadas nas funções de gestão de dados, resultados, papéis, e outras terminologias.
3. Identificar os princípios orientadores para a gestão de dados.
4. Visualização geral das boas práticas comumente aceitas, métodos e técnicas largamente adotadas e significativas abordagens alternativas, sem referência específica à fornecedores de tecnologia ou de seus produtos.
5. Identificar resumidamente questões culturais e organizacionais comuns.
6. Esclarecer o escopo e as fronteiras da gestão de dados.
7. Guiar os leitores a recursos adicionais para melhor entendimento.

1.12 Audiências do Guia DAMA-DMBOK®

A audiência do Guia DAMA-DMBOK® inclui:

- Certificados e aspirantes a profissão de gestão de dados.
- Outros profissionais de TI trabalhando com profissionais de gestão de dados.
- Todos os tipos de gestores de dados.
- Executivos com interesse na gestão de dados como um ativo da organização.
- Trabalhadores do conhecimento que desenvolveram uma apreciação por dados como um ativo da organização.
- Consultores que avaliam e ajudam a melhorar as funções de gestão de dados de cliente.
- Educadores responsáveis pelo desenvolvimento e fornecimento de um currículo em gestão de dados.
- Pesquisadores no campo da gestão de dados.

1.13 Usando o Guia DAMA-DMBOK®

DAMA internacional prevê várias possibilidades de utilização do Guia DAMA-DMBOK® incluindo:

- Informar um público diverso sobre a natureza e importância da gestão de dados.
- Ajudar a padronizar os termos e seus significados dentro da comunidade de gestão de dados.
- Ajudar os gestores de dados e profissionais de gestão de dados a compreender os seus papéis e responsabilidades.
- Fornecer base para avaliação da eficácia e maturidade em gestão de dados.
- Orientar os esforços para implementar e otimizar as funções de gestão de dados.
- Indicar aos leitores outras fontes de conhecimento sobre gestão de dados.
- Orientar o desenvolvimento e fornecimento de conteúdos curricular para o ensino de alta qualidade em gestão de dados.
- Sugerir áreas de pesquisa no campo da gestão de dados.
- Ajudar os profissionais de gestão de dados na preparação para exames CDMP® e CBIP.

1.14 Outros Guias BOK

Várias outras profissões têm um documento publicado contendo um Corpo de Conhecimento. Na verdade, a existência de um documento de Corpo de Conhecimento é uma das características de uma profissão madura (ver Capítulo 13).

O modelo primário para o Guia DAMA-DMBOK® é o Guia do Corpo de Conhecimento em Gestão de Projetos (Guia PMBOK®) publicado pelo PMI® (Project Management Institute). PMI® é uma organização profissional para gestores de projeto. Entre os seus muitos serviços o PMI® mantém o programa de certificação PMP® (Project Management Professional.

Outros documentos de Corpo de Conhecimento considerados:

- A Guide to Software Engineering Body of Knowledge (SWEBOK), publicado pelo the Institute of Electrical and Electronic Engineers (IEEE). IEEE começou a oferecer um programa de certificação para os engenheiros de software.
- A Business Analysis Body of Knowledge (BABOK), publicado pelo International Institute of Business Analysis.
- The Common Body of Knowledge (CBK) publicado pelo International Information Systems Security Certification Consortium ((ISC). A CBK é um teste de conhecimento para obter o Certified Information Systems Security Professional (CISSP).
- The Canadian Information Technology Body of Knowledge (CITBOK) é um projeto empreendido pela Canadian Information Processing Society (CIPS), para delinear os conhecimentos necessários aos profissionais Canadenses de Tecnologia da Informação.

1.15 O DAMA Dicionário de gestão de dados

O DAMA Dicionário de Gestão de Dados é um volume que acompanha o Guia DAMA-DMBOK®. Originalmente desenvolvido como um extenso glossário para o Guia DAMA-DMBOK®. DAMA Internacional publicou separadamente devido ao seu tamanho e valor comercial. As definições para termos encontrados no dicionário são coerentes com a sua utilização no Guia DAMA-DMBOK®. O dicionário está disponível para compra em CD-ROM.

1.16 O Framework Funcional DAMA-DMBOK®

No planejamento do Guia DAMA-DMBOK® a DAMA internacional reconheceu a necessidade de:

- Um modelo de processo abrangente e comumente aceito para as funções de gestão de dados definindo um modelo de exibição padrão para as atividades. Este modelo de processo é apresentado no capítulo 2 e melhor explicado nos capítulos 3 a 12.
- Um ambiente organizacional, incluindo metas, princípios, atividades, papéis, entregas primárias, tecnologia, habilidades, métricas e estruturas organizacionais.

- Um framework padrão para discutir cada aspecto da gestão de dados em uma cultura organizacional.

O DAMA-DMBOK® framework funcional é uma estrutura de organização que promove a consistência dentro do Guia DAMA-DMBOK® para atender as necessidades acima. A versão 3 do Framework funcional, mostrado na Figura 1.4, identifica as 10 funções da gestão de dados e o escopo de cada função.

Além de identificar as 10 funções de gestão de dados, o framework também identifica sete Elementos Ambientais, mostrado na Figura 1.5. O escopo de cada um dos elementos do ambiente é mostrado na Figura 1.6.

Os elementos ambientais básicos são:

- Metas e Princípios: As metas direcionais de negócios de cada função e os princípios fundamentais que dirigem o desempenho de cada função.

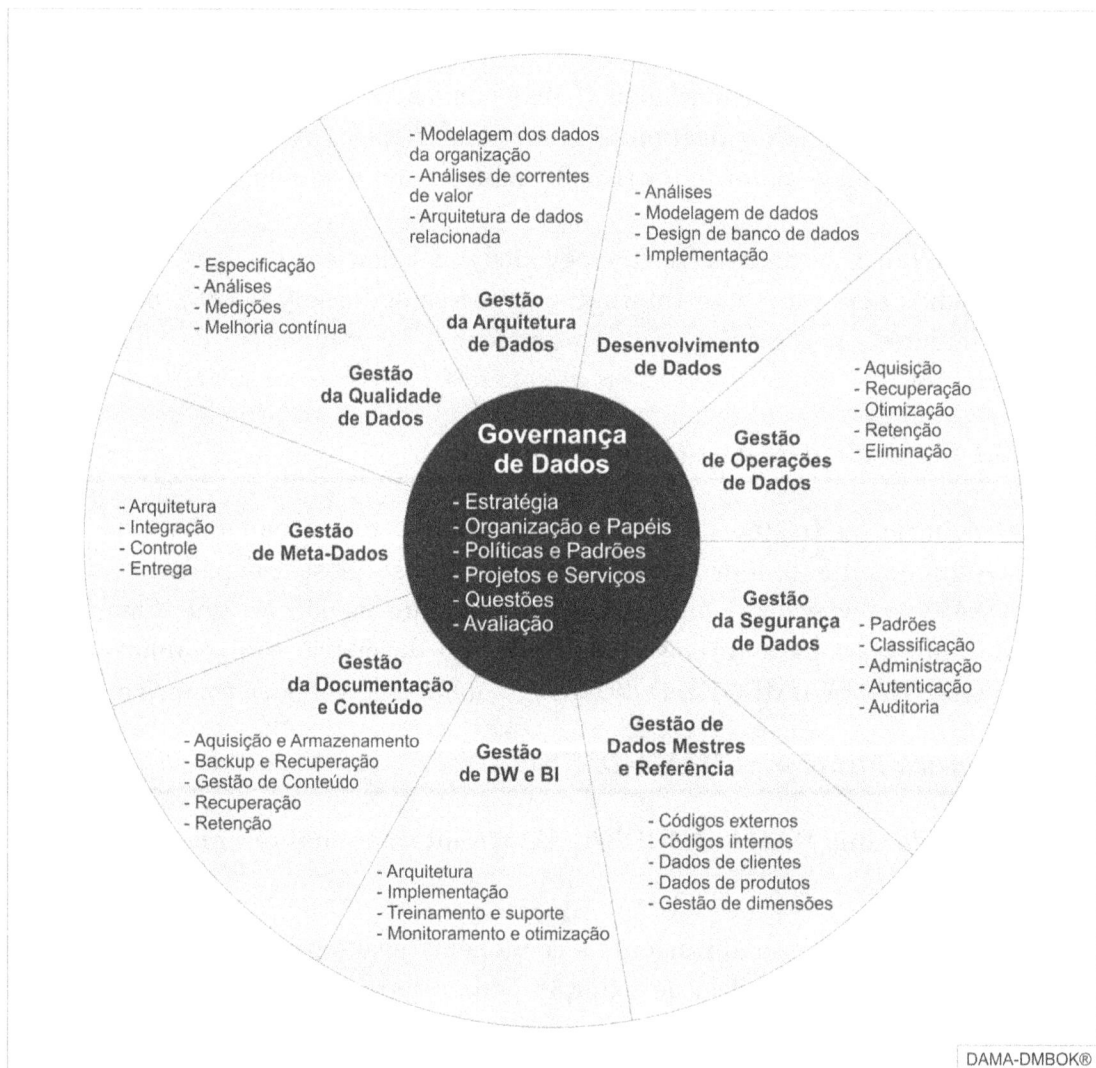

Figura 1.4 Funções da Gestão de Dados – Escopo sumarizado

- Atividades: Cada função é composta de atividades de nível inferior. Algumas atividades são agrupadas em subatividades. As atividades são decompostos em tarefas e etapas.
- Entregas Primárias: As informações e bancos de dados físicos e documentos criados como resultados intermediários e finais de cada função. Algumas entregas são essenciais, algumas são geralmente recomendadas, e outras são opcionais, dependendo das circunstâncias.
- Papéis e Responsabilidades: Os papéis da área de negócio e de TI envolvem o desempenho e supervisão das funções, e as responsabilidades específicas de cada função. Muitos papéis irão participar em múltiplas funções.

Figura 1.5 Os elementos ambientais

Os elementos ambientais de apoio são:

- Práticas e Técnicas: Métodos comuns e populares e procedimentos utilizados para executar os processos e produzir entregas. Práticas e Técnicas podem também incluir convenções comuns, recomendações de melhores práticas, e abordagens alternativas sem elaboração.
- Tecnologia: Categorias de apoio à tecnologia (primariamente ferramentas de software), padrões e protocolos, critérios de seleção de produtos e curvas comuns de aprendizagem. Em conformidade com as políticas da DAMA International® vendedores ou produtos não são mencionados.

Organização e Cultura: Essas questões podem incluir:

- Gestão de Métricas de medidas de tamanho, esforço, tempo, custo, qualidade, eficácia, produtividade, sucesso e valor do negócio.
- Fatores Críticos de Sucesso.
- Relatório de Estruturas.
- Estratégias de contratação.
- Questões Relacionadas a Orçamento e Alocação de Recursos.
- Trabalho em Equipe e Dinâmica de Grupo.
- Autoridade e Poder para decidir.
- Valores e Crenças Compartilhadas.
- Expectativas e atitudes.
- Estilo Pessoal e Diferença de Preferências.
- Ritos culturais, Rituais e Símbolos.
- Herança Organizacional.
- Recomendações de Gestão de Mudanças.

Figura 1.6 Elementos Ambientais – Escopo sumarizado

O framework funcional DAMA-DMBOK® é conceitualmente uma matriz de duas dimensões mostrado na Figura 1.7, com a decomposição funcional da gestão de dados no seu eixo vertical e o conjunto de elementos de ambiente no seu eixo horizontal.

1.17 Estrutura do Guia DAMA-DMBOK®

Capítulo 1 introduz:

- A importância dos ativos de dados na Era da Informação.
- A função da gestão de dados.
- A profissão de gestor de dados.
- As metas do Guia DAMA-DMBOK®.

Funções de Gestão de Dados	Metas e Princípios	Atividades	Entregas Primárias	Papéis e Responsabilidades	Tecnologia	Práticas e Técnicas	Organização e Cultura
Governança de Dados							
Gestão da Arquitetura de Dados							
Desenvolvimento de Dados							
Gestão de Operações de Dados							
Gestão da Segurança de Dados							
Gestão de Dados Mestres e Referência							
Gestão de DW e BI							
Gestão da Documentação e Conteúdo							
Gestão de Meta-Dados							
Gestão da Qualidade de Dados							

DAMA-DMBOK®

Figura 1.7 O DAMA-DMBOK® framework Funcional, Versão 3

O capítulo 2 apresenta uma visão geral da gestão de dados, incluindo:

- A missão global, metas e benefícios da gestão de dados
- As atividades componentes de cada uma das 10 funções da gestão de dados
- As entregas primárias de cada função da gestão de dados
- Papéis em gestão de dados
- Classes de tecnologia em gestão de dados
- A aplicação do framework funcional do DAMA-DMBOK® nas organizações.

Do capítulo 3 ao 12 são apresentadas cada uma das dez funções de gestão de dados. Um ou mais especialistas no assunto[3] contribuiu para cada capítulo. Cada capítulo inclui:

- Uma breve introdução sobre a função, incluindo as definições de termos chave, diagrama de contexto para a função, e uma lista de objetivos de negócio da função.
- Uma descrição de conceitos e atividades, incluindo entregas associadas, papéis e responsáveis nas organizações, melhores práticas e procedimentos comuns e técnicas, e tecnologia de suporte.
- Um sumário incluindo uma lista reforçando os princípios orientadores, uma tabela recapitulando as atividades, entregas e responsabilidades da função, e uma breve discussão de questões organizacionais e culturais.
- Uma lista seletiva de livros e artigos sugeridos como leitura recomendada.

O capítulo 13 aborda a profissão de gestor de dados e descreve praticas pessoais para o desenvolvimento profissional individual dos profissionais de gestão de dados.

1.18 Temas Recorrentes

O Guia DAMA-DMBOK® refere-se a vários temas recorrentes:

- Gestão de Dados: parceria compartilhada para gestão de dados requer a participação gestores de dados de negócios em todas as funções em curso.
- Qualidade de Dados: Todas as funções de gestão de dados contribuem, em parte, para melhoria da qualidade dos ativos de dados.
- Integração de Dados: Todas as funções de Gestão de dados contribuem e beneficiam as técnicas de integração de dados, gestão de ativos de dados por meio da minimização de redundância, consolidação de dados de várias fontes, e assegurando a coerência por meio do controle de dados redundantes com a "versão dourada".
- Perspectiva da Organização: Sempre que possível, administrar os ativos de dados consistentemente em toda a organização. Gestão da Informação na Organização (EIM - Enterprise Information Management) é a melhor prática de gestão de dados.
- Liderança para Mudança Cultural: Adotar os princípios e práticas de gestão de dados dentro de uma organização requer a liderança de agentes de mudança em todos os níveis.

---

[3] Nota de tradução: a palavra no idioma inglês no texto original é SME que é formada a partir das palavras: Subject Matter Expert.

O capítulo 1 apresentou o conceito de gestão de dados dentro do conceito global da organização e da tecnologia da informação. O Capítulo 2 fornece uma visão geral mais detalhada de gestão de dados, que inclui:

- Uma introdução à missão, metas, e dos benefícios para os negócios proporcionados pela gestão de dados.
- Um modelo de processo para gestão de dados, identificando as dez funções e as atividades componentes de cada função.
- Uma visão geral do formato utilizado no diagrama de contexto que descrevem cada função.
- Uma visão geral dos papéis envolvidos nas atividades de gestão de dados em todas as dez funções.
- Uma visão geral das classes gerais de tecnologia que suportam a gestão de dados.

Os capítulos 3 ao 12 exploram cada uma das dez funções de gestão de dados e as atividades componentes em mais detalhes. Cada capítulo começa com uma introdução que inclui a função do diagrama de contexto. O restante de cada capítulo explica os conceitos chave, e as atividades no diagrama em profundidade. A última parte de cada capítulo inclui alguns princípios orientadores, organizacional e discussão cultural, seguidos de uma bibliografia.

Finalmente, o capítulo 13 cobre tópicos relacionados ao desenvolvimento profissional dos profissionais de Gestão de dados. Todos estes capítulos juntos oferecem um corpo base de conhecimento sobre a profissão de gestor de dados, e funções da gestão de dados e atividades.

Este capítulo cobrirá processo, pessoas e tecnologia e como isto se relaciona no geral com gestão de dados. Os Capítulos 3 ao 12 concentram-se no processo de cada uma das funções de gestão de dados.

2.1 Introdução

Gestão de dados é uma função que também é conhecida como um processo de negócio de alto nível que consiste em:

- O planejamento e execução *de*
- Políticas, práticas e projetos *que*
- Adquiri, controla, protege, distribui e melhora o valor *de* ativos de dado e informação.

Gestão de dados pode também ser o nome de um programa, o qual é uma iniciativa sempre em andamento que inclui vários projetos relacionados. O termo "programa de gestão de dados" pode ser substituído por "função de gestão de dados". Os principais elementos de gestão de dados estão resumidos no diagrama de contexto mostrado na Figura 2.1.

Gestão de Dados

Definição:	O planejamento, execução e fiscalização das políticas, práticas e projetos para adquirir, controlar, proteger, entregar e enriquecer o valor dos ativos de dados e informações
Missão:	Garantir disponibilidade, qualidade e segurança necessárias para todos os stakeholders
Objetivos:	1. Entender quais são as informações necessárias para a organização e seus stakeholders 2. Capturar, armazenar, proteger, garantir a integridade dos ativos de dados 3. Incrementar continuamente a qualidade dos dados e informações 4. Assegurar privacidade e confidencialidade, visando evitar o acesso não autorizado ou inapropriado 5. Maximizar a efetividade do uso dos ativos de dados e informações

Entradas:
- Estratégias do negócio
- Atividades do negócio
- Atividades de TI
- Questões de dados

Fornecedores:
- Executivos
- Criadores de dados
- Fontes externas
- Entidades regulatórias

Participantes:
- Criadores de dados
- Consumidores de informações
- Gestores de dados
- Profissionais de dados
- Executivos

Funções:
1. Governança de dados
2. Gestão da arquitetura de dados
3. Desenvolvimento de dados
4. Gestão de operações de dados
5. Gestão da segurança de dados
6. Gestão de dados mestres e referência
7. Gestão de DW e BI
8. Gestão da documentação e conteúdo
9. Gestão de meta-dados
10. Gestão da qualidade de dados

Ferramentas:
- Ferramentas de modelagem de dados
- Sistemas de gerenciamento de banco de dados
- Ferramentas de qualidade e integração de dados
- Ferramentas de BI
- Ferramentas de gerenciamento de documentação
- Ferramentas de repositório de meta-dados

Entregas primárias:
- Estratégia de dados
- Arquitetura de dados
- Serviços de dados
- Banco de dados
- Dados, informação
- Conhecimento e competência

Consumidores:
- Trabalhadores de escritório
- Trabalhadores do conhecimento
- Gerentes
- Executivos
- Clientes

Métricas:
- Métricas de valor de dados
- Métricas de qualidade de dados
- Métricas de gestão de dados

DAMA-DMBOK®

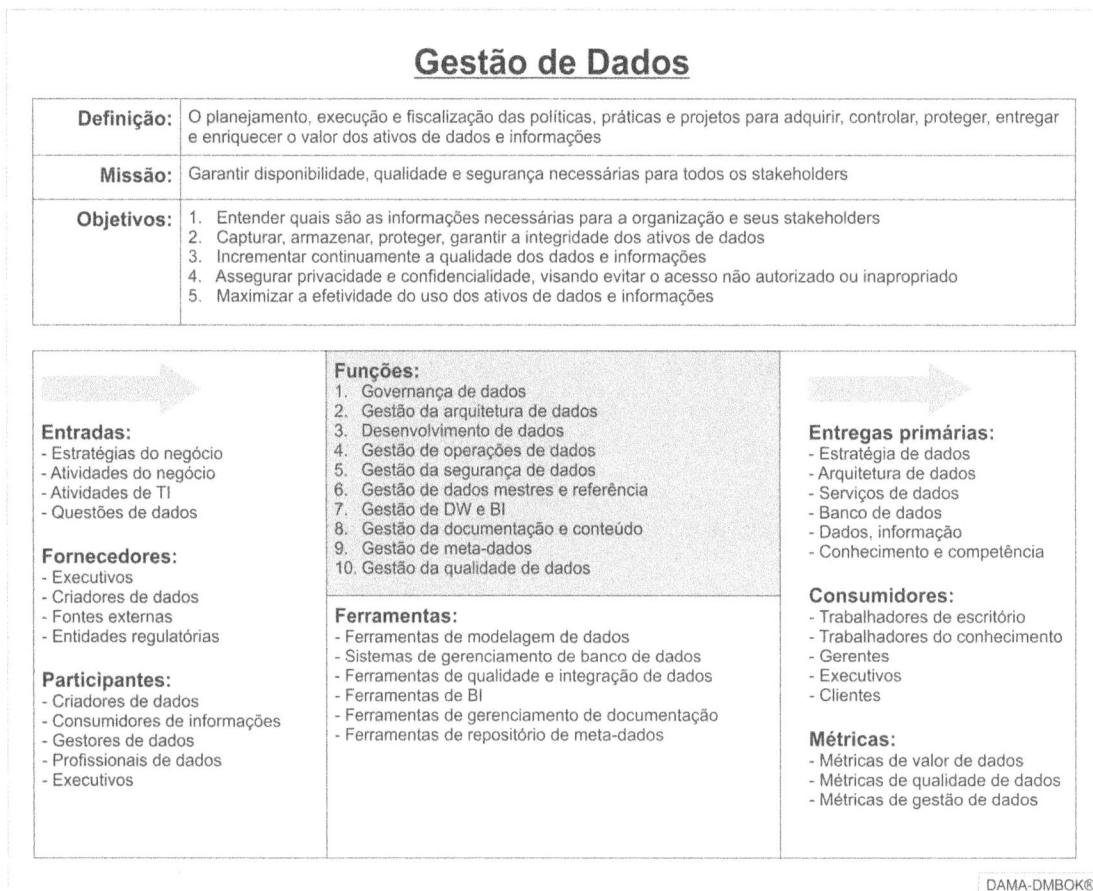

Figura 2.1 Diagrama de contexto de gestão de dados

2.2 Missões e Objetivos

A missão da função da gestão de dados é atingir e exceder as necessidades informações de todas as partes interessadas (stakeholders) da organização em termos de disponibilidade das informações, segurança e qualidade.

As metas estratégicas da função de gestão de dados são as seguintes:
1. Entender as necessidades de informação da organização e de todas as suas partes interessadas.
2. Capturar, armazenar, proteger e garantir a integridade dos ativos de dados.
3. Melhorar continuamente a qualidade dos dados e informações, incluindo:
   - Precisão dos dados.
   - Integridade dos dados.
   - Integração de dados.
   - A captura e apresentação de dados em tempo (oportuno).
   - A pertinência e a utilidade dos dados.
   - A clareza e aceitação comum das definições de dados.
4. Garantir a privacidade e confidencialidade, e para impedir a utilização não autorizada e inapropriada de dados e informações.
5. Maximizar o uso efetivo e o valor dos ativos de dados e informações.

Outras metas não estratégicas da gestão de dados incluem:

6. Controlar os custos de gestão de dados.
7. Promover uma ampla e profunda compreensão do valor dos ativos de dados.
8. Gerenciar informações de forma consistente em toda a organização.
9. Alinhar os esforços de gestão de dados e tecnologia com as necessidades do negócio.

Embora as metas da gestão de dados sejam constantes e consistentes nas organizações, os objetivos para a gestão de dados em qualquer organização variam de ano para ano. Os objetivos devem ser "INTELIGENTES" [4] - específicos, mensuráveis, atingíveis (ou contestáveis), realistas e oportunos, com um prazo alvo especificado.

2.3 Princípios Orientadores

Princípios gerais e globais de gestão de dados incluem:

1. Dados e informações são ativos valiosos da organização.
2. Gerenciar dados e informações cuidadosamente, como qualquer outro ativo, assegurando qualidade adequada, segurança, integridade, proteção, disponibilidade, compreensão, e uso efetivo.
3. Compartilhar a responsabilidade pela gestão dos dados entre os gestores de dados de negócio (curadores dos ativos de dados) e profissionais de gestão de dados (tutores especialistas de ativos de dados).
4. Gestão de dados é uma função de negócios e um conjunto de disciplinas relacionadas.
5. Gestão de dados também é uma profissão emergente e em amadurecimento dentro do campo de TI.

2.4 funções e atividades

O processo de gestão de dados é capturado em funções e atividades. As dez funções componentes da gestão de dados são as seguintes:

1. Governança de Dados: O exercício da autoridade e de controle (planejamento, monitoramento, e execução) sobre a gestão de ativos de dados. Governança de dados é o planejamento e controle de alto nível sobre a gestão de dados.
2. Gestão de Arquitetura de Dados: Define as necessidades de dados da organização, e desenha o diagrama mestre para atender a essas necessidades. Esta função inclui o desenvolvimento e manutenção da arquitetura de dados da organização, dentro contexto

---

[4] Nota de tradução: a palavra no idioma inglês no texto original é SMART que é formada a partir das iniciais das palavras: **S**pecific, **M**easurable, **A**chievable (or actionable), **R**ealistic, and **T**imely.

da arquitetura completa da organização, e sua conexão com a aplicação soluções de sistema e projetos que implementam a arquitetura da organização.

3. Gestão de Desenvolvimento de Dados: Diagramação, implementação e manutenção de soluções para satisfazer as necessidades de dados da organização. As atividades de dados com foco no desenvolvimento do ciclo de vida do sistema (SDLC), incluindo a modelagem de dados, a análise dos requisitos de dados, design, implementação e manutenção de bases de dados relacionados com os componentes da solução.

4. Gestão de Operação de Dados: Planejamento, controle e suporte para o ativo de dados estruturado em todo o ciclo de vida do dado, desde a criação e aquisição até o arquivamento e expurgo.

5. Gestão de Segurança de Dados: Planejamento, desenvolvimento e execução de políticas e procedimentos de segurança para fornecer a devida autenticação, autorização, acesso, e auditoria para o dado e informação.

6. Gestão de dados Mestres e de Referência: Planejamento, implementação e atividades de controle para assegurar a consistência com a "versão dourada" dos valores de dados contextuais.

7. Gestão de Data Warehousing e business intelligence: Planejamento, implementação e controle de processos para fornecer dados de suporte e apoio à decisão para dar suporte aos trabalhadores do conhecimento envolvidos na geração de relatórios, consultas e análises.

8. Gestão de Conteúdo e Documento: Planejamento, implementação e atividades de controle do armazenamento, proteção e acesso aos dados encontrados nos arquivos eletrônicos e registros físicos (incluindo texto, gráficos, imagens, áudio e vídeo).

9. Gestão de Meta-dados: Planejamento, implementação e atividades de controle para permitir o fácil acesso à alta qualidade de integração dos meta-dados.

10. Gestão da Qualidade de Dados: Planejamento, implementação e atividades de controle que aplicam técnicas de gestão da qualidade para medir, avaliar, otimizar e assegurar a adequação dos dados para o uso.

Muitas atividades de gestão de dados se sobrepõem no escopo com outras funções reconhecidas dentro e fora de TI. O Guia DAMA-DMBOK® não tenta identificar quais processos são exclusivos para uma função de Gestão de dados. O único objetivo é descrever o escopo completo e o contexto da gestão de dados.

Muitas atividades de gestão de dados aqui descritas não são realizadas em todas as organizações. De fato, poucas organizações têm planos, políticas e programas em cada uma das dez funções. Em uma determinada organização, algumas funções serão mais relevantes, pelo menos em algum momento, e receberão prioridade mais alta que as outras funções. A organização irá justamente investir mais atenção, tempo e esforço em algumas funções e menos em outras.

Como cada organização implementa essas atividades varia bastante. Cada organização deve determinar uma abordagem de implementação consistente com o seu tamanho, complexidade, metas e recursos. No entanto, a natureza essencial e os princípios fundamentais da gestão de dados continuam a serem os mesmos em todos os aspectos das organizações.

2.4.1 ATIVIDADES DE GESTÃO DE DADOS

Cada uma dessas funções se decompõe em atividades. Em poucos casos as atividades se decompõem em subatividades. Enquanto frases substantivas dão nome para as funções, frases verbais dão nome para atividades e subatividades.

1. Governança de dados

1.1. Planejamento de Gestão de dados

    1.1.1. Compreender as necessidades estratégicas de dados da organização

    1.1.2. Desenvolver e manter a estratégia de Dados

    1.1.3. Estabelecer e organizar o papel do profissional de dados

    1.1.4. Identificar e nomear os gestores de dados

1.1.5. Estabelecer governança de dados e a gestão de dados na organização

    1.1.6. Elaborar e aprovar políticas, normas e procedimentos de dados

    1.1.7. Revisar e aprovar a arquitetura de dados

    1.1.8. Planejar e patrocinar projetos e serviços de Gestão de dados

    1.1.9. Estimar o valor dos ativos de dados e os custos associados

1.2. Controlar a gestão de dados

    1.2.1. Supervisionar as organizações e os gestores de dados

    1.2.2. Coordenar as atividades de governança de dados

    1.2.3. Gerenciar e resolver questões relacionadas a dados

    1.2.4. Monitorar e garantir a conformidade regulatória

    1.2.5. Monitorar e assegurar conformidade com políticas, padrões e arquitetura de dados

    1.2.6. Acompanhar projetos e serviços de gestão de dados

    1.2.7. Comunicar e promover o valor dos ativos de dados

2. Gestão da Arquitetura de Dados

    2.1. Entender as necessidades de informação da organização

    2.2. Desenvolver e manter o Modelo de Dados da Organização

    2.3. Analisar e alinhar com outros modelos de negócios

2.4. Definir e manter a arquitetura de banco de dados (idem em 4.2.2)

2.5. Definir e manter a Arquitetura integrada de Dados (idem 6.3)

2.6. Definir e manter a Arquitetura de DW / BI (idem 7.2)

2.7. Definir e manter as taxonomias e os identificadores únicos localizáveis existentes na organização (idem 8.2.1)

2.8. Definir e manter a arquitetura de meta-dados (idem 9.2)

3. Desenvolvimento de Dados

3.1. Modelagem de dados, análise e diagrama de solução

3.1.1. Analisar os requisitos de informação

3.1.2. Desenvolver e manter os modelos conceituais de dados

3.1.3. Desenvolver e manter o modelo lógico de dados

3.1.4. Desenvolver e manter o modelo físico de dados

3.2. Detalhar o projeto de dados

3.2.1. Projetar banco de dados físico

3.2.2. Projetar os produtos da informação

3.2.3. Projetar os serviços de acesso a dados

3.2.4. Projetar integração de serviços de dados

3.3. Modelo de dados e projeto de gestão da qualidade

3.3.1. Desenvolver modelagem de dados e padrões de projetos

3.3.2. Revisão do modelo de dados e qualidade de projeto de banco de dados

3.3.3. Gerenciar o versionamento e integração dos modelos de dados

3.4. Implementação de dados

3.4.1. Implementar o desenvolvimento / Testar mudanças em banco de dados

3.4.2. Criar e manter dados de teste

3.4.3. Migrar e converter dados

3.4.4. Construir e testar os produtos de informação

3.4.5. Construir e testar serviços de acesso de dados

3.4.6. Validar requisitos de informações

3.4.7. Preparação para implantação de Dados

4. Gestão de Operações de Dados

    4.1. Suporte a banco de dados

        4.1.1. Implementar e controlar ambientes de banco de dados

        4.1.2. Adquirir dados de fontes externas

        4.1.3. Plano para recuperação de dados

        4.1.4. Backup e recuperação de dados

        4.1.5. Definir níveis de serviço para o desempenho de banco de dados

        4.1.6. Monitorar e ajustar o desempenho de banco de dados

        4.1.7. Plano para retenção de dados

        4.1.8. Arquivar, reter e eliminar dados

        4.1.9. Suporte especializado para banco de dados

    4.2. Gestão de Tecnologia de Dados

        4.2.1. Entender os requisitos tecnológicos de dados

        4.2.2. Definir a arquitetura de tecnologia de dados (item 2.4)

        4.2.3. Avaliar a tecnologia de dados

        4.2.4. Instalar e administrar tecnologia de dados

        4.2.5. Inventário e licenciamento de tecnologia de dados

        4.2.6. Suporte ao uso e a questões de Tecnologia de Suporte de dados

5. Gestão de dados de Segurança

    5.1. Compreender necessidades de segurança de dados e requisitos regulatórios

    5.2. Definir a política de segurança de dados

    5.3. Definir padrões de segurança de dados

    5.4. Definir controles e procedimentos de segurança de dados

    5.5. Gerenciar usuários, senhas e membros de grupo

    5.6. Gerenciar visões de acessos e permissões de dados

    5.7. Monitorar autenticação de usuário e comportamento de acesso

    5.8. Classificar confidencialidade da informação

    5.9. Auditoria de Segurança de Dados

6. Gestão de dados mestres e de referência

    6.1. Entender as necessidades de integração de dados mestres e referência

    6.2. Identificar contribuintes e fontes de dados mestres e de referência

    6.3. Definir e manter a arquitetura de integração de dados (idem 2.5)

6.4. Implementar soluções de gestão de dados mestres e de referência

    6.5. Definir e manter regras de "batimento"

    6.6. Estabelecer registros dourados

    6.7. Definir e manter hierarquias e afiliações

    6.8. Planejar e implementar a integração de novas fontes de dados

    6.9. Reproduzir e distribuir dados mestres e de referência

    6.10. Gerenciar as alterações de dados mestres e de referência

7. Gestão de Data Warehousing e business intelligence[5]*

    7.1. Entender as necessidades de informações de business intelligence

    7.2. Definir e manter a arquitetura de DW / BI (idem 2.6)

    7.3. Implementar Data Warehouses e Data Marts

    7.4. Implementar ferramentas de BI e interfaces para usuário

    7.5. Processar dados para business intelligence

    7.6. Monitorar e ajustar os processos de Data Warehousing

    7.7. Monitorar e ajustar as atividades e o desempenho de BI

8. Gestão de Documento e Conteúdo

    8.1. Documentos / Gestão de Registros

---

[5] * Estas atividades não incluem as atividades atuais de business intelligence realizadas por trabalhadores do conhecimento.

- Realizar consultas ad-hoc e relatórios
- Realizar análise multi-dimensional
- Realizar a análise estatística
- Realizar mineração de dados
- Modelo de cenário "O que se"
- Monitorar e analisar o desempenho de negócios

8.1.1. Plano de gestão de documentos / registros

8.1.2. Implementar sistemas de gestão de aquisição, armazenamento, acesso e controles de segurança de documentos / registro

8.1.3. Backup e recuperação de documentos / registro

8.1.4. Retenção e descarte de documentos / registros

8.1.5. Gestão de documentos / registros para auditoria

8.2. Gestão de conteúdo

8.2.1. Definir e manter Taxonomias da organização (idem 2.7)

8.2.2. Documento / índices de meta-dados de conteúdo e informações

8.2.3. Fornecer acesso a conteúdo e recuperação

8.2.4. Governar conteúdo de qualidade

9. Gestão de Meta-dados

9.1. Compreender requisitos de meta-dados

9.2. Definir a arquitetura de meta-dados (idem 2.8)

9.3. Desenvolver e manter os padrões de meta-dados

9.4. Implementar gestão de ambiente de meta-dados

9.5. Criar e manter meta-dados

9.6. Integrar meta-dados

9.7. Gerenciar repositórios de meta-dados

9.8. Distribuir e entregar meta-dados

9.9. Consultar, gerar relatório e Analisar meta-dados

10. Gestão da Qualidade de Dados

10.1. Desenvolver e promover a consciência da qualidade de dados

10.2. Definir requisitos de qualidade de dados

10.3. Definir perfil, analisar e analisar a qualidade de dados

10.4. Definir métricas de qualidade de dados

10.5. Definir a qualidade de dados para as regras do negócio

10.6. Testar e validar requisitos de qualidade de dados

10.7. Definir e avaliar os níveis de qualidade de dados

10.8. Medir continuamente e monitorar a qualidade de dados

10.9. Gestão questões de qualidade de dados

10.10. Limpeza e correção de defeitos de qualidade de dados

10.11. Projetar e implementar procedimentos operacionais de gestão de qualidade de dados

10.12. Monitorar procedimentos operacionais de gestão de qualidade de dados e desempenho

2.4.2 GRUPOS DE ATIVIDADE

Cada atividade pertence a um dos quatro grupos de atividades:
- Planejamento de Atividades (P): Atividades que definem o rumo estratégico e tático para outras atividades de Gestão de dados. Planejamento das atividades pode ser executado em uma base recorrente.
- Desenvolvimento de Atividades (D): Atividades desenvolvidas dentro da implementação de projetos e reconhecidas como parte do ciclo de desenvolvimento de sistemas (SDLC), criando entrega de dados por meio da análise, projeto, testes, preparação e implantação.
- Atividades de Controle (C): atividades de supervisão realizadas em uma base contínua.
- Atividades Operacionais (O): Serviços e atividades de suporte executados em uma base contínua.

Cada atividade de gestão de dados se enquadra em um ou mais grupos de atividades de gestão de dados, como mostrado na Tabela 2.1.

Atividades	Planejando atividades (P)	Controle de atividades (C)	Desenvolvimento de atividades (D)	Atividades Operacionais
1 Governança de dados	1.1 Planejamento da gestão de dados	1.2 Controle da gestão de dados		
2 Gestão de arquitetura de dados	2 Gestão de arquitetura de dados (todos)			
3 Desenvolvimento de dados	3.3 Gestão da qualidade do modelo e do projeto de dados	.3.3 Gestão da qualidade do modelo e do projeto de dados	3.1 Modelagem, análise e projeto de solução de dados	
			3.2 Projeto detalhado de dados	
			3.4 Implementação de dados	

Atividades	Planejando atividades (P)	Controle de atividades (C)	Desenvolvimento de atividades (D)	Atividades Operacionais
4.1 Gestão de operações de dados	4.1 Apoio ao banco de dados	4.1 Apoio ao banco de dados		4.1 Apoio ao banco de dados
	4.2 Gestão da tecnologia dos dados	4.2 Gestão da tecnologia dos dados		4.2 Gestão da tecnologia dos dados
5 Gestão da segurança dos dados	5.1 Entender as necessidades e regulamento da segurança de dados	5.5 Gerenciar membros, senhas e grupo de membros	5.4 Definir controles e procedimentos da segurança dos dados	
	5.2 Definir a política de segurança de dados	5.6 Gerenciar visualização e acesso aos dados		
	5.3 Definir os padrões da segurança de dados	5.7 Gerenciar o comportamento de acesso e a autenticação do usuário		
		5.8 Classificar informações confidenciais		
		5.9 Auditar dados de segurança		
6 Gestão de dados mestres e de referência	6.1 Entender as necessidades de integração entre dados mestres e de referência	6.5 Definir e manter regras de encaixe	6.4 Implementar soluções de gestão de dados mestres e de referência	6.9 Replicar e distribuir dados dados mestres e de referência
	6.2 Entender contribuidores e fontes de dados mestres e de referência	6.6 Estabelecer registros dourados	6.8 Planejar e implementar a integração de novas fontes de dados	
	6.3 definir a integração da arquitetura de dados	6.7 Definir e manter hierarquias e afiliações	6.10 Gerenciar mudanças nos dados mestres e de referência	

Atividades	Planejando atividades (P)	Controle de atividades (C)	Desenvolvimento de atividades (D)	Atividades Operacionais
7 Gestão de DW e BI	7.1 Entender as necessidades de BI 7.2 Definir e manter a arquitetura de DW/BI	7.6 Monitorar e ajustar Processos de DW 7.7 Monitorar desempenho e atividade do BI	7.3 Implementar DW e Data Marts 7.4 Implementar ferramentas de BI e interface de usuários.	7.5 Processamento de dados de BI
8 Gestão de documentos e conteúdo	8.1 Gestão de registros e documentos 8.2 Gestão de conteúdo	8.1 Gestão de registros e documentos 8.2 Gestão de conteúdo		8.1 Gestão de registros e documentos 8.2 Gestão de conteúdo
9 Gestão de meta-dados	9.1 Entender requerimentos de meta-dados 9.2 Definir a arquitetura de meta-dados 9.3 Desenvolver e manter os padrões de meta-dados	9.6 Integrar os meta-dados 9.7 Gerenciar os repositórios de meta-dados 9.8 Entregar e distribuir os meta-dados	9.4 Implementar um ambiente gerenciado de meta-dados	9.5 Criar e manter meta-dados 9.9 Query, reportar, e analisar meta-dados
10 Gestão de qualidade de dados	10.4 Definir a métrica de qualidade dados 10.5 Definir as regras de negócio 10.7 Definir e avaliar os níveis de qualidade do serviço	10.8 Continuamente Medir e monitorar a qualidade dos dados 10.9 Gerenciar os problemas com a qualidade dos dados 10.12 Monitorar procedimentos e desempenho de DQM.	10.2 Definir requerimentos da qualidade dos dados 10.3 Perfil, análise e avaliação de qualidade dados 10.6 Testar e validar requerimentos da qualidade dos dados 10.11 Projetar e implementar procedimentos de DQM	10.1 Desenvolver e promover consciência sobre a qualidade dos dados 10.10 Limpeza e correção de problemas com a qualidade dos dados.

Tabela 2.1 Atividades por grupos de atividade

2.5 Visão geral Diagrama de Contexto

Cada diagrama de contexto neste guia contém uma definição e uma lista de metas no topo do diagrama. No centro de cada diagrama existe caixa azul contendo a lista das atividades da função e, em alguns casos, subatividades. Cada capítulo descreve essas atividades e subatividades em profundidade.

Ao redor de cada caixa de atividades no centro existem várias listas. A lista do lado esquerdo (fluxo de entrada de atividades) são as entradas, fornecedores e participantes. A lista abaixo da caixa é para ferramentas utilizadas pelas atividades. A lista do lado direito (fluxo de saída de atividades) são entregas primárias, consumidores e às vezes algumas métricas.

Essas listas contêm itens que se aplicam a lista de tópicos. De maneira nenhuma elas são exaustivas, e alguns dos itens não se aplicam a todas as organizações. Estas listas são entendidas como um framework de contexto, e tende a crescer conforme a profissão de gestor de dados cresce e amadurece. Para conveniência na comparação, todo o conteúdo de cada lista de função está incluído nos apêndices.

2.5.1 FORNECEDORES

Os fornecedores são as entidades responsáveis pelo fornecimento de entradas (inputs) para as atividades. Vários fornecedores estão relacionados com múltiplas funções de gestão de dados. Entre os fornecedores para gestão de dados em geral estão incluídos executivos, criadores de dados, fontes externas, e órgãos regulatórios. Os fornecedores para cada função de gestão de dados estão listados no Apêndice A1.

2.5.2 ENTRADAS

As entradas são as coisas tangíveis que cada função necessita iniciar suas atividades. Várias entradas são usadas por várias funções. Entre as entradas para a gestão de dados em geral estão incluídas estratégia de negócio, atividade de negócio, atividade de TI, e questões relativas aos dados. As entradas para cada função de gestão de dados estão listadas no Apêndice A2.

2.5.3 PARTICIPANTES

Participantes estão envolvidos no processo de gestão de dados, embora não necessariamente diretamente ou com contabilização associada. Vários participantes podem estar envolvidos em múltiplas funções. Entre os participantes na gestão dos dados em geral estão incluídos os criadores de dados, os consumidores de informação, gestores de dados, profissionais de dados e executivos. Os participantes em cada uma das funções de gestão de dados estão listados no apêndice A3.

2.5.4 FERRAMENTAS

Profissionais de gestão de dados utilizam as ferramentas para realizar atividades nas funções. Várias ferramentas são usadas por múltiplas funções. Entre as ferramentas para gestão de dados, em geral, estão incluídas: ferramentas de modelagem de dados, sistemas de gestão de banco de dados, ferramentas de qualidade e Integração de Dados, ferramentas de business intelligence, ferramentas de gestão de documentos e ferramentas de repositório de meta-dados. As ferramentas utilizadas por cada uma das funções de gestão de dados estão listadas no Apêndice A4.

2.5.5 AS ENTREGAS PRIMÁRIAS

Entregas primárias são as coisas concretas que cada função é responsável por criar. Várias entregas primárias são criadas por múltiplas funções. Entre as principais entregas primárias em gestão de dados em geral estão incluídas, estratégia de dados, arquitetura de dados, serviços de dados, bancos de dados e dados, informações, conhecimento e sabedoria. Obviamente, as dez funções teriam de cooperar para fornecer apenas oito entregas. A entrega primária de cada função de gestão de dados está listada no Apêndice A5.

2.5.6 CONSUMIDORES

Os consumidores são aqueles que se beneficiam das entregas primárias criadas pelas atividades de gestão de dados. Vários consumidores se beneficiam de múltiplas funções. Entre os consumidores de entregas primárias em Gestão de dados em geral incluídos trabalhadores de escritórios, trabalhadores do conhecimento, gestores, executivos e clientes. Os consumidores de cada uma das funções de gestão estão listados no Apêndice A6.

2.5.7 MÉTRICAS

As métricas são as coisas mensuráveis que cada função é responsável por criar. Várias métricas medem múltiplas funções, e algumas funções não tem métricas definidas (nesta edição). Entre as métricas para gestão de dados estão incluídas métricas de valor de dados, métricas de qualidade de dados e métricas do programa de gestão de dados. As métricas para cada um das funções de gestão estão listadas no Apêndice A7.

2.6 Papéis

A parte de pessoas em gestão de dados envolve organizações e papéis. Muitas organizações e indivíduos estão envolvidos na gestão de dados. Cada organização tem diferentes necessidades e prioridades. Portanto, cada organização tem uma abordagem diferente para organizar os papéis e responsabilidades individuais, para as funções e atividades de gestão de dados. É fornecido aqui uma visão geral de algumas das categorias organizacionais e papéis individuais.

Fornecedores, participantes e os consumidores, como mencionado nos diagramas de contexto, podem estar envolvidos em uma ou mais organizações de gestão de dados, e podem desempenhar um ou mais papéis individuais. Seria além do escopo deste trabalho identificar e definir todos os possíveis fornecedores, participantes e os consumidores, e todos os papéis e as organizações aplicáveis. No entanto, é possível delinear os tipos de alto nível das organizações e papéis individuais.

2.6.1 TIPOS DE ORGANIZAÇÕES

Tabela 2.2 inclui descrições dos tipos mais comuns de organizações de gestão de dados.

Tipos de organizações de gestão de dados	Descrição
Organização de serviços de gerenciamento de dados	Uma ou mais unidades de profissionais de gerenciamento de dados são responsáveis pelo gerenciamento de dados dentro da organização de TI. Uma organização centralizada é, algumas vezes, conhecida como um Gerenciamento Corporativo de Informação (Enterprise Information Management - EIM) Centro de Excelência (Center of Excellence – COE) Este time inclui os executivos de DM, outros gestores de DM, arquitetos de dados, analistas de dados, analistas da qualidade dos dados, administradores de banco de dados, administradores da segurança dos dados, especialistas em meta-dados, administradores de modelos de dados, arquitetos de data warehouse, arquitetos de integração de dados e analistas de business intelligence. Também pode incluir administradores de bancos de dados (DBA), apesar de DBAs serem encontrados tanto em organizações de desenvolvimento de software quanto em organizações de gerenciamento de infraestrutura. Também pode incluir desenvolvedores de integração de dados e desenvolvedores de análises e relatórios, apesar destes permanecerem em organizações de desenvolvimento de software juntamente com outros desenvolvedores.
Conselho de governança de dados	Este conselho é a primeira e a maior autoridade para governança de dados dentro de uma organização. Inclui gestores seniores servindo como executivos gestores de dados, juntamente com o líder de DM e com o CIO. Um executivo do negócio (Chefe da gestão dos dados) pode formalmente fazer parte do conselho, em parceria com o executivo de DM e com os facilitadores da gestão dos dados, serem responsáveis por participarem, se comunicarem, prepararem reuniões, agendamento de reuniões, problemas, entre outras coisas para o conselho.
Comitê de direcionamento de gerenciamento de dados	Um ou mais grupos de gestores de dados coordenadores de funcionalidades cruzadas responsáveis pelo suporte e supervisão de uma iniciativa particular de gestão de dados lançada pelo conselho de governança de dados, tais como Arquitetura de Dados Corporativos, Gerenciamento de Dados Mestres ou Gerenciamento de Meta-dados. O conselho de governança de dados pode delegar responsabilidades para um ou mais comitês gestores de dados.

Tipos de organizações de gestão de dados	Descrição
Equipes de gerenciamento de dados	Um ou mais grupos focados, temporários ou permanentes, do negócio da gestão de dados que colaboram com a modelagem, definição, especificação dos requerimentos de qualidade e da qualidade dos dados, gerenciamento de dados mestres e de referência, e gerenciamento de meta-dados. Tipicamente dentro de uma área que já foi designada, liderada por um coordenador da gestão de dados em parceria com um arquiteto de dados, e com um facilitador da gestão de dados.
Escritório de governança de dados (DGO)	Uma equipe organizada em grandes empresas que dão suporte aos esforços do conselho de governança de dados, os comitês de direcionamento da gestão de dados, e as equipes de gerenciamento de dados. O DGO pode ser dentro ou fora da organização de TI. A equipe de DGO inclui facilitadores de gerenciamento de dados, quais permitem atividades de gerenciamento estratégico desenvolvidas pelos gestores de negócio dos dados.

Tabela 2.2 Tipos de organizações de gestão de dados

2.6.2 TIPOS DE PAPÉIS INDIVIDUAIS

Tabela 2.3 contém um resumo de muitos papéis individuais que podem participar de atividades de Gestão de dados.

Tipos de papéis individuais	Descrição
Gestor de negócio dos dados	Um trabalhador do conhecimento e líder de negócio reconhecido como um especialista no assunto, a qual é designada a responsabilidade pela especificação e qualidade dos dados, de entidades de negócio especificas, áreas de interesse ou bancos de dados, quem irá: 1. Participar em um ou mais times de gestão de dados 2. Identificar e definir necessidades de informação locais e corporativas. 3. Propor, fazer rascunhos, revisar e redefinir nomes de negócio, definições e outras especificações de modelos de dados para entidades designadas e atributos de dados. 4. Garantir a validade e relevância das áreas do modelo de dados designado. 5. Definir e manter os requerimentos e regras de negócio para os atributos de dados designados. 6. Manter valores e significados de dados de referência. 7. Dar suporte no planejamento e projeto do teste da qualidade, criação, e verificação de requerimentos de dados. 8. Identificar e solucionar problemas com os dados 9. Dar suporte na análise e melhoria da qualidade dos dados. 10. Prover conteúdo para políticas, padrões e procedimentos de dados.

Tipos de papéis individuais	Descrição
Coordenador de gestão de dados	Um gestor de dados com responsabilidades adicionais, quem vai: 1. Prover liderança corporativa para um time de gestores de dados 2. Participar em um comitê de direcionamento da gestão de dados 3. Identificar candidatos à gestão de negócio de dados. 4. Revisar e aprovar mudanças para valores e significados de dados de referência. 5. Revisar e aprovar modelos de dados lógicos 6. Garantir que os requerimentos de dados são aplicados. 7. Revisar a qualidade dos dados e auditorias.
Executivo de gestão de dados	Um papel feito pelo gestor sênior sentando no conselho de governança de dados, que vai: 1. Servir como um membro ativo do conselho de governança de dados. 2. Representar interesses departamentais e corporativos dos dados. 3. Apontar coordenadores e gestores de negócio dos dados 4. Revisar e aprovar políticas, padrões, métricas e procedimentos dos dados. 5. Revisar e aprovar arquitetura, modelos e especificações de dados. 6. Resolver problemas com os dados. 7. Patrocinar e supervisionar projetos e serviços da gestão de dados. 8. Revisar e aprovar estimativas dos valores de pacotes de dados. 9. Comunicar e promover o valor da informação 10. Monitorar e reforçar políticas e práticas de dados dentro de um departamento.
Facilitador da gestão de dados	Um analista de dados que é responsável por coordenar a governança de dados e atividades de gestão estratégicas, quem vai: 1. Ajudar executivos a identificar e apontar gestores de dados. 2. Agendar e anunciar reuniões do conselho de governança de dados, dos comitês de direcionamento da gestão de dados, e de times de gestão de dados. 3. Planejar e publicar a agenda de reuniões. 4. Preparar e distribuir minutas da reunião. 5. Preparar o material a ser discutido na reunião e o distribuir para revisão prévia. 6. Gerenciar e coordenar resolução de problemas com os dados 7. Prestar assistência na definição e enquadramento nos problemas dos dados e suas alternativas para solucioná-los. 8. Prestar assistência na definição de políticas e padrões de gerenciamento de dados 9. Prestar assistência na compreensão das necessidades dos dados do negócio. 10. Garantir participação nos negócios de arquitetura e modelagem dos dados. 11. Prestar assistência em rascunhos dos nomes, definições e requisitos de qualidade dos dados.

Tipos de papéis individuais	Descrição
Executivo de gerenciamento de dados	O mais alto nível de gestor de uma organização, em um departamento de TI, responsável pelos serviços de gerenciamento de dados. O executivo de DM relata ao CIO e é o gestor que mais diretamente responsável pelo gerenciamento dos dados, incluindo coordenar atividades de governança e gestão estratégica de dados, supervisionar projetos de gerenciamento de dados e supervisionar os profissionais de gerenciamento de dados. Pode ser um gestor, diretor ou VP.
Arquiteto de dados	O analista de dados sênior responsável pela arquitetura e integração dos dados.
Arquiteto de dados corporativos	O arquiteto sênior responsável pelo desenvolvimento, manutenção e nivelamento o modelo de dados corporativos.
Arquiteto de Data Warehouse	Um arquiteto de dados responsável por data warehouses, data marts, e por processos de integração associados.
Analista / Modelador de dados	Um profissional de TI responsável por capturar e modelar os requerimentos de dados, definições de dados, regras do negócio, requerimentos de qualidade de dados, e modelos físicos e lógicos dos dados.
Administrador do modelo de dados	Responsável por controlar a versão e a mudança dos modelos de dados.
Especialista em meta-dados	Responsável pela integração, controle e entrega de meta-dados, incluindo administração de repositórios de meta-dados.
Analista da qualidade dos dados	Responsável por determinar a utilidade dos dados para uso.
Administrador de banco de dados	Responsável pelo projeto, implementação e pelo suporte a pacotes estruturados de dados.
Administrador da segurança dos dados	Responsável por garantir a controladoria aos acessos a dados confidenciais.
Arquiteto de integração de dados	Um desenvolvedor sênior em integração de dados responsável por projetar a tecnologia para integrar e melhorar a qualidade dos pacotes de dados corporativos.
Especialista em integração de dados	Um projetista de software, e desenvolvedor responsável pela implementação de sistemas para integrar (replicar, extrair, transformar e carregar) pacotes de dados em sincronismo ou próximo ao tempo real.
Arquiteto de business intelligence	Um analista de BI sênior responsável pelo projeto do ambiente de usuário de business intelligence.
Analista / administrador de business intelligence	Responsável por dar suporte ao uso efetivo de dados de BI pelos profissionais do negócio.

Tipos de papéis individuais	Descrição
Gestor de programa de business intelligence	Coordena requerimentos de BI e iniciativas por meio da corporação, e as integra em um programa e em um mapa do negócio compreensivos.
Desenvolvedor de análises e relatórios	Um desenvolvedor de software responsável por relatórios de criação, de análise e de soluções para aplicativos.
Analista do processo do negócio	Responsável pela compreensão e otimização do processo do negócio
Arquiteto de processos corporativos	Analista de processo sênior responsável pela qualidade geral do modelo corporativo de processo e pelo modelo corporativo.
Arquiteto de aplicação	Desenvolvedor sênior responsável pela integração de sistemas de aplicação.
Arquiteto técnico	Engenheiro sênior responsável por coordenar e integrar a infraestrutura de TI e o portfólio de tecnologia de TI.
Engenheiro técnico	Analista técnico sênior responsável por pesquisar, implementar, administrar e dar suporte a uma parte da infraestrutura da informação.
Administrador de Help Desk	Responsável por gerenciar, acompanhar e resolver problemas relacionados com o uso da informação, sistemas de informação, ou com a infraestrutura de TI.
Auditor de TI	Responsabilidades de um auditor de TI interno ou externo, incluindo qualidade e / ou segurança dos dados.
Chief Knowledge Officer (CKO)	O executivo com responsabilidade geral pelo gerenciamento do conhecimento, incluindo: proteção e controle de propriedades intelectuais, habilitação de desenvolvimento profissional, colaboração, mentoring, e aprendizado organizacional.
Colaboradores	Fornecedores ou consórcio participantes de uma organização. Estes podem engajar em acordos de compartilhamento de dados.
Brokers de dados	Fornecedores de dados e meta-dados geralmente por meio de inscrições para uso em uma organização.
Governo e corpos regulatórios	Regras de gerenciamento de dados de engajamento no mercado são especificadas e aplicadas por vários corpos do governo e de corpos regulatórios. Dados e informações sobre privacidade, confidencialidade e propriedades são áreas chave.
Trabalhadores do conhecimento	Analistas de negócio e consumidores de informação e de dados quem adicionam valor para os dados para a organização.

Tabela 2.3 Tipos de papéis individuais

2.7 Tecnologia

A seção Tecnologia identifica e define as categorias de tecnologia relacionada com gestão de dados. Tecnologia é coberta em cada capítulo onde as ferramentas são especificamente mencionadas.

2.7.1 CLASSES DE PRODUTOS DE SOFTWARE

Na sequência estão identificadas classes de produtos para alguns dos mais comuns produtos de software em suporte para as funções de gestão de dados.

2.7.2 HARDWARE ESPECIALIZADO

Enquanto a maioria dos softwares de tecnologia de dados processa em hardware de propósito geral, ocasionalmente hardware especializado é usado para apoiar os requerimentos de gestão de dados. Tipos de hardware especializado incluem:

- Computadores de processamento paralelo: Muitas vezes usado para suportar grandes bases de dados (VLDB Very Large Database). Existem duas arquiteturas de processamento paralelo comum, SMP (symmetrical multi-processing - Multi-processamento simétrico) e MPP (massive parallel processing - processamento paralelo massivo).
- Dispositivos de dados: Servidores construídos especificamente para transformação de dados e distribuição. Esses servidores se integram com a infraestrutura existente, quer diretamente como um encaixe para ligação, ou perifericamente como uma conexão de rede.

2.8 Leitura recomendada

Adelman, Sid, Larissa Moss, and Majid Abai. Data Strategy. Addison-Wesley, 2005.

ISBN 0-321-24099-5. 384 páginas.

Boddie, John. The Information Asset: Rational DP Funding and Other Radical Notions. Prentice-Hall (Yourdon Press Computing Series), 1993. ISBN 0-134-57326-9. 174 páginas.

Bryce, Milt and Tim Bryce. The IRM Revolution: Blueprint for the 21st Century. M. Bryce Associates Inc., 1988. ISBN 0-962-11890-7. 255 páginas.

DAMA Chicago Chapter Standards Committee, editors. Guidelines to Implementing Data Resource Management, 4th Edition. Bellevue, WA: The Data Management Association (DAMA International®), 2002. ISBN 0-9676674-1-0. 359 páginas.

Durell, William R. Data Administration: A Practical Guide to Successful Data Management. New York: McGraw-Hill, 1985. ISBN 0-070-18391-0. 202 páginas.

Horrocks, Brian and Judy Moss. Practical Data Administration. Prentice-Hall International, 1993. ISBN 0-13-689696-0.

Kent, William. <u>Data and Reality: Basic Assumptions in Data Processing Reconsidered</u>. Authorhouse, 2000. ISBN 1-585-00970-9. 276 páginas.

Kerr, James M. <u>The IRM Imperative</u>. John Wiley & Sons, 1991. ISBN 0-471-52434-4.

Newton, Judith J. and Daniel Wahl, editors. <u>Manual For Data Administration</u>. Washington, DC: GPO, NIST Special Publications 500-208, Diane Publishing Co., 1993. ISBN 1-568-06362-8.

Purba, Sanjiv, editor. <u>Data Management Handbook, 3rd Edition</u>. Auerbach, 1999. ISBN 0-849-39832-0. 1048 páginas.

Governança de Dados é a função central do framework da gestão de dados apresentado nas figuras 1.3. e 1.4. interage e influencia cada uma das dez funções da gestão de dados. O capítulo 3 define a função governança de dados e explica os conceitos e as atividades envolvidas na Governança de Dados.

3.1 Introdução

Governança de Dados é o exercício de autoridade e controle (planejamento, monitoramento, e execução) sobre a gestão de ativos de dados. A função de governança de dados guia como todas as outras funções da gestão de dados são realizadas. Governança de dados é de alto nível, ou seja, é Gestão de dados na esfera executiva.

O diagrama de contexto para a função governança de dados é apresentado na figura 3.1.

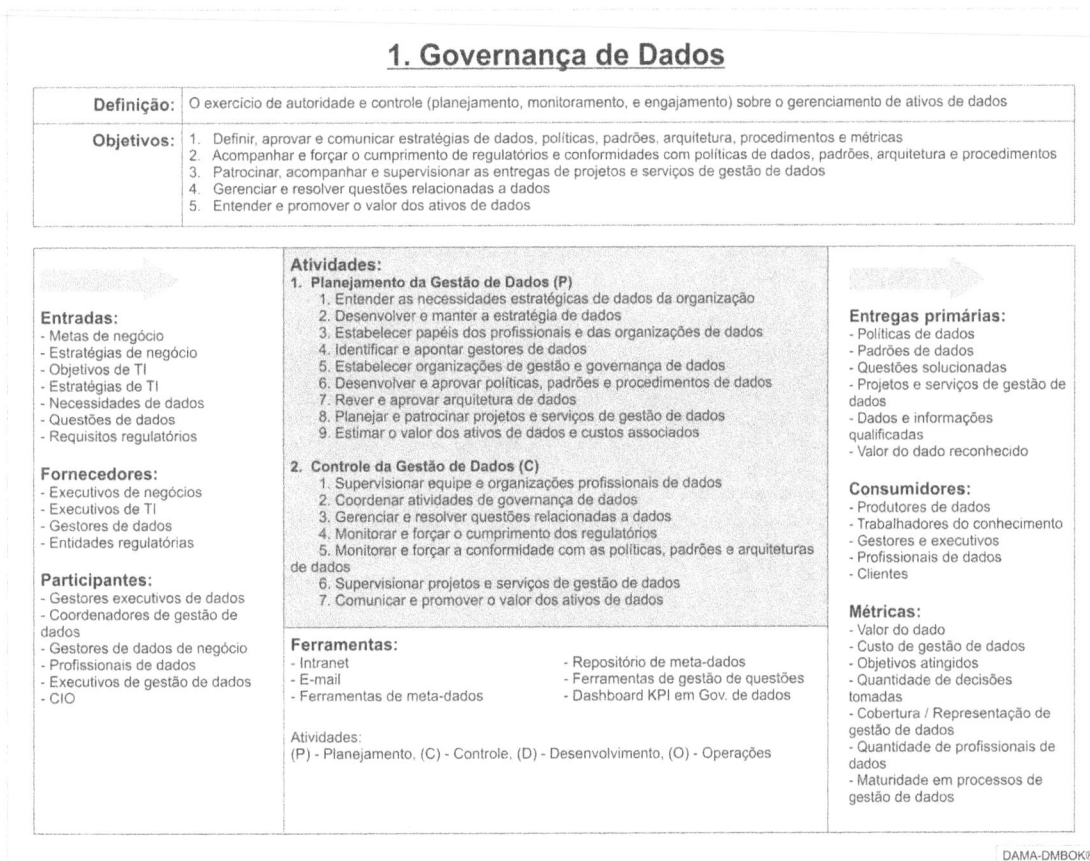

1. Governança de Dados

Definição:	O exercício de autoridade e controle (planejamento, monitoramento, e engajamento) sobre o gerenciamento de ativos de dados
Objetivos:	1. Definir, aprovar e comunicar estratégias de dados, políticas, padrões, arquitetura, procedimentos e métricas 2. Acompanhar e forçar o cumprimento de regulatórios e conformidades com políticas de dados, padrões, arquitetura e procedimentos 3. Patrocinar, acompanhar e supervisionar as entregas de projetos e serviços de gestão de dados 4. Gerenciar e resolver questões relacionadas a dados 5. Entender e promover o valor dos ativos de dados

Entradas:
- Metas de negócio
- Estratégias de negócio
- Objetivos de TI
- Estratégias de TI
- Necessidades de dados
- Questões de dados
- Requisitos regulatórios

Fornecedores:
- Executivos de negócios
- Executivos de TI
- Gestores de dados
- Entidades regulatórias

Participantes:
- Gestores executivos de dados
- Coordenadores de gestão de dados
- Gestores de dados de negócio
- Profissionais de dados
- Executivos de gestão de dados
- CIO

Atividades:
1. **Planejamento da Gestão de Dados (P)**
   1. Entender as necessidades estratégicas de dados da organização
   2. Desenvolver e manter a estratégia de dados
   3. Estabelecer papéis dos profissionais e das organizações de dados
   4. Identificar e apontar gestores de dados
   5. Estabelecer organizações de gestão e governança de dados
   6. Desenvolver e aprovar políticas, padrões e procedimentos de dados
   7. Rever e aprovar arquitetura de dados
   8. Planejar e patrocinar projetos e serviços de gestão de dados
   9. Estimar o valor dos ativos de dados e custos associados

2. **Controle da Gestão de Dados (C)**
   1. Supervisionar equipe e organizações profissionais de dados
   2. Coordenar atividades de governança de dados
   3. Gerenciar e resolver questões relacionadas a dados
   4. Monitorar e forçar o cumprimento dos regulatórios
   5. Monitorar e forçar a conformidade com as políticas, padrões e arquiteturas de dados
   6. Supervisionar projetos e serviços de gestão de dados
   7. Comunicar e promover o valor dos ativos de dados

Ferramentas:
- Intranet
- E-mail
- Ferramentas de meta-dados
- Repositório de meta-dados
- Ferramentas de gestão de questões
- Dashboard KPI em Gov. de dados

Atividades:
(P) - Planejamento, (C) - Controle, (D) - Desenvolvimento, (O) - Operações

Entregas primárias:
- Políticas de dados
- Padrões de dados
- Questões solucionadas
- Projetos e serviços de gestão de dados
- Dados e informações qualificadas
- Valor do dado reconhecido

Consumidores:
- Produtores de dados
- Trabalhadores do conhecimento
- Gestores e executivos
- Profissionais de dados
- Clientes

Métricas:
- Valor do dado
- Custo de gestão de dados
- Objetivos atingidos
- Quantidade de decisões tomadas
- Cobertura / Representação de gestão de dados
- Quantidade de profissionais de dados
- Maturidade em processos de gestão de dados

DAMA-DMBOK®

Figura 3.1 Diagrama de contexto de governança de dados

3.2 Conceitos e Atividades

Os capítulos 1 e 2 indicam que a gestão de dados é uma responsabilidade compartilhada entre os gestores de dados de negócios, representando as partes interessadas em toda a organização, e os profissionais de dados, que trabalham para atender as partes interessadas. Os gestores de dados de negócios são os fiéis depositários dos ativos de dados da organização; os profissionais de gestão de dados são os guardiões especialistas destes ativos. A gestão de dados eficaz depende de uma parceria entre o gestor de dados de negócios e profissionais da gestão de dados, especialmente na governança de dados.

A tomada de decisão compartilhada é a marca da governança de dados, como mostrado na figura 3.2. A gestão de dados eficaz requer trabalho para além das fronteiras do sistema organizacional. Governança de Dados permite a partilha de responsabilidades para as decisões selecionadas, cruzando estas fronteiras e suportando uma visão integrada de dados. Algumas decisões são decisões primárias de negócios tomadas com informações e orientação de TI, outras decisões são essencialmente técnicas efetuadas com a colaboração e orientação de gestores de dados de negócio em todos os níveis.

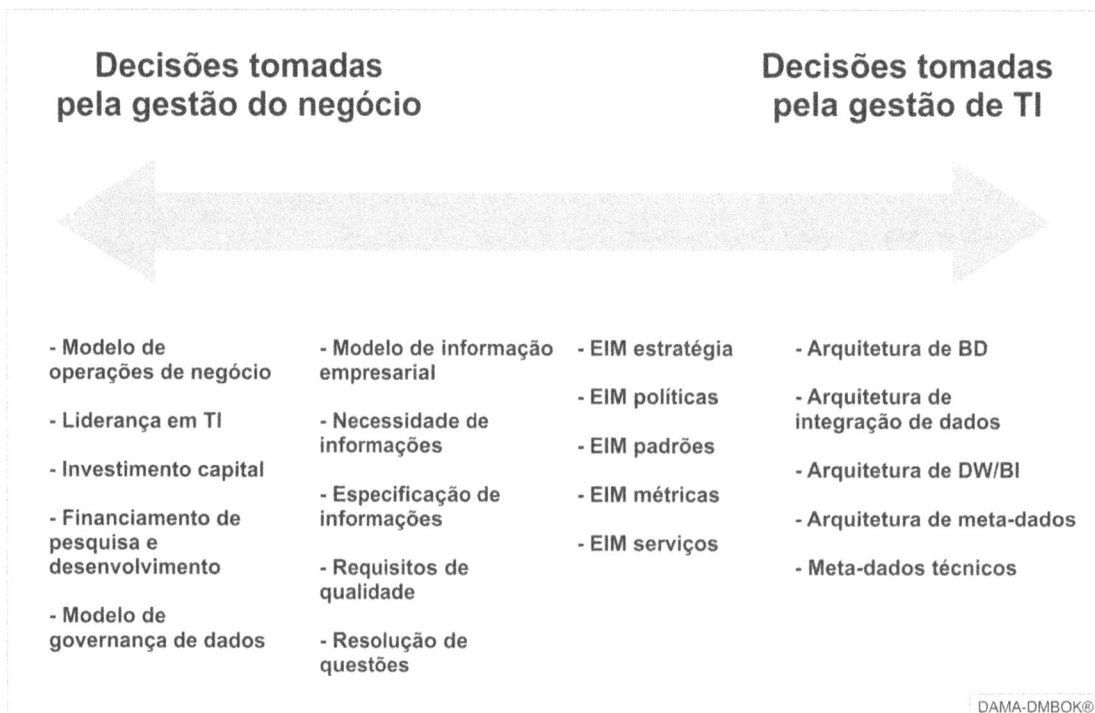

Decisões tomadas pela gestão do negócio

Decisões tomadas pela gestão de TI

- Modelo de operações de negócio

- Liderança em TI

- Investimento capital

- Financiamento de pesquisa e desenvolvimento

- Modelo de governança de dados

- Modelo de informação empresarial

- Necessidade de informações

- Especificação de informações

- Requisitos de qualidade

- Resolução de questões

- EIM estratégia

- EIM políticas

- EIM padrões

- EIM métricas

- EIM serviços

- Arquitetura de BD

- Arquitetura de integração de dados

- Arquitetura de DW/BI

- Arquitetura de meta-dados

- Meta-dados técnicos

DAMA-DMBOK®

Figura 3.2 Espectro da decisão em Governança de Dados

3.2.1 GOVERNANÇA DE DADOS

Governança de Dados é realizada eficazmente se executada como um programa (e não como um projeto) seguindo um processo de melhoria contínua.

Cada programa de governança de dados efetivo é único, levando em consideração diferentes questões organizacionais e culturais, e os desafios e as oportunidades imediatas da gestão de dados. Governança de dados é um termo relativamente novo, e muitas organizações continuam sendo pioneiras em novas abordagens. Contudo, programas de governança de dados efetivos possuem muitas características comuns baseadas em conceitos e princípios básicos.

Governança de dados não é a mesma coisa que governança de TI. A Governança de TI toma as decisões sobre os investimentos de TI, o portfólio das aplicações de TI e o portfólio de projetos de TI. Governança de TI alinha as estratégias e investimentos de TI com os objetivos e estratégias da organização. COBIT (Control Objectives for Information and Related Technology) fornece padrões para a governança de TI, mas apenas uma pequena parte do framework COBIT aborda a gestão da informação. Algumas questões críticas, como o cumprimento das leis regulatórias Sarbanes-Oxley, medem as preocupações de governança corporativa, governança de TI e de governança de dados. Governança de Dados é focada exclusivamente na gestão de ativos de dados.

Governança de dados está no coração da gestão de ativos de dados. Na representação circular das dez funções de gestão de dados introduzido no capítulo um, a governança de dados é mostrada no centro.

Outra maneira de descrever a posição de controle de governança de dados é associando com um telhado que cobre as outras funções de gestão de dados, como mostrado na figura 3.3.

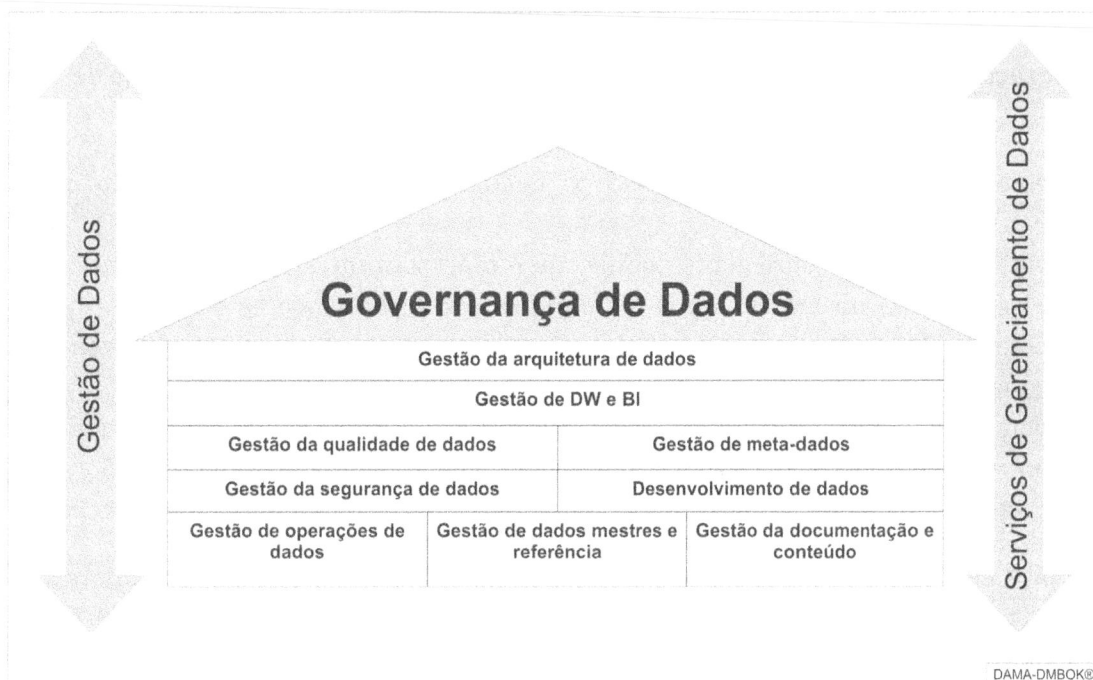

Figura 3.3 Governança de dados, curadoria dos dados, e serviços

3.2.2 GESTÃO DE DADOS

A Gestão de dados é a contabilização formal para as responsabilidades do negócio assegurando o controle e o uso efetivo dos ativos de dados. Algumas destas responsabilidades são responsabilidades da governança de dados, porém existem algumas responsabilidades significantes da Gestão de dados em cada uma das outras principais funções da gestão de dados.

O gestor de dados é um líder de negócio e/ou um especialista em algum dos assuntos relacionados à gestão de dados designado formalmente para essas responsabilidades. Como em qualquer empreitada, um bom gestor protege cuidadosamente, gerencia, e alavanca os recursos a ele/ela confiados.

Os melhores gestores de dados são encontrados, não feitos. Muitas destas atividades são executadas por profissionais antes mesmo que um programa formal de gestão de dados seja implementado. Deste modo, as responsabilidades da Gestão de dados não são novas e novas atividades podem ser repassadas sem grandes impactos. Sempre que possível, designar as pessoas já envolvidas e também interessadas. A nomeação para o papel de gestor de dados é um reconhecimento e uma confirmação do trabalho que já está sendo realizado. A nomeação de um gestor de dados formaliza a sua responsabilidade para toda a organização.

Gestores de dados controlam ativos de dados a eles confiados por outros profissionais e também controlam da melhor maneira visando os interesses da organização. Gestores de dados são designados para representar os interesses de dados de todas as partes interessadas, incluindo, mas não limitando, os interesses dos seus próprios departamentos e divisões funcionais. Os gestores de dados devem ter uma perspectiva da organização como um todo para assegurar a qualidade e a efetividade dos dados corporativos.

As organizações muitas vezes diferenciam entre executivo, coordenador e gestor de dados de negócios:

- Gestores de dados executivos são os gestores seniores que atuam no comitê de governança de Dados.
- Gestores de dados coordenadores lideram e representam equipes de gestores de dados de negócio em discussões entre as equipes e com os gestores de dados executivos. Gestores de dados coordenadores são particularmente importantes em grandes organizações.
- Gestores de dados de negócio são especialistas reconhecidos no assunto trabalhando com os profissionais da gestão de dados em base contínua para a definição e controle de dados.

Governança de Dados é Gestão de dados realizada por executivos da alta administração. Em outras palavras, a governança de dados é a tomada de decisões a respeito de Gestão de dados pela alta administração, principalmente por executivos, gestores e coordenadores de dados.

As responsabilidades do gestor de dados em gestão de dados estão na função de governança de dados:

- Gestão da Arquitetura de Dados: Gestores de dados revisam, validam, aprovam e refinam a arquitetura de dados. Gestores de dados de negócio definem as especificações de requisitos de dados que os arquitetos dos dados organizam na arquitetura dos dados da organização. Gestores de dados coordenadores apoiam os arquitetos dos dados a integrar estas especificações, resolvendo diferenças nos nomes e nos significados. Os gestores de dados executivos revisam e aprovam a arquitetura dos dados coorporativos. Os gestores de dados de todos os níveis e os arquitetos de dados colaboram para manter a arquitetura de dados.

- Desenvolvimento de Dados: Os gestores de dados de negócio definem as especificações e os requisitos de dados que os analistas de dados e arquitetos organizam em modelos lógicos de dados. Gestores de dados também validam modelos físicos de dados e projetos de banco de dados, participam de testes e conversão de banco de dados, e garantem o uso consistente dos termos na documentação e treinamento do usuário. Os gestores de dados identificam questões críticas assim que elas surgem e se necessário as levam para serem discutidas com os superiores.

- Gestão de Operações com Banco de Dados: Os gestores de dados de negócio definem os requerimentos para a recuperação, retenção e desempenho de dados, e ajudam a negociar níveis de serviço nestas áreas. Gestores de dados de negócio também ajudam identificar, adquirir, e controlar dados de origem externa.

- Gestão da Segurança de Dados: Os gestores de dados de negócio proporcionam segurança, privacidade e confidencialidade, identificam e resolvem questões de segurança de dados, auxiliam em auditorias de segurança de dados, e classificam o nível de confidencialidade das informações em documentos e outros produtos de informação.

- Gestão de Dados Mestres e de Referência: Os gestores de dados de negócio controlam a criação, a atualização, e códigos de valores fora de uso e outros dados de referência, definem os requisitos de gestão de dados mestres, identificam e ajudam a resolver questões de gestão de dados mestres.

- Gestão de business intelligence e Data Warehousing: Os gestores de dados de negócio estabelecem requisitos de business intelligence e efetuam a gestão das métricas, e identificam e ajudam a resolver questões associadas a business intelligence.

- Gestão de Conteúdo e de Documentos: Os gestores de dados de negócio ajudam a definir as taxonomias da organização e a resolver questões de gestão de conteúdo.

- Gestão de Meta-dados: Os gestores de dados de todos os níveis criam e mantêm meta-dados do negócio (nomes, significados, regras de negócio), definem acesso a meta-dados e as necessidades de integração, e o uso de meta-dados para fazer uma eficaz Gestão de dados e tomar decisões para governança. Definir e manter meta-dados do negócio está no coração da gestão de dados.

- Gestão da Qualidade de Dados: Melhorar a qualidade dos dados é uma parte essencial da gestão de dados. Os gestores de dados de negócio definem os requisitos de qualidade dos dados e regras de negócios, testam aplicações edições e validações, auxiliam na análise, certificação, auditoria da qualidade dos dados, lideram os esforços da limpeza de dados, identificam maneiras proativas de resolver causas raízes da má qualidade dos dados, promovem a consciência da qualidade dos dados, e garantem que os requisitos de qualidade dos dados sejam cumpridos. Os gestores de dados ativamente perfilam e analisam a qualidade dos dados em parceria com profissionais de dados.

3.2.3 GOVERNANÇA DE DADOS E ORGANIZAÇÕES DE DADOS

Governança de dados guia cada uma das outras funções de gestão de dados. Cada programa de governança de dados tem um alcance um pouco diferente, mas esse escopo pode incluir:

- Políticas e estratégia de dados: definição, comunicação, monitoramento.
- Arquitetura e padrões de dados: revisão, aprovação, monitoramento.
- Conformidade regulatória: comunicação, monitoramento, aplicação.
- Questões associadas à gestão: identificação, definição, escalamento, resolução.
- Projetos de gestão de dados: patrocínio, supervisão.
- Avaliação de ativos de dados: estimativa, aprovação, monitoramento.
- Comunicação: promoção, sensibilização e apreciação.

Governança de dados é essencialmente, "o governo de dados" dentro da organização. Como outros governos, existem diversos modelos de governança de dados - anarquia, ditadura e diversas variações entre estes dois tipos de governos. Algumas decisões podem ser tomadas sem riscos para gestores individuais. Mas a necessidade de tomada de decisão compartilhada, e o controle de risco conduzem a maioria das organizações a uma forma representativa de governança de dados, de modo que todos os interessados e constituintes possam ser ouvidos.

Profissionais de gestão de dados têm a responsabilidade de administrar políticas, padrões e procedimentos para a gestão e implementação da arquitetura de dados, para proteger os ativos de dados e os interesses das partes interessadas, e para fornecer serviços de gestão de dados.

Em particular, três princípios podem ser extraídos da analogia do governo representativo:

1. Governança de dados inclui a responsabilidade para funções legislativas (políticas e padrões), funções judiciais (gestão de questões) e funções executivas (administração, serviços, e conformidade).
2. Organizações de governança e gestão de dados são responsáveis pela definição de políticas, padrões, arquitetura e procedimentos, e para resolver questões relacionadas com os dados.
3. As organizações profissionais da gestão de dados têm a responsabilidade por administrar políticas de dados, padrões e procedimentos, para fazer a gestão e implementação de arquitetura de dados, para proteger os ativos de dados e os interesses das partes interessadas, e para fornecer serviços de gestão de dados.
4. Governança de dados normalmente opera nos níveis organizacional e local. Em grandes organizações, a governança de dados também pode ser exigida entre os níveis, dependendo do tamanho da organização.
5. A separação de deveres entre a gestão de dados (legislativa e judicial) e a gestão de serviços de dados (executivo) fornece um grau de controle e equilíbrio para a gestão dos dados.

Tipicamente, 3 funções cruzadas entre as organizações de governança de dados e Gestão de dados têm responsabilidades legislativas e judiciais:

- O conselho de governança de dados tem a autoridade à gestão de dados em toda a organização. Os gestores de dados executivos no conselho são gestores seniores representando as perspectivas dos departamentos e da organização.
- O comitê de direção do programa gestor de dados suporta o conselho de governança de dados, semelhante com as comissões de um congresso, formula políticas e normas para análise e aprovação pelo conselho de governança de dados sobre iniciativas específicas e supervisiona essas iniciativas patrocinadas.
- Times de Gestão de dados são grupos focados de gestores de dados de negócio que colaboram em atividades estratégicas de gestão de dados dentro de uma determinada área. Equipes de gestores de dados reúnem especialistas em determinados assuntos de toda a organização para determinar quais os nomes de dados, definições, requisitos de qualidade para os dados e regras de negócios devem ser consistentes e que devem permanecer no local de origem. Times de gestores de dados devem ser constantes, grupos permanentes que se reúnem regularmente, em estreita colaboração com os arquitetos de dados.

As regras definidas por organizações de governança de dados incluem a estratégia global dos dados, as políticas de dados, padrões de dados, procedimentos de gestão de dados, métricas de gestão de dados, os nomes de dados de negócio, definições de negócio e regras de negócio encontradas no modelo de dados corporativo, especificações de requisitos de dados adicionais, regras de negócio para qualidade de dados.

As questões julgadas pelas organizações de governança de dados incluem as questões de segurança de dados, as questões de acesso a dados, as questões de qualidade dos dados, as questões de conformidade regulamentar, questões de conformidade com políticas e normas, definição de conflitos e questões "procedurais" de governança de dados.

Profissionais da gestão de dados executam responsabilidades similares a departamentos e agências governamentais. Eles administram, monitoram e fiscalizam políticas de dados, normas e procedimentos. Coordenam, mantêm, e implementam a arquitetura de dados. Profissionais da gestão de dados coletam e revisam requisitos, facilitam a modelagem de dados para servir aos interesses das partes interessadas, e permitem a entrega dos dados por meio da implementação de bancos de dados e aplicações. Eles adquirem e protegem os ativos de dados, monitoram a qualidade dos dados, fazem segurança e auditoria de qualidade dos dados.

Adicionalmente as suas outras funções profissionais, alguns profissionais de gestão de dados fornecem suporte para as organizações de governança de dados. Gestores de dados de negócio são profissionais e gestores com responsabilidades de Gestão de dados em tempo parcial. Profissionais de gestão de dados devem respeitar o seu tempo e coordenar atividades de governança de dados, agendarem reuniões de governança de dados, planejar e editar agendas, fornecer documentos para revisão antes de cada reunião, facilitando as reuniões, acompanhando as questões, efetuando acompanhamento das decisões tomadas e publicando das atas de reuniões. Arquitetos de dados servem como facilitadores para cada time de gestão de dados. O executivo de gestão de dados e / ou arquiteto de dados da organização podem dar suporte aos comitês de direção do programa gestor de dados. A gestão executivo de dados e o diretor de tecnologia da informação (CIO) orientam o conselho de governança de dados frequentemente com a ajuda de um escritório de governança de Dados (conforme figura 3.2.6 abaixo).

Ao mesmo tempo, cada organização deve ser presidida por um representante de negócios. Coordenadores da gestão de dados dirigem suas equipes de gestores de dados. Um gestor de dados executivo do conselho de governança de dados deve presidir cada um dos comitês de gestão de dados. Um gestor de dados, selecionado entre os gestores de dados executivos, preside o conselho de governança de dados.

As grandes organizações podem ter os conselhos de governança de dados divisionais ou departamentais trabalhando sob os auspícios do conselho de governança de dados da organização. Organizações menores devem tentar evitar essa complexidade.

3.2.4 ORGANIZAÇÕES DE SERVIÇOS DE GESTÃO DE DADOS

Profissionais de gestão de dados dentro departamento de TI reportam para uma ou mais organizações de serviços de gestão de dados (DMS)[6]. Em muitas organizações pode haver uma organização centralizada de serviços de gestão de dados, enquanto em outras há vários grupos descentralizados. Algumas organizações têm duas organizações locais de serviços de dados bem como uma organização centralizada. Uma organização de serviços de dados centralizada é conhecida como um Centro de Excelência em Gestão de Dados.

Entre os profissionais de Gestão de dados dentro das organizações de serviços de dados podemos incluir arquitetos de dados, analistas de dados, modeladores de dados, analistas de qualidade, administradores de banco de dados, administradores de segurança de dados, administradores de meta-dados, administradores de modelo de dados, arquitetos de DW, arquitetos de integração de dados, e os analistas de business intelligence. Estas organizações podem também incluir os desenvolvedores de integração de dados e desenvolvedores de análise/relatório, embora muitas vezes eles permaneçam na organização do desenvolvimento de aplicativos com outros desenvolvedores. Organizações descentralizadas podem incluir apenas alguns desses papéis. Os profissionais de gestão de dados em todas as organizações constituem uma comunidade profissional de gestão de dados e, juntamente com os gestores de dados, eles se unem em uma comunidade de interesses em gestão de dados.

3.2.5 O EXECUTIVO DA GESTÃO DE DADOS

Não há nenhum substituto para a liderança de um diretor de tecnologia CIO e a um gestor executivo de dados dedicado, orientando a função de gestão de dados e promovendo o programa de Gestão de dados. Liderança ativa e visionária é um fator de sucesso crítico para a gestão de dados eficaz.

---

[6] DMS: Data Management Services

O gestor de dados executivo lidera a função de gestão de dados, servindo como mão direita do diretor de tecnologia da informação para informações. O gestor executivo de dados deve se reportar diretamente ao diretor de tecnologia, responsável pela coordenação de gestão de dados, pela Gestão de dados e pela governança de dados. Dada à abrangência das responsabilidades do diretor de tecnologia, o diretor de tecnologia necessitará contar com uma pessoa para fazer gestão dos ativos de dados e informação.

Organizações de serviços de gestão de dados e seus profissionais devem se reportar ao gestor de dados executivo, direta ou indiretamente. O gestor de dados executivo é responsável pelos profissionais de gestão de dados, desenvolvimento de habilidades, gestão de contratados, incluindo orçamento e alocação de recursos, métricas de gestão, recrutamento de gestores de dados, colaboração entre negócios e TI, e gestão das mudanças organizacionais e culturais requeridas para suportar a gestão de dados. O gestor de dados executivo trabalha em estreita colaboração com os seus pares líderes de desenvolvimento de aplicativos, infraestrutura / operações e outras funções de TI.

O gestor de dados executivo é responsável pela implementação das decisões do conselho de governança de dados. Ele ou ela serve como coordenador operacional para o conselho de governança de dados, trabalhando em estreita parceria com o gestor de dados chefe, mantendo a estratégia de dados e supervisionando projetos de Gestão de dados.

3.2.6 O ESCRITÓRIO DE GOVERNANÇA DE DADOS

Nas grandes organizações, o escritório de governança de dados é uma organização composta de gestores de dados facilitadores que suportam as atividades e a tomada de decisão dos gestores de dados de negócios em todos os níveis. O objetivo do escritório de governança de dados é oferecer suporte em tempo integral para responsabilidades de tempo parcial dos gestores de dados de negócio.

Assim como um comitê do congresso é apoiado por profissionais, os facilitadores da gestão de dados executam o trabalho braçal requerido para obter a informação que permite aos gestores de dados de negócio tomar decisões lastreadas e eficazes. Nas grandes organizações, o acréscimo de responsabilidades dos profissionais das áreas as responsabilidades de gestão de dados pode ser crítico. O gestor de dados executivo, arquitetos de dados, analistas de qualidade de dados podem não ser capazes de encontrar o tempo necessário para efetivamente coordenar a comunicação, o recolhimento de informações e a tomada de decisão exigida para a governança de dados e gestão de dados. Quando isso acontece, as organizações devem considerar a criação de um escritório de governança de dados.

É crítico que gestores de dados de tempo integral, não assumam a responsabilidade pela gestão de dados. O papel deles é apoiar o conselho de governança de dados, os comitês de gestão de dados, e os times de gestores de dados. O escritório de governança de dados pode se reportar ao gestor de dados executivo, ou pode se reportar inteiramente fora da TI. O diagrama na Figura 3.4 representa essas organizações e seus relacionamentos.

3.3 Atividades da Governança de Dados

As atividades que compreendem a função de governança de dados são explicadas abaixo. Cada uma das atividades é importante para a plena implementação da função de governança de dados dentro de uma organização.

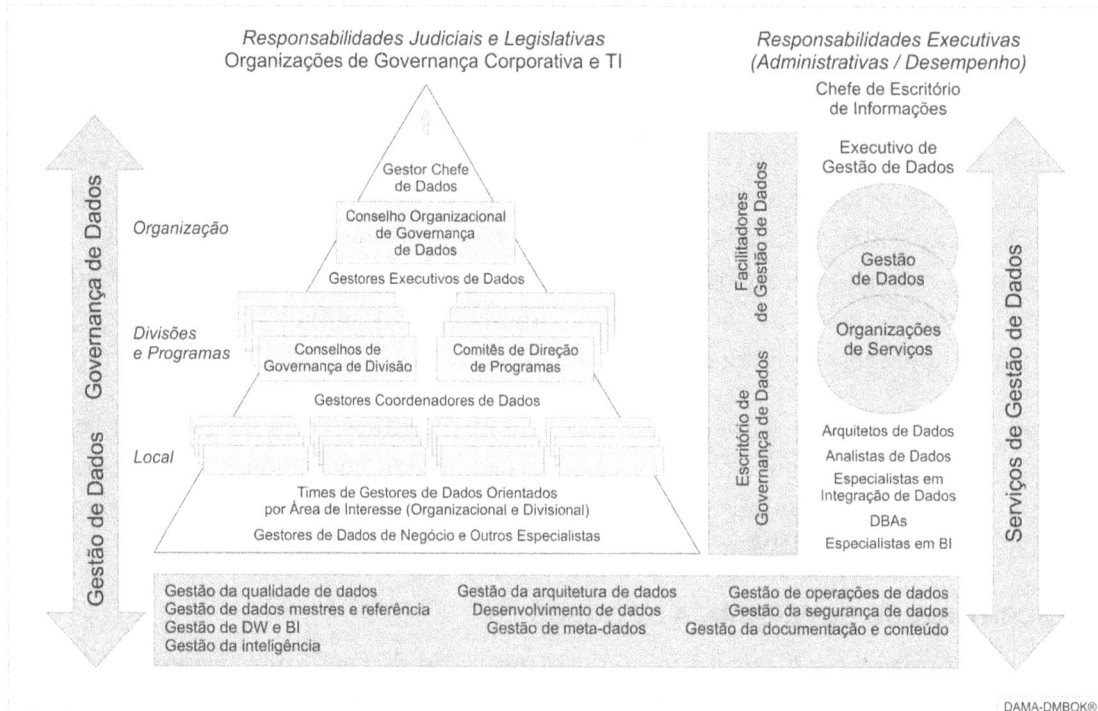

Figura 3.4 Organizações de gestão de Governança de dados, gestão de dados, serviços

3.3.1 ESTRATÉGIA DE DADOS

A estratégia é um conjunto de escolhas e decisões que, juntos, traçam um plano de ação de alto nível para atingir metas de alto nível. No jogo de xadrez, uma estratégia é um conjunto de movimentos sequenciados para vencer por cheque ou sobreviver pelo empate. Um plano estratégico é um curso de ações de alto nível para atingir metas de alto nível.

Normalmente, uma estratégia de dados é um programa estratégico de gestão de dados para manter e melhorar a qualidade dos dados, integridade, segurança e acesso. No entanto, uma estratégia de dados pode incluir também planos de negócios para utilizar as informações para a vantagem competitiva e suportar os objetivos da organização. A estratégia de dados deve ser proveniente de uma compreensão das necessidades inerentes às estratégias de negócio. Esses dados precisam conduzir a estratégia de dados.

Estratégia de dados não é a mesma coisa que arquitetura de dados. A decisão de definir a arquitetura de dados pode ser parte de uma estratégia, e as decisões para implementar os componentes da arquitetura de dados são decisões estratégicas. A estratégia pode influenciar a arquitetura, que, por sua vez, apóia a estratégia, orientando outras decisões.

Em muitas organizações, a estratégia de dados pertence e é mantida pelo conselho de governança de dados, com a orientação do diretor de tecnologia da informação e do gestor de dados executivo. Em outras organizações, esses executivos podem manter a propriedade e o controle da estratégia de dados, no entanto, compartilhando a posse e o desenvolvimento da gestão de dados por meio de uma parceria com a área de negócios. Muitas vezes, o gestor de dados executivo irá elaborar uma estratégia inicial de dados, mesmo antes que um conselho de governança de dados seja formado, a fim de obter o compromisso da alta administração para o estabelecimento da governança e da gestão de dados.

Os componentes de uma estratégia dos dados podem incluir:

- Uma visão convincente para gestão de Dados.
- Um caso de negócios resumido para gestão de dados, com exemplos selecionados.
- Princípios orientadores, valores e perspectivas de gestão.
- A missão e a metas direcionadoras de longo prazo da gestão de dados.
- As medidas de sucesso na gestão de dados.
- Objetivos do programa de gestão de dados de curto prazo (12-24 meses) SMART[7] (específico / mensurável / alcançável / realista / temporal / datas).
- Descrições das organizações e dos papéis em gestão de dados juntamente com um resumo das suas responsabilidades e direitos de decisão.
- As descrições dos componentes e iniciativas do programa de gestão de dados.
- Um esboço do roteiro para implementação de gestão de dados (projetos e itens de ação).
- Fronteiras do escopo e decisões de adiar os investimentos e tabela questões críticas.

A estratégia de dados é muitas vezes empacotada em três entregas separadas, incluindo:

- Um termo do programa da gestão de dados: visão geral, caso de negócio, metas, princípios orientadores, medidas de sucesso, fatores críticos de sucesso, riscos reconhecidos, etecetera.
- Uma declaração do escopo da gestão de dados: Metas e objetivos para algum horizonte de planejamento, geralmente 3 anos, e os papéis, organizações e líderes individuais responsáveis por atingir esses objetivos.
- Um roteiro de implementação da gestão de dados: Identificando programas específicos, projetos, atribuições de tarefas e marcos de entrega.

Estas entregas são frequentemente publicadas em uma intranet como parte do programa de gestão de dados.

A estratégia de dados deve endereçar todas as funções de gestão de dados relevantes para a organização. Por exemplo, a estratégia de dados deverá incluir a estratégia de gestão de meta-dados. Veja a Figura 2.1 para a lista completa de funções de gestão de dados.

---

[7] SMART: Smart / Measurable / Achievable / Relevant / Timely.

3.3.2 POLÍTICAS DE DADOS

Políticas de dados são breves declarações de intenções de gestão e as regras fundamentais que regem a criação, a aquisição, a integridade, segurança, qualidade e utilização dos dados e informações. Políticas de dados são mais fundamentais, globais, críticas de negócios do que padrões de dados detalhados. Políticas de dados variam muito entre as organizações. Políticas de dados descrevem o que fazer e o que não fazer, enquanto os padrões e procedimentos descrevem como fazer algo. Deve haver relativamente poucas políticas dos dados, e elas devem ser publicadas de forma breve e direta.

Políticas de dados são geralmente elaboradas por profissionais de gestão de dados. Em seguida, gestores de dados e revisam e refinam as políticas. O conselho de governança de dados realiza a revisão final, revisão e a adoção das políticas de dados. O conselho de governança de dados pode delegar autoridade ao comitê de gestão de dados ou a organização de serviços de gestão de dados.

Políticas de dados devem ser efetivamente comunicadas, monitoradas, impostas, e periodicamente reavaliadas. Políticas de dados podem abranger tópicos como:

- Modelagem de dados e outras atividades de desenvolvimento de dados dentro do ciclo de vida de desenvolvimento de sistemas (SDLC).
- Desenvolvimento e utilização da arquitetura de dados.
- Expectativas de qualidade de dados, papéis e responsabilidades (incluindo a qualidade de meta-dados).
- A segurança de dados, incluindo as políticas de classificação de confidencialidade, as políticas de propriedade intelectual, políticas de privacidade de dados pessoais, acesso a dados gerais e as políticas de utilização e acesso a dados por terceiros.
- Recuperação de banco de dados e retenção de dados.
- Acesso e utilização de fontes de dados externos.
- Compartilhamento de dados interna e externamente.
- Políticas de business intelligence e Data Warehousing.
- Políticas de dados não estruturados (arquivos eletrônicos e registros físicos).

3.3.3 ARQUITETURA DE DADOS

O conselho de governança de dados patrocina e aprova os modelos de dados corporativos e outros aspectos relacionados com a arquitetura de dados. O conselho de governança de dados pode nomear um comitê de direção da arquitetura de dados corporativos para supervisionar o programa e seus projetos interativos. O modelo de dados corporativos deve ser desenvolvido e mantido conjuntamente por arquitetos de dados e gestores de dados trabalhando em temas de Gestão de dados orientados por áreas objetivos, e coordenados pelo arquiteto de dados corporativo.

Enquanto os times de gestores de dados propõem alterações e desenvolvem extensões para os modelos de dados corporativos, o comitê diretor de arquitetura de dados supervisiona o projeto e as mudanças de opiniões. Os modelos de dados corporativos devem finalmente ser revistos, aprovados e formalmente adotados pelo conselho de governança de dados. Os gestores de dados executivos no conselho devem prestar especial atenção ao alinhamento do modelo de dados corporativos com as estratégias de negócios, processos, organizações e sistemas.

Similarmente, a abordagem geral, caso de negócios, e os aspectos menos técnicos relacionados com a arquitetura de dados devem também ser revistos, aprovados e adotados pelo conselho de governança de dados. Isto inclui tecnologia para arquitetura de dados, a arquitetura de integração de dados, a arquitetura de Data Warehouse e business intelligence, e a arquitetura de meta-dados. Pode incluir também a arquitetura de gestão do conteúdo da informação e taxonomias da organização. O conselho pode delegar essa responsabilidade ao comitê de direção da arquitetura de dados.

3.3.4 PROCEDIMENTOS E PADRÕES DE DADOS

Normas e diretrizes de dados incluem padrões de nomenclatura, padrões de especificação de requisitos, os padrões de modelagem de dados, padrões de design de banco de dados, padrões de arquitetura e normas processuais para cada função de gestão de dados. Normas e diretrizes variam amplamente entre organizações. Padrões de dados são geralmente elaborados por profissionais de gestão de dados. Padrões de dados devem ser revistos, aprovados e adotados pelo conselho de governança de dados, a menos que essa autoridade seja delegada a um comitê de direção de padrões de dados. Padrões de dados e orientações devem ser efetivamente comunicados, monitorados, impostos, e periodicamente reavaliados.

Procedimentos de gestão de dados são os métodos documentados, técnicas e passos seguidos para realizar uma atividade ou tarefa específica. Tal como as políticas e padrões, os procedimentos variam muito entre as organizações. A documentação procedural é geralmente elaborada por profissionais de gestão de dados, e pode ser analisada por um comitê de direção de padrões de dados.

Padrões e diretrizes procedurais de dados podem incluir:

- Modelagem de dados e padrões de arquitetura, incluindo dados sobre as convenções de nomenclatura, padrões de definição, padrões de domínios e padrões de abreviações.
- Negócios padrões e técnicas de meta-dados a serem capturados, mantidos e integrados.
- Diretrizes e procedimentos da gestão do modelo de dados.
- Integração e procedimentos de uso de meta-dados.
- Padrões para a recuperação de banco de dados e continuidade de negócios, desempenho de banco de dados, retenção de dados e aquisição de dados externos.
- Normas e procedimentos de segurança de dados.
- Procedimentos de controle de referência de gestão de dados.
- Procedimentos e padrões para identificação e junção de dados duplicados e de limpeza de dados.
- Procedimentos e padrões para business intelligence.

- Procedimentos e normas de gestão de conteúdo corporativo, incluindo o uso de taxonomias da corporação, o suporte legal para a apresentação e retenção de documentos e e-mail, as assinaturas eletrônicas, padrões de formatos de relatórios e abordagens de distribuição de relatórios.

3.3.5 CONFORMIDADE REGULATÓRIA

Toda organização é impactada por regulamentações governamentais e industriais. Muitas dessas regulamentações ditam como os dados e informações devem ser gerenciadas. Geralmente, o cumprimento destas normas não é opcional. Parte da função de governança de dados é monitorar e garantir o cumprimento regulamentar. De fato, o cumprimento de regulamentação é frequentemente a razão inicial para a implementação de governança de dados. Governança de dados guia a aplicação de controles adequados para assegurar, documentar e monitorar a conformidade com as regulamentações relacionadas a dados.

Para as organizações de capital aberto nos Estados Unidos, a Lei Sarbanes-Oxley de 2002, estabeleceu rigorosos níveis de informações financeiras e requisitos de auditoria. Ela foi projetada para tornar os executivos mais responsáveis e encarregados pela fiscalização de suas organizações. Existem diversos outros regulamentos com implicações significativas sobre como os ativos de informação são geridos. Por exemplo:

- HIPPA: The Health Information Protection and Portability Act (HIPPA) é uma lei federal dos Estados Unidos promulgada em 1996 que exige dos empregadores, prestadores de serviços médicos e companhias de seguros que respeitem a privacidade e segurança da informação da saúde do paciente. O título II da HIPPA também estabeleceu normas nacionais para as transações eletrônicas de assistências médicas e identificadores nacionais para os fornecedores, planos de saúde, e os empregadores, incentivando o intercâmbio de dados eletrônicos de assistências médicas dos Estados Unidos.
- Novo Acordo de Basiléia II: Desde 2006, as instituições financeiras que fazem negócios nos países da União Europeia são obrigadas a comunicar informações padrão provando a liquidez.
- Solvência II: A União Europeia dispõe de uma legislação similar para a indústria de seguros.
- PCI-DSS: Normas de Segurança de Dados para a Indústria de Cartões de pagamento (PCI-DSS).
- O Government Accounting Standards Board (GASB) e do Financial Accounting Standards Board (FASB) apresentam como padrões contábeis têm implicações importantes sobre como os ativos de informação são geridos.

Organizações de governança de dados trabalham com outras organizações técnicas e de negócios lideres para encontrar as melhores respostas para as seguintes questões de conformidade regulamentar:

- Quão relevante é a regulamentação? Por que é importante para nós?

- Como podemos interpretar isso? Quais são as políticas e procedimentos que isso exige?
- Temos que cumprir agora? Como é que vamos cumprir agora?
- Como devemos cumprir no futuro? O que vai demorar? Quando é que vamos cumprir?
- Como podemos demonstrar e comprovar o cumprimento?
- Como é que vamos fiscalizar o cumprimento? Quantas vezes nós vamos verificar o cumprimento?
- Como podemos identificar e relatar a não-conformidade?
- Como nós gerenciamos e retificamos a não-conformidade?

3.3.6 GESTÃO DE CONFLITOS

Governança de dados é o veículo utilizado para identificar, controlar, e resolver diversos tipos de diferentes questões relacionadas a dados, incluindo:

- Questões de qualidade de dados.
- Nomes de dados e conflitos na definição.
- Esclarecimentos e conflitos em regras de negócios.
- Segurança dos dados, privacidade e questões de confidencialidade.
- Questões de não-conformidade em relação à regulamentação.
- Questões de não-conformidade (políticas, padrões, arquitetura e procedimentos).
- Políticas, padrões, arquitetura e procedimentos conflitantes.
- Conflito de interesses das partes interessadas em dados e informações.
- Questões de gestão de mudanças organizacionais e culturais.
- Questões relativas aos procedimentos de governança de dados e direitos de decisão.
- Negociação e revisão de acordos de partilha de dados.

A maioria das questões pode ser resolvida pelo time de gestores de dados. Questões relativas à comunicação e/ou que exijam apresentação a níveis superiores devem ser registradas para acompanhamento. As questões podem ser levadas ao comitê de gestores de dados, ou mais acima ao conselho de governança de dados, como mostrado na figura 3.5. Questões que não podem ser resolvidas pelo conselho de governança de dados devem ser encaminhadas para a alta administração e/ou governança.

Governança de dados requer procedimentos e mecanismos de controle para:

- Identificação, captura, registro e atualização das questões.
- O acompanhamento da situação das questões.
- Documentar pontos de vista das partes interessadas e as alternativas de resolução.
- Objetivo, discussões neutras onde todas as visões são ouvidas.
- Questões apresentadas para níveis superiores de autoridade.
- Determinação, documentação e comunicação das resoluções dos problemas.

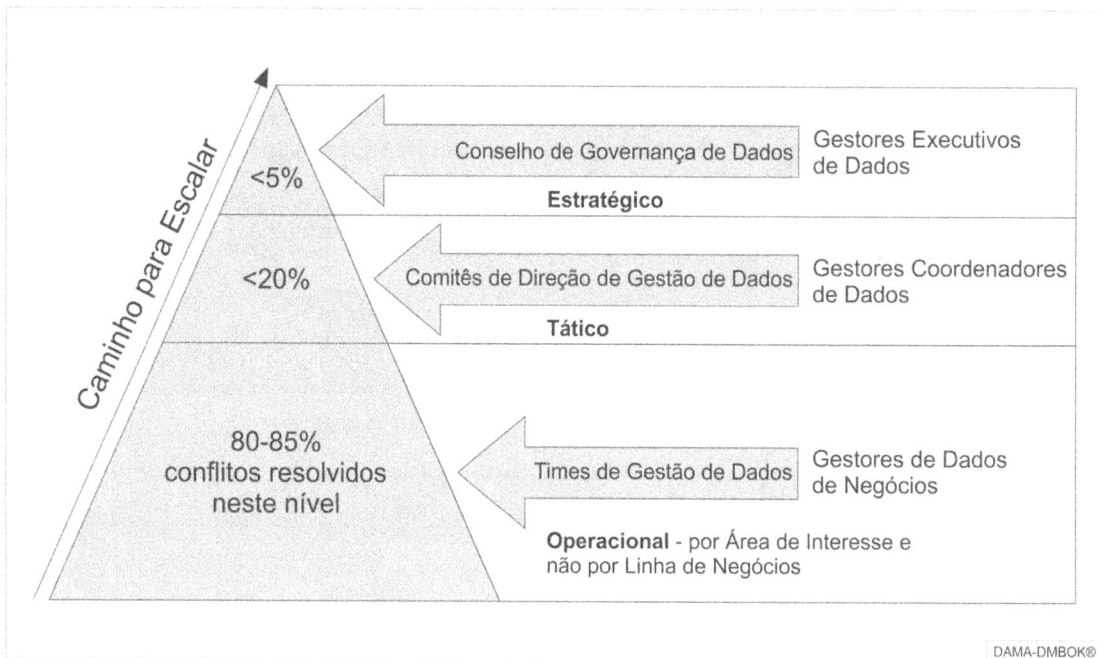

Figura 3.5 Caminho para escalar questões de dados

Não subestime a importância e o valor da gestão de questões de dados; e igualmente a necessidade desses procedimentos e mecanismos não deve ser subestimada. O ramo judiciário que tem a responsabilidade pela gestão de questões e como um parceiro terceiro com o ramo legislativo, é que tem a responsabilidade de definir políticas, padrões e arquitetura de dados da organização, e com o ramo executivo, é que tem a responsabilidade de proteger e servir as responsabilidades administrativas.

3.3.7 PROJETOS DE GESTÃO DE DADOS

Iniciativas de gestão de dados que normalmente fornecem benefícios para toda a organização exigem patrocínio do conselho de governança de dados. Alguns desses programas e projetos são concebidos para implementar ou melhorar a função global de gestão de dados. Outros projetos e programas possuem foco em uma função específica da gestão de dados, tais como:

- Gestão de arquitetura de dados.
- Gestão de data warehousing e business intelligence.
- Gestão de dados mestres e de referência.
- Gestão de meta-dados.
- Gestão da qualidade de dados.

Uma mudança organizacional significativa é muitas vezes necessária para implementar uma gestão mais eficaz dos dados. A implementação de uma estratégia de dados normalmente exige algumas mudanças culturais e organizacionais para suportar essa estratégia. Um roteiro de gestão de dados define um plano de ação para iniciar e/ou melhorar as funções de Gestão de dados. O roteiro tipicamente consiste de uma avaliação das funções correntes, a definição de um ambiente alvo e os objetivos alvos, e um plano de transição que define os passos necessários para alcançar estes alvos, incluindo uma abordagem de gestão de mudança organizacional.

Todo projeto de gestão de dados deve seguir as normas de gestão de projetos da organização. No mínimo, cada projeto deve começar com uma estratégia claramente definida e documentada no termo de abertura do projeto, apresentando a missão, objetivos, escopo, recursos e expectativas de entrega dos patrocinadores, que, nestes casos, é o conselho de governança de dados. O conselho ajuda a definir os casos de negócio para projetos de gestão de dados e supervisiona o andamento e o progresso do projeto. O conselho coordena seus esforços com o Project Management Office (PMO), caso exista um. Projetos de gestão de dados podem ser considerados parte global do portfólio de projetos de TI.

O Conselho de Governança de Dados também pode coordenar os esforços de gestão de dados com os patrocinadores de projetos relacionados, especialmente com programas de grande alcance para toda a organização. Estes incluem o planejamento de recursos organizacionais (ERP) e gestão de projetos de relacionamento com clientes (CRM), ou no setor público, projetos de gestão de relacionamento com o cidadão. Tais programas se beneficiam da gestão de dados formal, porque:

1. Qualidade da informação é essencial para o sucesso desses projetos,
2. Um objetivo chave do projeto é integrar as informações em toda a organização.

Gestão de dados fornece esses projetos com:

- Um diagrama mestre para a integração de informações de toda a organização (uma arquitetura de dados).
- Abordagens para gestão da qualidade de dados e gestão de dados mestres.
- Estratégias, ferramentas, estruturas e suporte para permitir o uso de business Intelligence.
- Uma abordagem comprovada para parcerias com líderes de negócios que regem a integração da organização.

3.3.8 SERVIÇOS DE GESTÃO DE DADOS

Como os curadores especialistas e os curadores de ativos de dados e informações, os profissionais de dados fornecem diversos serviços para a organização. Organizações de serviços de gestão de dados podem formalizar a definição e entrega destes serviços, a fim de ser mais focado em atender às necessidades da organização. Estes serviços vão desde a coordenação de alto nível de governança, definição e coordenação da arquitetura da organização, a análise de requisitos de informações, facilitação de modelagem de dados, e de análise da qualidade de dados para o desenho tradicional de banco de dados, implementação, e serviços de suporte à produção.

Oferecendo completa variedade de atividades de gestão de dados como serviços, os gestores de TI podem envolver o conselho de governança de dados na estimativa das necessidades da organização para estes serviços e na justificativa contratar pessoal e para financiamento para os projetos para prover estes serviços. Como patrocinadores destes serviços em curso, o conselho de governança de dados pode supervisionar a efetividade deles a partir de uma perspectiva do negócio, premissas para avaliação de dados, e confirmar avaliações da contribuição do valor de dados e da contribuição de valor da gestão de dados para o negócio.

3.3.9 AVALIAÇÃO DE ATIVOS DE DADOS

Dados e informações são realmente ativos porque eles têm valor comercial, tangíveis ou intangíveis. Hoje, as práticas de contabilidade consideram os dados e informações como ativos intangíveis, bem como software, documentação, conhecimento de especialista, segredos comerciais e outras propriedades intelectuais. Aceitação (dos clientes em relação à empresa) é o termo que representa o montante adicional de dinheiro que a companhia vale além do valor dos seus ativos tangíveis e quaisquer referências específicas a outros ativos intangíveis.

Organizações utilizam várias abordagens para estimar o valor de seus ativos de dados. Uma forma é identificar os benefícios comerciais diretos e indiretos é derivado da utilização dos dados. Outra maneira é identificar o custo de sua perda, identificando os impactos de não se ter a quantidade corrente e o nível de qualidade dos dados:

- Qual a variação percentual de receita poderia ocorrer?
- Qual a variação percentual de custos poderia ocorrer?
- Que posições de risco podem ocorrer, e qual seria o potencial impacto financeiro?

Considerando por esta ótica, os impactos são estimados frequentemente para serem completamente grandes, mas porque há tão muitos outros fatores de contribuição, de que a perda de alguns pôde conduzir a impactos negativos similares, estes impactos são entendidos como um tanto desproporcionais. Tipicamente, os líderes de negócio negociam e concordam com uma porcentagem conservadora do impacto potencial total, que pôde ser considerado como a contribuição para a receita, por exemplo, feita por ativos dados em proporção relativa a outros recursos e fatores de contribuição.

Outra maneira de determinar o valor dos ativos dos dados é estimar o que os concorrentes poderiam pagar por esses ativos, se oferecido exclusivamente, sem quaisquer outros ativos. Fazer essas estimativas e ganhar a sua aceitação exige um significativo e permanente diálogo com os contadores e executivos financeiros. Essas conversas são tipicamente novas e um pouco estranhas para a maioria dos gestores de TI.

Às vezes gestores de dados de negócio acham que é mais fácil estimar o valor das perdas de negócios, devido à informação insuficiente. Lacunas de informação - a diferença entre que informação é necessária e quaisquer informações confiáveis disponíveis - representam passivos do negócio. Eliminando e prevenindo essas falhas representa oportunidades para que programas de gestão de dados forneçam alguma estimativa de valor para o negócio.

3.3.10 COMUNICAÇÃO E PROMOÇÃO

Gestores de dados em todos os níveis e os profissionais de gestão de dados devem continuamente comunicar, educar e promover a importância e o valor dos ativos de dados e informações e as contribuições das funções de gestão de dados para o negócio. Incrementar a conscientização, apreciação de questões e entendimento dos benefícios da gestão de dados por parte das partes interessadas é uma responsabilidade permanente de todos os membros da comunidade de gestão de dados.

Todos os produtores e consumidores de dados de informação devem entender as políticas de dados e seu compromisso com a qualidade dos dados, segurança dos dados, proteção de dados, entrega de dados e suporte a dados de sua organização. Todos os interessados devem estar cientes dos programas de governança e gestão de dados, organizações, papéis e responsabilidades. Todos os interessados devem também estar conscientes de investimentos da organização em projetos de gestão de dados, bem como os objetivos e as expectativas para estes projetos. Todos os interessados devem entender que independentemente das suas responsabilidades têm que respeitar os padrões de dados e cumprir com as regulamentações externas.

Cada papel individual de gestão de dados e organização é responsável por comunicar as mensagens-chave. No entanto, as organizações devem atribuir especificamente a responsabilidade pelo planejamento de comunicação a um ou dois indivíduos.

As organizações costumam usar várias abordagens para comunicar estas mensagens-chave. Essas abordagens incluem:

- Manter uma intranet para o programa de gestão de dados.
- Postar comunicações em outros sites dentro da organização.
- Postar comunicações impressas nos quadros de avisos locais.
- Publicar um boletim informativo distribuído impresso ou via email.
- Aproveitar as oportunidades nas reuniões de departamento para divulgar e promover breves informações.
- Apresentar tópicos de interesse para o público adequado.
- Promovendo a participação em uma comunidade interesse em gestão de dados.
- Divulgar em tempo hábil as mensagens-chave que podem ser ditas de forma sucinta, sempre que as oportunidades surgirem, ajudando as pessoas a comunicar estas mensagens-chave de forma consistente.

Uma intranet de gestão de dados é um veículo particularmente eficaz para comunicar-se:

- Mensagens executivas sobre questões significativas de gestão de dados.
- A estratégia de gestão de dados e o termo de abertura do programa, incluindo a visão, os benefícios, metas e princípios.
- O roteiro de implementação de gestão de dados.
- Políticas de dados e padrões de dados.
- Descrições de funções e responsabilidades da gestão de dados.
- Procedimentos para identificação de problemas e apresentação aos níveis superiores.
- Documentos e apresentações que descrevem os conceitos-chave, disponíveis para utilização.
- Descrições de governança de dados da organização, membros e informações para contato.

- Listas da organização de serviços da gestão de dados e informações para contato.
- Os perfis individuais dos gestores de dados e profissionais de gestão de dados.
- Anúncio de novas notícias do programa.
- Descrições e links para recursos online relacionados.
- Pontos de entrada para solicitação de serviços ou para captura de questões.

3.3.11 FRAMEWORK RELACIONADO À GOVERNANÇA

No momento da redação deste texto, não há nenhum framework padrão ou de uso geral para governança de dados, embora alguns frameworks proprietários tivessem sido desenvolvidos por poucas empresas de consultoria. Existem diversos quadros de trabalho relacionados a tópicos de governança, incluindo:

1. Governança Corporativa (COSO ERM).
2. Governança de TI (COBIT).
3. Arquitetura de organização (framework Zachman, TOGAF).
4. Ciclo de vida de desenvolvimento de sistema (Rational Unified Process, por exemplo).
5. Melhoria de processo de desenvolvimento de sistema (SEI CMMI).
6. Gestão de projetos (PRINCE II, PMI PMBOK).
7. Gestão de serviços de TI (ITIL, ISO 2000).

3.4 Resumo

Os princípios orientadores para a implementação de governança de dados em uma organização, uma tabela resumo das funções para cada atividade de governança de dados, e as questões organizacionais e culturais que possam surgir durante a execução de uma função de governança de dados são resumidos abaixo.

3.4.1 PRINCÍPIOS ORIENTADORES

A implementação de governança de dados em uma organização segue onze princípios orientadores:

1. Gestão de dados é uma responsabilidade partilhada entre gestores de dados de negócios e os profissionais de Gestão de dados (curadores especialistas).
2. Gestores de dados têm responsabilidades em todas as 10 funções de gestão de dados.
3. Cada governança de dados / programa estratégico de gestão de dados é único, tendo em conta as características específicas da organização e sua cultura.
4. Os melhores gestores de dados são encontrados, não feitos. Sempre que possível, designar as pessoas já interessadas e envolvidas.
5. Tomada de decisão compartilhada é a marca da governança de dados.
6. Conselhos de gestão de dados, e as comissões de Gestão de dados e times realizam responsabilidades legislativas e judiciárias, enquanto as organizações de serviços de gestão de dados desempenham responsabilidades executivas (administrar, coordenar, servir, proteger).
7. Governança de dados ocorre na organização como o todo e também localmente, e muitas vezes em camadas entre a organização e localmente.

8. Não há substituto para a liderança de TI visionária e ativa em gestão de dados. O executivo de gestão de dados é o braço direito do diretor de tecnologia da informação para gestão de dados e informações.

9. Alguma forma de organização centralizada dos profissionais de gestão de dados é essencial para a integração de dados na organização como um todo.

10. As organizações devem definir termo de abertura formal para o conselho de governança de dados, aprovado pelo conselho de diretores ou pelo comitê executivo, com autoridade específica concedida para esse grupo.

11. Toda organização deve ter uma estratégia de dados, dirigida pela estratégia de negócio da organização, e utilizadas para guiar todas as atividades de Gestão de dados.

3.4.2 RESUMO DO PROCESSO

O resumo do processo para a função de governança de dados é mostrada na tabela 3.1. As entregas, os papéis de responsabilidade, papéis de aprovação e papéis de contribuição são mostrados para cada atividade na função de governança de dados. A tabela também é mostrada no Apêndice A9.

Atividades	Entregas	Papéis Responsáveis	Papéis de Aprovação	Papéis de Contribuição
1.1.1 Compreender necessidades corporativas estratégicas dos dados (P)	Necessidades corporativas estratégicas dos dados	Executivo de DM	Conselho de governança de dados, CIO	Gestores de dados, gestores de dados
1.1.2 Desenvolver e manter a estratégia de dados (P)	Estratégia de dados – Visão, Missão, Caso do negócio, objetivos, metas, princípios, métricas, implementação, mapa do negócio	Executivo de DM	Conselho de governança de dados, CIO	Gestores de dados, gestores de dados
1.1.3 Estabelecer papéis e organização dos profissionais de gestão de dados (P)	Equipe e organização de serviços do gestor de dados	CIO	Conselho de governança de dados	Executivo de DM
1.1.4 Estabelecer a organização da gestão e de governança de dados(P)	Conselho de governança de dados, Comitê de gestão de dados, Equipes de gestão de dados	Executivo de DM, CIO, Conselho de governança de dados	Gestor sênior	Gestores de dados, gestores de dados

Atividades	Entregas	Papéis Responsáveis	Papéis de Aprovação	Papéis de Contribuição
1.1.5 Identificar e apontar a Gestão de dados (P)	Regras de negócio da qualidade dos dados	Executivos de DM, executivos de gestão de dados	Conselho de gestão de dados	Coordenadores de gestores de dados, gestores de dados
1.1.6 Desenvolver Revisar e aprovar políticas, procedimentos e padrões de dados (D)	Políticas de dados, Padrões de dados, procedimentos de gestão de dados	Executivo de DM	Conselho de governança de dados, CIO	Comitê de gestão de dados, equipe de gestores de dados, profissionais de gestão de dados
1.1.7 Revisar e aprovar a arquitetura de dados (P)	Modelo corporativo de dados adotado Arquitetura de dados relacionada	Conselho de governança de dados	Conselho de governança de dados, CIO	Arquiteto de dados corporativos, comitê de gestão de dados, Gestores de dados, Arquitetos de dados Executivos de DM
1.1.8 Planejamento e patrocínio de projetos e serviços de gestão de dados (P)	Gestores de projeto de dados, Gestores de serviços de banco de dados	Conselho de governança de dados	Conselho de governança de dados, CIO, Comitê de direcionamento de TI	Executivos de DM, Gestores de dados, gestores de dados
1.1.9 Estimar valores de produtos e custos associados aos dados (P)	Estimativas de valores de produtos de dados, Custo estimado de gerência de dados	Gestores de dados	Conselho de governança de dados	Executivo de DM Gestores de dados
1.2.1 Supervisionar a organização e os profissionais de dados (C)	Organização e equipe de gestão de serviços de dados	Executivos de DM	CIO	Gestores de dados
1.2.2 Coordenar atividades de governança de dados (C)	Organização, calendário, reuniões, agenda, documentação, Reuniões de governança de dados	Executivo de DM, arquiteto de dados organizacionais, arquitetos de dados	Conselho de governança de dados, comitê de gestão de dados, equipes de gestão, CIO	Gestores de dados

Atividades	Entregas	Papéis Responsáveis	Papéis de Aprovação	Papéis de Contribuição
1.2.3 Gerenciar e solucionar problemas relacionados com os problemas (C)	Problema, relatório, problema, solução	Conselho de governança de dados, comitê de gestão de dados, equipes de gestão	Conselho de governança de dados, comitê de gestão de dados, equipes de gestão	Executivo de DM, gestores de dados
1.2.4 Monitorar e garantir conformidades regulatórias. (C)	Equipe de relatórios, problemas de não conformidade	Gestores de dados	Conselho de governança de dados	Executivos de DM, CIO
1.2.5 Comunicar, monitorar e forçar conformidade com políticas de dados, padrões, procedimentos e arquitetura (C)	Políticas/ arquitetura/ padrões/ procedimento e comunicação. Problemas de não conformidade	Gestores de dados, gestores de dados	Conselho de governança de dados, Comitê de gestão de dados	Executivos de DM
1.2.6 Revisão de projetos e serviços de gestão de dados. (C)		Executivo de DM	Conselho de governança de dados	Gestores de dados
1.2.7 Comunicar e promover o valor de dado e a gestão de dados (C)	Gestão de dados de site, Newsletter de gestão de dados, Compreensão e reconhecimento	Executivos de DM, Profissionais de DM, Gestores de dados, CIO	Conselho de governança de dados	Gestores de dados

Tabela 3.1 Tabela sumarizada do processo de governança de dados

3.4.3 QUESTÕES ORGANIZACIONAIS E CULTURAIS

As perguntas podem surgir quando uma organização está planejando implementar a função de governança de dados. Algumas das perguntas mais comuns estão listadas abaixo com uma resposta geral.

Q1: Por que cada programa de governança é único?

A1: Cada organização é única em sua estrutura, cultura e circunstâncias. Cada programa de governança de dados deve ser exclusivo para atender as necessidades da organização, enquanto que ao mesmo tempo partilha algumas características comuns e princípios básicos. Cada programa de governança de dados tem diferentes indivíduos patrocinadores, direcionadores de negócios, fronteiras de escopo, organizações regionais e departamentais, abordagens de ligação entre negócios e TI, as relações com os outros programas de governança e grandes projetos, desafios de colaboração e trabalho em equipe, patrimônio da organização, crenças e valores comuns, expectativas comuns e atitudes, ritos organizacionais de significado único, rituais, e símbolos. Como as organizações mudam os desafios para a governança de dados também mudam. Bons programas de governança de dados endereçam estes desafios e aproveitam as oportunidades que eles apresentam.

Q2: A Gestão de dados deve ser uma responsabilidade em tempo parcial ou em tempo integral?

A2: Especialistas geralmente recomendam que os gestores de dados tenham responsabilidade em tempo parcial pela gestão de dados. Gestão de dados é um papel e não um trabalho. Os gestores de dados precisam estar envolvidos com o negócio para manter o conhecimento do negócio, o respeito dos pares e credibilidade como especialistas no assunto e líderes com conhecimento prático.

Q3: Pode os elementos de ligação entre TI/negócios em tempo integral serem gestores de dados?

A3: Sim, e seus papéis variam entre as organizações. No entanto, líderes de negócios verdadeiros também devem participar como gestores de dados, a menos que o escopo e o foco sejam técnicos.

Problemas ocorrem quando os elementos de ligação representam o negócio ou de TI, exclusivamente, excluindo qualquer um dos seus clientes internos. Gestão de dados e governança são mecanismos para os elementos de ligação ser mais efetivos para trazer todas as partes para a mesa (proporcionar mais negociação entre TI e usuários).

Q4: Quais as qualificações e habilidades são requeridas para um candidato à função gestor de dados?

A4: Antes de qualquer coisa, conhecimento do negócio e compreensão dos dados são requeridos. Conceitos e técnicas de gestão de dados podem ser ensinados para as pessoas, tais como, como ler um modelo de dados. Habilidades comportamentais também são muito importantes na gestão de dados, incluindo:

- Respeitar assuntos de informações especializadas, processos e regras.
- Organizacional / conhecimento cultural e as perspectivas da indústria.
- Fluência verbal e habilidades de comunicação escrita.
- Clareza e precisão no pensamento e na comunicação.
- Trabalho em equipe, diplomacia e habilidades de negociação.
- Adaptabilidade, objetividade, criatividade, praticidade, e abertura à mudança.
- Capacidade de equilibrar as necessidades locais e funcionais com as necessidades da organização.

Q5: Como são os gestores de dados individuais e as organizações de governança de dados imbuídas de poder? Como os gestores de dados ganham respeito?

A5: A manutenção da importância da governança e Gestão de dados para a organização pode ser demonstrado de várias maneiras:

- Certifique-se que há forte e contínuo patrocínio executivo e apoio, e todos sabem sobre isso. Quando eles lideram, os outros seguirão.
- Quando há conflito, seja objetivo. Ou melhor, entenda realmente e aprecie os dois pontos de vista. Então procure uma meta comum e reformule a questão associando com o atendimento desta meta.
- Verifique se existe realmente alguma coisa para eles, as partes interessadas! Mostre como eles vão se beneficiar, pessoalmente e/ou para os olhos de seu chefe. Torne mais fácil dizer "sim" pela elaboração de soluções ganha-ganha.
- Informação é mais poderosa que a força. Impressione as pessoas com fatos e argumentos apresentados de forma eficaz, ao invés de simplesmente dizer: "Porque você tem que fazer"!
- Ganhe não apenas respeito, mas também confiança. A confiança é essencial para o sucesso do processo colaborativo. Ganhar a confiança ao longo do tempo, demonstrando interesse sincero pelos outros e por ser aberto com a informação.

3.5 Leitura recomendada

As referências listadas abaixo fornecem uma leitura adicional que suporta o material apresentado no Capítulo 3. Estas leituras recomendadas também estão incluídas na bibliografia no final deste guia.

3.5.1 WEBSITES

The Data Administration Newsletter (TDAN) – http://www.TDAN.com.

DM Review Magazine – www.dmreview.com Note: www.dmreview.com is now www.information-management.com.

EIM Insight, published by The Enterprise Information Management Institute – *http://eiminstitute.org*

SearchDataManagement.com white paper library – *http://go.techtarget.com/r/3762877/5626178*

3.5.2 LIVROS PROEMINENTES

Existem muito poucos livros dedicados especificamente à governança de dados. Talvez o livro mais pertinente publicado até a data é o seguinte:

Thomas, Gwen. <u>Alpha Males and Data Disasters: The Case for Data Governance</u>. Brass Cannon Press, 2006. ISBN-10: 0-978-6579-0-X. 221 pages.

3.5.3 LIVROS SOBRE CONFORMIDADE E REGULAMENTAÇÃO

O cumprimento dos regulamentos é uma questão importante na governança de dados. O seguinte livro é particularmente focado no atendimento de conformidades e regulamentações:

Bloem, Jaap, Menno van Doorn, and Piyush Mittal. <u>Making IT Governance Work in a Sarbanes-Oxley World</u>. John Wiley & Sons, 2005. ISBN 0-471-74359-3. 304 pages.

3.5.4 LIVROS EM GERAL

Os livros e outros materiais listados abaixo descrevem a governança de TI em geral, que, como mencionado acima, não é a mesma coisa que a governança de dados. No entanto, são conceitos intimamente relacionados, e estas publicações podem ser úteis:

Benson, Robert J., Tom Bugnitz, and Bill Walton. From Business Strategy to IT Action: Right Decisions for a Better Bottom Line. John Wiley & Sons, 2004. ISBN 0-471-49191-8. 309 pages.

IT Governance Institute. Control Objectives for Information and related Technology (CobiT©). <u>www.isaca.org/cobit</u>.

Lutchen, Mark. Managing IT as a Business: A Survival Guide for CEOs. John Wiley & Sons, 2003. ISBN 0-471-47104-6. 256 pages.

Maizlish, Bryan and Robert Handler. <u>IT Portfolio Management Step-By-Step: Unlocking the Business Value of Technology.</u> John Wiley & Sons, 2005. ISBN 0-471-64984-8. 400 pages.

Van Grembergen, Wim and Steven Dehaes. <u>Enterprise Governance of Information Technology: Achieving Strategic Alignment and Value.</u> Springer, 2009. ISBN 0-387-84881-5, 360 pages.

Van Grembergen, Wim and Steven Dehaes. <u>Implementing Information Technology Governance: Models, Practices and Cases.</u> IGI Publishing, 2007. ISBN 1-599-04924-3, 255 pages.

Van Grembergen, Wim and Steven Dehaes. <u>Strategies for Information Technology Governance</u>. IGI Publishing, 2003. ISBN 1-591-40284-0. 406 pages.

Weill, Peter and Jeanne Ross. <u>IT Governance: How Top Performers Manage IT Decision Rights for Superior Results</u>. Harvard Business School Press, 2004. ISBN 1-291-39253-5. 288 pages.

Gestão de Arquitetura de dados é a segunda função de gestão de dados do framework mostrado nas Figuras 1.3 e 1.4. É a primeira função de gestão de dados que interage e é influenciada pela função de governança de dados. O capítulo 4 define os dados de função de gestão de arquitetura de dados e explica os conceitos e atividades envolvidas na gestão da arquitetura de dados.

4.1 Introdução

Gestão de arquitetura de dados é o processo de definir e manter as especificações que:

- Forneça um vocabulário padrão comum de negócios,
- Expresse exigências estratégicas dos dados,
- Esboce diagramas integrados de nível elevado para cumprir estas exigências, e
- Alinhe com a estratégia da organização e arquitetura de negócios relacionados.

Arquitetura de dados é um conjunto integrado de artefatos de especificação utilizada para definir os requisitos de dados, orientar a integração e controle dos ativos de dados, e alinhar os investimentos de dados com a estratégia de negócios. É também um conjunto integrado de diagramas em diferentes níveis de abstração. A arquitetura de dados inclui nomes formais de dados, definições de dados abrangentes, estruturas de dados eficazes, regras precisas de integridade de dados e documentação de dados robusta.

Arquitetura de dados é o mais valiosa quando suporta as informações necessárias de toda organização. A Arquitetura de Dados Corporativos permite a padronização e a integração dos dados por meio da organização. Este capítulo focará sobre a arquitetura dos dados da organização, embora as mesmas técnicas se apliquem ao espaço mais limitado de uma função específica ou de um departamento dentro de uma organização.

A arquitetura dos dados corporativos é a maior parte da arquitetura da organização, onde a arquitetura dos dados integra com arquitetura de negócios e de tecnologia. A arquitetura corporativa integra dados, processos, organização, aplicação, e arquitetura da tecnologia. Ajuda organizações a controlar a mudança e melhorar a eficácia, a agilidade, e a responsabilidade.

O contexto da função da gestão de arquitetura de dados e mostrado no diagrama na figura 4.1.

2. Gestão da Arquitetura de Dados

Definição:	Definição dos dados necessários da organização e o desenho do diagrama mestre para atingir essas necessidades
Objetivos:	1. Planejar com visão e previsão para prover dados de alta qualidade 2. Identificar e definir requisitos comuns de dados 3. Desenhar estruturas conceituais e planos para atingir requisitos correntes e de longo-prazo da organização

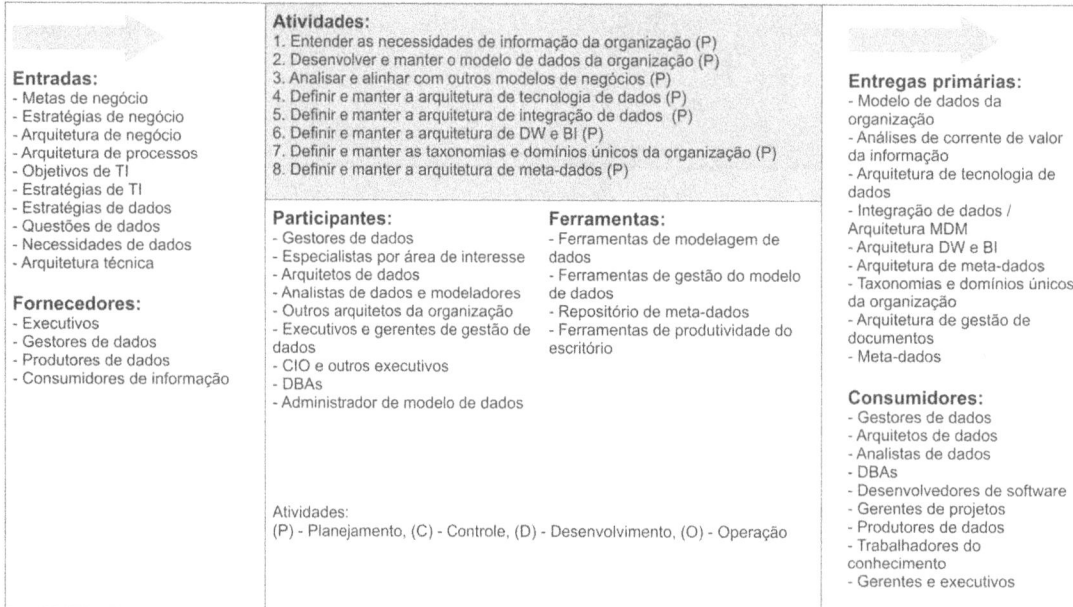

Atividades:
1. Entender as necessidades de informação da organização (P)
2. Desenvolver e manter o modelo de dados da organização (P)
3. Analisar e alinhar com outros modelos de negócios (P)
4. Definir e manter a arquitetura de tecnologia de dados (P)
5. Definir e manter a arquitetura de integração de dados (P)
6. Definir e manter a arquitetura de DW e BI (P)
7. Definir e manter as taxonomias e domínios únicos da organização (P)
8. Definir e manter a arquitetura de meta-dados (P)

Entradas:
- Metas de negócio
- Estratégias de negócio
- Arquitetura de negócio
- Arquitetura de processos
- Objetivos de TI
- Estratégias de TI
- Estratégias de dados
- Questões de dados
- Necessidades de dados
- Arquitetura técnica

Fornecedores:
- Executivos
- Gestores de dados
- Produtores de dados
- Consumidores de informação

Participantes:
- Gestores de dados
- Especialistas por área de interesse
- Arquitetos de dados
- Analistas de dados e modeladores
- Outros arquitetos da organização
- Executivos e gerentes de gestão de dados
- CIO e outros executivos
- DBAs
- Administrador de modelo de dados

Ferramentas:
- Ferramentas de modelagem de dados
- Ferramentas de gestão do modelo de dados
- Repositório de meta-dados
- Ferramentas de produtividade do escritório

Entregas primárias:
- Modelo de dados da organização
- Análises de corrente de valor da informação
- Arquitetura de tecnologia de dados
- Integração de dados / Arquitetura MDM
- Arquitetura DW e BI
- Arquitetura de meta-dados
- Taxonomias e domínios únicos da organização
- Arquitetura de gestão de documentos
- Meta-dados

Consumidores:
- Gestores de dados
- Arquitetos de dados
- Analistas de dados
- DBAs
- Desenvolvedores de software
- Gerentes de projetos
- Produtores de dados
- Trabalhadores do conhecimento
- Gerentes e executivos

Atividades:
(P) - Planejamento, (C) - Controle, (D) - Desenvolvimento, (O) - Operação

DAMA-DMBOK®

Figura 4.1 Diagrama de contexto da gestão da arquitetura de dados

A arquitetura de dados corporativos é um conjunto integrado das especificações e documentos. Inclui as 3 principais categorias de especificações:

1. Modelo de dados corporativos: o coração e a alma da arquitetura de dados da organização.
2. A análise da cadeia de valor da informação. Alinha os dados com processos de negócios e outros componentes da arquitetura da organização, e
3. Relaciona entregas da arquitetura de dados: Incluindo a arquitetura de banco de dados, arquitetura de integração de dados, arquitetura de business intelligence/data warehousing, a arquitetura de conteúdo de documento(s) e arquitetura de meta-dados.

A arquitetura de dados corporativos é realmente um nome impróprio. É muito mais do que apenas dados; é também sobre terminologia. Organização da arquitetura de dados corporativos define os termos padrão para as coisas que são importantes para a organização - as coisas suficientemente importantes para o negócio no qual os dados sobre essas coisas são necessários para executar o negócio. Estas coisas são entidades de negócios. Talvez o mais importante e benéfico aspecto da arquitetura de dados corporativa é estabelecer um vocabulário comum de negócios das entidades de negócios e atributos de dados (características) que tem importância para a organização. Arquitetura de dados define a semântica da organização.

4.2 Conceitos e Atividades

Capítulo 1 afirmou que a gestão de arquitetura de dados é a função de definição do diagrama de gestão de ativos de dados. Arquitetos de dados desempenham um papel fundamental na critica função da gestão da arquitetura de dados. Os conceitos e as atividades relacionadas a gestão de arquitetura de dados e os papéis de arquitetos de dados são apresentados nesta seção.

4.2.1 VISÃO GERAL DE ARQUITETURA

Arquitetura é uma organização de elementos componentes, os quais aperfeiçoam a função, desempenho, viabilidade, custos, e/ou a estética geral da estrutura ou do sistema. A palavra "arquitetura" é um dos termos mais amplamente utilizados no campo da TI. "Arquitetura" é uma palavra evocativa - a analogia entre a construção de prédios e o desenho de sistema de informação tem grande utilidade. Arquitetura é um conjunto integrado de pontos de vista estreitamente relacionados refletindo as questões e as perspectivas de diferentes partes interessadas. Compreender a arquitetura de algo permite às pessoas ter algum sentido limitado de coisas muito complexas, quer sejam coisas naturais (formações geológicas, matemática, os organismos vivos) ou coisas feitas pelos humanos (incluindo os edifícios, música, máquinas, organizações, processos, programas, e banco de dados).

Compreender os desenhos técnicos de uma construção ajuda o construtor a construir seguros, funcionais e esteticamente agradáveis edifícios dentro das restrições de custo e tempo. Estudar a anatomia (a arquitetura dos seres vivos) ajuda estudantes de medicina a aprenderem a prestar cuidados médicos. Pessoas e organizações se beneficiam da arquitetura, quando as estruturas e os sistemas se tornam complexos. Quanto mais complexo for o sistema, maior o benefício derivado de arquitetura.

Arquitetura pode existir em níveis diferentes, do nível macro de planejamento urbano ao nível da criação de micro-peças de máquinas. Em cada nível, normas e protocolos ajudam a garantir os componentes que funcionam em conjunto como um todo. Arquitetura inclui padrões e suas aplicações às necessidades específicas do projeto.

No contexto dos sistemas de informação, arquitetura é o projeto de qualquer objeto técnico ou sistema complexo.

A tecnologia é certamente complexa. O campo da tecnologia da informação se beneficia muito com os projetos arquitetônicos que ajudam a gerenciar a complexidade dos produtos de hardware e software. Arquitetura de tecnologia inclui os padrões fechados de projeto específico para um determinado fornecedor de tecnologia e padrões abertos disponíveis para qualquer fornecedor.

Organizações também são complexas. Integrar as partes díspares de uma organização para atender a metas estratégicas da organização, muitas vezes, exige uma arquitetura de negócios global, que poderá incluir modelos e normas comuns para processos de negócio, os objetivos de negócio, estruturas organizacionais e funções organizacionais. Para as organizações, a arquitetura é toda sobre a integração. Organizações que crescem por aquisição enfrentam significativos desafios para integração e, assim se beneficiam efetivamente da arquitetura.

Os sistemas de informação são certamente muito complexos. Adicionar mais e mais aplicações isoladas relativamente simples, e construir abordagens táticas para mover e compartilhar dados entre estes "silos" que foram feitos nos portfólios de sistemas de informações das maiores organizações nos remete a um prato de espaguete. O custo para entender e manter esta complexidade cresce, e os benefícios da reestruturação de aplicações e de banco de dados de acordo com a arquitetura e geral se torna mais e mais atrativo.

4.2.1.1 Arquitetura Organizacional

Arquitetura organizacional é um conjunto integrado de especificação de modelos, artefatos de negócios e TI refletindo a integração da empresa e os seus requisitos de normalização. A arquitetura organizacional define o contexto da integração de negócios para dados, processos, organização e tecnologia, bem como o alinhamento de recursos da empresa com as metas da empresa. A arquitetura organizacional engloba tanto a arquitetura de negócios quanto a arquitetura de sistemas de informação.

Arquitetura organizacional fornece uma abordagem sistemática para à gestão dos ativos de informações e sistemas, atendendo a requisitos estratégicos do negócio, permitindo a gestão do portfólio de projetos da organização. Arquitetura organizacional suporta a tomada de decisões estratégicas, contribuindo para a mudança na gestão, traçando o impacto da mudança organizacional nos sistemas, e o impacto sobre os negócios decorrentes de alterações em sistemas.

A arquitetura organizacional inclui muitos modelos e artefatos relacionados:

- Arquitetura da informação: entidades de negócios, relacionamentos, atributos, definições, valores de referências.
- Arquitetura de processo: funções, atividades, fluxo de trabalho, eventos ciclos, produtos e procedimentos.
- Arquitetura de negócios: metas, estratégias, papéis, estruturas organizacionais, localização.
- Arquitetura de sistemas: aplicações, componentes de software, interface e projetos.
- Arquitetura de tecnologia: Redes, hardware, plataformas de software, padrões, protocolos.
- Artefatos de análise do valor da cadeia de informação: mapeando as relações entre dados, processos de negócios, sistemas e tecnologia.

Modelos corporativos geram a maioria dos artefatos relacionados às especificações integradas. Artefatos incluem diagramas gráficos, tabelas, matrizes de análises e documentos textuais. Esses artefatos descrevem como a organização opera e quais recursos são necessários, em diferentes graus de detalhe. As especificações devem ser rastreáveis para as metas e objetivos que suportam, e devem manter conformidade com conteúdo e padrões de apresentação. Poucas, se alguma, organizações têm uma arquitetura organizacional completa e compreensível, incluindo todos os potenciais componentes dos modelos e artefato(s).

Arquitetura organizacional muitas vezes faz a distinção entre o corrente "como está" e a perspectivas meta "de ser", e às vezes inclui estágios intermediários e os planos de migração. Algumas arquiteturas organizacionais tentam identificar um estado ideal como modelo de referência, e o modelo alvo é definido como pragmático, associado a passos em direção ao estado ideal. Manter as especificações do estado presente e do futuro estado corrente da arquitetura organizacional, a fim de permanecer relevante e útil para comparações. Nenhuma organização está totalmente completa em relação a manutenção e enriquecimento de sua arquitetura organizacional.

Cada empresa investe em desenvolvimento e manutenção da arquitetura organizacional baseada no seu entendimento da necessidade e riscos do negócio. Algumas organizações elegem definir a arquitetura organizacional em detalhes, a fim de melhor gerir os riscos.

A arquitetura organizacional é um ativo de conhecimento significativo fornecendo vários benefícios. É uma ferramenta para o planejamento, a governança de TI e gestão de portfólio. A arquitetura corporativa pode:

- Permitir a integração de dados, processos, tecnologias e esforços.
- Alinhar sistemas de informação com a estratégia de negócios.
- Possibilitar a coordenação e o uso eficaz de recursos.
- Melhorar a comunicação e compreensão em toda a organização.
- Reduzir o custo do gestão da infra-estrutura de TI.
- Guiar a melhoria de processos de negócios.
- Habilitar organizações para responder eficazmente às oportunidades com as mudanças no mercado, desafios da indústria, e os avanços tecnológicos. A arquitetura corporativa ajuda avaliar o risco do negócio, gerenciar a mudança e melhorar a eficácia do negócio, agilidade e responsabilidade.

Métodos para a definição de arquitetura corporativa incluem o método Business Systems Planning (BSP) da IBM (International Business Machine) e o método de engenharia da infomação de Information Systems Planning (ISP) de James Martin.

4.2.1.2 Frameworks arquiteturais

Frameworks de arquitetura proveem uma maneira de pensar e compreender arquitetura, e as estruturas ou sistemas que exigem arquitetura. Arquitetura é complexa e os frameworks de arquitetura fornecem uma arquitetura global para a arquitetura.

Existem dois tipos de frameworks:

- Framework de classificação organiza a estrutura e as visões que englobam arquitetura organizacional. Frameworks definem a sintaxe padrão para os artefatos descrevendo as visões e as relações entre estas visões. A maioria dos artefatos são diagramas, tabelas e matrizes.

- Framework de processo especifica o método de planejamento para negócio e sistemas, e projeto de processos. Alguns planejamentos de TI e métodos do ciclo de vida de desenvolvimento de software (SDLC) incluem suas próprias classificações compostas. Nem todos os frameworks de processo especificam o mesmo conjunto de coisas, e alguns são altamente especializados.

O escopo dos frameworks arquitetônicos não se limitam a arquitetura dos sistemas de informação. Frameworks arquitetônicos ajudam a definir a lógica, física e artefatos técnicos produzidos em análise e projeto de software, que orientam o projeto da solução para sistemas específicos de informação. Organizações adotam quadros de trabalhos arquitetônicos para governança de TI e controle de qualidade da arquitetura. As organizações podem solicitar a entrega de certos artefatos antes da aprovação de um projeto do sistema.

Existem alguns frameworks, tais como:

- TOGAF: The Open Group Architectural Framework é um framework de processos e um método padrão do ciclo de vida de desenvolvimento de software (SDLC) desenvolvido pelo The Open Group, um fornecedor de soluções e consórcio tecnologicamente neutro para definir e promover padrões abertos para interoperabilidade global. TOGAF Versão 8 Enterprise Edition (TOGAF 8) pode ser licenciado por qualquer organização, quer sejam membros ou não membros do The Open Group.
- ANSI / IEEE 1471-2000: uma prática recomendada para descrição de arquitetura de sistemas intensivos-software, a caminho de se tornar a norma padrão ISO / IEC 25961, define o projeto de artefatos de solução.

Algumas firmas de consultoria desenvolveram frameworks arquiteturais proprietários muito úteis. Vários departamentos governamentais e de defesa também desenvolveram frameworks, incluindo:

- Arquitetura da organização federal (FEA): Produzido pelo Office of Management and Budget para uso dentro do governo dos Estados Unidos.
- Arquitetura da organização governamental (GEA): criado para uso por departamentos do governo provincial de Queensland (Austrália).
- DODAF: O framework de arquitetura do US Departament of Defense.
- MODAF: O framework de arquitetura do UK Ministry of Defense.
- AGATE: O framework de arquitetura da France DGA.

4.2.1.3 O Framework de Zachman para Arquitetura Organizacional

O framework arquitetônico de Zachman (The Zachman Enterprise Framework[2] ™) é o mais amplamente conhecido e adotado. Arquitetos de dados corporativos, em particular, têm aceito e usado esse framework desde a primeira descrição do framework de Zachman, publicado no IBM Systems Journal em 1987.

O framework arquitetônico de Zachman, mostrado na Figura 4.2, tem orientado a terminologia para a gestão de negócios, mantendo as elaborações usadas por comunidades de dados e de sistemas de informação. Os termos para a perspectiva de colaboradores (rótulos de linha do lado direito), a afirmação da perspectiva de conteúdo (rótulos de linha do lado esquerdo), e a identificação das respostas genéricas para cada uma das perguntas (rótulos da coluna do rodapé) trazem um nível de esclarecimento e entendimento para cada classificação simples.

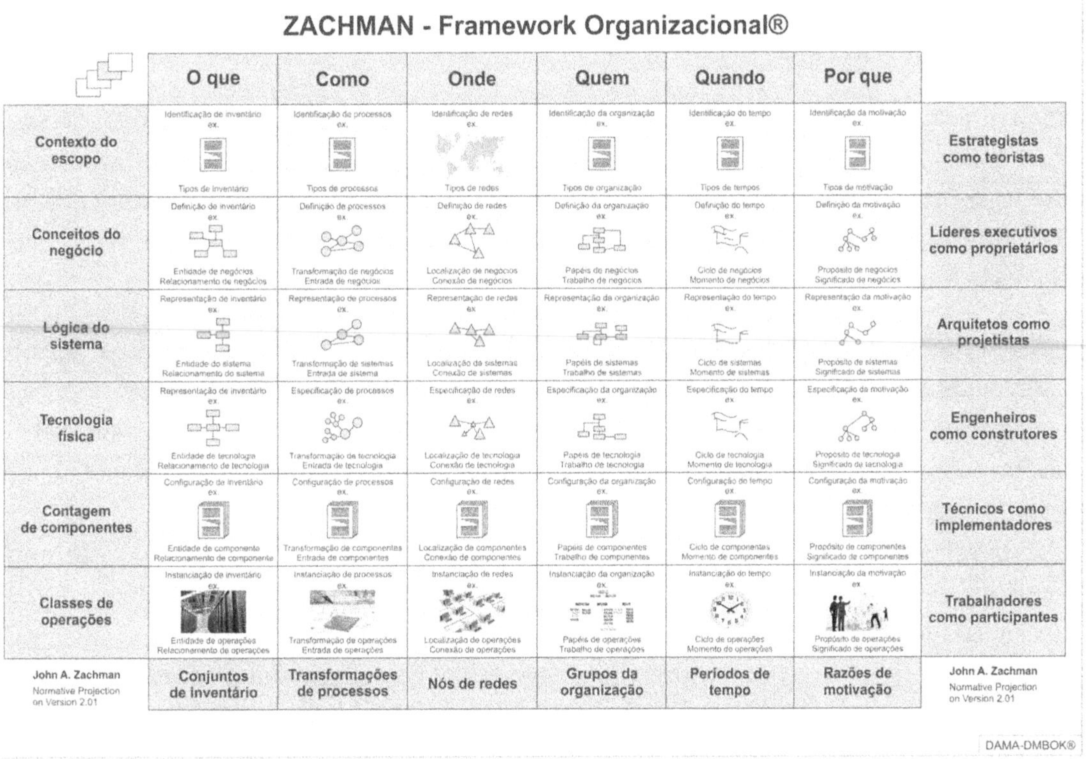

ZACHMAN - Framework Organizacional®

	O que	Como	Onde	Quem	Quando	Por que	
Contexto do escopo	Identificação de inventário / Tipos de inventário	Identificação de processos / Tipos de processos	Identificação de redes / Tipos de redes	Identificação da organização / Tipos de organização	Identificação do tempo / Tipos de tempos	Identificação da motivação / Tipos de motivação	**Estrategistas como teoristas**
Conceitos do negócio	Definição de inventário / Entidade de negócios, Relacionamento de negócios	Definição de processos / Transformação de negócios, Entrada de negócios	Definição de redes / Localização de negócios, Conexão de negócios	Definição da organização / Papéis de negócios, Trabalho de negócios	Definição do tempo / Ciclo de negócios, Momento de negócios	Definição da motivação / Propósito de negócios, Significado de negócios	**Líderes executivos como proprietários**
Lógica do sistema	Representação de inventário / Entidade do sistema, Relacionamento do sistema	Representação de processos / Transformação de sistemas, Entrada de sistema	Representação de redes / Localização de sistemas, Conexão de sistemas	Representação da organização / Papéis de sistemas, Trabalho de sistemas	Representação do tempo / Ciclo de sistemas, Momento de sistemas	Representação da motivação / Propósito de sistemas, Significado de sistemas	**Arquitetos como projetistas**
Tecnologia física	Representação de inventário / Entidade de tecnologia, Relacionamento de tecnologia	Especificação de processos / Transformação de tecnologia, Entrada de tecnologia	Especificação de redes / Localização de tecnologia, Conexão de tecnologia	Especificação da organização / Papéis de tecnologia, Trabalho de tecnologia	Especificação do tempo / Ciclo de tecnologia, Momento de tecnologia	Especificação da motivação / Propósito de tecnologia, Significado de tecnologia	**Engenheiros como construtores**
Contagem de componentes	Configuração do inventário / Entidade de componente, Relacionamento de componente	Configuração de processos / Transformação de componentes, Entrada de componentes	Configuração de redes / Localização de componentes, Conexão de componentes	Configuração da organização / Papéis de componentes, Trabalho de componentes	Configuração do tempo / Ciclo de componentes, Momento de componentes	Configuração da motivação / Propósito de componentes, Significado de componentes	**Técnicos como implementadores**
Classes de operações	Instanciação de inventário / Entidade de operações, Relacionamento de operações	Instanciação de processos / Transformação de operações, Entrada de operações	Instanciação de redes / Localização de operações, Conexão de operações	Instanciação da organização / Papéis de operações, Trabalho de operações	Instanciação do tempo / Ciclo de operações, Momento de operações	Instanciação da motivação / Propósito de operações, Significado de operações	**Trabalhadores como participantes**
John A. Zachman Normative Projection on Version 2.01	**Conjuntos de inventário**	**Transformações de processos**	**Nós de redes**	**Grupos da organização**	**Períodos de tempo**	**Razões de motivação**	John A. Zachman Normative Projection on Version 2.01

DAMA-DMBOK®

Figure 4.2 O framework arquitetônico de Zachman (The Zachman Enterprise Framework[2] ™)

(Licenciado para uso da DAMA International® no guia DAMA-DMBOK®)

Modelagem da arquitetura organizacional é uma prática comum dentro do governo federal dos Estados Unidos da América (EUA) para informar os seus processos de planejamento de capital e controle de investimento (CPIC). A lei Clinger-Cohen (CCA, ou lei de reforma de 1996 da Tecnologia da Informação) exige que todas as agências federais dos EUA tenham e usem a arquitetura organizacional formal.

O acesso a novos padrões de arquitetura organizacional e ao framework arquitetônico de Zachman está disponível sem custo por meio de registro em www.ZachmanInternational.com. Uma definição concisa do framework, escrita por John Zachman, também está no site.

Segundo seu criador, John Zachman, o framework é uma estrutura lógica para identificar e organizar as representações descritivas (modelos) usadas para gerenciar empresas e desenvolvimento de sistemas. Na verdade, o framework arquitetônico de Zachman é um esquema genérico de classificação dos projetos de artefatos de qualquer sistema complexo. O framework arquitetônico de Zachman não é um método de definição de como criar as representações de qualquer célula. É uma estrutura para descrever as empresas e os modelos arquitetônicos.

Para compreender a arquitetura de sistemas, Zachman estudou como os campos da construção e da engenharia aeroespacial definem sistemas complexos, e mapeou artefatos de sistemas de informação contra estes exemplos. O framework arquitetônico de Zachman é uma matriz de 6 por 6 representado a interseção de dois esquemas de classificação e duas dimensões da arquitetura de sistemas.

Na primeira dimensão, Zachman reconheceu que na criação de edifícios, aviões, ou sistemas, há muitas partes interessadas, e cada um tem diferentes perspectivas sobre "arquitetura". O planejador, proprietário, projetista, construtor, implementador, e participante cada um tem questões diferentes para identificar, compreender e resolver. Zachman retratou essas perspectivas como linhas.

- A perspectiva do planejador (contextos de escopo): Listas de elementos definidos de negócios definindo o escopo identificado por estrategistas como teóricos.
- A perspectiva do proprietário (conceitos de negócios): modelos semânticos das relações do negócio entre os elementos do negócio definidas pelos executivos lideres como proprietários.
- A perspectiva do projetista (lógica do sistema): modelos lógicos detalhando os requisitos do sistema e o projeto sem restrições representadas por arquitetos como projetistas.
- A perspectiva do construtor (física tecnologia): Os modelos físicos otimizando o projeto para implementação de uso específico sob as restrições específicas de tecnologia, pessoas, custos e prazos especificados por engenheiros como construtores.
- A perspectiva implementadora (montagem de componentes): uma tecnologia específica, fora do contexto de visão de como os componentes são montados e configurados para operar por técnicos como implementadores.
- A perspectiva do participante (classes de operações): o funcionamento do real sistema e as instâncias utilizadas pelos trabalhadores como participantes.

Para a segunda dimensão, todas as perspectivas requerem diferentes maneiras de responder as questões fundamentais colocadas pelas interrogações básicas da comunicação: quem, o quê, por que, quando, onde e como. Cada questão exige respostas em diferentes formatos. Zachman representou cada questão fundamental como uma coluna.

Os rótulos de revista para cada coluna estão entre parênteses:

- O quê (a coluna de dados): Materiais utilizados para construir o sistema (Conjunto de estoque).
- Como (a coluna função): Atividades realizadas (Transformações em processos).
- Quando (a coluna de rede): Locais, topografia e tecnologia (Nós da rede).
- Quem (a coluna de pessoas): Papéis e organizações (Grupos da Organização).

- Onde (a coluna tempo): Eventos, ciclos e cronogramas (Períodos de Tempo).
- Por que (a coluna da meta): Metas, estratégias e iniciativas (Razões Motivação).

Cada célula do framework arquitetônico de Zachman representa um único tipo de artefato de projeto, definida pela intersecção da sua linha e coluna.

Enquanto as colunas no framework não estão em nenhuma ordem de importância, a importância das linhas é significativa. Dentro de cada coluna, o conteúdo de cada célula restringe o conteúdo das células abaixo dele. A transformação de perspectiva para perspectiva garante o alinhamento entre as intenções dos proprietários da empresa e decisões subsequentes.

Cada célula descreve um modelo primitivo, limitado no seu foco para a perspectiva singular da coluna. A granularidade de detalhe do framework de Zachman é uma propriedade de qualquer célula individual, independentemente da linha. Dependendo da necessidade, cada celula modelo pode conter relativamente poucos detalhes ou um nível de detalhe "atormentante". Quanto maior a necessidade de integração maior detalhamento é necessário a fim de eliminar a ambiguidade.

Nenhum framework arquitetônico é inerentemente correto ou completo, e a adoção de framework arquitetônico não é garantia de sucesso. Algumas organizações e indivíduos adotam framework de Zachman como uma "ferramenta de raciocínio", enquanto outras utilizam como mecanismo de garantia de qualidade de engenharia para implementação de soluções.

Existem várias razões para o framework de Zachman ser tão amplamente adotado:

- É relativamente simples, uma vez que tem apenas duas dimensões e é fácil de entender.
- Endereça ambos endereços da empresa de forma abrangente e gerência.
- Utiliza uma linguagem não-técnica para ajudar as pessoas a pensar e se comunicar com mais precisão.
- Pode ser usado para enquadrar e ajudar a compreender uma ampla gama de questões.
- Ajuda a resolver problemas de projeto, com foco em detalhes sem perder de vista o todo.
- Ajuda a ensinar muitos diferentes temas de sistemas de informação.
- É uma ferramenta de planejamento útil, fornecendo o contexto para orientar as melhores decisões.
- É independente de ferramentas e métodos específicos. Qualquer ferramenta de projeto ou método pode ser mapeada para o quadro para ver no que a ferramenta ou método faz ou o que não faz.

4.2.1.4 O Framework de Zachman e a arquitetura de dados corporativos

A arquitetura de dados corporativos é uma parte importante de uma arquitetura organizacional maior que inclui processos, negócios, sistemas, arquitetura de tecnologia.

Arquitetos de dados focam na arquitetura da corporação, trabalhando com outros arquitetos da organização para integrar arquitetura de dados em uma arquitetura global organizacional.

Arquitetura de dados corporativa consiste em três grandes conjuntos de componentes de projetos:

1. Um modelo de dados corporativo, que identifica áreas de assunto, entidades de negócios, regras de negócio que regem as relações entre entidades de negócios, e em pelo menos alguns dos atributos de dados essenciais do negócio.
2. As informações de análise da cadeia de valor, alinhamento dos componentes do modelo de dados (áreas do assunto de interesse e/ou entidades de negócios) com processos de negócios e outros componentes da arquitetura organizacional, que podem incluir organizações, funções, aplicações, metas, estratégias, projetos e / ou plataformas de tecnologia.
3. Arquitetura de entrega de dados relacionados, incluindo a arquitetura de tecnologia de dados, arquitetura de integração de dados, data warehousing / business intelligence, taxonomias corporativas para gestão de conteúdo e arquitetura de meta-dados.

As células na primeira coluna de "dados"- agora conhecida como "conjuntos de estoque", representam a familiar modelagem de dados e artefatos de projeto de banco de dados (ver Capítulo 5 para mais detalhes).

- Visão do planejador (contextos de escopo): A lista de áreas de interesses[8] e entidades de negócios.
- Visão do proprietário (conceitos de negócios): modelos de dados conceitual
- mostrando os relacionamentos entre entidades.
- Visão do projetista (sistema lógico): Completamente atribuído e modelos lógicos de dados normalizados.
- Visão do construtor (tecnologia física): modelos de dados físicos otimizados para uma restrita tecnologia.
- Visão de implementador (montagem de componentes): representações detalhadas das estruturas dos dados, geralmente em DDL[9] SQL.
- Funcionamento corporativo: instâncias reais implementadas.

O framework de Zachman permite concentrar em células selecionadas sem perder de vista a "grande obra". Ele ajuda os projetistas se concentrarem em detalhes e ainda ver o contexto global, construindo assim "grande obra" pedaço por pedaço.

---

[8] Nota de tradução: a palavra no idioma inglês no texto original é Subject area, traduzida como áreas de interesse.

[9] Nota de tradução: Data Definition Language que em tradução livre significa linguagem de definição dos dados

4.2.2 ATIVIDADES

A função de gestão da arquitetura de dados contém várias atividades relacionadas à definição do diagrama de gestão de ativos de dados. Uma visão geral de cada uma dessas atividades é apresentada nas seções seguintes.

4.2.2.1 Compreender as Necessidades de Informação da Empresa

A fim de criar uma arquitetura de dados corporativos, à empresa precisa primeiro definir as suas necessidades de informação. Um modelo de dados corporativos e uma maneira de capturar e definir o que a organização necessita de informações e requerimento de dados. Representa um diagrama mestre para integração de dados na organização como um todo. O modelo de dados corporativos é, portanto, uma entrada crítica para todos os projetos futuros de desenvolvimento de sistemas e a linha base para análise de requerimento adicional de dados, e os esforços de modelagem de dados realizadas em nível de projeto.

Projetos conceituais e modelos lógicos de dados são baseados nas partes aplicáveis do modelo de dados corporativos. Alguns projetos vão se beneficiar mais do modelo de dados corporativos do que os outros, dependendo do escopo do projeto. Virtualmente todo projeto importante se beneficiará, e também afetará o modelo de dados corporativos.

Uma maneira de determinar as necessidades de informação da empresa é avaliar as entradas e saídas atuais requeridos pela organização, ambas das metas internas e externas. Use documentação e relatórios do sistema real, e entreviste os participantes. Este material prove uma lista de entidades de dados importantes, atributos de dados, e cálculos. Organize esses itens por unidade de negócio e área de interesse. Reveja a lista com os participantes para garantir a qualificação adequada e completa. A lista retornará os requisitos básicos para um modelo de dados corporativos.

4.2.2.2 Desenvolver e manter o modelo de dados corporativos

Entidades de negócios são as classes de coisas reais de negócios e conceitos. Dados são o conjunto de fatos que coletamos sobre entidades do negócio. Modelos de dados definem essas entidades de negócios e os tipos de fatos (atributos de dados) necessários sobre estas entidades para operar e orientar os negócios. Modelagem de dados é um método de análise e projeto utilizado para:

1. Definir e analisar os requisitos de dados e
2. Projetar logicamente e fisicamente as estruturas de dados apóiem esses requisitos.

Um modelo de dados é um conjunto de especificações de dados e diagramas relacionados que refletem os requerimentos de dados e projetos. Um modelo de dados corporativos (EDM[10]) é integrado, orientado para áreas de interesse definindo os dados essenciais produzidos e consumidos em toda a organização.

---

[10] EDM: Enterprise Data Management

- Integrado significa que todos os dados e as regras de uma organização estão representados uma vez, e se encaixam perfeitamente. Os conceitos do modelo se encaixam como o CEO enxerga a empresa, não refletindo separada e limitadamente visões funcionais ou departamentais. Há apenas uma versão da entidade Cliente, uma entidade Ordem, etecetera. Todos os atributos de dados têm também nomes e definições únicos. O modelo de dados poderá adicionalmente identificar os sinônimos comuns e distinções importantes entre os diferentes subtipos de entidade da mesma entidade de negócio comum.
- Área de interesse orientada significa que o modelo é dividido em áreas temáticas geralmente abrangem múltiplos processos de negócio e sistemas de aplicação. Área de interesse foca nas entidades de negócios mais essenciais.
- Essencial significa os dados críticos para o funcionamento eficaz e para tomada de decisão na organização. Poucos, se algum, modelos de dados da organização definem todos os dados dentro de uma organização. Requisitos de dados essenciais podem ou não ser comum a múltiplas aplicações e projetos. Vários sistemas podem compartilhar alguns dados definidos nos modelos de dados corporativos, mas os outros dados podem ser criticamente importantes, criados e usados dentro de um único sistema. Ao longo do tempo, os modelos de dados corporativos devem definir todos os dados importantes para a organização. A definição de dados essenciais irá mudar com o tempo de acordo com as mudanças nos negócios; Um modelo de dados corporativo tem que estar atualizado com as mudanças.

Modelagem de dados é uma importante técnica utilizada em gestão de arquitetura de dados e desenvolvimento de dados. Desenvolvimento de dados implementa a arquitetura de dados, estendendo e adaptando modelos de dados corporativos para atender às necessidades específicas negócio e requisitos do projeto.

4.2.2.2.1 O Modelo de dados Corporativos

O modelo de dados corporativos é um conjunto integrado de entregas intimamente relacionado. A maioria dessas entregas é gerada usando-se uma ferramenta de modelagem de dados, mas nenhuma ferramenta de modelagem de dados pode criar todas as entregas de componentes possíveis de um modelo de dados completo de uma organização. O repositório central do modelo de corporativo ou é um arquivo de modelo de dados ou um repositório de modelo de dados, ambos criados e mantidos pela ferramenta de modelagem de dados. Este artefato modelo é incluído no meta-dados e é discutido em profundidade no Capítulo 11 sobre gestão de meta-dados. Poucas organizações criam todos os artefatos do modelo de dados global da organização.

Um modelo de dados corporativos é um investimento significativo na definição e documentação de um vocabulário organizacional, regras de negócios e conhecimento do negócio. Criação, manutenção, e enriquecimento exige investimentos contínuos de tempo e esforço, mesmo quando se começa com a aquisição de um modelo de dados da indústria. O modelo de dados corporativos é o desenvolvimento e refinamento de uma comum e consistente visão, e um entendimento de entidades de dados, atributos de dados e seus relacionamentos por meio da organização.

Organizações podem adquirir um modelo de dados corporativo, ou construí-lo a partir do nada. Existem diversos provedores de soluções com modelos lógicos de dados padrão na indústria. A maioria dos grandes fornecedores de banco de dados os inclui como produtos adicionais. No entanto, nenhum modelo lógico de dados adquirido será perfeito "fora da caixa". Algumas customizações serão sempre necessárias.

Modelos de dados corporativos são muito diferentes em termos de nível de detalhe. Quando uma organização primeiramente reconhece a necessidade de um modelo de dados corporativos, deve tomar decisões sobre o tempo e o esforço que pode ser dedicado à construção do modelo. Ao longo do tempo, conforme as necessidades da organização demandam o escopo e o nível de detalhe capturado dentro do modelo de dados corporativos geralmente se expande. A maioria dos modelos de dados de corporativos bem-sucedidas é construída de forma incremental e iterativa.

A construção do modelo de dados corporativos pode ser em camadas, como mostrado na Figura 4.3, focando inicialmente nas áreas de interesse mais críticas para o negócio. As camadas mais altas são as mais fundamentais, com as camadas inferiores dependendo das camadas superiores. A este respeito, o modelo de dados corporativos é construído de cima para baixo, embora o conteúdo do modelo geralmente se beneficie de uma entrada de baixo para cima. Essa entrada é o resultado da análise e síntese das perspectivas e detalhes dos modelos de dados lógicos e físicos existentes. Integrar tais entradas em uma perspectiva corporativa; a influência dos modelos existentes não deve comprometer o desenvolvimento de um ponto de vista comum, corporativo e compartilhado.

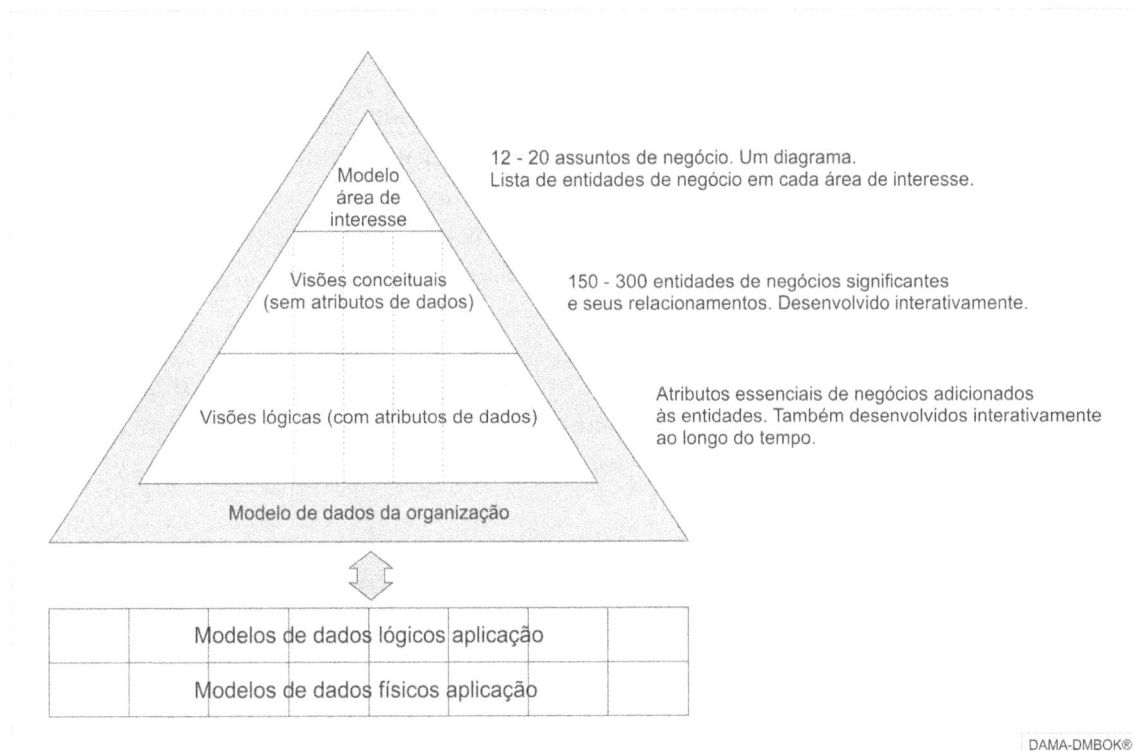

Figura 4.3 Camadas no modelo de dados da organização

4.2.2.2.2 O Modelo da Área de Interesse

A camada mais alta em um modelo de dados corporativos é um modelo de área de interesse (SAM: Subject Area Model). O modelo de área de interesse é uma lista de grandes áreas temáticas que, coletivamente, expressam o escopo essencial da organização. Esta lista é uma forma de visão do "escopo" dos dados (linha 1, coluna 1) no framework de Zachman. Em um nível mais detalhado, entidades de negócios e as classes de objetos também podem ser descritos como listas.

Há duas maneiras principais de se comunicar um modelo de área de interesse:

- Um esboço, que organiza pequenas áreas de interesse dentro de grandes áreas de interesse.

- Um diagrama que apresenta e organiza visualmente as áreas de interesses para facilitar a referência.

A seleção e nomeação das áreas de interesses essenciais da organização é criticamente importante para o sucesso de todo o modelo de dados corporativo. A lista de áreas de interesses da organização torna-se uma das taxonomias da organização mais significativas. Organiza outras camadas dentro do modelo de dados corporativos por área de interesse. Área de interesse orienta Interações, organizará o escopo e a prioridade do desenvolvimento dos modelos incrementais. O modelo de área de interesse é "correto" quando é aceito por ambas as partes interessadas da organização e os constituintes, e útil em um sentido prático na organização para a construção de governança de dados, gestão de dados, e ainda modelagem de dados corporativos.

As áreas de interesse normalmente compartilham o mesmo nome de uma entidade de negócios central. Algumas áreas de interesse se alinham proximamente com as funções de negócios de nível muito alto que foca na gestão da informação sobre a entidade de negócio central. Outras áreas interesses giram em torno de um supertipo de entidade de negócio e de sua família de subtipos. Cada área de interesse deve ter um ou dois nomes de palavras curtas e uma breve definição.

As áreas de interesse são também importantes ferramentas para gestão e governança de dados. Elas definem o escopo das responsabilidades para os times de Gestão de dados orientados por área de interesse.

4.2.2.2.3 O modelo conceitual de dados

O próximo nível mais baixo do modelo de dados corporativos é o conjunto de diagramas modelos de dados conceituais para cada área de interesse. Um modelo de dados conceitual define entidades de negócios e as relações entre estas entidades de negócios.

Entidades de negócios são as estruturas organizacionais primárias em um modelo de dados conceitual. Entidades de negócios são os conceitos e as classes de coisas, pessoas e lugares que são familiares e de interesse para a organização. O negócio precisa de dados sobre essas entidades. Entidades de negócios não são nomeadas em linguagem de TI, elas são nomeadas com termos de negócio. Um singular exemplo de entidade de negócio é uma instância. Mantenha dados sobre instâncias de entidades de negócios, e as torne facilmente reconhecíveis.

Muitas entidades de negócios aparecerão no âmbito de várias áreas. As fronteiras do escopo das áreas de interesse normalmente se sobrepõem com algumas entidades de negócios incluídos em ambas áreas de interesse. Para o propósito de governança e gestão de dados, toda entidade de negócio deverá ter uma área de interesse primária, da qual é "proprietária" da versão mestre da entidade.

Diagramas conceituais do modelo de dados não retratam os atributos de dados das entidades de negócio. Modelos de dados conceituais podem incluir "N" para "N" (muitas para muitas) relações de negócios entre entidades. Como não apresentados atributos nos modelos de dados conceituais, portanto não são adequados para normalização de dados.

O modelo de dados conceitual corporativo deve incluir um glossário contendo as definições de negócios e outros meta-dados associados com todas as entidades de negócios e seus relacionamentos. Outros meta-dados podem incluir sinônimos, exemplos de instancia e as classificações de segurança.

Um modelo de dados conceitual pode promover melhor entendimento do negócio e reconciliação semântica. Ele pode servir como um framework para o desenvolvimento integrado de sistema de informação, para suportar tanto o processamento transacional e business intelligence. Apresenta como a organização enxerga a informação. Consulte o Capítulo 5 para mais informações sobre modelagem de dados conceitual.

4.2.2.2.4 Modelos de Dados lógicos Corporativos

Alguns modelos de dados corporativos também incluem diagramas de modelo de dados lógico para cada área de interesse, adicionando um nível de detalhe abaixo do modelo de dados conceitual, que descreve os requisitos essenciais dos atributos de dados para cada entidade. O modelo de dados corporativos identifica os dados necessários acerca de cada instância de uma entidade de negócios. Os atributos de dados essenciais incluídos em um modelo de dados corporativos representam os requisitos de dados comuns e as definições padronizadas para os atributos de dados amplamente compartilhados. Atributos essenciais de dados são os atributos de dados sem os quais a organização não pode operar. Determinar quais atributos de dados incluir no modelo de dados corporativos é uma decisão muito subjetiva.

Os diagramas do modelo lógico de dados da organização (corporativo) continuam a refletir a perspectiva da organização. Eles são neutros e independentes de qualquer necessidade particular, utilização e aplicação de contexto. Outras mais tradicionais "soluções" de modelos de dados lógicos refletem específicos requisitos de uso e aplicação.

Modelos de dados lógicos corporativos são apenas parcialmente atribuídos. Não existe um modelo de dados lógico corporativos que possa identificar todas as entidades de dados possíveis e os atributos dos dados. Modelos de dados lógicos corporativos podem ser normalizados até certo ponto, mas não precisa ser o mais normalizado como uma "solução" de modelo de dados lógico.

Modelos de dados lógicos corporativos devem incluir um glossário de todas as definições de negócios e outros meta-dados associados sobre as entidades de negócios e seus atributos de dados, incluindo atributo de dados de domínios. Consulte o Capítulo 5 de Desenvolvimento de dados para saber mais sobre modelagem lógica de dados.

4.2.2.2.5 Outros componentes do modelo de dados corporativos

Alguns modelos de dados corporativos também incluem outros componentes. Estes componentes opcionais podem incluir:

- Atribuição de responsabilidade individual para o gestor de dados para as áreas de interesses, entidades, atributos e/ou conjunto de valor dos dados de referência. O capítulo 3 sobre Governança de Dados cobre este tópico com mais profundidade.
- Valores de referência válidos: conjunto controlado de valores de códigos e/ou rótulos e o seu significado para o negócio. Esses conjuntos de valores que atendem toda a organização e possuem referência cruzada com equivalentes departamental, divisional ou regional. Capítulo 8 sobre gestão de dados mestres e de referência cobre este tópico com mais profundidade.
- Especificações adicionais de qualidade de dados e regras para os atributos de dados essenciais, tais como exatidão/requerimentos de precisão, no tempo adequado (oportuno), regras de integridade, nulidade, formatação, códigos de localização de duplicidade/regras de para mesclar registros e/ou requisitos de auditoria. O capítulo 12 sobre gestão de qualidade dos dados abrange este tema com mais profundidade.
- Ciclos de vida de entidade são os diagramas de transição de estado que descrevem os diferentes estados do ciclo de vida das entidades mais importantes e os eventos de disparo que mudam uma entidade de um estado para outro. Ciclos de vida de uma entidade são muito úteis na determinação de um conjunto racional de valores de situação (códigos e/ou rótulos) para uma entidade de negócios. A seção 4.2.2.5 expande mais este tópico.

4.2.2.3 Análise e Alinhamento com outros modelos de negócios

Análise sobre a cadeia de valor da informação mapeia as relações entre os elementos do modelo corporativos e outros modelos de negócios. O termo deriva do conceito da cadeia de valor do negócio, introduzido por Michael Porter em vários livros e artigos sobre estratégias de negócios. A cadeia de valor do negócio identifica as funções de uma organização que contribui, direta e indiretamente, à finalidade da organização, tais como: lucro, educação, etecetera, e organiza as funções que contribuem diretamente a partir da esquerda para a direita em um diagrama com base em suas dependências e sequência de eventos. Funções de apoio indiretas aparecem abaixo desse arranjo. O diagrama da Figura 4.4 mostra uma cadeia de valor de negócio para uma companhia de seguros.

Matrizes de informações sobre a cadeia de valor são modelos compostos. Enquanto a análise cadeia de valor da informação é uma saída da arquitetura de dados, cada matriz é também parte de um dos processos de negócio, organização ou arquiteturas de aplicações. Com esta consideração, a análise de informações sobre a cadeia de valor é a cola que une as várias formas de "modelos primitivos" na arquitetura organizacional. Arquitetos de dados, gestores de dados, e outros arquitetos corporativos e especialistas em determinados assuntos partilham a responsabilidade para cada conteúdo na matriz.

4.2.2.4 Definir e manter a arquitetura de tecnologia de dados

Tecnologia de dados guia a seleção e integração de tecnologias relacionadas a dados. Arquitetura de tecnologia de dados é tanto uma parte da arquitetura de tecnologia global da organização, bem como parte de sua arquitetura de dados. Arquitetura de tecnologia de dados define as categorias de ferramentas padrão, ferramentas preferidas em cada categoria, e padrões de tecnologia e protocolos para integração de tecnologia.

Figura 4.4 Exemplo de Corrente de negócios de seguros

Categorias de tecnologia na arquitetura de tecnologia de dados incluem:

- Sistemas de gestão de banco de dados (SGBD).
- Utilitários de gestão de banco de dados.
- Modelagem de dados e ferramentas de gestão de modelos.
- Software de business intelligence para relatórios e análises.
- Extração-transformação e carga (ETL), captura de mudança de dados (CDC), e outras ferramentas de integração de dados.
- A análise da qualidade de dados e ferramentas de limpeza de dados.
- Software para gestão de meta-dados, incluindo os repositórios de meta-dados.

Componentes da arquitetura de tecnologia são incluídos em categorias diferentes:

- Atual: Produtos suportados e usados.
- Período de implantação: Produtos implantados para uso nos próximos 1-2 anos.
- Período estratégico: é esperado que os produtos estejam disponíveis para uso nos próximos 2 anos ou mais.
- Aposentadoria: Produtos que a organização aposentou ou pretende aposentar este ano.
- Preferidos: Produtos preferidos para o uso pela maioria das aplicações.
- Contenção: Produtos com uso limitado por determinadas aplicações.
- Emergentes: Produtos sendo pesquisados e testados para possível implantação futura.

Consulte o capítulo 6 para mais informações sobre gestão das tecnologias de dados.

4.2.2.5 Definir e manter a arquitetura de integração de dados

Arquitetura de integração de dados define como os dados fluem por todos os sistemas do começo ao fim. Arquitetura de integração de dados é a arquitetura de dados e arquitetura da aplicação, pois inclui os bancos de dados e as aplicações que controlam o fluxo de dados dentro do sistema, entre bancos de dados, e a volta para fora do sistema.

As relações entre os elementos em cada modelo são tão importantes como a relações entre os próprios elementos. Uma série de matrizes bidimensionais pode mapear e documentar as relações entre diferentes tipos de elementos dos modelos corporativos. As matrizes podem definir as relações para outros aspectos da arquitetura corporativa além de processos de negócio, tais como:

- Os dados relativos aos papéis de negócios, mostrando que os papéis têm a responsabilidade de criar, atualizar, excluir e utilizar dados sobre os quais as entidades de negócio (CRUD).
- Os dados relativos as específicas organizações de negócios com essas responsabilidades.
- Os dados relativos às aplicações que podem ultrapassar as funções do negócio.
- Os dados relativos às localizações onde ocorrem as diferenças locais.

A construção dessas matrizes é uma prática de longa data na modelagem corporativa. A IBM, em método denominando Business Systems Planning (BSP), pela primeira vez introduziu esta prática. James Martin mais tarde, popularizou isto em seu método Information System Planning (ISP). A prática é válida e útil ainda hoje.

O conceito de fábrica de informações corporativas (CIF[11]) é um exemplo de arquitetura de integração de dados. Arquitetura de integração de dados geralmente divide data warehouses, data staging e data marts de apoio a business Intelligence a partir de bancos de

---

[11] CIF: Corporate Information Factory

dados de origem, ODS[12], gestão de dados mestres e de referência / sistemas de gestão códigos para suporte de processamento de transações online e relatórios operacionais. O capítulo 8, gestão de dados mestres e de referência abrange arquitetura de integração de dados para gestão de dados mestres e de referência.

Dados/matrizes de relacionamento de processo podem ter diferentes níveis de detalhe. Áreas de interesses, entidades do negócio, ou até mesmo atributos de dados essenciais podem todos representar dados em diferentes níveis. Funções de alto nível, as atividades de nível médio, ou tarefas de nível mais baixo de negócios representam os processos.

4.2.2.6 Definir e manter a arquitetura de DW/BI

Arquitetura de data warehouse se concentra em como as alterações de dados e alterações instantâneas são armazenadas nos sistemas de data warehouse para desempenho e utilização em limites máximos. A arquitetura de integração de dados apresenta como dados dos sistemas de origem por meio de staging database e data marts. A arquitetura de business intelligence define como suporte a decisão torna os dados disponíveis, incluindo a seleção e utilização de ferramentas de business intelligence. Este tópico é discutido em detalhes no capítulo 9 referente a gestão de Data Warehouse e business intelligence.

4.2.2.7 Definir e manter as taxonomias e namespace[13] corporativos

A taxonomia é a estrutura hierárquica utilizada para o delineamento de tópicos. O mais conhecido exemplo de taxonomia é o sistema de classificação para todos os seres vivos desenvolvido originalmente pelo biólogo Linnaeus. O Dewey Decimal System (sistema decimal de Dewey) é um exemplo de uma taxonomia para a organização e localização de livros em uma biblioteca. Taxonomias formais são de classes hierárquicas, enquanto taxonomias informais são esboços de tópicos que podem não implicar na herança de características de supertipos.

As organizações desenvolvem suas próprias taxonomias para organizar o pensamento coletivo a respeito de tópicos. Taxonomias têm-se revelado particularmente importantes na apresentação e localização de informações em sites. No geral, a arquitetura de dados corporativos inclui taxonomias organizacionais. A definição dos termos usados em tais taxonomias deve ser consistente com o modelo de dados corporativos, bem como outros modelos e ontologias.

4.2.2.8 Definir e manter a arquitetura de meta-dados

Assim como a arquitetura de integração de dados define como dados fluem entre as aplicações, a arquitetura de meta-dados define o fluxo gerenciado de meta-dados. A

---

[12] Nota de tradução: ODS que em tradução livre significa armazéns de dados operacionais

[13] Nota de tradução: Namespace que em tradução baseada no DAMA_Dictionary_of_Data_Management_First_Edition significa um domínio definido dentro do qual é garantido que um nome é único e findável.

arquitetura de meta-dados define como o meta-dados é criado, integrado, controlado e acessado. O repositório de meta-dados é o núcleo de qualquer arquitetura de meta-dados. Arquitetura de meta-dados é o projeto de integração de meta-dados por meio de ferramentas de software, repositórios, diretórios, glossários e os dicionários de dados. O foco da arquitetura de integração de dados é garantir a qualidade, integração e utilização eficaz dos dados de referência, mestres e de business intelligence. O foco da arquitetura de meta-dados é garantir a qualidade, integração e uso efetivo de meta-dados. O capítulo 11 de gestão de meta-dados cobre este tópico em mais detalhes.

4.3 Resumo

Definir e manter a arquitetura de dados é um esforço de colaboração que requer a participação ativa dos gestores de dados e outros especialistas no assunto, facilitado e apoiado por arquitetos de dados e outros analistas de dados. Arquitetos e analistas de dados devem trabalhar para otimizar o valioso tempo de contribuição fornecido aos gestores de dados. O gestor de dados executivo deve assegurar o compromisso de tempo adequado das pessoas certas. Garantir este compromisso geralmente requer uma comunicação contínua do caso de negócio para a arquitetura de dados e do esforço necessário para defini-lo.

Arquitetura de dados é uma coisa viva que nunca está completa, nem estática. Mudanças nos negócios, naturalmente, conduzem mudanças na arquitetura de dados. Manter uma arquitetura de dados requer uma revisão periódica pelos gestores de dados. Referencia à arquitetura de dados existente e atualizações relativamente fáceis de arquitetura de dados podem resolver várias questões rapidamente. A resolução de questões mais significativas, muitas vezes exige novos projetos, para serem propostos, avaliados, aprovados e executados. As saídas destes projetos incluem atualizações da arquitetura de dados.

O valor da arquitetura de dados é limitado até que os gestores de dados participem, revisem e refinem a arquitetura de dados e a alta gerencia aprove a arquitetura de dados como uma força orientadora para a implementação de sistemas. O conselho de governança de dados é o maior corpo patrocinador e aprovador da arquitetura de dados corporativos. Muitas organizações formam também um conselho de arquitetura de dados corporativos para a coordenação de dados, processos, negócios, sistema e arquitetura de tecnologia.

A arquitetura de dados é uma parte da arquitetura organizacional. A arquitetura de dados serve como um guia para integração. Referir-se a arquitetura de dados quando:

- Definir e evoluir novos projetos de sistemas de informação: a arquitetura de dados corporativos serve como uma zona de planejamento para a integração de sistemas de informação. A arquitetura de dados corporativa afeta as metas e objetivos dos projetos, e influencia a prioridade de projetos no portfólio de projetos. A arquitetura de dados corporativos também influencia as fronteiras do escopo de projetos e lançamentos de sistemas.
- Definir requerimentos de dados em projetos: A arquitetura de dados corporativa prove requerimentos de dados para projetos individuais, acelera a identificação e definição desses requisitos.

- Rever desenho de projeto de dados: revisão de desenhos garante que modelos de dados conceitual, lógico e físico são consistentes (e também contribuem) com a implementação de longo prazo da arquitetura de dados corporativa.

4.3.1 PRINCÍPIOS ORIENTADORES

A implementação da função de gestão da arquitetura de dados corporativa segue oito princípios orientadores:

1. Arquitetura de dados é um conjunto integrado de artefatos de especificação (diagramas técnicos mestres) utilizados para definir os requisitos de dados, guiar a integração de dados, controlar os ativos de dados e alinhar os investimentos em dados com a estratégia de negócios.
2. A arquitetura de dados corporativa faz parte da arquitetura global da empresa, juntamente com arquitetura de processos, arquitetura de negócios, arquitetura de sistemas, e tecnologia da arquitetura.
3. Arquitetura de dados corporativa inclui três grandes categorias de especificações: o modelo de dados corporativos, análise da cadeia de valor da informação, e arquitetura de entrega de dados.
4. Arquitetura de dados corporativa é mais do que apenas dados. Ela ajuda a estabelecer a semântica de uma organização, utilizando um vocabulário comum de negócios.
5. Um modelo de dados corporativos é um modelo de dados integrado orientado a áreas de interesse definindo os dados essenciais utilizados em toda a organização. Construir o modelo de dados corporativos em camadas: uma visão geral da área de interesse, visão conceitual de entidades e relacionamentos para cada área de interesse, e mais detalhadas, visões parcialmente atribuídas dessas mesmas áreas de interesse.
6. Análise da cadeia de valor da informação define as relações críticas entre dados, processos, papéis e organizações, e outros elementos corporativos.
7. A arquitetura de entrega de dados define o diagrama mestre de como os dados fluem em bancos de dados e aplicações. Isto garante a qualidade e integridade dos dados para suporte dos processos transacionais de negócios e relatórios e análises de business intelligence.
8. Frameworks arquitetônicos, como TOGAF e Framework de Zachman ajudam a organizar o pensamento coletivo sobre a arquitetura. Isto permite que diferentes pessoas com diferentes objetivos e perspectivas trabalhem em conjunto para atingir interesses comuns.

4.3.2 PROCESSO SUMÁRIO

O resumo do processo para a função de gestão da arquitetura de dados é mostrado na Tabela 4.1. As entregas, papéis de responsabilidade, papéis de aprovação, e os papéis de contribuição são mostrados para cada atividade na função de gestão da arquitetura. A tabela também é mostrada no Apêndice A9.

Atividades	Entregas	Papéis Responsáveis	Papéis de Aprovação	Papéis de Contribuição
2.1 Compreender as necessidades de informação corporativas (P)	Listas de informações requeridas essenciais	Arquiteto de dados corporativos, Especialistas no assunto do negócio	Conselho de governança de dados, comitê de direcionamento de dados, Executivos de DM, CIO	
2.2 Desenvolver e manter o modelo de dados corporativos (P)	Modelo de dados corporativos: • Modelo de área de interesse • Modelo conceitual • Modelo lógico • Glossário	Arquitetos de dados corporativos	Conselho de governança de dados, comitê de direcionamento de dados, Executivos de DM, CIO	Arquitetos de informação e gestores de equipes de dados
2.3 Analisar e alinhar com outros modelos de negócio(P)	Análise de matrizes da cadeia de valor da informação • Entidade / função • Entidade / Org e papel • Entidade / aplicação	Arquitetos de dados corporativos	Conselho de governança de dados, comitê de direcionamento de dados, Executivos de DM, CIO	Arquitetos corporativos Gestores de equipes de dados
2.4 Definir e manter a arquitetura de dados (P)	Arquitetura da tecnologia de dados (Tecnologia, distribuição e uso)	Arquitetos de dados corporativos	Conselho de governança de dados, comitê de direcionamento de dados, Executivos de DM, CIO	Administradores de banco de dados, outros profissionais de gestão de dados.
2.5 Definir e manter a integração da arquitetura de dados (P)	Arquitetura de integração de dados • Linhagem / fluxo de dados • Ciclo de vida da entidade	Arquitetos de dados corporativos	Conselho de governança de dados, comitê de direcionamento de dados, Executivos de DM, CIO	Administradores de banco de dados, outros profissionais de gestão de dados.

Atividades	Entregas	Papéis Responsáveis	Papéis de Aprovação	Papéis de Contribuição
2.6 Definir e manter as arquiteturas de Data Warehouse e BI (P)	Arquitetura de Data Warehouse e BI	Arquitetos de dados de Warehouse	Conselho de governança de dados, comitê de direcionamento de dados, Executivos de DM, CIO	Especialista em BI, especialista em integração de dados, administradores de banco de dados, outros profissionais de gestão de dados.
2.7 Definir e manter taxonomias e namespaces corporativos (P)	Taxonomias corporativas, Namespace XML, Gestão padrão de conteúdos	Arquitetos de dados corporativos	Conselho de governança de dados, comitê de direcionamento de dados, Executivos de DM, CIO	Outros arquitetos de dados, outros profissionais de gestão de dados
2.8 Definir e manter a arquitetura de meta-dados (P)	Arquitetura de meta-dados	Arquitetos de meta-dados	Conselho de governança de dados, comitê de direcionamento de dados, Executivos de DM, CIO	Especialistas em meta-dados, outros profissionais de gestão de dados

Tabela 4.1 Resumo do processo de gestão da arquitetura de dados

4.3.3 QUESTÕES CULTURAIS E ORGANIZACIONAIS

Q1: Existem ramificações para implementação de uma arquitetura de dados corporativa?

A1: Implementação da arquitetura de dados corporativa pode ter muitas ramificações para uma organização. Primeiro, todos na organização têm que enxergar o valor global da arquitetura de dados. Haverá alguma descoberta de sistemas e processos redundantes que podem exigir alterações nas funções e responsabilidades de alguns indivíduos e times da organização, por isso deve-se evitar o medo de redução de força de trabalho. Pessoas que trabalham em sistemas redundantes tornam-se livres para fazer trabalhos interessantes em outros sistemas. Segundo, todos na organização devem estar comprometidos em garantir que a arquitetura de dados permaneça atualizada, quando as necessidades do negócio ou o cenário da tecnologia mudar.

Implementação de uma arquitetura de dados corporativa pode ter muitas ramificações para a cultura de uma organização. Os compradores de TI centrados em aplicativos terão que fazer alterações em suas culturas para se tornar mais conscientes a respeito de dados, e prestar mais atenção ao que está se movendo por meio das suas aplicações, e não somente apenas ao que o aplicativo faz. Conscientização de dados é uma forma de tornar a TI mais conhecedora sobre as necessidades e práticas do negócio, então, TI torna-se mais um de negócio, ao invés de apenas um fornecedor de serviço.

4.4 Leitura recomendada

As referências listadas abaixo fornecem leitura adicional que suportam o material apresentado no Capítulo 4. Estas leituras recomendadas também estão incluídas na bibliografia no final do guia.

4.4.1 LIVROS

Bernard, Scott A. An Introduction to Enterprise Architecture, 2nd Edition. Authorhouse. 2005. ISBN 1-420-88050-0. 351 pages.

Brackett, Michael. Data Sharing Using A Common Data Architecture. New York: John Wiley & Sons, 1994. ISBN 0-471-30993-1. 478 pages.

Carbone, Jane. IT Architecture Toolkit. Prentice Hall, 2004. ISBN 0-131-47379-4. 256 pages.

Cook, Melissa. Building Enterprise Information Architectures: Re-Engineering Information Systems. Prentice Hall, 1996. ISBN 0-134-40256-1. 224 pages.

Hagan, Paula J., ed. EABOK: Guide to the (Evolving) Enterprise Architecture Body of Knowledge. MITRE Corporation, 2004. 141 pages. A U.S. federally-funded guide to enterprise architecture in the context of legislative and strategic requirements. Available for free download at http://www.mitre.org/work/tech_papers/tech_papers_04/04_0104/04_0104.pdf

Inmon, W. H., John A. Zachman, and Jonathan G. Geiger. Data Stores, Data Warehousing and the Zachman Framework: Managing Enterprise Knowledge. McGraw-Hill, 1997. ISBN 0-070-31429-2. 358 pages.

Lankhorst, Marc. Enterprise Architecture at Work: Modeling, Communication and Analysis. Springer, 2005. ISBN 3-540-24371-2. 334 pages.

Martin, James and Joe Leben. Strategic Data Planning Methodologies, 2n d Edition. Prentice Hall, 1989. ISBN 0-13-850538-1. 328 pages.

Perks, Col and Tony Beveridge. Guide to Enterprise IT Architecture. Springer, 2002. ISBN 0-387-95132-6. 480 pages.

Ross, Jeanne W., Peter Weill, and David Robertson. Enterprise Architecture As Strategy: Creating a Foundation For Business Execution. Harvard Business School Press, 2006. ISBN 1-591-39839-8. 288 pages.

Schekkerman, Jaap. How to Survive in the Jungle of Enterprise Architecture Frameworks: Creating or Choosing an Enterprise Architecture Framework. Trafford, 2006. 224 pages. ISBN 1-412-01607-X.

Spewak, Steven and Steven C. Hill, Enterprise Architecture Planning. John Wiley & Sons - QED, 1993. ISBN 0-471-59985-9. 367 pages.

The Open Group, TOGAF: The Open Group Architecture Framework, Version 8.1 Enterprise Edition. The Open Group. (www.opengroup.org). ISBN 1-93-16245-6. 491 pages.

Zachman, John A. The Zachman Framework: A Primer for Enterprise Engineering and Manufacturing. Metadata Systems Software Inc., Toronto, Canada. eBook available only in electronic form from www.ZachmanInternational.com.

4.4.2 ARTIGOS E SITES

Zachman, John. A Concise Definition of the Enterprise Framework. Zachman International, 2008. Article in electronic form available for free download at http://www.zachmaninternational.com/index.php/home-article/13#thezf.

Zachman, John A. "A Framework for Information Systems Architecture", IBM Systems Journal, Vol. 26 No. 3 1987, pages 276 to 292. IBM Publication G321-5298. Also available in a special issue of the IBM Systems Journal, "Turning Points in Computing: 1962-1999", IBM Publication G321-0135, pages 454 to 470 http://researchweb.watson.ibm.com/journal/sj/382/zachman.pdf.

Zachman, John A. and John F. Sowa,. "Extending and Formalizing the Framework for Information Systems Architecture", IBM Systems Journal. Vol. 31 No. 3 1992, pages 590 – 616. IBM Publication G321-5488.

5. Desenvolvimento de dados

Desenvolvimento de dados é a terceira função de gestão de dados, mostrada no framework de gestão de dados nas Figuras 1.3 e 1.4. É a segunda função de gestão de dados que interage e é influenciada pela função de governança de dados. O capítulo 5 define a função de desenvolvimento de dados e explica os conceitos e atividades envolvidas no desenvolvimento de dados.

5.1 Introdução

Desenvolvimento de dados é a análise, projeto, implementação, implantação e manutenção de soluções de dados para maximizar o valor dos recursos de dados para a organização. Desenvolvimento de dados é um subconjunto das atividades do projeto dentro do ciclo de desenvolvimento de sistemas (SDLC) concentrado na definição de requisitos de dados, o projeto dos componentes da solução de dados e a implementação destes componentes. Os componentes da solução de dados primários são bancos de dados e outras estruturas de dados. Outros componentes de solução de dados incluem produtos de informação (telas e relatórios) e interfaces de acesso a dados.

O contexto da função do desenvolvimento de dados é mostrado no diagrama de contexto na Figura 5.1.

Membros da equipe do projeto devem colaborar uns com os outros para a eficaz solução do projeto:

- Os gestores de dados de negócio e especialistas fornecem os requisitos do négocio para os dados e informações, incluindo regras de négocio e expectativas sobre a qualidade de dados. Em seguida, confirmam se estes requisitos foram atendidos.
- Arquiteto de dados, analistas e administradores de banco de dados têm responsabilidade primária pelo projeto de banco de dados. Administradores de banco de dados colaboram com desenvolvedores de software para definir os serviços de acesso a dados em implementações em camadas de arquitetura orientada a serviço (SOA).
- Arquitetos e desenvolvedores de Software (tanto de aplicação quanto os especialistas em integração de dados) assumem a responsabilidade primária de capturar os dados e o projeto de utilização dentro de programas, bem como a interface do usuário do projeto para produtos de informação (telas e relatórios impressos).

5.2 Conceitos e atividades

As atividades necessárias para realizar a função de desenvolvimento de dados estão descritas abaixo.

99

5.2.1 CICLO DE VIDA DO DESENVOLVIMENTO DE SISTEMAS (SDLC)

Atividades de desenvolvimento de dados ocorrem no contexto de desenvolvimento de sistemas e esforços de manutenção, conhecido como o ciclo de vida de desenvolvimento de sistemas. Projetos gerenciam a maior parte desses esforços. Um projeto é um esforço organizado para se atingir um objetivo. Um esforço de manutenção muito pequeno pode ser completado em um dia. Um projeto grande com múltiplas fases pode levar anos para ser concluído.

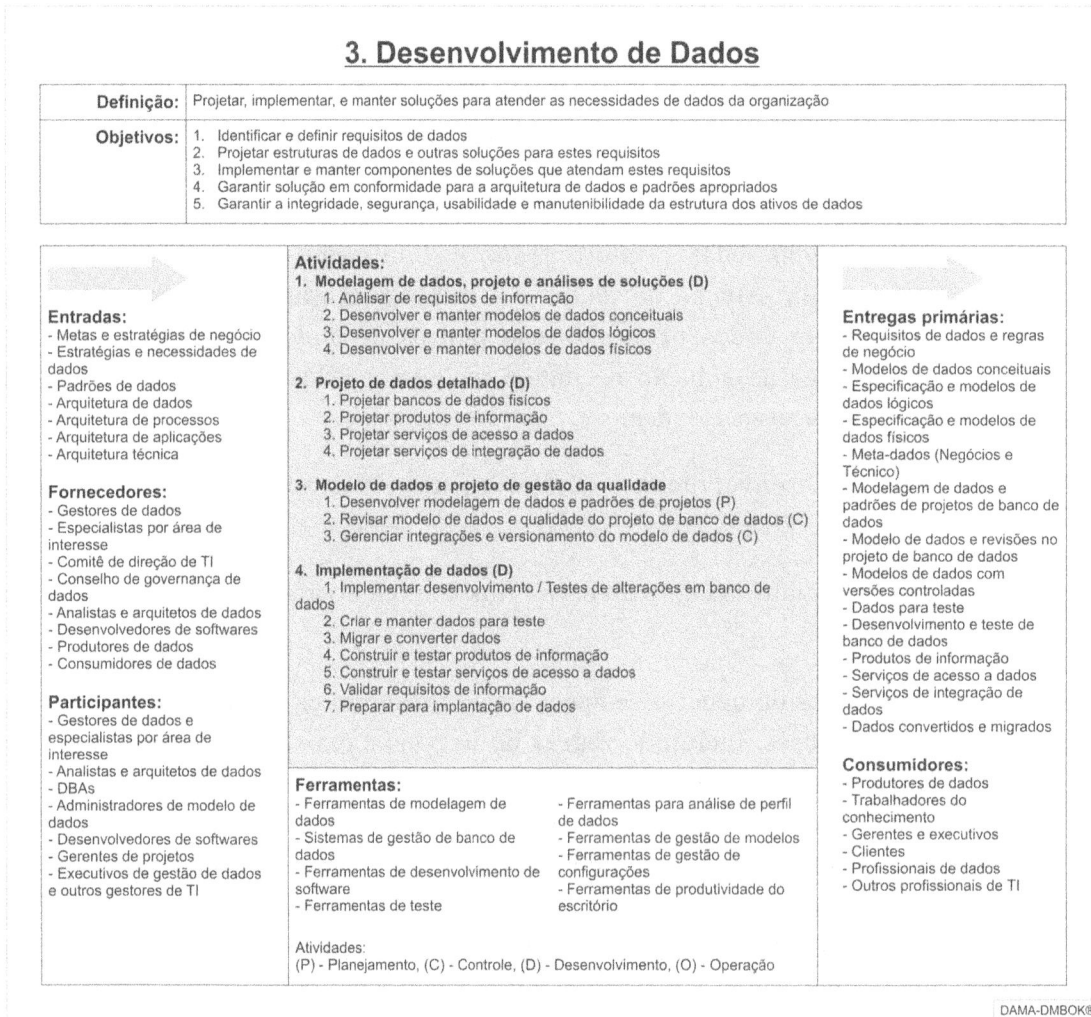

3. Desenvolvimento de Dados

Definição:	Projetar, implementar, e manter soluções para atender as necessidades de dados da organização
Objetivos:	1. Identificar e definir requisitos de dados 2. Projetar estruturas de dados e outras soluções para estes requisitos 3. Implementar e manter componentes de soluções que atendam estes requisitos 4. Garantir solução em conformidade para a arquitetura de dados e padrões apropriados 5. Garantir a integridade, segurança, usabilidade e manutenibilidade da estrutura dos ativos de dados

Entradas:
- Metas e estratégias de negócio
- Estratégias e necessidades de dados
- Padrões de dados
- Arquitetura de dados
- Arquitetura de processos
- Arquitetura de aplicações
- Arquitetura técnica

Fornecedores:
- Gestores de dados
- Especialistas por área de interesse
- Comitê de direção de TI
- Conselho de governança de dados
- Analistas e arquitetos de dados
- Desenvolvedores de softwares
- Produtores de dados
- Consumidores de dados

Participantes:
- Gestores de dados e especialistas por área de interesse
- Analistas e arquitetos de dados
- DBAs
- Administradores de modelo de dados
- Desenvolvedores de softwares
- Gerentes de projetos
- Executivos de gestão de dados e outros gestores de TI

Atividades:
1. **Modelagem de dados, projeto e análises de soluções (D)**
   1. Análisar de requisitos de informação
   2. Desenvolver e manter modelos de dados conceituais
   3. Desenvolver e manter modelos de dados lógicos
   4. Desenvolver e manter modelos de dados físicos
2. **Projeto de dados detalhado (D)**
   1. Projetar bancos de dados físicos
   2. Projetar produtos de informação
   3. Projetar serviços de acesso a dados
   4. Projetar serviços de integração de dados
3. **Modelo de dados e projeto de gestão da qualidade**
   1. Desenvolver modelagem de dados e padrões de projetos (P)
   2. Revisar modelo de dados e qualidade do projeto de banco de dados (C)
   3. Gerenciar integrações e versionamento do modelo de dados (C)
4. **Implementação de dados (D)**
   1. Implementar desenvolvimento / Testes de alterações em banco de dados
   2. Criar e manter dados para teste
   3. Migrar e converter dados
   4. Construir e testar produtos de informação
   5. Construir e testar serviços de acesso a dados
   6. Validar requisitos de informação
   7. Preparar para implantação de dados

Ferramentas:
- Ferramentas de modelagem de dados
- Sistemas de gestão de banco de dados
- Ferramentas de desenvolvimento de software
- Ferramentas de teste
- Ferramentas para análise de perfil de dados
- Ferramentas de gestão de modelos
- Ferramentas de gestão de configurações
- Ferramentas de produtividade do escritório

Atividades:
(P) - Planejamento, (C) - Controle, (D) - Desenvolvimento, (O) - Operação

Entregas primárias:
- Requisitos de dados e regras de negócio
- Modelos de dados conceituais
- Especificação e modelos de dados lógicos
- Especificação e modelos de dados físicos
- Meta-dados (Negócios e Técnico)
- Modelagem de dados e padrões de projetos de banco de dados
- Modelo de dados e revisões no projeto de banco de dados
- Modelos de dados com versões controladas
- Dados para teste
- Desenvolvimento e teste de banco de dados
- Produtos de informação
- Serviços de acesso a dados
- Serviços de integração de dados
- Dados convertidos e migrados

Consumidores:
- Produtores de dados
- Trabalhadores do conhecimento
- Gerentes e executivos
- Clientes
- Profissionais de dados
- Outros profissionais de TI

DAMA-DMBOK®

Figura 5.1 Diagrama de contexto para desenvolvimento de dados

Desenvolvimento de sistemas e manutenção de projetos realizam determinadas atividades dentro do ciclo de desenvolvimento de sistemas. Os estágios do SDLC representam um nível muito alto de passos, geralmente executados para implementar sistemas, como mostrado na figura 5.2. Não há nenhum esboço padronizado desses estágios, mas em geral, o SDLC inclui as seguintes atividades de especificações e de execução:

- Planejamento de Projeto, incluindo a definição do escopo e justificativa base em caso de negócios.
- Análise de Requisitos.

- Projeto da solução.
- Projeto detalhado.
- Construção de componentes.
- Testes, incluindo a unidade, integração, sistema, desempenho e teste de aceitação.
- Preparação para implantação, incluindo o desenvolvimento de documentação e treinamento.
- Instalação e implantação, incluindo piloto e roll-out.[14]

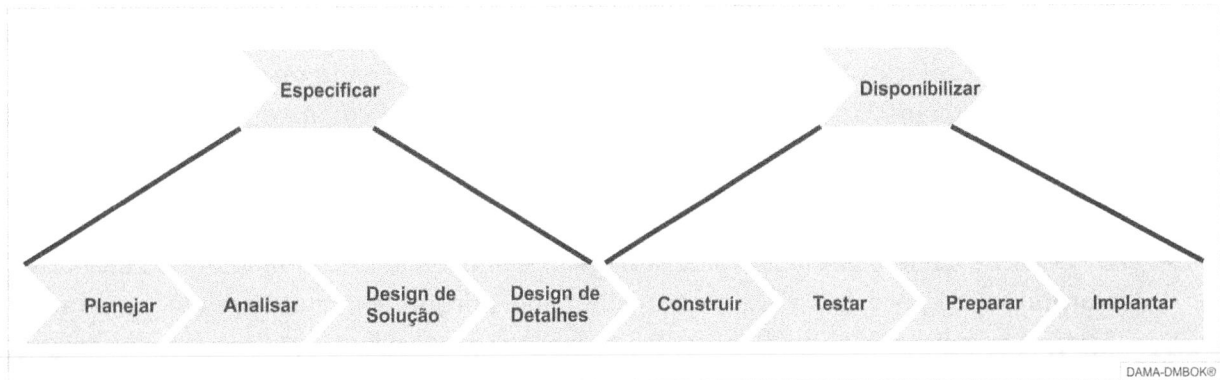

Figura 5.2 O ciclo de vida de desenvolvimento de sistemas (SDLC)

Esforços de manutenção em sistema geralmente também seguem o mesmo alto nível SDLC dos processos em uma rápida sequência, realizando algumas pequenas quantidades de análise, projeto, codificação, testes e implantação.

Muitas organizações têm adotado métodos SDLC que integram os métodos e técnicas de desenvolvimento de sistemas em uma abrangente abordagem para o desenvolvimento de sistemas. Métodos guiam desempenho e projeto de planejamento desenvolvimento de sistemas. A maioria dos métodos recomenda tarefas detalhadas e técnicas específicas para realização de atividades dentro de cada estágio do SDLC. Estas tarefas e técnicas criam uma série de entregas de modelagem de dados que leva em última instância a um sistema implementado. As saídas das tarefas iniciais servem como entradas e deste modo guiando as tarefas subsequentes.

Diferentes métodos retratam o SDLC de maneiras diferentes, cada um com seu próprio uso distintivo dos termos. Alguns métodos definem uma abordagem em cascata para realizar estágios do SDLC. Alguns métodos definem uma espiral, a abordagem iterativa. Estes métodos oferecem soluções completas realizando o SDLC em estágios implementados em várias fases do projeto, guiados por alguns planejamentos, análises e projetos de alto nível.

---

[14] Nota de tradução: Roll-out que em tradução livre foi determinada como acompanhamento da implantação.

Os sistemas de informação capturam e entregam as informações (dados em um contexto relevante e em um período de tempo) para suportar funções de negócio. Estas funções vão desde planejamento estratégico até o desempenho operacional. Armazenar dados e produtos de informação são parte integrante dos componentes de todo sistema de informação. Um projeto de desenvolvimento de sistemas eficaz mantém uma ênfase equilibrada em dados, processos e tecnologia.

5.2.2 ESTILOS DE MODELAGEM DE DADOS

Vários métodos de modelagem de diferentes dados estão disponíveis, cada um usando convenções de diagramação ou estilos diferentes. A sintaxe para cada um desses estilos é um pouco diferente. Enquanto todos os modelos de dados usam de caixas e linhas, cada estilo usa diferentes símbolos e conteúdo de caixa para comunicar especificações detalhadas. O Guia DAMA-DMBOK® oferece apenas uma introdução muito breve a estes estilos.

- IE: O estilo mais comum de diagramação de modelagem de dados é a sintaxe de informaton engineering (IE), assim chamado porque foi popularizado por James Martin em seus influentes livros e treinamentos para a formação em Engenharia da Informação. A notação IE usa tridente ou "pés de galinha", juntamente com outros símbolos, para representar cardinalidade.
- IDEF1X: Esta é uma sintaxe de modelagem de dados alternativa desenvolvida originalmente para uso da Força Aérea dos EUA, usando círculos (alguns escuros, alguns vazios) e linhas (algumas sólidas, algumas pontilhadas) em vez de "pés de galinha" para comunicar significados semelhantes. Diagramas de processo IDEF0 muitas vezes usam a notação IDEF1X.
- ORM (Object Role Modeling): Modelagem papel do objeto é um estilo alternativo de modelagem com uma sintaxe que permite a especificação muito detalhada das relações dados de negócios e regras. Diagramas ORM apresentam tanta informação que o consumo efetivo normalmente requer menor visão de área de interesse, com entidades de negócios menores em um único diagrama. ORM não é muito utilizada, mas seus defensores insistem em seus benefícios. ORM é particularmente útil para a modelagem de relacionamentos de negócios complexos.
- UML (The Unified Modeling Language): A linguagem de modelagem unificada é um conjunto integrado de convenções de diagramação para várias formas diferentes de modelar. GradyBooch, Ivar Jacobsen, e James Rumbaugh desenvolveram a UML para padronizar a análise e projeto em orientação a objetos. UML tem sido amplamente adotada, efetivamente atingindo este propósito. UML é amplamente utilizado em muitos métodos SDLC e foi adotada por muitas organizações de normalização.

UML define vários tipos de modelos e diagramas. Diagramas de classe se assemelham de perto a outros estilos de modelagem de dados. Além de modelagem orientada a objetos para software, os modelos semânticos para serviços na web (webservices), baseados em XML, geralmente usam diagramas de classe UML. De fato, modelagem de dados conceitual, lógica e até mesmo física pode usar diagramas de classe UML.

Alguns profissionais não vêem necessidade ou valor para a modelagem de objetos e dados separadamente. Modelos de classe de objetos conceituais são equivalentes aos modelos de dados conceituais. No entanto, modelos de dados lógicos e físicos geralmente diferem substancialmente dos modelos lógicos e físicos existentes em projetos de programas orientados a objeto. Modelos lógico de dados normalizam atributos de dados, enquanto que modelos orientados a objeto não. Os atributos de um objeto representam os dados na memória do programa, enquanto os atributos de um modelo físico de dados representam os dados armazenados em um banco de dados, geralmente como colunas em tabelas de banco de dados relacional. Reconhecendo estas diferenças, a maioria dos profissionais de dados prefere modelar o dado e/ou bancos de dados em modelos separados com diferentes estilos de diagramação.

Quando usado consistentemente, as diferentes convenções de diagramação podem rapidamente diferenciar e comunicar o propósito de cada modelo. Por exemplo, alguns praticantes usam notação IE para modelagem de dados lógica e usam IDEF1X para modelagem de dados física, especialmente para modelagem dimensional. No entanto, é confuso para os gestores de dados de negócios reverem os diferentes tipos de modelos. Os gestores de dados não precisam ser modeladores de dados, mas eles devem ser fluentes em leitura e interpretação em convenção de diagramação primária.

5.2.3 MODELAGEM DE DADOS, ANÁLISE E PROJETO DE SOLUÇÃO

Modelagem de dados é um método de análise e projeto usado para: 1) Definir e analisar os requisitos de dados, e 2) projetar estruturas de dados que suportam estes requisitos. Um modelo de dados é um conjunto de especificações de dados e diagramas relacionados que refletem os requisitos e projetos de dados. Para a maior parte, a modelagem de dados conceitual e a modelagem de dados lógica são atividades de análise de requisitos, a modelagem de dados física é uma atividade de projeto.

Um modelo é uma representação de alguma coisa em nosso ambiente. Ele faz uso de símbolos padronizados que permitem entender seu conteúdo rapidamente. Mapas, organogramas e plantas de construção são exemplos de modelos em uso todos os dias. Pense em um modelo de dados como um diagrama que usa texto e símbolos para representar elementos de dados e relacionamentos entre eles. Na verdade, um único diagrama pode ser uma das várias exibições previstas para um único modelo de dados integrado. Mais formalmente, um modelo de dados é o conjunto integrado de especificações e diagramas relacionados que representam requisitos e projetos de dados.

Embora existam técnicas e processos bem definidos, existe arte em tornar dados disponíveis de forma utilizável para uma variedade de diferentes aplicações, bem como visualmente compreensível. Modelagem de dados é um processo complexo que envolve interações entre pessoas e tecnologia, para que não comprometam a integridade ou segurança dos dados. Bons modelos de dados expressão com precisão e podem comunicar efetivamente os requisitos de dados e projetar de soluções qualificadas. Alguns diagramas de modelo tentam comunicar muitos detalhes, reduzindo sua efetividade. Duas fórmulas guiam uma abordagem de modelagem:

- Proposta + público (audiência) = entregas.
- Entregas + recursos + tempo = abordagem.

A finalidade de um modelo de dados é facilitar:

- Comunicação: Um modelo de dados é uma ponte para a compreensão de dados pelas pessoas com diferentes níveis e tipos de experiência. Os modelos de dados nos ajudam a entender uma área de negócios, uma aplicação já existente, ou o impacto de alterar uma estrutura já existente. Modelos de dados também podem facilitar o treinamento de novos negócios e/ou equipe técnica.
- Formalização: Um modelo de dados documenta uma única e precisa definição de requisitos de dados e regras de negócios relacionada a dados.
- Escopo: Um modelo de dados pode ajudar a explicar o contexto de dados e o escopo pacotes de aplicações adquiridos.

Modelos de dados que incluem os mesmos dados podem diferir por:

- Escopo: Expressando uma perspectiva sobre os dados em termos de função (visão de negócios ou visão do aplicativo), domínio (processo, departamento, divisão, organização, ou visão da indústria) e tempo (estado atual, o futuro a curto prazo, o futuro a longo prazo).
- Foco: Básico e conceitos críticos (visão conceitual), detalhado, mas independente do contexto (visão lógica), ou otimizados para uma tecnologia específica e uso (visão física).

Use modelos de dados para especificar os dados requeridos para atender às necessidades de informação. Os dados fluem por meio de pacotes de processos de negócios em produtos de informação. Os dados contidos nesses produtos de informação devem atender aos requisitos de negócio. Modelagem de dados é, nesse sentido, uma atividade de análise, que reflete os requisitos do negócio. No entanto, modelagem de dados apresenta oportunidades criativas a cada passo, tornando-se, ao mesmo tempo, uma atividade de projeto. Geralmente, há mais análise envolvida na modelagem conceitual de dados, e mais projeto envolvido na modelagem de dados físicos, com mistura mais equilibrada de ambos em modelagem de dados lógica.

5.2.3.1 Analisar os requisitos de informação

Informação é dado em contexto que tem relevância, e disponibilizado em tempo oportuno. Para identificar os requisitos de informações, é preciso primeiro identificar as necessidades de informação de negócios, muitas vezes no contexto de um ou mais processos de negócios. Os processos de negócios consumem como entrada, produtos de informação resultantes de outros processos de negócios. Os nomes desses produtos de informação muitas vezes, identificam um essencial vocabulário de negócios que serve de base para a modelagem de dados. Independentemente se processos ou dados são modelados sequencialmente (em ordem), ou concorrentemente, analise e projeto efetivos devem assegurar uma visão relativamente equilibrada dos dados (substantivos) e processos (verbos), com igual ênfase em ambos, processos e modelagem de dados.

Projetos tipicamente começam com um requisição de projeto e a definição de um termo de abertura do projeto que define os objetivos do projeto, entregas e as fronteiras do escopo. Planos iniciais do projeto estimam os recursos, esforços, tempo, e custo requerido para atingir os objetivos do projeto. Cada termo de abertura do projeto deve incluir objetivos específicos de dados e identificar os dados no seu escopo. A referência a um modelo de dados corporativo fornece o vocabulário para definir o escopo de dados do projeto de forma eficaz.

A análise de requisitos inclui a apresentação, organização, documentação, revisão, refinamento, aprovação e controle de mudanças de requisitos de negócios. Alguns destes requisitos identificam as necessidades de dados e informações do negócio. As especificações expressam os requisitos em palavras e diagramas.

Modelagem lógica de dados é um meio importante de expressar requisitos de dados de negócios. Para muitas pessoas, como diz o velho ditado, uma imagem vale mais que mil palavras. No entanto, algumas pessoas não se relacionam facilmente para fotos, elas se relacionam melhor com relatórios e tabelas criadas por ferramentas de modelagem de dados. Muitas organizações têm requisitos formais - disciplinas de gestão para orientar a elaboração e refino de declarações requisito formal, tais como, "o sistema deve..." Documentos de especificação de requisitos podem ser mantidos usando ferramentas de gestão de requisitos. As ferramentas de gestão de requisitos podem sincronizar o conteúdo de tal documentação com as especificações capturadas dentro do modelo de dados.

Alguns métodos incluem atividades de planejamento da organização que definem o modelo de dados corporativo, usando técnicas tais como sistemas de planejamento de negócios BSP ou sistemas de planejamento de informação. Os métodos podem incluir também a definição da arquitetura de entrega de dados relacionadas a organização como um todo. Capítulo 4 sobre Gestão de Arquitetura cobre estas atividades.

5.2.3.2 Desenvolver e manter modelos de dados conceituais

Um modelo de dados conceitual é uma perspectiva visual de alto nível sobre uma área de interesse de grande importância para o negócio. Ele contém apenas as entidades de negócio de base e críticas dentro de um determinado domínio e função, com uma descrição de cada entidade e as relações entre as entidades. Modelos de dados conceituais definem a semântica (nomes e verbos) do vocabulário essencial do negócio. Modelo de dados conceitual de áreas de interesse podem refletir os dados associados a um processo de negócios ou função da aplicação. Um modelo de dados conceitual é independente da tecnologia (banco de dados, arquivos, etecetera) e contexto de uso (se a entidade está em um sistema de faturamento ou data warehouse**)**.

Um modelo de dados conceitual tem incluído um glossário que define cada objeto dentro do modelo dados conceitual. As definições incluem termos de negócios, os termos de relacionamento, entidade sinônimos, e as classificações de segurança. Um exemplo de um modelo conceitual de dados é mostrado na Figura 5.3.

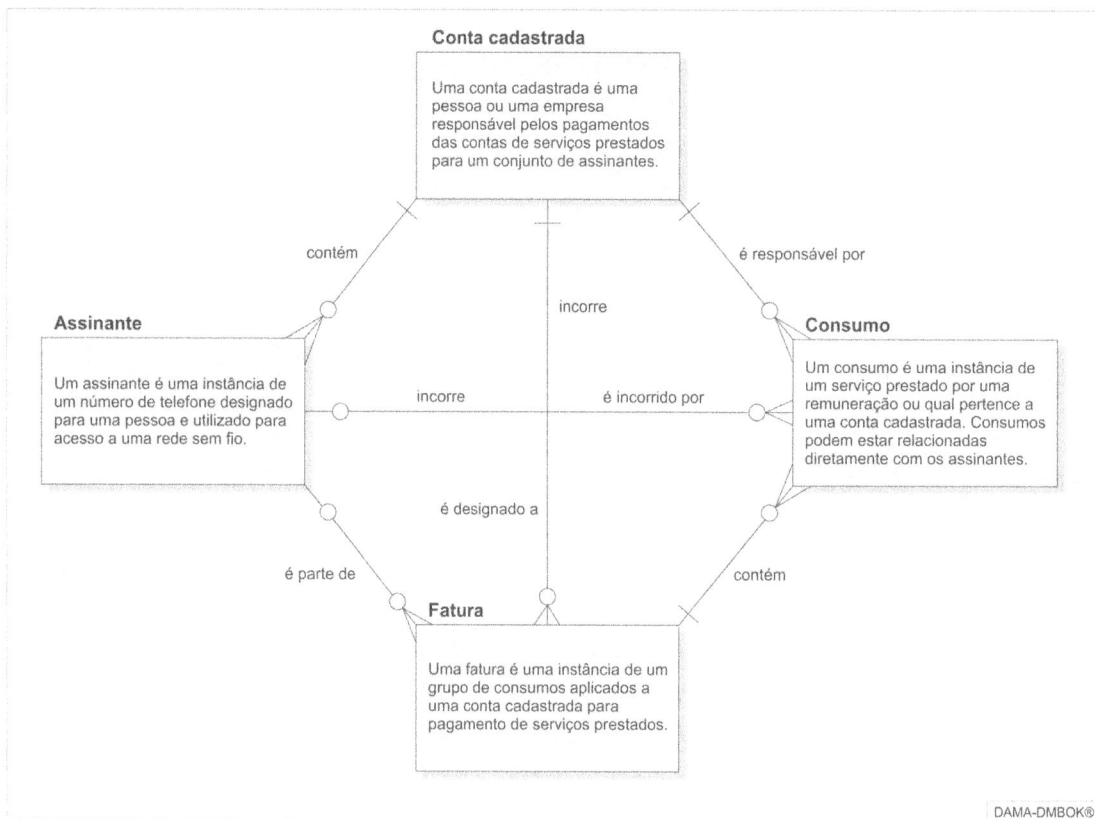

Figura 5.3 Exemplo de modelo de conceitual

Para criar um modelo de dados conceitual, comece por uma área de interesse a partir do modelo da área de interesse. Determine quais objetos são incluídos dentro desse assunto, e como se relacionam uns com os outros. Por exemplo, uma área interesse referente ao Cliente pode conter as seguintes entidades: Proprietário da Conta, Subconta, Preferência de Contato, e Informação para Contato. Um Proprietário está relacionado a uma ou mais Subcontas. Cada Proprietário da Conta tem um conjunto de Preferência de Contato e um conjunto de Informação para Contato a qualquer momento.

Para manter um modelo de dados conceitual, adote um processo de verificar as propostas de alterações ao sistema de produção em relação ao modelo conceitual. Se um projeto vai envolver mudanças, crie um modelo conceitual intermediário e faça as mudanças nele. Copie o modelo alterado para a versão de produção do modelo conceitual, no momento da alteração no sistema em produção como parte do processo de implantação de nova versão. Este processo garantirá que o modelo se manterá em sintonia com a realidade atual.

5.2.3.2.1 Entidades

Uma entidade de negócios é algo de interesse para a organização, um objeto ou um evento. A entidade de dados é uma coleção de dados sobre algo que a organização considera importante e que merece ser capturado. Uma entidade é um substantivo:

- Quem: pessoa, organização, função, empregado, cliente, fornecedor, estudante, partido, departamento, organismo regulador, concorrente, parceiro, subsidiária, time, família, agrupamento familiar.
- O que: produtos, serviço, recurso, matéria-prima, produto final, curso, aula.
- Quando: evento e período fiscal.
- Local: localização, endereço, site, nó de rede.
- Por que: política, requisição, reclamação, devolução, questionamento.
- Como: mecanismo, ferramenta, documento, fatura, contrato, acordo, padrão, conta.

Uma ocorrência de entidade é a instanciação de uma particular entidade de negócio. A entidade Cliente pode ter instâncias chamadas Bob, Joe, Jane, e assim por diante. A entidade Conta pode ter instâncias da conta corrente de Bob, da conta de poupança de Bob e da conta de corretagem de Joe, e assim por diante.

Uma entidade pode aparecer em um modelo de dados conceitual ou lógico. Entidades corporativas conceituais descrevem as coisas sobre as quais coletamos dados, tais como Cliente, Produto e Conta. Entidades de dados lógicas seguem as regras de normalização e de abstração, e, portanto, o conceito do Cliente torna-se numerosos componentes, tais como Tipo de Cliente, Preferência do Cliente. Os modelos físicos de dados definem tabelas que podem ou não relacionar diretamente a entidades em um modelo lógico comparável.

Entidades são entidades independentes ou dependentes. Uma entidade independente (ou entidade central) não depende de qualquer outra entidade para a sua existência. Cada ocorrência de uma entidade independente existe sem referência a qualquer outra entidade no modelo de dados. A entidade dependente depende de uma ou mais entidades para a sua existência. Há três principais tipos de entidade dependentes:

- Entidade atributiva/característica: Uma entidade que depende de apenas uma outra entidade-mãe, como Empregado Beneficiário depende do Empregado.
- Entidade associativa/mapeamento: Uma entidade que depende de duas ou mais entidades, tais como Registro que depende de Aluno em particular e do Curso.
- Entidade Categoria/subtipo ou supertipo: é uma entidade que é uma espécie de outra entidade. Subtipos e supertipos são exemplos de generalização e herança. A entidade supertipo é uma generalização de todos os seus subtipos, e cada subtipo herda os atributos do seu supertipo. Por exemplo, um supertipo Partido liga a subtipos Pessoa e Organização. Os subtipos podem ser sobrepostos (não exclusivo) ou não sobrepostos (exclusivo). Uma estância da entidade subtipo não sobreposta deve ser um subtipo ou de outro, mas não ambos.

5.2.3.2.2 Relacionamentos

As regras de negócio definem as restrições sobre o que pode e o que não pode ser feito. As regras de negócios se dividem em duas categorias principais:

- Regras de dados: registra como os dados referem-se a outros dados. Por exemplo, "estudantes calouros podem registrar-se para no máximo 18 créditos por semestre". Modelos de dados dão foco nas regras de negócios de dados.

- Regras de ação: são as instruções sobre o que fazer quando os elementos de dados contêm certos valores. Regras de ação são difíceis de definir em um modelo de dados. As regras de negócio para qualidade de dados são regras de ação e as aplicações as implementam como regras de edição e validação na entrada de dados.

Modelos de dados expressam dois tipos primários de regras de dados:

- Regras de cardinalidade definem a quantidade de cada instância da entidade que podem participar em um relacionamento entre duas entidades. Por exemplo, "cada empresa pode empregar muitas pessoas".
- Regras de integridade referencial garantem valores válidos. Por exemplo, "Uma pessoa pode existir sem trabalhar para uma organização, mas uma organização não pode existir sem que pelo menos uma pessoa seja empregada pela organização.

Regras de integridade referencial de negócios e cardinalidade expressam os relacionamentos entre entidades nos modelos de dados. Combine os exemplos acima para expressar a relação entre a Organização e Pessoa da seguinte forma:

- Cada pessoa pode trabalhar para zero ou para muitas organizações.
- Cada organização deve empregar uma ou muitas pessoas.

Nomes de relacionamento são frases verbais que descrevem as regras de negócio em cada direção entre duas entidades, juntamente com as palavras que descrevem o aspecto de "muitas" de cada relacionamento (cardinalidade) e do lado "zero ou um" de cada relacionamento (integridade referencial).

Um relacionamento entre duas entidades pode ser um de três tipos de relacionamentos:

- Um relacionamento um-para-um informa que a mesma instância da entidade pai pode aparecer apenas uma vez na entidade filha.
- Um relacionamento um-para-muitos, informa que a mesma instância da entidade pai pode aparecer mais de uma vez na entidade filha. Relacionamentos um-para-muitos são os relacionamentos mais comuns. Em alguns relacionamentos um-para-muitos, uma entidade filha deve ter pais, mas em outros relacionamentos, o relacionamento com os pais pode ser opcional. Em alguns relacionamentos de um-para-muitos, uma entidade pai deve ter pelo menos uma entidade filha, enquanto em outros relacionamentos um-para-muitos, o relacionamento a qualquer filha é opcional.
- Um relacionamento muitos-para-muitos informa que uma instancia de cada entidade pode ser associada com nenhuma ou várias instâncias de outra entidade, e vice-versa.

Um relacionamento recursivo relaciona instâncias de uma entidade para outras instâncias da mesma entidade. Relações recursivas podem ser um-para-um, um-para-muitos ou muitos-para-muitos.

5.2.3.3 Desenvolver e manter os modelos de dados lógicos

Um modelo de dados lógico é uma representação detalhada dos requisitos de dados e das regras de negócio que regem a qualidade dos dados, usualmente em suporte a um contexto específico de uso (requisitos de aplicações). Modelos de dados lógicos são ainda independentes de qualquer tecnologia específica ou dificuldades de implementação técnica. Um modelo lógico de dados frequentemente começa como uma extensão de um modelo de dados conceitual, acrescentando atributos de dados para cada entidade. As organizações devem ter padrões de nomenclatura para orientar a nomeação de objetos de dados lógicos. Modelos de dados lógicos transformam as estruturas de modelos de dados conceituais por meio da aplicação de duas técnicas: normalização e abstração. Um exemplo de um modelo de dados lógico é mostrado na Figura 5.4.

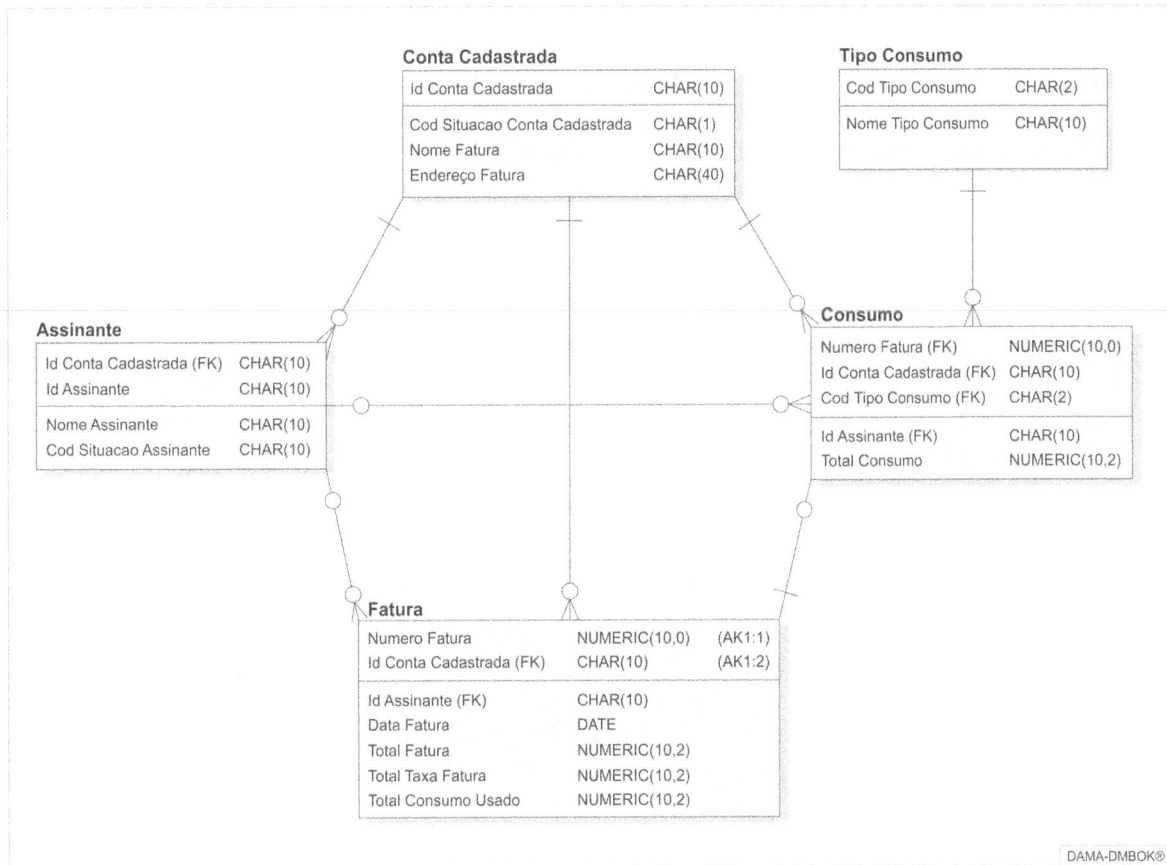

Figura 5.4 Exemplo de modelo de lógico

A normalização é o processo de aplicação de regras para organizar a complexidade dos negócios em estruturas estáveis de dados. Uma compreensão mais profunda de cada elemento de dados é requerida, para ver cada elemento de dados em relacionamento com os demais elementos de dados. A meta básica da normalização é manter cada elemento de dados em um só lugar.

Regras de normalização classificam elementos de dados de acordo com chaves primárias e estrangeiras. Regras de normalização classificam-se em níveis, com cada nível de aplicação apresentando mais granularidade e especificidade na busca das chaves primárias e estrangeiras corretas. Cada nível é composto por uma forma normal em separado, e cada nível sucessivo inclui níveis anteriores.

Níveis de Normalização incluem:

- Primeira forma normal (1FN): Garante que cada entidade tem uma chave primária válida, e pelo ao menos um elemento de dados da entidade depende da chave primária, remove grupos de repetição, e assegura que cada elemento de dados é atômico (não multivalororado).
- Segunda forma normal (2FN): Garante que cada elemento de dados fornece um fato sobre toda a chave primária e que cada elemento de dados depende da chave primária completa (não há dependência parcial).Anomalias na 2FN ocorrerem apenas em chaves primárias compostas.
- Terceira forma normal (3FN): Garante que cada entidade não tem dependências escondidas e que cada elemento de dados não depende de nenhum elemento de dados fora a chave primária (a chave, a chave inteira e nada mais que a chave).

- **Boyce/Codd** forma normal (BCNF): Resolve sobreposição das chaves candidatas primárias. Uma chave candidata é uma chave primária ou secundária. "Composto" significa mais do que um (por exemplo, dois elementos de dados em uma chave primária de uma entidade), e "sobreposição" significa que existem regras de negócio escondidas entre as chaves.
- Quarta forma normal (4FN): Resolve todos os relacionamentos de muitos-para-muitos (e além) em pares até que eles não possam ser discriminados em pedaços menores.
- Quinta forma normal (5NF): Resolve dependências inter-entidades em pares básicos, e junta todas as dependências que usam partes de chaves primárias.
- Sexta forma normal (6NF): Adiciona objetos temporais para as chaves primárias, a fim de permitir relatórios históricos e análises sobre espaço de tempos.

O termo modelo normalizado geralmente significa que o dado está na 3FN. Situações que exigem BCNF, 4NF, 5NF e 6NF ocorrem raramente, essas formas são consideradas tópicos avançados em modelagem de dados.

A abstração é a redefinição de entidades de dados, elementos e relacionamentos por meio da remoção de detalhes para ampliar a aplicabilidade de estruturas de dados para uma situação de classe mais ampla, frequentemente pela implementação de supertipos ao invés de subtipos. Usando um papel genérico supertipo para representar os subtipos Clientes, Empregados e Fornecedores como subtipos é um exemplo da aplicação da abstração.

Use a normalização para mostrar os detalhes conhecidos das entidades. Use abstração quando alguns detalhes de entidades estão ausentes ou ainda não descobertos, ou quando a versão genérica de entidades é mais importante ou útil do que os subtipos.

5.2.3.3.1 Atributos

Um atributo é uma propriedade de uma entidade, um tipo de fato importante para o negócio, cujo os valores ajudam a identificar ou descrever uma instância da entidade. Por exemplo, o atributo Sobrenome do Estudante descreve o último nome de cada Estudante. Atributos traduzem em um modelo físico de dados para um campo em um arquivo ou uma coluna em uma tabela do banco de dados. Atributos usam nomes de negócios, enquanto os campos e colunas usam nomes de técnicos que frequentemente incluem abreviaturas técnicas. Em um modelo lógico de dados, entidades de negócios representam os substantivos essenciais no vocabulário da organização, os atributos representam os adjetivos.

Um atributo em um modelo lógico deve ser atômico. Ele deverá conter um e apenas um pedaço de dados (fato) que não pode ser dividido em partes menores. Por exemplo, um elemento de dados conceitual chamado de número de telefone se divide em vários elementos de dados lógicos para código do tipo (casa, escritório, fax, celular, etecetera), código do país, (1 para EUA e Canadá), código da área, prefixo, número telefone base e extensão.

Uma instância de um atributo é o valor do atributo para uma instância de entidade em particular. Uma ocorrência de um valor de dados é a sua aparência como uma instância de atributo para uma instância de entidade. A instância de elemento de dados 60106, por exemplo, pertence ao elemento de dados CEP do Cliente, que existe para a instância do Cliente Bob.

Definições de atributos e entidades são contribuintes essenciais para o valor de negócio de qualquer modelo de dados. Definições de alta qualidade esclarecem o significado do vocabulário de negócios e fornece rigor às regras de negócio que regem os relacionamentos da entidade. Definições de alta qualidade auxiliam os profissionais de negócios na tomada de decisões de negócios inteligentes, e ajudam os profissionais de TI a fazer projetos inteligentes de aplicações de decisões. Definições de alta qualidade dos dados apresentam três características essenciais: precisão, clareza e completude.

5.2.3.3.2 Domínios

O conjunto completo de todos os valores possíveis para um atributo é um domínio. Um atributo não pode conter valores fora de seu domínio atribuído. Alguns domínios têm um número limitado de valores específicos definidos, ou limites máximos ou mínimos para números. As regras de negócio também pode restringir domínios.

Atributos frequentemente compartilham o mesmo domínio. Por exemplo, uma data de admissão de empregado e a data da ordem de compra deve ser:

- Uma data de calendário válida (por exemplo, o dia não pode ser 31 de fevereiro).
- Uma data que cai num dia de semana.
- Uma data que não seja feriado.

Um dicionário de dados contém uma coleção de domínios e os atributos que se relacionam com cada domínio, entre outras coisas.

5.2.3.3.3 Chaves

Atributos atribuídos a entidades são atributos chave ou não chave. Um elemento de dados chave ajuda a identificar uma instância de entidade única das demais, e integralmente (por ele próprio) ou parcialmente (em combinação com outros elementos chave). Elementos de dados não-chave descrevem a instância da entidade, mas não ajuda a identificar isto unicamente.

A chave candidata representa um ou mais atributos cujos valores identificam uma instância da entidade. Uma chave composta é uma chave, contendo dois ou mais atributos. Uma destas chaves candidatas se torna a chave primária. Deve haver apenas uma chave primária. Todas as chaves candidatas, não utilizadas como a chave primária, tornam-se chaves secundárias.

Para evitar o uso de chaves primárias compostas, ou atributos chave com valores que mudam ao longo tempo, usa-se uma chave substituta. A chave substituta contém um valor gerado aleatoriamente atribuídos exclusivamente a uma instância da entidade. Use uma chave substituta quando não existir um elemento de dados verdadeiramente único ou um conjunto de elementos de dados únicos existentes na entidade. Outros nomes para as chaves substitutas são chaves anônimas, ou chaves burras. Note-se que simplesmente com uma chave gerada pelo número sequencial na verdade ainda tem alguma inteligência. Uma pessoa pode dizer em que ordem as linhas foram inseridas na tabela pela sequência, semelhante a um número da linha. Chaves substitutas verdadeiras são aleatórias, não seqüenciais.

Uma chave estrangeira é um atributo que fornece um link para outra entidade. Simplificando, uma chave estrangeira é um atributo, ou conjunto de atributos, que aparece em ambas às entidades em um relacionamento, e identifica totalmente uma ou ambas as entidades de origem. Quando um relacionamento um-para-muitos existe entre duas entidades, a entidade do lado filha da relação herda os atributos da chave primária da entidade do lado pai do relacionamento. A chave estrangeira permite a navegação entre as estruturas de dados.

Um relacionamento identificado ocorre quando os atributos da chave estrangeira de uma entidade pai aparece como parte da chave primária composta de uma entidade filha. Um relacionamento não identificado ocorre quando a chave estrangeira de uma entidade pai são atributos não-chave descrevendo a entidade filha.

5.2.3.4 Desenvolver e manter modelos de dados físicos

Um modelo de dados físicos otimiza a aplicação dos requisitos de dados detalhados e regras de negócio a luz das restrições da tecnologia, uso do aplicativo, requisitos de desempenho e os padrões de modelagem. Projetar bancos de dados relacionais com as condições de capacidades específicas de um sistema de gestão de banco de dados em mente (IBM DB2 ou UDB, Oracle, Teradata, Sybase ou Microsoft SQL Server ou Access). As organizações devem ter padrões de nomenclatura para orientar a nomeação de objetos de dados físicos. Um exemplo de um modelo físico de dados é mostrado na Figura 5.5.

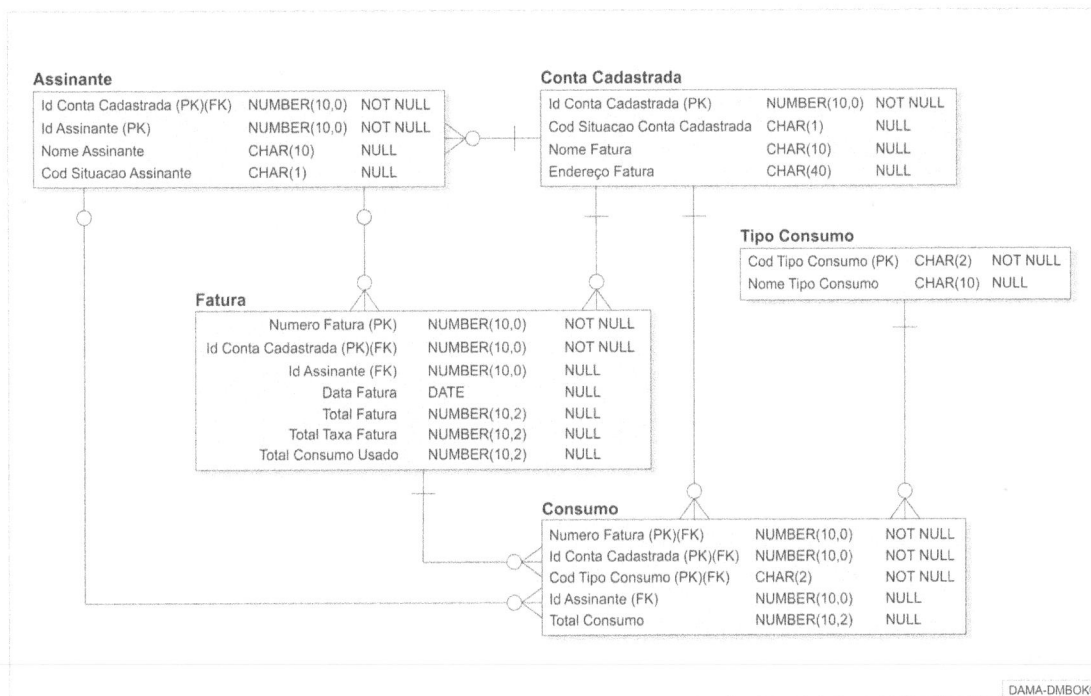

Figura 5.5 Exemplo de modelo de dados físico

O modelo do projeto de dados físicos inclui a tomada de decisões sobre:

- O nome técnico de cada tabela e coluna (bancos de dados relacionais) ou arquivo e campo (banco de dados não-relacional), ou esquema e o elemento (base de dados XML).
- O domínio da lógica, tipo de dados físico, tamanho e nulidade de cada coluna ou campo.
- Quaisquer valores padrão para colunas ou campos, especialmente para restrições de não nulo (NOT NULL).
- Chaves únicas primárias e alternativas e índices, incluindo como atribuir chaves.
- Implementação de conjuntos pequenos de valor de dados de referência no modelo lógico de dados, tais como: a) separar tabelas de códigos, b) uma tabela mestre de códigos compartilhados, ou c) simplesmente como regras ou restrições.
- Implementação do supertipo menores/subtipo entidades lógicas do modelo no projeto físico do banco de dados onde os atributos das entidades subtipo são mesclados em uma tabela que representa a entidade supertipo colunas anuláveis, ou "separando" os atributos de entidade supertipo em uma tabela para cada subtipo.

Daqui para frente usaremos o termo "tabelas" para se referir a tabelas, arquivos e esquemas; o termo "colunas" para se referir às colunas, campos e elementos, e o termo "linhas" para se referir a linhas, registros ou instâncias.

Modelagem de dados física transforma o modelo lógico de dados utilizando várias técnicas, incluindo:

Desnormalização: seletivamente e justificadamente violando as regras de normalização, reintrodução de redundância no modelo de dados para reduzir o tempo de recuperação, potencialmente à custa de espaço adicional, tempo adicional de inserção/atualização, e redução da qualidade dos dados.

- As chaves substitutas: chaves substitutas não visíveis para o negócio.
- Indexação: cria arquivos de índices adicionais para otimizar determinados tipos de requisições no banco de dados.
- Particionamento: quebra de uma tabela ou arquivo verticalmente (separação dos grupos de colunas) ou horizontal (separação de grupos de linhas).
- Visões: tabelas virtuais usadas para simplificar as requisições, controle do acesso a dados, renomear colunas, sem redundância e perda de integridade referencial devido à desnormalização.

Dimensionalidade: Criação de tabelas de fatos associadas com tabelas de dimensões estruturadas como star schema e esquema snow-flake para business intelligence (ver capítulo 9).

5.2.4 PROJETO DE DADOS DETALHADOS

Atividades do projeto de dados detalhadas incluem:

- O projeto detalhado do banco de dados físicos, incluindo visões, funções, gatilhos e store procedures[15].
- Outras estruturas de dados de suporte, tais como esquemas XML e classes de objetos.
- Produtos de informação, tais como o uso de dados em telas e relatórios.
- Soluções de acesso de dados, incluindo objetos de acesso a dados, serviços de integração e serviços de relatórios e análises.

Os DBAs[16] assumem a liderança no projeto de banco de dados, e um papel colaborativo na concepção de produtos de informação (esquemas XML, mensagens, telas e relatórios) e serviços de dados relacionados (serviços de acesso a dados, serviços de integração de dados e serviços de business intelligence). Analistas de dados assumem o papel principal no projeto de produtos de informação e serviços de dados relacionados, e um papel de colaboração no projeto de banco de dados.

5.2.4.1 Projeto de bancos de dados físicos

O projeto detalhado inclui especificações de implementação de banco de dados. O projeto do banco de dados físico pode tirar proveito das funções e das capacitações únicas de um

---

[15] Nota de tradução: Store procedure que em tradução livre significa procedimentos com execução programada.

[16] Nota de tradução: A profissão de DBA (administrador de banco de dados) não foi traduzida. Ver a nota referente à versão brasileira do DAMA-DMBOK®.

determinado sistema de gestão de banco de dados, que podem ou não ser incluídas no modelo de dados.

Para bancos de dados relacionais, as entregas primárias do projeto são as DDL. DDL é um subconjunto da SQL usada para criar tabelas, índices, visões e outros objetos de banco de dados físico. Para banco de dados XML, a entrega primeira do projeto é entregar namespace.

Um completo, documento de projeto de banco de dados de alta qualidade é mais do que apenas declarações em DDL. A seção 5.2.4.1.3 descreve um completo documento de projeto físicos.

Querendo ou não, o DBA colabora na modelagem física de dados, o DBA tem a responsabilidade primária pelo projeto de banco de dados detalhado, incluindo:

- Assegurar que o projeto atende aos requisitos de integridade dos dados.
- Determinar a estrutura física mais adequada para hospedar e organizar os dados, tais como relacional ou outro tipo de SGBD (gerenciador de banco de dados), arquivos, cubos OLAP, XML, etecetera.
- Determinar os requisitos dos recursos de banco de dados, tais como o tamanho e a localização do servidor, os requisitos de espaço em disco, requisitos de CPU e memória, e requisitos de rede.
- Criação de especificações de projeto detalhadas para estruturas de dados, tais como tabelas, índices, visões, cubos de dados OLAP, esquemas XML, etecetera.
- Garantir se os requisitos de desempenho são atingidos, incluindo: requisitos de tempo de resposta para processamento em lote online de tempo de resposta para requisições, inserções, atualizações e exclusões.
- Projeto para backup, recuperação, arquivamento e eliminação, assegurando que os requisitos de disponibilidade sejam cumpridos, e as operações de manutenção de banco de dados podem ser realizadas dentro da(s) janela(s) de tempo disponível(eis) (mais detalhes no capítulo 6).
- Projetar a implementação de segurança de dados, incluindo autenticação, necessidades de criptografia, os papéis do aplicativo, e o acesso a dados e as permissões para atualização que devem ser atribuídas. A regra geral é nunca conceder permissões em objetos de banco de dados para usuários individuais, apenas para os papéis. Os usuários podem então ser movidos para dentro e fora dos papéis quando necessário, o que reduz a manutenção e aumenta a segurança dos dados (mais detalhes no capítulo 7).
- Determinar esquemas de partições e de hash, onde for apropriado.
- Exigir a revisão do código SQL para garantir que o código atenda os padrões de codificação e que será executado de forma eficiente.

5.2.4.1.1 projeto físico de banco de dados

A escolha de um projeto de banco de dados é baseada na escolha da arquitetura e da escolha de tecnologia. A base da escolha da arquitetura (por exemplo, relacional, hierárquico, rede, objeto, star schema, floco de neve, cubo, etecetera) possui várias considerações:

- Se (e com qual frequência) os dados são atualizados.
- A organização natural dos dados.
- Como os dados são vistos e usados.

A escolha da tecnologia de implementação (por exemplo, relacional, XML, OLAP, ou tecnologia de objeto) pode ser governada por diversos fatores, incluindo o tempo que os dados precisam ser mantidos, se este deve ser integrado com outros dados ou passado entre sistemas ou limites de aplicativos, os requisitos de segurança de dados envolvidos, integridade, recuperação, acessibilidade e reutilização.

Também pode haver fatores organizacionais e políticos, incluindo tendências organizacionais e conjunto de habilidades de desenvolvimento, que se inclina para uma determinada tecnologia ou fornecedor. Outros fatores que influenciam o projeto físico do banco são:

- Aquisição e requisitos de licenciamento, incluindo o SGBD, o servidor de banco de dados, e todas as ferramentas de cliente para acesso a dados e relatórios.
- Auditoria e requisitos de privacidade (por exemplo, Sarbanes-Oxley, PCI, HIPAA, etecetera.).
- Os requisitos da aplicação, por exemplo, se o banco de dados deve suportar um aplicativo web ou serviço web, ou uma análise particular ou ferramenta de relatórios.
- Acordos de nível de serviço (SLAs) para banco de dados.

Projetistas de banco de dados devem encontrar as respostas a várias questões, incluindo:

- Quais são os requisitos de desempenho? Qual é o tempo máximo admissível para uma requisição ao banco de dados para retornar os resultados, ou para um conjunto de atualizações críticas para ocorrer?
- Quais são os requisitos de disponibilidade para o banco de dados? Quais são as janelas de tempo para executar as operações de banco de dados? Com qual frequência devem ser feitos os backups de banco de dados e backups do log de transações (ou seja, qual é o período mais longo que podemos correr o risco de não recuperação dos dados)?
- Qual é o tamanho esperado do banco de dados? Qual é a taxa esperada do crescimento dos dados? Até que ponto os dados antigos ou sem uso podem ser arquivados ou eliminados? Quantos usuários simultâneos estão previstos?
- Que tipos de visualização de dados são necessários para apoiar os requisitos das aplicações de uma maneira que não prejudique a aplicação do esquema de banco de dados?
- Outros aplicativos irão necessitar dos dados? Em caso afirmativo, quais os dados e como?
- Os usuários esperam ser capazes de fazer requisições e relatórios ad-hoc (de acordo com as suas necessidades especificas) a partir dos dados? Se afirmativo, como e com quais?
- Qual, se for o caso, processos de negócios ou aplicativo necessários para implementar os bancos de dados? (Por exemplo, o código que dispara automaticamente verificação

de integridade ou atualização, classes da aplicação encapsuladas em procedimentos ou funções de banco de dados, visões que fornecem uma tabela de recombinação para facilitar uso ou para efeitos de segurança efeitos, etecetera).

- Existe preocupação do desenvolvedor ou da aplicação a respeito do banco de dados, ou o processo de desenvolvimento de banco de dados necessita ser colocado na agenda de discussões?
- O código da aplicação é eficiente? Pode uma mudança no código resolver uma questão de desempenho?

No projeto e construção de banco de dados, o DBA deve manter os seguintes princípios fortemente em mente (lembre-se da sigla PRISM):

- Performance e uso fácil: Garantir o acesso rápido e fácil aos dados por usuários aprovados de uma forma prática e relevante para o negócio, maximizando o valor comercial das aplicações e dados.
- Reutilização: A estrutura do banco de dados deve garantir que, se apropriado, que múltiplas aplicações sejam capazes de usar os dados. A estrutura de banco de dados também deve garantir que os múltiplos propósitos de negócios (como análise de negócios, melhoria contínua da qualidade, planejamento estratégico, gestão de relacionamento com clientes, e melhoria contínua de processo) poderão utilizar os dados. Evite o acoplamento de um banco de dados, estrutura de dados, ou objeto de dados somente a uma única aplicação. Não vincule restritamente uma aplicação a um banco de dados! Os dados devem refletir as reais entidades e atributos do negócio e somente os requisitos de um único aplicativo.
- Integridade: Os dados devem sempre ter um valor e significado comercial válido, independentemente do contexto, e deve sempre refletir um estado válido do negócio. Impor a integridade o mais próximo possível dos dados e detectar e reportar imediatamente as violações nas restrições de integridade de dados.
- Segurança: Dados verdadeiros e precisos devem ser sempre imediatamente disponibilizados para usuários autorizados, mas apenas para usuários autorizados. Todas as partes interessadas estão preocupadas com privacidade, incluindo clientes, parceiros de negócios, orgãos reguladores. Impor a segurança de dados, como a integridade dos dados, o mais próximo dos dados quanto possível, e imediatamente detectar e relatar violações de segurança.
- Manutenção: Realizar todos os trabalhos com os dados a um custo que gera valor, assegurando o custo de criação, armazenamento, manutenção, utilização e eliminação de dados não exceda o seu valor para a organização. Assegurar a resposta mais rápida possível para as mudanças nos processos de negócio e nos requisitos de novos negócios.

Aqui estão algumas das melhores práticas recomendadas para o projeto físico do banco:

1. Para bancos de dados relacionais suportando aplicações que processam transações (OLTP), use um projeto normalizado para promover a integridade dos dados, reuso, boa performance em atualização e extensibilidade de dados.

2. Ao mesmo tempo, use visões, funções e store procedure para criar aplicações específicas não normalizadas, objeto-amigável, visão conceitual (virtual) de dados. Não force os desenvolvedores a trabalhar no nível de banco de dados físico, nem também force esquemas de banco de dados para aplicações. A meta é abstrair a funcionalidade do dado da sua estrutura física e torná-lo o mais fácil de trabalhar possível.

3. Use convenções padrões para nomenclatura e significados, nomes descritivos em todos banco de dados e objetos de banco de dados para facilitar a manutenção, especialmente se abreviações são necessárias.

4. Impor a integridade e a segurança dos dados no nível de banco de dados, e não na aplicação. Isto permite a fácil reutilização de dados, poupando os desenvolvedores do trabalho de ter que escrever e testar as restrições de dados em nível de código em cada aplicativo que usa uma determinada parte dos dados.

5. Tente manter o processamento de dados no servidor de banco de dados, tanto quanto possível, para o máximo desempenho, facilidade de manutenção, segurança, escalabilidade, redução no tráfego de rede e menor custo de desenvolvimento. Por exemplo, implemente todas as atualizações do banco de dados e requisições complexas (SQL) como Store-procedures no banco de dados, em vez de incorporá-los no código de aplicação e faça uso de *cursor* no serviço ao invés do que no cliente (estação de usuários). Usar stored-procedures torna-se mais fácil isolar e corrigir os erros e problemas de desempenho, melhora o desempenho, e reduz significativamente o tráfego na rede.

6. Conceder permissões em objetos de banco de dados (tabelas, visões, stored-procedures, funções, e assim por diante) apenas para papéis ou grupos de aplicações e não aos indivíduos. Este procedimento melhora a segurança e facilidade de manutenção.

7. Não permita qualquer atualização direta ou ad-hoc no banco de dados, fazer todas as atualizações em uma forma controlada, por meio de procedimentos pré definidos.

5.2.4.1.2 Modificações em desempenho

Ao implementar um banco de dados físico considere como o banco de dados executará as transações quando as aplicações efetuarem solicitações para acessar e modificar dados. Existem várias técnicas usadas para otimizar o desempenho do banco de dados.

A indexação pode melhorar, em muitos casos, o desempenho das requisições. O projetista de banco de dados deve selecionar e definir os índices apropriados para as tabelas do banco de dados. Um índice é um caminho alternativo para acessar dados em banco de dados visando otimizar o desempenho do processamento de requisições (recuperação de dados). A maioria dos produtos RSGBD suporta vários tipos de índices. Os índices podem ser único ou não-único, clustered/non-clustered[17], particionado ou não-particionado, coluna simples ou multi-coluna, ou b-tree ou bitmap ou hash. Sem um índice apropriado, o SGBD Será revertido para

---

[17] Nota de tradução: em tradução livre significa agrupado ou não-agrupado

ler cada linha na tabela (leitura sequencial) para recuperar os dados. Em grandes tabelas este procedimento aumenta o tempo de processamento e consequentemente os custos. Tente criar índices em tabelas grandes para suportar as requisições mais frequentes executadas, usando as colunas referenciadas mais frequentemente, particularmente as chaves (primária, secundária e estrangeira).

A desnormalização é uma deliberada transformação de um modelo lógico de dados normalizado em tabelas com dados redundantes. Em outras palavras, intencionalmente coloca um elemento de dados em vários lugares. Este processo não introduz riscos de erros de dados devido a duplicação.

Implementar controles de qualidade dos dados para garantir que as cópias dos elementos de dados esteja corretamente armazenada. Especificamente, somente a desnormalização pode o desempenho de requisições em banco de dados, seja pela segregação ou a combinação de dados para reduzir o tamanho de conjuntos de requisições, combina-se dados para redução de execuções pesadas de *joins*[18], ou armazenar cálculos e/ou custos para a realização de requisições em banco de dados. Técnicas de desnormalização incluem (entre outros):

- Quebrar hierarquias: Para reduzir *joins*, combine trilha-direta do pai/relacionamentos filha em uma tabela, repetindo as colunas pai em cada linha. Esta é uma ferramenta destacada na modelagem dimensional (discutido no Capítulo 9, sobre business intelligence e Data Warehousing).
- Dividir hierarquias: Para reduzir conjuntos de requisições, onde as tabelas pai são divididas em várias tabelas filha por tipo. Por exemplo, criar tabelas de clientes em que cada uma contenha um tipo diferente de cliente, tais como a conta corrente, empréstimo imobiliário, investimentos, etecetera.
- Separar verticalmente: Para reduzir os conjuntos de requisições, cria-se tabelas que contêm um subconjunto de colunas. Por exemplo, separar uma tabela de clientes em duas tabelas, dependendo se os campos são mais estáticos ou mais voláteis (para otimizar os processos de carga / desempenho do índice), ou dependendo se os campos são frequentemente ou raramente incluídos em requisições (para melhorar desempenho em pesquisas em tabelas).
- Separar horizontalmente: Para reduzir os conjuntos de requisições, cria-se um subconjunto de tabelas usando o valor de uma coluna diferenciador. Por exemplo, criar tabelas de clientes regionais que contem apenas clientes de uma região específica.
- Combine e pré-junte tabelas: Para reduzir *joins* quando duas tabelas estão juntadas em um número significativo de consultas, considere a criação de uma tabela que já tenha o conjunto de resultados de uma junção de ambas as tabelas.

---

[18] Nota de tradução: Join que em tradução livre significa instrução realizada no banco de dados, por meio de query (requisição), visando juntar conteúdo de uma ou mais tabelas.

- Repita as colunas em uma linha: Para reduzir a contagem de linhas ou para permitir comparações linha-com-linha, cria-se uma tabela com linhas repetidas. Por exemplo, em vez de 12 linhas para 12 meses, teria-se 12 colunas, uma para cada mês.
- Derivam dados de dados armazenados: Para reduzir as despesas de cálculo no momento de uma requisição, especialmente cálculos que requerem dados de múltiplas tabelas, faça o pré-cálculo de colunas e armazene os resultados em uma tabela.
- Criar cópias de relatórios: Para melhorar o desempenho na geração de relatório, crie uma tabela que contenha todos os elementos necessários para o relatório, já calculados e juntados e faça a atualização periódica.
- Criar duplicatas (espelhos): Para melhorar o desempenho em certos conjuntos de dados que são usados com frequência e muitas vezes são objeto de disputa em tempo de processamento, criar versões duplicadas para separar grupos de usuários ou para balancear carga *versus* requisições.

5.2.4.1.3 Documentação do projeto físico de banco de dados

O documento do projeto físico de banco de dados guia a implementação e manutenção. É vital identificar e corrigir os erros no antes de criação ou atualização em banco de dados. A documentação deve ser fácil de modificar para viabilizar interações de implementações de futuros projetos. O documento de projeto físico do banco de dados é constituído pelos seguintes componentes:

- Uma descrição introdutória da função de negócio do projeto de banco de dados, por exemplo, o aspecto ou subconjunto de dados de negócios que este projeto de banco de dados abrange.
- Um modelo gráfico do projeto feito em formato de ER (relacionamento entre entidades) para um projeto relacional, ou em UML para um projeto orientado a objeto.
- Declarações de especificações de linguagem de banco dados em SQL, estas são as especificações da DDL para todos os objetos de banco de dados (espaço total da tabela), tabelas, índices, espaço do índice, visões, sequências, etecetera, e nomes garantidos de XML).
- Documentação do meta-dados técnicos, incluindo tipo, tamanho, domínio, fonte, e uso de cada coluna, e a estrutura de chaves e índices relacionados a cada tabela.
- Casos de uso ou exemplo de dados mostrando como os dados reais serão efetivamente.
- Breve descrição, conforme necessário, para explicar:
  - A arquitetura de banco de dados e tecnologia escolhida, e porque foram escolhidas.
  - Restrições que afetaram a seleção do SGBD, incluindo restrições de custo, restrições políticas, restrições de desempenho, confiabilidade ou restrições de escalabilidade, restrições de segurança, restrições de aplicação, volumes esperados de dados, etecetera.
  - O processo do projeto de banco de dados, incluindo os métodos e as ferramentas utilizadas.

o As diferenças entre o projeto de banco de dados físico e o modelo de dados lógico, e as razões para essas diferenças.

o O mecanismo de atualização escolhido para o banco de dados e sua implementação.

o Requisitos de segurança para o banco de dados, e sua implementação.

o O acordo de nível de serviço (SLA) para o banco de dados e sua implementação.

o O Usuário e/ou requisitos da aplicação para o banco de dados e sua implementação.

5.2.4.2 Produtos de informação de projetos

Enquanto o projeto de banco de dados é o foco principal do desenvolvimento de dados, profissionais de informação devem também participar do projeto de entregas relacionadas.

Analistas de dados podem auxiliar os projetistas e desenvolvedores de software no projeto de produtos de informação, incluindo telas e relatórios, para atender os requisitos de dados de negócio. Analistas de Dados devem garantir o uso consistente da terminologia de dados da organização, e devem assegurar que formatos de apresentação adicionam o contexto apropriado para os produtores de dados e consumidores de informação.

O DBA frequentemente irá assistir no desenvolvimento de aplicações que tornam os dados mais prontamente disponíveis, em uma forma mais utilizável para usuários e gerentes de negócios. Muita novas tecnologias existem para esta finalidade, e o DBA deve estar familiarizado com elas:

- Serviços de relatórios: serviços de relatórios proporcionam aos usuários de negócios a condição de executar relatórios pré-concebidos e relatórios ad-hoc, e ter os dados a disposição deles em diversas maneiras diferentes, tais como publicado por meio de email ou feed RSS, acessível via web browser ou portal, extraído para uma planilha Excel, e assim adiante.

- Serviços de análise: Serviços de análise dão aos usuários de negócios a condição de "fatiar e cortar" os dados em múltiplas dimensões de negócio, tais como para analisar as tendências de vendas para os produtos ou categorias de produtos em várias áreas geográficas e/ou datas/tempo. Isto também inclui a análise preditiva, que é a análise de dados para identificar as tendências futuras e potenciais oportunidades de negócios.

- Dashboard: Dashboard é um tipo de interface projetada para o usuário para exibir eficientemente uma ampla matriz de indicadores de análise, tais como tabelas e gráficos. O usuário pode visualizar informações em um nível muito consolidado ou em um nível muito detalhado (drill-down) por meio destes indicadores.

- Scorecards: Scorecard é um tipo especial de exibição de análises que indica pontuação (score) ou avaliações de desempenho calculadas. Scorecards muitas vezes têm um valor real (a medida), uma meta ou previsão (linha base), a pontuação (comparação do valor real x a linha de base), e um indicador (representação visual de como a pontuação pode ser favorável ou desfavorável).

- Portais: Portais são interfaces da web que apresentam links para múltiplas aplicações e fontes de informação em uma única e bem concebida página web de fácil acesso. Portais fornecem um meio de reunir um grande número de diversos usuários, com diferentes necessidades de informação, e criam uma comunidade baseada em interesses comuns. Portais fornecem aos usuários a condição de compartilhar documentos, pesquisar em de bibliotecas documentos, manter discussões, e colaborar em projetos.

- Entrega XML: Para permitir o uso eficaz de XML dentro de banco de dados e aplicações, é muitas vezes necessário criar definições de esquema. Estas definições validam documentos XML, as transformações XML (usando XSLT para converter XM para HTML, ou alguma outra forma de apresentação), e objetos de banco de dados. Os objetos de banco de dados necessitam de validação incluindo visões, store procedure e funções que podem pesquisar nos documentos XML, converter os dados XML para formato relacional (ou vice-versa), e mesclar dados relacionais e XML.

- Automação de processos de negócio: Usar dados integrados de vários bancos de dados como entrada para o programa de automação de processos de negócio que coordena vários processos de negócios em plataformas diferentes.

- Integração de aplicação: Similarmente, a integração de dados (juntamente com o seu núcleo: componentes, dados, transformação e limpeza) é um componente chave do software da integração corporativa aplicada(EAI – Enterprise Application Integration), permitindo que os dados sejam facilmente passados de aplicação para aplicação em plataformas diferentes.

O envolvimento do DBA com o desenvolvimento destes produtos pode incluir a análise de dados, a criação de estruturas de dados (como esquemas XML, cubos OLAP ou data marts) e objetos de banco de dados para suporte a esses produtos, permitindo o acesso aos dados, e ajudando com integração e entrega de dados.

DBAs podem auxiliar os desenvolvedores de software criando e fazendo manutenção de declarações de acesso a banco de dados. Na SQL essas declarações são conhecidas como linguagem da manipulação de dados (DML) e incluem seleções (SELECT), inserções (INSERT), atualizações (UPDATE) e deleções (DELETE). DBAs muitas vezes revisam essas declarações e recomendam abordagens alternativas e modificações para melhor ajustar o desempenho.

DBAs podem colaborar com projetistas e desenvolvedores de software para o projeto de camada de acesso a dados em uma arquitetura orientada à serviços (SOA). Serviços de acesso a dados normalizam os dados de acesso e isolam os programas das mudanças em banco de dados.

5.2.4.3 Projeto de Serviços de Acesso a dados

Muitas vezes será necessário (e desejável) acessar dados em bancos de dados remotos, e combinar esses dados com os dados existentes em banco de dados locais. Vários mecanismos existem para fazer isso, e o DBA deve estar familiarizado com os pontos fortes e fracos de cada um. Alguns dos métodos mais comuns de acesso e reutilização de dados remotos são as seguintes:

Conexões do tipo "servidor associado " (Linked Server): Alguns SGBDs permitem que você defina os servidores remotos de banco de dados como servidores associados, e acessá-los por meio de uma conexão ODBC ou OLE / DB. Esta abordagem tem a vantagem de ser rápida, fácil e barata, no entanto existem ressalvas a se considerar:

- Essas conexões têm funcionalidade limitada: geralmente limitada a execução de uma requisição com código pré-definido em uma sequência literal, ou como stored procedures.
- Eles podem apresentar preocupações associadas a segurança. Não use identificadores de usuários pré-definidos e senhas na definição de tais conexões, e restrinja permissões no servidor de destino para um subconjunto somente leitura de dados requeridos.
- Não escaláveis. Use-os apenas para quantidades relativamente pequenas de dados.
- Eles são síncronos, exigindo que o procedimento de chamada espere que todos os dados sejam retornados.
- Eles são dependentes da qualidade do fornecedor ODBC ou OLE / Drivers DB (que são muitas vezes abismais).

No entanto, este método tem uma grande vantagem: é facilmente implementável no banco de dados, permitindo o acesso a dados remotos a partir de visões, gatilhos, funções e store procedure no banco de dados.

- Serviços web (SOA): Encapsular o acesso remoto aos dados, sob a forma de serviços web e chamá-los a partir de aplicações. Implementar estas formas sincronamente ou assincronamente, dependendo dos requisitos da aplicação. Esta abordagem aumenta a reutilização de dados para aplicações e, em geral executa e escala muito bem. No entanto, existem algumas desvantagens:
  o Serviços Web são mais difíceis e mais custosos para escrever, testar e implantar.
  o A organização corre o risco de criar um "pesadelo SOA" com numerosos ponto-a-ponto, aplicações-específicas, serviços web não reutilizáveis, e todos precisam ser mantidos em resposta à mudança de esquemas e localização de banco de dados.
  o É difícil para os objetos de banco de dados consumirem serviços web. Eles usualmente devem ser consumidos por aplicativos. Alguns dos SGBD recentes permitem encapsular classes de aplicação como stored procedures ou funções; no entanto, este método não funciona para visões.
- Serviços de mensagens: Alguns SGBDs (por exemplo, o Microsoft SQL Servidor 2005) permitem que você implemente serviços de mensagens em banco de dados. Uma store procedure ou função em um banco de dados pode enviar uma mensagem do resultado da execução de uma requisição, store procedure ou função em outro banco, com os resultados retornados de forma assíncrona para o procedimento responsável pela

chamada. Esta abordagem é relativamente fácil de implementar, confiável, escalável e executa bem. No entanto, isto só funciona com instâncias do mesmo SGBD.

- Classes de acesso a dados: Escreva classes de aplicações que usam conexões ODBC ou OLE / DB para acesso a dados remotos em servidores dispersos para disponibilizá-las para aplicações. No ambiente. NET, estes dados podem ser armazenados internamente como um objeto do conjunto de dados ADO.NET (uma espécie de banco de dados na memory) para facilidade de acesso e melhor desempenho. Semelhante a tecnologias código aberto disponibilizadas por terceiros existentes para Unix / Linux e aplicativos Java.

- ETL: Nos casos em que não é tecnologicamente viável acessar os dados na fonte ou onde as considerações de desempenho tornam esse acesso insustentável, SGBDs diferentes e ferramentas ETL de terceiros podem fazer a ponte. Essas ferramentas extraem dados da fonte, os transformam conforme a necessidade (por exemplo, reformata e limpa), e faz a carga em uma tabela somente para leitura no banco de dados, ou enfileira o conjunto de resultados para store procedure ou aplicação chamadora. Execute um SGBD de um pacote de ETL a partir de store procedure ou função, e agende para ser executado em intervalos periódicos. Principais desvantagens são que pode não ser escalável ou não ter um bom desempenho para um grande número de registros, e pode ser difícil e caro de manter ao longo do tempo.

- Replicação: Outra opção para obter dados de um ambiente de banco de dados para outro ambiente é a replicação. A maioria dos SGBDs suportam algum tipo de tecnologia de replicação (por exemplo, espelhamento e envio de log), embora essa replicação exige que os servidores de origem e de destino utilizem o mesmo SGBD. Para a replicação entre diferentes SGBDs e plataformas algumas soluções "caseiras" são possíveis. Por exemplo, em uma plataforma um processo em lote pode extrair dados para um arquivo texto no disco. O arquivo pode ser copiado (usando FTP ou algum mecanismo semelhante) para o servidor de destino e, em seguida carregado por meio de outro processo em lote. O desafio é ajustar os tempos (ou seja, assegurar que os dados cheguem ao servidor de destino antes que seja necessário), e ter certeza de que eventuais falhas no processo de replicação são prontamente detectadas e relatadas. Observe se os dados replicados vão ser atualizados no servidor alvo (tentar evitar isso se possível!), um mecanismo seguro e viável e deve ser colocado em prática para replicar as atualizações ao servidor de origem posteriormente, de preferência por algum tipo de processo de confirmação de duas fases.

- Co-location[19]: Como último recurso pode ser necessário alocar a banco de dados de origem e o banco de dados de destino (ou instâncias SGBD) no mesmo servidor de banco de dados. Obviamente, esta não é uma solução ideal, uma vez atrela os dois bancos de dados. Isto somente deve ser usado em situações onde os dados são

---

[19] Nota de tradução: palavra não traduzida, o texto que a segue é auto explicativo

semelhantes para o negócio em termos significado e uso, e onde os volumes de dados necessários (ou a frequência de acesso) se opõe a qualquer outra solução.

Lembre-se que a meta final é permitir a reutilização fácil e barata de dados em toda a organização, evitar sempre que possível os custos dos esquemas de replicação de dados, e a prevenção, sempre que possível, de dados redundantes e inconsistentes.

5.2.4.4 INTEGRAÇÃO DOS SERVIÇOS DO PROJETO DE DADOS

Uma transação em um banco de dados é uma unidade atômica de trabalho recuperável. Uma transação pode incluir múltiplas instruções de banco de dados. Após a conclusão de todas as etapas dentro da transação, um comando COMMIT deve ser executado para efetivar todas as mudanças em conjunto no banco de dados. Depois do comando COMMIT não se pode mais reverter às instruções realizadas. Uma transação é atômica, o que significa tudo ou nada. O comando COMMIT executa todas as instruções, ou nenhuma. Os desenvolvedores de aplicativos definem quando as operações serão efetivadas no banco de dados por meio do comando COMMIT.

Um aspecto crítico do projeto de banco de dados é determinar os mecanismos de atualização apropriados. Sempre que vários usuários possam atualizar simultaneamente as mesmas tabelas, deve-se implementar alguns mecanismos de controle para simultaneidade evitando-se que dois usuários atualizem o mesmo registro ao mesmo tempo. Geralmente envolve a adição de um elemento de dados do tipo timestamp (este elemento de dados tem o momento exato que a transação foi realizada) ou datetime (este elemento de dados possui a data que a transação foi realizada) para cada uma dessas tabelas, certificando-se que o valor deste campo é verificado, modificado e atualizado sempre que o registro é alterado.

Use bloqueios para garantir a integridade dos dados, permitindo que apenas um usuário altere um banco de dados por vez. O bloqueio de dados em diferentes níveis é conhecido como granularidade de bloqueio. Os DBAs determinam o nível apropriado de bloqueio para cada objeto de banco de dados, tais como a coluna, linha, página, tabela, arquivo ou banco de dados.

Analistas de dados e especialistas em integração de dados definem o mapeamento das fontes em relação as metas e projeta as transformações de dados para programas de extração, transformação e carga (ETL) e outras tecnologias para movimentação de dados, limpeza e integração. Os DBAs podem colaborar nesta atividade do projeto.

Analistas de dados, especialistas em integração de dados e DBAs também projetam programas e utilitários para migração de dados e conversão de velhas estruturas de dados para novas estruturas de dados.

Vários métodos estão disponíveis, mas qualquer método escolhido deve atender aos seguintes critérios:

1. Faça todas as atualizações de uma maneira controlada. Não permita que atualizações diretas e ad-hoc sejam realizadas nos banco de dados.

2. Gerencie todas as atualizações relativas a um processo de negócio em particular como uma única unidade de trabalho, e confirme ou reverta completamente a transação (processo conhecido como integridade transacional). Não permita que ocorram atualizações parciais no banco de dados.

3. Não permita que dois ou mais usuários atualizem o mesmo registro ao mesmo tempo, sem o conhecimento do outro (processo conhecido como controle de concorrência).

4. Aborte imediatamente a transação corrente e reverter os erros na atualização, e comunique imediatamente o erro para o processo ou aplicação chamadora.

5. Restrinja a condição de atualização uma tabela particular do banco de dados para um conjunto de usuários (contido em uma ou mais papel do usuário) autorizado a fazê-lo.

6. Restringir atualizações para um pequeno número de registros de cada vez para evitar excessivo travamento de tabelas e de suspensão de uma aplicação quando há reversão de uma grande atualização.

Considere os seguintes possíveis mecanismos de atualização:

- Stored Procedures fundamentais (FSP): Cada FSP implementa uma operação (inserir, atualizar, deletar, ou selecionar) em um número limitado de registros, geralmente designado por um ou mais valores-chave, para uma única tabela de banco. Automaticamente gere FSP, se utilizado, a partir do modelo físico ou do esquema do banco de dados. Isso reduz em muito o tempo necessário para implementar um banco de dados e torna mais fácil alterar o esquema em resposta a novos requisitos.

- Camada de aplicação de dados: Escreva um componente de aplicação que chame stored procedures no banco de dados para executar atualizações em múltiplas tabelas, ou chamadas múltiplas de FSPs. Os procedimentos com stored procedures são mais recomendados, pois desempenham melhor, pois o código do SQL é pré-compilado e pré-otimizado. São mais seguros, pois somente os usuários ou papéis designados podem executá-los, e as tabelas não são abertas a injeção de ataques via SQL. Eles são mais fáceis de manter e erros ou problemas de desempenho podem ser facilmente detectados e corrigidos.

- Atualização do conjunto de dados: Atualização de registros em um conjunto de dados de aplicação ou tabela de dados por meio de um objeto de adaptação de dados (DataAdapter object), o qual pode, por sua vez, ser associado a um conjunto de stored procedures que realizam operações de inserir, atualizar, deletar e selecionar.

- Visões atualizáveis: Em alguns SGBDs relacionais, as visões podem ser associadas a um conjunto de gatilhos que podem lidar com as atualizações das tabelas subjacentes em uma maneira controlada. Tal como FSPs, é preferível gerar o código em uma forma automatizada para reduzir ou eliminar o tempo gasto na codificação, testes e manutenção.

5.2.5 Desenvolver o modelo de dados e as normas do projeto

Analista de dados e designers agem como intermediários entre os consumidores de informação (as pessoas com os requisitos de negócio para os dados) e os produtores de dados que captura os dados em forma utilizável. Profissionais de dados precisam conciliar as exigências de dados de negócio dos consumidores de informação, incluindo executivos, e os requisitos de aplicação do produtores de dados. Requisitos do sistema, os dados do documento no pedido os requisitos forma de casos de uso, um modelo de classe de aplicativo, e os acordos de nível de serviço (SLAs).Profissionais de dados também devem equilibrar o os interesses do negócio a curto prazo versus longo prazo. Consumidores de informação precisam de dados em tempo hábil para cumprir a curto prazo obrigações das organizações e para aproveitar oportunidades de negócios atual. O projeto desenvolvido no sistema deve satisfazer as restrições de tempo e orçamento. No entanto, eles devem também satisfazer os interesses de longo prazo de todos os interessados, garantindo que em uma organização os dados residem em estruturas de dados que são seguras, recuperáveis, compartilháveis e reutilizáveis, e que esses dados são os mais corretos, oportunos, relevantes e úteis quanto possível. Portanto, os modelos de dados e projetos de banco de dados devem ser razoavelmente equilibrados entre as necessidades de curto prazo e as necessidades ao longo prazo da organização.

5.2.5.1 Desenvolvimento de modelagem de dados e padrões para projeto

Modelagem de dados e padrões de projeto de banco de dados servem como guias principais para atender efetivamente as necessidades de dados de negócios, em conformidade com a arquitetura de dados e garantir a qualidade de dados. Arquitetos de dados, analistas de dados e administradores de banco de dados devem desenvolver estes padrões em conjunto. Estes padrões devem complementar e não entrar em conflito com padrões de TI relacionados.

Publicar modelos de dados e os padrões de nomenclatura do banco de dados para cada tipo de objeto de modelagem e objeto de banco de dados. Padrões de nomenclatura são particularmente importantes para as entidades, tabelas, atributos, chaves, visões e índices. Os nomes devem ser únicos e tão descritivos quanto possível.

Nomes lógicos devem ser significativos para os usuários de negócios, usando palavras cheias tanto quanto possível e evitar todas as abreviações. Os nomes físicos devem estar de acordo com o comprimento máximo permitido pelo SGBD e usar abreviações onde necessárias. Enquanto os nomes lógicos utilizam espaços em branco como separadores entre as palavras, os nomes físicos tipicamente utilizam o caracter underscore (_) como separadores de palavras.

Padrões de nomenclatura devem minimizar as alterações de nomes entre ambientes. Os nomes não devem refletir o seu ambiente específico, tais como teste, garantia de qualidade, ou de produção. Palavras de classe podem ser úteis para distinguir os atributos de entidades e nomes de coluna de nomes de tabela. Os padrões de nomenclatura também podem mostrar os atributos e colunas que são quantitativos ao invés de qualitativos, situação que pode ser importante quando se analisa o conteúdo das colunas.

Modelagem de dados e padrões de projeto de banco de dados devem incluir:

- A lista e descrição de modelagem de dados padrão e entregas em projeto de banco de dados.

- Uma lista de nomes padrão, abreviaturas aceitáveis, e as regras de abreviação de palavras incomuns, que se aplicam a todos os objetos do modelo de dados.
- A lista de formatos padrão de nomenclatura de todos os objetos do modelo de dados, incluindo atributo e palavras de classe de coluna.
- A lista e descrição dos métodos padrão para a criação e manutenção destas entregas.
- A lista e descrição de modelagem de dados e funções de projeto de banco de dados e responsabilidades.
- A lista e descrição de todas as propriedades de meta-dados capturados na modelagem de dados e projeto de banco de dados, incluindo o meta-dados de negócios e meta-dados técnicos, com as diretrizes que definem as expectativas de requisitos e qualidade de meta-dados.
- Orientações de como utilizar as ferramentas de modelagem de dados.
- Diretrizes para a preparação e liberação de revisões de projetos.

5.2.5.2 Revisão do modelo de dados e da qualidade do projeto da base de dados

Os times de projeto devem realizar revisão de requerimentos e revisão dos requisitos de projeto como apropriado. Estas revisões devem incluir uma revisão do modelo conceitual de dados, uma revisão modelo lógico de dados e uma revisão do projeto físico do banco de dados.

A revisão do projeto deve ser conduzida com um grupo de especialistas no assunto, representando diferentes experiências, habilidades, expectativas e opiniões. Os participantes devem ser capazes de discutir diferentes pontos de vista e chegar a um consenso do grupo, sem conflitos pessoais, como todos os participantes compartilham a meta comum de promover o mais prático, com melhores resultados e o projeto mais útil. Abra um espaço para um líder nas revisões de projeto visando facilitar as reuniões. O líder cria e segue uma agenda, garante que toda a documentação necessária, está disponível e distribuída, solicita informações de todos os participantes, mantém a ordem e mantém a reunião em progresso, e resume as conclusões de consenso do grupo. Muitas reuniões para revisão do projeto utilizam um técnico em documentação capturar pontos discutidos (gerar as atas).

5.2.5.2.1 Revisão do modelo de dados lógico e conceitual

A revisão do modelo de dados lógico e conceitual de dados deve assegurar que:

1. Requisitos de dados de negócios são completamente capturados e claramente expresso nos modelos, incluindo as regras de negócio que regem os relacionamentos entre as entidades.
2. Nomes (lógicos) de negócio e definições de negócio para as entidades e atributos (semântica do negócio) são claros, práticos, consistentes e complementares. O mesmo prazo deve ser utilizado em ambos os nomes e descrições.
3. Padrões de modelagem de dados, incluindo os padrões de nomenclatura devem ser seguidos.
4. Os modelos de dados: lógico e conceitual foram validados.

5.2.5.2.2 Revisão do projeto físico do banco de dados

Revisão do projeto físico de banco de dados deve garantir que:

1. O projeto atenda negócios, tecnologia, uso e requisitos de desempenho.
2. Padrões de projeto de banco de dados, incluindo se foram seguidos os padrões de nomenclatura e abreviação.
3. Disponibilidade, recuperação, arquivamento e procedimentos de expurgos estão definidos de acordo com os padrões.
4. Expectativas e requerimentos de qualidade de meta-dados são atingidos visando atualizar adequadamente qualquer meta-dados do repositório.
5. O modelo de dados físico tem sido validado.

Todas as partes interessadas, incluindo o grupo de DBA, analista e arquiteto de dados, proprietários de dados de negócios e / ou gestores de dados, os desenvolvedores de aplicações, e os gerentes de projeto devem rever e aprovar o documento do projeto físico do banco de dados. O documento completo deve estar pronto antes do banco de dados ser colocado em produção.

5.2.5.2.3 Validação do Modelo de Dados

Validar modelos de dados contra os padrões de modelagem, requisitos de negócio e requisitos de banco de dados. Aqui estão algumas perguntas de validação da amostra:

* O modelo corresponde aos padrões de modelagem aplicáveis? O modelo usa os termos do dicionário de dados padrão? O modelo usa domínios padrão? Será que o modelo usa sufixo de classe de palavras em todas as colunas aplicáveis? O modelo inclui descrições de todos os objetos e relacionamentos? O modelo usa abreviações padrões onde aplicável?
* O modelo corresponde aos requisitos de negócio? O modelo contém todos os itens de dados relevantes? Você pode executar as operações necessárias em relação a banco de dados? Você pode recuperar o conteúdo de transação corretamente? Você pode executar qualquer requisição necessária contra o modelo?
* O modelo corresponde aos requisitos do banco de dados? Será que não existem objetos nomeados com palavras reservadas do banco de dados? Será que todos os objetos têm nomes únicos? Será que o modelo atribui proprietários a todos objetos?

5.2.5.3 Gerenciando controle de versão e integração em modelos de dados

Modelos de dados e outras especificações de projeto requerem cuidadoso controle de mudanças, assim como especificações dos requisitos e outras entregas do SDLC. Documente cada alteração no modelo de dados para preservar o histórico de mudanças ao longo do tempo. Se a mudança envolver a lógica modelo, tais como um colocar no fim da frase requisitos de dados de negócios novos ou modificados, o analista ou o arquiteto de dados deve analisar e aprovar a alteração.

A cada mudança deve-se documentar o seguinte:

* Por que o projeto ou a situação exigiu a mudança.
* O quê e como o objeto(s) foi (foram) alterado(s), incluindo as tabelas que tiveram colunas adicionadas, modificadas ou removidas, etecetera.

- Quando a mudança foi aprovada e quando a alteração foi feita no modelo. Isto não é necessariamente quando a mudança foi implementada no sistema.
- Quem fez a mudança.
- Onde a alteração foi feita; em quais os modelos.

As mudanças podem ser feitas simultaneamente para múltiplas partes dos modelos corporativos, como parte do processo normal. É importante integrar as alterações feitas a um modelo utilizado a parte no modelo corporativo, especialmente no modelo lógico da organização, para evitar erros nos dados e bancos de dados durante o desenvolvimento no futuro.

Algumas ferramentas de modelagem de dados incluem os repositórios que fornecem a versão do modelo de dados e funcionalidade de integração. Caso contrário, preserve os modelos de dados em DDL exportáveis ou arquivos XML, verifique-os antes e depois do sistema de gestão de código fonte padrão (SCM) como um código de aplicação.

5.2.6 IMPLEMENTAÇÃO DE DADOS

A implementação de dados consiste em atividades de gestão de dados que apoiam a construção, testes e implantação de sistema, incluindo:

- Implementação de banco de dados e gestão da mudança no desenvolvimento e ambientes testes.
- Teste de criação de dados, incluindo os procedimentos de segurança, tais como embaralhamento dos dados.
- Desenvolvimento de migração de dados e programas de conversão para desenvolvimento do projeto por meio da SDLC, e para situações de negócios como fusões ou alienações.
- Validação de requisitos de qualidade dos dados.
- Criação e entrega de treinamento do usuário.
- Contribuição para o desenvolvimento de uma documentação eficaz.

Após o projeto, o DBA é responsável pela implementação das estruturas de dados projetadas nos ambientes de desenvolvimento e testes. Essas estruturas incluem tabelas de banco de dados ou arquivos, visões, stored procedures e funções, cubos de dados OLAP, esquemas XSLT, e outros objetos similares. O DBA é responsável por controlar as alterações no ambiente de desenvolvimento de banco de dados e sua configuração. Os procedimentos de controle para alterações nos ambientes de teste e de desenvolvimento devem ser semelhantes aos mesmos que praticados para controlar os ambientes de produção. O DBA deve gerir as mudanças nos arquivos de configuração para especificação de projeto de banco de dados (DDL), utilizando a mesma mudança e ferramentas de gestão de configuração e práticas utilizadas para outras entregas do sistema de informação.

5.2.6.1 Implantação de desenvolvimento / Teste de mudanças em banco de dados

Como mudanças nos bancos de dados são requeridas durante o curso do desenvolvimento de uma aplicação, o DBA implementa ou supervisiona as mesmas. Estas mudanças costumam vir do desenvolvedor. A implementação acontece dependendo dos papéis e responsabilidades:

- Desenvolvedores podem ter a capacidade (e autorização) para criar e atualizar objetos de banco de dados diretamente, como visões, funções e stored procedures, e então atualizar os DBAs e modeladores de dados para revisão e atualização do modelo de dados.
- A equipe de desenvolvimento pode ter seu próprio "DBA desenvolvedor" ao qual é dada permissão para fazer alterações em esquema, com a ressalva de que estas mudanças sejam revisadas com o DBA e modelador de dados.
- Os desenvolvedores podem trabalhar com os modeladores de dados, que fazem a mudança para o modelo na ferramenta de modelagem de dados, e então gerar DDL = mudança para o DBAs rever e implementar.
- Os desenvolvedores podem trabalhar com os modeladores de dados, que interativamente "empurram" mudança no ambiente de desenvolvimento, utilizando funcionalidade da ferramenta de modelagem de dados, após revisão e aprovação pelos DBAs.

Se um método de desenvolvimento iterativo está sendo utilizado (Métodos ágeis, por exemplo) então alguns dos trabalhos de revisão e aprovação de mudanças, e atualização dos modelos lógicos e físicos, podem precisar de serem feitos de forma assíncrona. Considere dar aprovações verbalmente de modo que o desenvolvimento possa continuar sem interrupção indevida, e fazer a atualização dos modelos como uma continuação da tarefa. No entanto, tome cuidado para garantir que o banco de dados não fique fora de sincronia com o modelo lógico, e que o banco não fique estancado (como se estivesse em um botijão) por ser intimamente ligado a uma única aplicação. Implemente os requisitos específicos de banco de dados para uma aplicação, tanto quanto possível, utilizando visões, store procedure, funções e outras formas de virtualização de dados.

DBAs devem acompanhar atentamente todos os códigos de banco de dados para garantir para que os códigos estejam escritos de acordo com os padrões dos códigos de aplicações. Todo código de banco de dados deve ser bem documentado, testável (idealmente, contendo código embutido para diagnóstico que possa ser acionado por meio de passagem de parâmetro), compreensível, os padrões consensados, e de fácil manutenção. O DBA deve também identificar, o mais rápido possível, práticas pobres na codificação da SQL que possam levar a erros ou problemas de desempenho, e chamar a atenção dos desenvolvedores antes que vários stored procedures ou funções repliquem estas práticas pobres. Um pouco mais de atenção no início de um projeto pode evitar muitas dores de cabeça no futuro.

5.2.6.2 Criar e manter os dados de teste

O DBA juntamente com os desenvolvedores e testadores de software podem colaborar para povoar bases de dados no ambiente desenvolvimento com dados de teste. Gerar dados de teste ou extrair um subconjunto representativo de dados de produção. Observar rigorosamente os requisitos de privacidade, confidencialidade e práticas para dados de teste. Excluir dados de testes obsoletos, inutilizáveis, e não mais necessários.

O DBA pode também ajudar os desenvolvedores com a criação de scripts para SQL e para pacotes de integração de dados, tais como os pacotes DTS ou SSIS, usados para criar e manter dados de testes. Normalmente, este trabalho é responsabilidade primária da equipe de desenvolvimento, mas muitas vezes eles precisam e apreciam a experiência dos DBAs. Esta é outra forma na qual os DBAs podem agregar valor ao esforço de desenvolvimento.

5.2.6.3 Migrar e converter dados

Um componente chave de muitos projetos é a migração de dados legados para um novo ambiente de banco de dados, incluindo limpeza de dados necessários e reformatação. Este é um esforço significativo. O tempo e o custo necessários não devem ser (mas provavelmente serão) subestimados. Será necessário o esforço de colaboração do(s) analista(s) / arquiteto(s) de dados familiarizado(s) com o(s) modelo(s) de dados legados(s) e com o modelo(s) de dados alvo, o DBA, os usuários de negócios e os desenvolvedores familiarizados com a(s) aplicação(ções) legada(s). Dependendo de onde os dados do legado são armazenados, o esforço pode envolver o uso de várias tecnologias diferentes, SQL, COBOL, Unix scripting, pacotes de integração SGBD, tais como o DTS ou SSIS, SGBDs não relacionais, aplicações ETL de terceiros, serviços de integração de dados na Web, FTP, RPC, ODBC, OLE / DB, e assim por diante. Esforços de migração de dados pode facilmente consumir milhares de horas de esforço.

5.2.6.4 Criar e testar produtos de informação

Profissionais de dados, incluindo o DBA, devem colaborar com os desenvolvedores de software no desenvolvimento e teste de produtos de informação criados pelo sistema, incluindo:

- Implementar mecanismos para integrar dados de várias fontes com os respectivos meta-dados para garantir a integração significativa de dados.
- Implementar mecanismos para geração de relatórios e análise de dados, incluindo relatórios baseados na web, requisições **ad-hoc** no banco de dados, cartões de scoring em business intelligence, OLAP, portais, e assim por diante.
- Implementar mecanismos de replicação dos dados, se a latência de rede ou outras preocupações fazem com que seja impossível atender a todos os usuários a partir de uma única fonte de dados.

Os desenvolvedores de software são responsáveis pela codificação e testes de programas, incluindo as chamadas de acesso a banco de dados. Os desenvolvedores de software também são responsáveis pela criação, teste e manutenção de produtos de informação, incluindo telas e relatórios. As atividades de teste incluem os testes unitários, de integração e de desempenho.

5.2.6.5 Criar e testar serviços de acesso a dados

DBAs são responsáveis pelo desenvolvimento de serviços de dados de acesso. O DBA colabora com desenvolvedores de software para desenvolvimento, teste e execução de serviços de acesso a dados, primeiro para ambientes de desenvolvimento e teste, e depois para a implantação em produção.

Requisitos dos dados devem incluir regras de negócios para acesso a dados para orientar a implementação de serviços de acesso a dados, colaborando com desenvolvedores de software.

Gestores de dados de negócios e outros especialistas no assunto devem validar a correta aplicação dos requisitos e performance no acesso a dados por meio de testes de aceitação por parte do usuário.

5.2.6.6 Construir e testar serviços de integração de dados

Especialistas em integração de dados são responsáveis pelo desenvolvimento de programas de ETL e tecnologia para integração de dados, bem como a migração e conversão de antigas estruturas de dados para novas estruturas. O DBA colabora com os desenvolvedores de software no desenvolvimento, teste e execução de migração de dados e programas e procedimentos de conversão, em primeiro lugar para os dados de desenvolvimento e teste, e depois para a implantação em produção.

Requisitos de dados devem incluir regras de negócio para acesso a dados visando guiar a implementação de serviços de acesso a dados, colaborando com os desenvolvedores de software.

Gestores de dados de negócios e outros especialistas no assunto devem validar a correta aplicação dos requisitos de dados por meio de testes de aceitação por parte usuário.

5.2.6.7 Validar os requisitos de informação

As responsabilidades dos profissionais de dados dentro do SDLC não acabam com o projeto. Eles continuam a interagir como parte de equipes de projetos de desenvolvimento de sistemas por meio da implementação desses projetos. Os administradores de banco de dados são particularmente ativos nessas fases do SDLC. Gestores de dados de negócios também podem permanecer envolvidos depois das fases de análise e projeto, ou uma equipe de garantia de qualidade distinta e independente pode controlar o processo de testes. O trabalho primário será em testes e validação para que a solução atenda aos requisitos, mas também no planejamento da implantação, desenvolvimento de treinamento e documentação.

Em qualquer projeto de desenvolvimento de aplicações, especialmente aqueles que utilizam métodos iterativos ("Agile" Métodos ágeis), os requisitos de dados (e banco de dados) podem mudar abruptamente, em resposta à novas mudanças de requisitos, premissas inválidas a respeito dos dados ou redefinição das prioridades dos requisitos existentes. O modelador de dados pode servir de intermediário entre desenvolvedores e os analistas / arquitetos de dados revisando qualquer adição ou alterações aos requerimentos de dados de negócios. O modelador de dados também seria a pessoa para refletir adequadamente os modelos de dados lógicos e físicos. O DBA implementa as alterações da forma mais eficaz no banco de dados. O DBA, em seguida, trabalha com os desenvolvedores para testar a implementação dos requisitos de dados e certificar que os requisitos das aplicações foram atendidos.

5.2.6.8 Preparação para a implantação dos dados

Enquanto os administradores de banco de dados resolvem a implementação técnica e questões de testes, analistas de dados podem alavancar o conhecimento do negócio capturado na modelagem de dados para definir uma linguagem clara e consistente para o treinamento do usuário e a documentação. Conceitos de negócios, terminologia, definições e regras descritas em modelos de dados é uma parte importante do treinamento de usuário da aplicação, mesmo se os modelos de dados em si não são úteis como ilustração para ensino. Os gestores de dados que contribuem com o conhecimento do negócio para a definição dos modelos de dados, e que são encarregados pela qualidade dos dados no sistema, frequentemente são também os donos do processo e de aplicação, são também os usuários responsáveis pela aceitação do sistema, pelo treinamento e documentação relacionados. Use a nomenclatura deles consistentemente.

Os gestores de dados e analistas de dados devem participar na preparação de implantação, incluindo o desenvolvimento e revisão dos materiais de treinamento e documentação do sistema, especialmente para garantir o uso consistente da terminologia definida para dados de negócio. O suporte técnico (pós-implantação) também requer orientação e treinamento em como os usuários do sistema apropriadamente acessa, manipula e interpreta os dados.

O DBA é o responsável primário pela implementação de objetos de banco de dados novos ou alterados no ambiente de produção (ver capítulo 6 Gestão de Operações de Dados). Os administradores de banco de dados devem controlar cuidadosamente a instalação de novas bases de dados e alterações às bases de dados no ambiente de produção. Uma vez instaladas, os gestores de dados de negócio e os analistas de dados devem monitorar o uso precoce do sistema para ver se os requisitos de dados de negócio estão sendo atendidos.

5.3 Resumo

Os princípios orientadores para a implementação do desenvolvimento de dados em uma organização, uma tabela resumo dos papéis para cada atividade de desenvolvimento de dados, organização e questões culturais que possam surgir durante o desenvolvimento de dados são resumidos abaixo.

5.3.1 PRINCÍPIOS ORIENTADORES

A implementação da função de desenvolvimento de dados em uma organização segue nove princípios orientadores:

1. Atividades de desenvolvimento de dados são uma parte integral do ciclo de vida do desenvolvimento de software (SDLC).
2. Modelagem de dados é uma técnica essencial para a gestão eficaz de dados e projeto do sistema.
3. Modelagem conceitual e lógica de dados expressam os requisitos de negócios e aplicações, enquanto que modelagem de dados física representa o projeto da solução.

Modelagem de dados e projeto de banco de dados definem detalhes e especificações de componentes da solução.

4. Modelagem de dados e projeto de banco de dados equilibram mudanças e necessidades.

5. Profissionais de dados devem colaborar com os outros membros do time de modeladores na projeção de informações de produtos e para acesso a dados e interfaces de integração.

6. Modelagem de dados e projeto de banco de dados devem seguir as normas documentadas.

7. As revisões do projeto de dados devem examinar todos os modelos de dados e projetos, a fim de assegurar que eles atendem aos requisitos de negócios e seguem padrões de projeto.

8. Modelos de dados representam valiosos recursos de conhecimento (meta-dados). Gerencie e controle-os por meio de biblioteca, configuração e gestão de mudança para garantir a disponibilidade e a qualidade dos modelos.

9. Os administradores de banco de dados (DBAs) e outros profissionais de dados desempenham importantes papéis na construção, teste e implantação de bancos de dados e sistemas de aplicações relacionados.

5.3.2 RESUMO DO PROCESSO DE DESENVOLVIMENTO DE DADOS

O resumo de processo para a função de desenvolvimento de dados é mostrado na Tabela 5.1. As entregas, os papéis dos responsáveis, papéis de aprovação, e os papéis do que somente contribuem são mostrados para cada atividade em função do desenvolvimento de dados. A tabela também é mostrada no Apêndice A9.

Atividades	Entregas	Papéis Responsáveis	Papéis de Aprovação	Papéis de Contribuição
3.1.1 Analisar requerimentos da informação (D)	Padrão de informação específica requerida	Arquitetos de dados, analistas de dados	Gestores de dados	Gestores de dados, outros especialistas no assunto
3.1.2 Desenvolver e manter modelos conceituais de dados (D)	Relatórios e diagramas do modelo conceitual dos dados	Arquitetos de dados, analistas de dados	Gestores de dados, arquitetos de dados	Gestores de dados, outros especialistas no assunto
3.1.3 Desenvolver e manter modelos lógicos de dados (D)	Relatórios e diagramas do modelo lógico dos dados	Arquitetos de dados, analistas de dados, modeladores de dados	Gestores de dados, arquitetos de dados	Gestores de dados, outros especialistas no assunto

Atividades	Entregas	Papéis Responsáveis	Papéis de Aprovação	Papéis de Contribuição
3.1.4 Desenvolver e manter modelos físicos dos dados (D)	Relatórios e diagramas do modelo físico dos dados	Arquitetos de dados, modeladores de dados, DBAs	DBAs, Arquitetos de dados	Desenvolvedores de software
3.2.1 Projetar um banco de dados físico (P)	Especificações DDL, especificações do cubo de OLAP, esquemas XML	DBAs, arquitetos de aplicações, desenvolvedores de software	Arquitetos de dados, DBAs, arquitetos de aplicação	Analistas de dados, Modeladores de dados, desenvolvedores de software
3.2.2 Projetar produtos de informação (D)	Telas da aplicação, Relatórios	Desenvolvedores de software	Arquitetos de aplicação	Analistas de dados, DBAs
3.2.3 Projetar serviços de acesso aos dados (D)	Especificações do serviço de acesso do projeto de dados	Desenvolvedores de software, DBAs	Arquitetos de aplicação, Arquitetos de dados	Analistas de dados, DBAs
3.2.4 Projetar serviços de integração de dados (C)	Mapas de fonte-para-meta, especializações do projeto ETL, projetos de conversão	Especialistas em integração de dados, DBAs, Analistas de dados	DBAs, Arquitetos de dados, arquitetos de aplicações	Analistas de dados, gestores de dados, DBAs
3.3.1 Desenvolver padrões de modelagem e projetos de dados(C)	Documentos padrões de modelagem de dados, documentos padrões de projeto de dados	Arquitetos de dados, analistas de dados, modeladores de dados, DBAs	Executivos de DM, conselho de governança de dados	Gestores de dados, arquitetos de aplicações, desenvolvedores de software
3.3.2 Revisar modelos de dados e qualidade do projeto do banco de dados (C)	Partes encontradas na revisão do projeto	Arquitetos de dados, analistas de dados, modeladores de dados, DBAs	Executivos de DM, Gestores de projeto	Arquitetos de aplicação, desenvolvedores de software

Atividades	Entregas	Papéis Responsáveis	Papéis de Aprovação	Papéis de Contribuição
3.3.3 Gerenciar versão e integração da modelagem dedos (C)	Livrarias e conteúdos de gestão de modelos	Administradores de modelos de dados, modeladores de dados	Arquitetos de dados, Executivos de DM	Analistas de dados, DBAs
3.4.1 Implementar, desenvolver e testar mudanças no banco de dados(D)	Desenvolver e testar ambientes DB, tabelas de bancos de dados, outros projetos de DB	DBAs	Executivo de DM	Arquitetos de dados, analistas de dados, desenvolvedores de software
3.4.2 Criar e manter testes de dados (D)	Testar banco de dados, testar dados	DBAs, analistas de dados, desenvolvedores de software, analistas de teste	Arquitetos de dados, arquitetos de aplicações, gestores de dados	Gestores de dados, desenvolvedores de software, analistas de dados
3.4.3 Migrar e converter dados (D)	Dados migrados e convertidos	DBAs, desenvolvedores de software	Gestores de dados, arquitetos de dados	Analistas de dados
3.4.4 Construir e testar produtos da informação (D)	Produtos da informação: telas, relatórios	Desenvolvedores de software	Gestores de dados, arquitetos de aplicação, arquitetos de dados	DBAs Analistas de dados
3.4.5 Criar e testar serviços de acesso à dados (D)	Serviços de acesso à dados (interface)	Desenvolvedores de software	Arquitetos de dados, arquitetos de software	DBAs
3.4.6 Criar e testar serviços de integração à dados (D)	Serviços de integração de dados (ETL, etecetera)	Gestores de dados, especialistas em testes	Gestores de dados, arquitetos de dados	Analistas de dados, DBAs

Atividades	Entregas	Papéis Responsáveis	Papéis de Aprovação	Papéis de Contribuição
3.4.7 Validar requerimentos da informação (D)	Requisitos validados Aceitação da assinatura do usuário	Gestores de dados, especialistas testes	Gestores de dados	Analistas de dados, arquitetos de dados, DBAs
3.4.8 Preparar para o lançamento dos dados (D)	Treinamento de usuário, documentação do usuário	Gestores de dados, especialistas no assunto, especialistas em treinamento, analistas de dados	Gestores de dados, arquitetos de dados	Gestores de dados, arquitetos de dados, DBAs

Tabela 5.1 Resumo do processo de desenvolvimento de dados

5.3.3 AS QUESTÕES CULTURAIS E ORGANIZACIONAIS

Q1: Qual é a grande questão relacionada com a entrega de dados?

A1: A grande questão organizacional e cultural em relação à entrega de dados é simplesmente reconhecer a necessidade deles e tomar proveito do que desenvolvimewnto de dados oferece. Muitas organizações focam no desenvolvimento de aplicações, tratando sem importância dos dados. A simples descoberta da importância e a utilidade da análise de dados e da modelagem de dados podem transformar uma organização. Ambos, negócios e TI começam a considerar o impacto em dados quando há mudanças no sistema, por vezes, percebendo que já possuem dados e funcionalidades semelhantes em outro aplicativo, ou que eles realmente não precisam do que eles pensavam que tinham ou queriam.

Q2: Como se iniciar o desenvolvimento formal de dados?

A2: Para iniciar a transformação, é necessário começar a documentar sistemas a partir do ponto de vista de dados. Fluxos de dados, modelos de dados e análises de qualidade de dados, todos os fatores nesta documentação. Comece com um sistema, e passe para os sistemas que recebem ou enviam dados diretamente do primeiro sistema. Diagramas de rede de infraestrutura podem ajudar com isso.

Em seguida, distribua as imagens dos fluxos dos sistemas de dados e modelos de dados para as partes interessadas nesse sistema, tanto para negócios e TI. Reúna-se com as partes interessadas para verificar que aquilo que mostra as imagens é o que eles entendem que o sistema deve fazer, ou que o sistema faz. Certifique-se que todas as partes acreditam que a documentação mostra a realidade corrente do sistema.

Em seguida publique a existência desses novos documentos. Crie uma versão mestre dos documentos e implemente controle de mudanças para eles como parte do SDLC. Quando um projeto é implantado em produção a nova versão dos fluxos e do modelo de dados deve ser distribuída.

Quando as informações começam a chegar os analistas e modeladores de dados ficarão muito ocupados, tanto documentando sistemas quanto apoiando os engenheiros de software no uso da nova documentação durante o projeto, deste modo talvez seja necessário recursos adicionais para apoiar o time.

Será um processo iterativo a obtenção de acesso a todos os sistemas a fim de analisá-los. Seja persistente. O dinheiro economizado com a eliminação de redundâncias do sistema, redução de redundância de armazenamento de dados, e desenvolvimento mais eficiente pode ser direcionado para outros projetos importantes organização.

O último passo é mudar a cultura da organização, movendo automaticamente em direção à referência a esses documentos durante requisitos e elaboração de projetos como procedimento operacional padrão. Depois que o desenvolvimento de dados passa a fazer parte da cultura, a organização se dedicará mais a manutenção para atender a necessidade crescente da organização.

5.4 Leituras Recomendáveis

As referências listadas abaixo fornecem uma leitura adicional que suportam o material apresentado no capítulo 5. Estas leituras recomendadas também estão incluídas na bibliografia no final do Guia.

5.4.1 MODELAGEM DE DADOS E PROJETO DE BANCO DE DADOS

Ambler, Scott. Agile Database Techniques: Effective Strategies for the Agile Software Developer. Wiley & Sons, 2003. ISBN 0-471-20283-5.

Ambler, Scott W. and Preamoudkumar J. Sadalage. Refactoring Databases: Evolutionary Database Design. Addison-Wesley, 2006. ISBN 0-321-19353-3.

Avison, David and Christine Cuthbertson. A Management Approach to Database Applications. McGraw Hill, 2002. ISBN 0-077-09782-3.

Brackett, Michael H. Practical Data Design. Prentice Hall, 1990. ISBN 0-136-90827-6.

Bruce, Thomas A. Designing Quality Databases with IDEF1X information Models. Dorset House, 1991. ISBN 10:0932633188. 584 pages.

Carlis, John and Joseph Maguire. Mastering Data Modeling – A User-Driven Approach. Addison Wesley, 2000. ISBN 0-201-70045-X.

Date, C. J. An Introduction to Database Systems, 8th Edition. Addison Wesley, 2003. ISBN 0-321-19784-4.

Date, C. J. and Hugh Darwen. Databases, Types and the Relational Model: The Third Manifesto, 3rd Edition. Addison Wesley, 2006. ISBN 0-321-39942-0.

DeAngelis, Carla. Data Modeling with Erwin. Indiana: Sams Publishing, 2000. ISBN 672-31868-7.

Dorsey, Paul. Enterprise Data Modeling Using UML. McGraw-Hill Osborne Media, 2007. ISBN 0-072-26374-1.

Fleming, Candace C. and Barbara Von Halle. The Handbook of Relational Database Design. Addison Wesley, 1989. ISBN 0-201-11434-8.

Halpin, Terry. Information Modeling and Relational Databases: From Conceptual Analysis to Logical Design. Morgan Kaufmann, 2001. ISBN 1-558-60672-6.

Halpin, Terry, Ken Evans, Pat Hallock, and Bill McLean. Data Modeling with Microsoft Visio for Enteprise Architects. Morgan Kaufmann, 2003. ISBN 1-558-60919-9.

Harrington, Jan L. Relational Database Design Clearly Explained, 2nd Edition. Morgan Kaufmann, 2002. ISBN 1-558-60820-6.

Hay, David C. Data Model Patterns: A Metadata Map. Morgan Kaufmann, 2006. ISBN 0-120-88798-3.

Hay, David C. Data Model Patterns: Conventions of Thought. Dorset House Publishing, 1996. ISBN 0-932633-29-3.

Hay, David C. Requirements Analysis From Business Views to Architecture. Prentice Hall, 2003. ISBN 0-120-28228-6.

Hernandez, Michael J. Database Design for Mere Mortals: A Hands-On Guide to Relational Database Desing, 2nd Edition. Addison Wesley, 2003. ISBN 0-201-75284-0.

Hoberman, Steve. The Data Modeler's Workbench. Tools and Techniques for Analysis and Desing. John Wiley & Sons, 2001. ISBN 0-471-11175-9.

Hoberman, Steve. The Data Modeling Made Simple: A Practical Guide for Business & Information Technology Professionals. Technics Publications, LLC, 2005. ISBN 0-977-140008.

Hoffer, Jeffrey A., Joey F. George, and Joseph S. Valacich. Modern Systems Analysis and Design, 4th Edition. Prentice Hall, 2004. ISBN 0-131-45461-7.

Krogstie, John. Terry Halpn, and Keng Siau, editors. Information Modeling Methods and Methodologies: Advanced Topics in Database Research. Idea Group Publishing, 2005. ISBN 1-591-40375-8.

Muller, Robert. J. Database Design for Smarties: Using UML for Data Modeling. San Francisco, USA, Morgan Kaufmann, 1999. ISBN 1-558-60515-0.

Newton, Judith J. and Daniel Wahl, editors. Manual For Data Administration. Washington, DC: GPO, NIST Special Publications 500-208, 1993.

Pascal, Fabian. Practical Issues In Database Management: A Reference For The Thinking Practitioner. Addison-Wesley, 2000. ISBN 0-201-48555-9.

Reingruber, Michael. C. and William W. Gregory. The Data Modeling Handbook: A Best-Practice Approach to Building Quality Data Models. John Wiley & Sons, 1994. ISBN 0-471-05290-6.

Riordan, Rebecca M. Designing Effective Database Systems. Addison-Wesley, 2005. ISBN 0-321-20903-3.

Rob, Peter and Carlos Coronel. Database Systems: Design, Implementation, and Management, 7th Edition. Couse Technology, 2006. ISBN 1-418-83593-5.

Schidt, Bob. Data Modeling for Information Professionals. Prentice Hall, 1999. ISBN 0-13-080450-9.

Silverston, Len. The Data Model Resource Book, Volume 1: A Library of Universal Data Models for All Enterprises, 2nd Edition. John Wiley & Sons, 2001. ISBN 0-471-38023-7.

Silverston, Len. The Data Model Resource Book, Volume 2: A Library of Universal Data Models for All Enterprises, 2nd Edition. John Wiley & Sons, 2001. ISBN 0-471-35348-5.

Simsion, Graeme C. and Graham C. Witt. Data Modeling Essentials, 3rd Edition. Morgan Kaufmann, 2005. ISBN 0-126-44551-6.

Teorey, Toby, Sam Lighstone, and Tom Nadeau. Database Modeling and Design, 4th Edition. Morgan Kaufmann, 2006. ISBN 1-558-60500-2.

Thalheim, Bernhard. Entity-Relationship Modeling: Foundations of Database Technology. Springer, 2000. ISBN 3-540-65470-4.

Van der Lans, Rich F. Introduction to SQL: Mastering the Relational Database Language, 4th Edition. Addison-Wesley, 2006. ISBN 0-321-30596-5.

Watson, Richard T. Data Management: Databases And Organization, 5th Edition. John Wiley & Sons, 2005. ISBN 0-471-71536-0.

5.4.2 REGRAS DE NEGÓCIO

Chisholm, Malcolm. How to Build a Business Rules Engine: Extending Application Funcionality Through Metadata Engineering. Morgan Kaufmann, 2003. ISBN 1-558-60918-0.

Date, C. J., What Not How: The Business Rules Approach To Application Development. Addison-Wesley, 2000. ISBN 0-70850-7.

Morgan, Tony. Business Rules and Information Systems: Aligning IT with Business Gols. Addison-Wesley, 2002. ISBN 0-201-74391-4.

Ross, Ronald G. Business Rules Concepts, 2nd Edition. Business Rule Solutions, 2005. ISBN 0-941-04906-6.

Ross, Ronald G. Principles of the Business Rule Approach. Addison-Wesley, 2003. ISBN 0-201-78893-4.

Von Halle, Barbara. Business Rules Applied: Building Better Systems Using the Business Rules Approach. John Wiley & Sons, 2001. ISBN 0-471-41293-7.

5.4.3 ENGENHARIA DE INFORMAÇÃO

Finkelstein, Clive. An Introduction to Information Engineering: From Strategic Planning to Information System. Addison-Wesley, 1990. ISBN 0-201-41654-9.

Finkelstein, Clive. Information Engineering: Strategic System Development. Addison-Wesley, 1993. ASIN B000XUA41C.

Inmon, W. H. Advanced Topics in Information Engineering. Jonh Wiley & Sons – QED, 1989. ISBN 0-894-35269-5.

Inmon, W. H. Information Engineering For The Practitioner. Prentice-Hall (Yordon Press), 1988. ISBN 0-13-464579-0.

Martin, James. Information Engineering Book 1: Introduction. Prentice-Hall, 1989. ISBN 0-13-464462-X. Also see Book 2: Analysis and Design and Book 3: Design and Construction.

5.4.4 DESENVOLVIMENTO ÁGIL

Ambler, Scott. Agile Database Techniques: Effective Strategies for the Agile Software Developer. Wiley & Sons, 2003. ISBN 0-471-20283-5.

5.4.5 ORIENTAÇÃO A OBJETO E PROJETO ORIENTADO A OBJETO

Wirfs-Brock, Rebecca, Brian Wilkerson, and Lauren Wiener. Designing Object-Oriented Software. NJ: Prentice Hall, 1990. ISBN 0-13-629825-7.

Coad, Peter. Object Models: Strategies, Patterns And Applications, 2nd Edition. Prentice Hall PTR, 1996. ISBN 0-13-840117-9.

Entsminger, Gary. The Tao Of Objects. M & T Books, 1990. ISBN 1-55851-155-5.

Goldberg, Adele and Kenneth S, Rubin. Succeding With Objects. Addison-Wesley, 1995. ISBN 0-201-62878-3.

Graham, Ian. Migrating To Object Technology. Addison-Wesley, 1995. ISBN 0-201-59389-0.

Jacobson, Ivar, Maria Ericsson, and Agneta Jacobson. The Object Advantage. Addison-Wesley, 1995. ISBN 0-201-42289-1.

Taylor, David. Business Engineering With Object Technology. New York: John Wiley, 1995. ISBN 0-471-04521-7.

Taylor, David. Object Oriented Technology: A Manager's Guide. Reading, MA: Addison-Wesley, 1990. ISBN 0-201-56358-4.

5.4.6 ARQUITETURA ORIENTADA A SERVIÇO (SOA)

Barry, Douglas K. Web Services and Service-Oriented Architectures: The Savvy Manager's Guide. Morgan Kaufmann, 2003. ISBN 1-55860-906-7.

Erl, Thomas. Service-Oriented Architecture: A Field Guide to Integrating XML and Web Services. Prentice Hall, 2004. ISBN 0-131-42898-5.

Erl, Thomas. Service-Oriented Architecture: Concepts, Technology and Design. Prentice Hall, 2004. ISBN 0-131-85858-0.

5.4.7 SQL

Celko, Joe. Joe Celko's SQL for Smarties: Advanced SQL Programming, 3rd Edition. ISBN 10:0123693799. 840 pages.

Celko, Joe. Joe Celko's Trees and Hierarchies in SQL for Smarties. Morgan Kaufmann. 2004. ISBN 1-558-60920-2.

Date, C. J., with Hugh Darwen. A Guide to the SQL Standard, 4th Edition. Addison-Wesley, 1997. ISBN 0—201-96426-0.

Kline, Kevin, with Daniel Kline. SQL in a Nutshell. O'Reilly, 2001. ISBN 0-471-16518-2.

Van der Lans, Rick F. Introduction to SQL: Mastering the Relational Database Language, 4th Edition. Addison-Wesley, 2006. ISBN 0-321-305596-5.

5.4.8 OTIMIZAÇÃO DE PROCESSAMENTO DE SOFTWARE

Humphrey, Watts S. Managing The Software Process. Addison Wesley, 1989. ISBN 0-201-18095-2.

5.4.9 XML

Aiken, Peter and M. David Allen. XML in Data Management: Understanding and Applying Them Together. Morgan Kaufmann, 2004. ISBN 0-12-45599-4.

Bean, James. XML for Data Architects: Designing for Reuse and Integration. Morgan-Kaufmann, 2003. ISBN 1-558-60907-5.

Finkelstein, Clive and Peter Aiken. Building Corporate Portals with XML. McGraw-Hill, 1999. ISBN 10: 0079137059. 512 pages.

Melton, Jim and Stephen Buxton. Querying XML: XQuery, XPath and SQL/XML in Context. Morgan Kaufmann, 2006. ISBN 1-558-60711-0.

6. Gestão De Operações Com Dados

Gestão de operações com dados é a quarta função de gestão de dados no framework de gestão de dados apresentado na figura 1.3 e 1.4. É a terceira função de gestão de dados que interage e é influenciada pela função de governança de dados. O capítulo 6 define a função de gestão de operações com dados e explica os conceitos e atividades envolvidas na gestão de operações com dados.

6.1 Introdução

Gestão de operações com dados é o desenvolvimento, a manutenção, e suporte de dados estruturados para maximizar o valor dos recursos de dados para a organização. Gestão de operações com dados inclui duas subfunções: suporte a banco de dados e gestão da tecnologia de dados.

As metas da gestão de operações com dados incluem:

1. Proteger e garantir a integridade dos ativos de dados estruturados.
2. Gerenciar a disponibilidade dos dados ao longo do seu ciclo de vida.
3. Otimizar a performance das operações no banco de dados.

O diagrama de contexto para a gestão de operações de dados é mostrado na Figura 6.1.

6.2 Conceitos e Atividades

O capítulo 1 afirmou que gestão de operações com dados é a função que promove suporte desde a aquisição de dados até a eliminação dos dados. Os administradores de banco de dados (DBAs) desempenham papel chave nesta função crítica. O conceito e as atividades relacionadas com gestão de operações com dados e os papéis do administrador de banco de dados estão presentes nesta seção.

6.2.1 SUPORTE A BANCO DE DADOS

O suporte ao banco de dados é o coração da gestão de dados, e é fornecido pelos DBAs. O papel do DBA é o mais estabilizado e o mais praticado dos papéis de um profissional de dados, as práticas dos administradores de banco de dados são, talvez, as mais maduras de todas as práticas de gestão de dados. DBAs desempenham um papel dominante na gestão de operações com dados, bem como em gestão de segurança de dados (ver capítulo 7). Conforme discutido no capítulo 5, os DBAs também desempenham papéis críticos em desenvolvimento de dados, em especial na modelagem de dados física e em projetos de banco de dados, bem como suporte nos ambientes de desenvolvimento e teste de banco de dados.

De fato, muitos DBAs se especializam em DBAs de Desenvolvimento ou DBAs de Produção. DBAs de Desenvolvimento focam em atividades de desenvolvimento de dados, enquanto DBAs de Produção focam suas atividades em gestão de operações com dados. Em algumas organizações, cada especialidade se reporta a diferentes áreas dentro da TI. DBAs de

Produção: podem ser parte de uma infraestrutura de produção e grupos de suporte operacionais. DBAs de Desenvolvimento e / ou DBAs de Produção: são, por vezes, integrados ao desenvolvimento de aplicações das organizações.

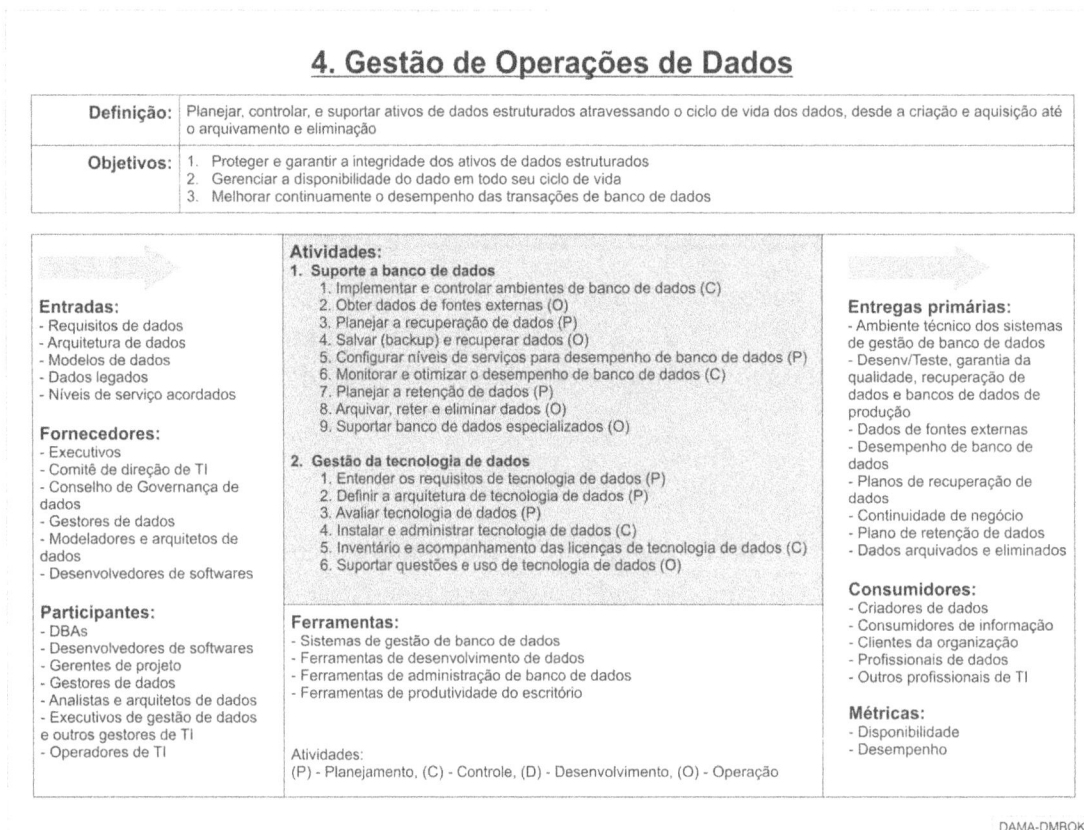

4. Gestão de Operações de Dados

Definição:	Planejar, controlar, e suportar ativos de dados estruturados atravessando o ciclo de vida dos dados, desde a criação e aquisição até o arquivamento e eliminação
Objetivos:	1. Proteger e garantir a integridade dos ativos de dados estruturados 2. Gerenciar a disponibilidade do dado em todo seu ciclo de vida 3. Melhorar continuamente o desempenho das transações de banco de dados

Entradas:
- Requisitos de dados
- Arquitetura de dados
- Modelos de dados
- Dados legados
- Níveis de serviço acordados

Fornecedores:
- Executivos
- Comitê de direção de TI
- Conselho de Governança de dados
- Gestores de dados
- Modeladores e arquitetos de dados
- Desenvolvedores de softwares

Participantes:
- DBAs
- Desenvolvedores de softwares
- Gerentes de projeto
- Gestores de dados
- Analistas e arquitetos de dados
- Executivos de gestão de dados e outros gestores de TI
- Operadores de TI

Atividades:
1. **Suporte a banco de dados**
   1. Implementar e controlar ambientes de banco de dados (C)
   2. Obter dados de fontes externas (O)
   3. Planejar a recuperação de dados (P)
   4. Salvar (backup) e recuperar dados (O)
   5. Configurar níveis de serviços para desempenho de banco de dados (P)
   6. Monitorar e otimizar o desempenho de banco de dados (C)
   7. Planejar a retenção de dados (P)
   8. Arquivar, reter e eliminar dados (O)
   9. Suportar banco de dados especializados (O)
2. **Gestão da tecnologia de dados**
   1. Entender os requisitos de tecnologia de dados (P)
   2. Definir a arquitetura de tecnologia de dados (P)
   3. Avaliar tecnologia de dados (P)
   4. Instalar e administrar tecnologia de dados (C)
   5. Inventário e acompanhamento das licenças de tecnologia de dados (C)
   6. Suportar questões e uso de tecnologia de dados (O)

Ferramentas:
- Sistemas de gestão de banco de dados
- Ferramentas de desenvolvimento de dados
- Ferramentas de administração de banco de dados
- Ferramentas de produtividade do escritório

Atividades:
(P) - Planejamento, (C) - Controle, (D) - Desenvolvimento, (O) - Operação

Entregas primárias:
- Ambiente técnico dos sistemas de gestão de banco de dados
- Desenv/Teste, garantia da qualidade, recuperação de dados e bancos de dados de produção
- Dados de fontes externas
- Desempenho de banco de dados
- Planos de recuperação de dados
- Continuidade de negócio
- Plano de retenção de dados
- Dados arquivados e eliminados

Consumidores:
- Criadores de dados
- Consumidores de informação
- Clientes da organização
- Profissionais de dados
- Outros profissionais de TI

Métricas:
- Disponibilidade
- Desempenho

DAMA-DMBOK®

Figura 6.1 Diagrama de contexto da gestão de Operações de Dados

As responsabilidades primárias na gestão de operações com dados dos DBAs de Produção incluem:

- Garantir o desempenho e a confiabilidade do banco de dados, incluindo o ajuste de desempenho, monitoramento e relatórios de erro.
- Implementar mecanismos apropriados de backup e recuperação para garantir a recuperação dos dados em qualquer circunstância.
- Implementar mecanismos de agrupamento e paradas em banco de dados se a disponibilidade contínua dos dados for uma exigência.
- Implementar mecanismos para arquivar as operações de dados gerenciadas.

O DBA de Produção é responsável pelas seguintes entregas primárias:

1. Um ambiente de banco de dados de produção, incluindo uma instância do SGBD e seus servidores de suporte, de um tamanho e capacidade suficientes para assegurar um desempenho adequado, configurado para o nível adequado de segurança, confiabilidade e disponibilidade. A administração de sistemas de banco de dados é responsável pelo ambiente SGBD.

2. Mecanismos e processos para controlar implementações e alterações no banco de dados no ambiente de produção.
3. Mecanismos adequados para assegurar a disponibilidade, integridade e recuperação dos dados em resposta a todas as circunstâncias possíveis que possam resultar em perda ou corrupção de dados.
4. Mecanismos adequados para detectar e reportar qualquer erro que ocorra no banco de dados, no SGBD, ou no servidor de banco de dados.
5. Disponibilidade do banco de dados, recuperação e desempenho de acordo com o nível de serviço acordado.

DBAs não realizam exclusivamente todas as atividades de gestão de operações com dados. Gestores de dados, arquitetos de dados e analistas de dados participam do planejamento da recuperação, retenção e desempenho e podem participar também na obtenção e processamento de dados provenientes de fontes externas.

6.2.1.1 Implementar e Controlar os Ambientes de Banco de Dados

A administração de sistemas de banco de dados incluem as seguintes tarefas:

- Atualização do software do SGBD - DBAs instalam novas versões do software de SGBD e aplicam, em todos os ambientes, as correções de manutenção fornecidas pelo fornecedor do SGBD, desde desenvolvimento à produção.
- Mantém várias instalações, incluindo diferentes versões do SGBD - DBAs instalam e mantêm várias instâncias do SGBD em desenvolvimento, teste e ambiente de produção, e gerencia a migração das diferentes versões do SGBD por meio dos diferentes ambientes.
- Instalar e administrar a tecnologia de dados relacionada, incluindo o software de integração de dados e as ferramentas de administração de dados de terceiros.
- Definir e ajustar os parâmetros do SGBD.
- Gerenciando conexões ao banco de dados - Além das questões de segurança dos dados (ver Capítulo 7), acessar bancos de dados em toda a organização requer conhecimento técnico. DBAs fornecem orientação e apoio técnico para TI e usuários do negócio que precisam de acesso a conexões de banco de dados.
- Trabalhando com programadores de sistema e administradores de rede para otimizar os sistemas operacionais, redes, e transações que processam em aplicações meio (middleware) para trabalhar junto com o SGBD.
- Dedicando o armazenamento adequado para o SGBD, permitindo o SGBD para o trabalho com dispositivos de armazenamento e software de gestão de armazenamento. A gestão de armazenamento otimiza o uso de diferentes tecnologias de armazenamento visando o custo-benefício do armazenamento de dados antigos e dados menos referenciados. Software de gestão de armazenamento migra os dados que são menos referenciados para dispositivos de armazenamento mais baratos, resultando em um tempo mais lento para recuperação dos dados. Alguns bancos de dados trabalham com software de gestão de armazenamento de modo que as partições das tabelas do banco de dados podem ser migradas para uma área mais lenta e com menor custo de armazenamento. DBAs trabalham com administradores

de armazenamento para configurar e monitorar a eficácia dos procedimentos de gestão de armazenamento.

Preparar checklists para garantir que essas tarefas são executadas em um alto nível de qualidade. Estes checklists expõem as etapas envolvidas. O trabalho de um DBA deve ser auditado por outro DBA antes que as alterações entrem em produção.

O DBA é o guardião de todas as alterações no banco de dados. Enquanto muitas partes podem solicitar mudanças, o DBA define as exatas mudanças a serem feitas no banco de dados, implementa e controla as alterações. DBAs devem usar um processo controlado, documentado e auditável para promover as alterações no banco de dados dos aplicativos nos ambientes de produção visando garantir a qualidade ou Certificação (QA) e, em parte devido à Lei Sarbanes-Oxley e outras exigências regulamentares. Uma requisição de serviço gerencial ou requisição de alteração normalmente inicia o processo. Em muitos casos, o DBA deve ter um plano para reverter às alterações em caso de problemas.

Primeiro teste todas as alterações no ambiente de garantia de qualidade no ambiente de desenvolvimento / teste e teste todas as alterações na produção, exceto as alterações emergenciais, no ambiente de garantia de qualidade. Enquanto os DBAs de desenvolvimento controlam as mudanças para o ambiente de desenvolvimento / teste, DBAs de Produção controlam as mudanças para o ambiente de produção, assim como geralmente controlam ambientes de garantia de qualidade.

6.2.1.2 Obter Dados de Fonte Externa

Muitas organizações obtêm alguns dados de fontes externas de terceiros, tais como listas de clientes potenciais compradas de um corretor de informações, ou dados de produtos fornecidos por uma empresa especializada. Os dados podem licenciados ou fornecidos gratuitamente; os dados poder ser fornecidos em um número de diferentes formatos (CD, DVD, EDI, XML, RSS feeds, arquivos de texto); são fornecidos somente uma vez ou atualizado regularmente por meio de um serviço de assinatura. Algumas aquisições exigem acordos legais.

Uma abordagem para conseguir a aquisição de dados, centraliza a responsabilidade pelo serviço de assinatura dos dados com os analistas de dados. O analista de dados terá de documentar a origem dos dados externos no modelo lógico de dados e dicionário de dados. Um desenvolvedor pode projetar e criar scripts ou programas para ler os dados e carregá-los em um banco de dados. O DBA será responsável pela execução dos processos necessários para carregar os dados no banco de dados e/ou torná-lo disponível para o aplicativo.

6.2.1.3 Plano de Recuperação de Dados

O conselho de governança de dados deverá estabelecer acordos de nível de serviço (SLAs) gestão de serviços de dados de TI da organização para disponibilização e recuperação de dados. SLAs definem as expectativas de disponibilidade, permitindo o tempo para manutenção e backup do banco de dados, e define as expectativas de tempo para diferentes cenários de recuperação, incluindo potenciais desastres.

DBAs devem certificar-se de que existe um plano de recuperação para todas as bases de dados e servidores de banco de dados, abrangendo todos os possíveis cenários que podem resultar em perda ou corrupção de dados. Este inclui, mas não limitados a:

- Perda do servidor físico de banco de dados.
- Perda de um ou mais dispositivos de armazenamento em disco.
- Perda da base de dados, incluindo a base de dados mestres do SGBD, banco de dados de armazenamento temporário, log de segmento de transações, etecetera.
- Corrupção do banco de dados ou índice de páginas de dados.
- Perda de banco de dados ou segmento de log do arquivo de sistema.
- Perda de banco de dados ou log de transações do arquivo de backup.

Gestão e organização do grupo continuidade de negócios, se existir, deve analisar e aprovar o plano de recuperação de dados. O grupo de DBAs deve ter acesso fácil a todos os planos de recuperação de dados.

Manter uma cópia do plano, juntamente com todos os softwares necessários, tais como o software necessário para instalar e configurar o SGBD, instruções e códigos de segurança, tais como a senha de administrador, de forma segura, fora do local da instalação para os casos de um desastre. Backups de todos os bancos de dados devem ser mantidos em segurança em local apartado.

6.2.1.4 Backup e Recuperação de Dados

Faça backups regulares dos bancos de dados, para bancos de dados OLTP, faça o log de transações. O SLA para o banco de dados deverá incluir um acordo com os proprietários dos dados quanto à frequência para fazer estes backups. Ponderando a importância dos dados contra o custo de protegê-lo. Para grandes bancos de dados, backups frequentes podem consumir grandes quantidades de armazenamento em disco e recursos do servidor. Pelo menos uma vez por dia, faça um backup completo de cada banco de dados.

Além disso, bancos de dados devem residir em uma espécie de área de armazenamento gerenciado, o ideal é uma série em RAID em área de armazenamento em rede ou SAN, e todos os dias fazer backup para fita. Para bases de dados OLTP a frequência dos backups de log de transação dependerá da frequência de atualização e a quantidade de dados envolvidos. Para bancos de dados atualizados com frequência, a descarga de log de transações com mais frequência não irão somente proporcionar uma maior proteção, mas também reduzir o impacto dos backups nos recursos do servidor e nos aplicativos. Os arquivos de backup devem ser mantidos em um sistema de arquivos separado do banco de dados, e deve ser apoiado com backups diários em fita, ou alguma mídia de armazenamento separada. Armazenar cópias de backups diários em um ambiente seguro e fora do site.

Para dados extremamente críticos, o DBA terá de implementar algum tipo de replicação na qual os dados são movidos para outro banco de dados em um servidor remoto. Em caso de um evento de falha no banco de dados, os aplicativos podem ser redirecionados para um servidor remoto e continuar o processamento. Existem vários diferentes esquemas de replicação, incluindo espelhamento e transporte de log. No espelhamento, as atualizações para o banco de dados principal são replicadas imediatamente (relativamente falando) para o banco de dados secundários, como parte de uma consolidação de duas fases do processo. No envio de log, um servidor secundário recebe e carrega cópias do log de transações do banco de dados principal em intervalos regulares. A escolha do método de replicação depende do quanto crítico são os dados, e de como é importante que o servidor secundário assuma imediatamente no caso de uma queda do servidor principal. O espelhamento é geralmente uma opção mais cara do que o registro de log transação. Para um servidor secundário, use o espelhamento; e use o registro de log para atualizar servidores secundários adicionais.

Outras opções de proteção de dados incluem clusters de servidores, nos quais as bases de dados compartilham uma série de discos, que caso um servidor físico ficar inoperante outro assume as suas funções, e virtualização de servidores onde a proteção contra paradas ocorre entre instâncias de servidor virtual que residem em dois ou mais máquinas físicas.

A maioria dos SGBDs suportam backups em tempo real do banco de dados (quentes) - backups feitos enquanto os aplicativos estão em execução. Quando algumas atualizações ocorrem em trânsito, eles irão em frente até a conclusão, ou reverter quando for feita a recarrega do backup. Uma alternativa é efetuar um backup off-line (frio), isto é quando o banco de dados está sem uso. No entanto, isto pode não ser uma opção viável se existir a necessidade de que os bancos de dados estejam permanentemente disponíveis.

O DBA também, quando necessário, deve recuperar dados perdidos ou danificados, recarregando-os a partir do banco de dados necessário e de backups de log de transações visando recuperar o máximo de dados possíveis.

6.2.1.5 Definir Níveis de Serviço de Desempenho no Banco de Dados

O desempenho do banco de dados tem duas facetas - a disponibilidade e o desempenho. Desempenho não pode ser medido sem a disponibilidade. Um banco de dados indisponível tem um desempenho medido de zero.

SLA's entre as organizações de serviço de gestão de dados e os proprietários dos dados definem expectativas para o desempenho do banco de dados. Normalmente, o acordo irá identificar um prazo esperado para disponibilidade do banco de dados e de um determinado grupo de transações das aplicações (uma mistura de requisições e atualizações complexas), cada uma com um tempo de execução máximo permitido especificado durante os períodos de disponibilidade identificados. Se os tempos de execução do processo de forma consistente ultrapassar o SLA, ou a disponibilidade do banco de dados não é consistente em conformidade com o SLA, os proprietários dos dados vão pedir ao DBA para identificar a origem do problema e tomar as medidas adequadas.

Disponibilidade é a percentagem de tempo que um sistema ou o banco de dados pode ser usado para trabalho produtivo. Requisitos de disponibilidade são constantemente aumentados, elevando assim, os riscos do negócio e os custos de dados indisponíveis. As atividades para garantir a disponibilidade são cada vez mais realizadas em janelas reduzidas para manutenções.

Quatro fatores relacionados afetam a disponibilidade:

- Gerenciabilidade: A capacidade de criar e manter um ambiente eficaz.
- Recuperabilidade: a capacidade de restabelecer o serviço após a interrupção, e corrigir os erros causados por eventos imprevistos ou falhas de componentes.
- Confiabilidade: A habilidade de oferecer serviços em níveis especificados para um determinado período.
- Servicibilidade: A habilidade de determinar a existência de problemas, diagnosticar suas causas e reparar/resolver os problemas.

Muitas coisas podem causar a perda da disponibilidade do banco de dados incluindo:

- Interrupções planejadas e não-planejadas.
- A perda do hardware do servidor.
- Falha do hardware do disco.
- Falha do sistema operacional.
- Falha do software SGBD.
- Problemas em aplicativos.
- Falha na rede.
- Perda de dados do datacenter.
- Problemas de segurança e autorização.
- Corrupção de dados (devido erro em código, projeto pobre ou erro do usuário).
- Perda de objetos do banco de dados.
- Perda de dados.
- Falha na replicação dos dados.
- Graves problemas de desempenho.
- Recuperação de falhas.
- Erro humano.

DBAs são responsáveis por fazer todo o possível para garantir a permanência online das bases de dados operacionais, incluindo:

- Executar utilitários de backup do banco de dados.
- Executar utilitários de reorganização do banco de dados.
- Executar utilitários de coleta de estatísticas.
- Executar utilitários de verificação de integridade.
- Automatizar a execução destes utilitários.
- Exploração do espaço de tabelas do cluster e particionamento.
- Replicação dos dados entre bancos de dados espelhos para garantir alta disponibilidade.

6.2.1.6 Monitoramento e Ajuste de Desempenho no Banco de Dados

DBAs devem otimizar o desempenho do banco de dados, tanto de maneira proativa, como reativa, monitorando o desempenho e respondendo aos problemas com rapidez e competência. A maioria dos SGBD's fornece a capacidade de monitoramento de desempenho, permitindo que os DBAs possam gerar relatórios de análise. A maioria dos sistemas operacionais de servidores possui semelhante capacidade de monitoramento e de geração de relatórios. Os DBAs devem executar relatórios de atividades e desempenho contra ambos o SGBD e o servidor em base regular, inclusive durante os períodos de atividade intensa. Eles devem comparar esses relatórios com os relatórios anteriores, para auxiliar na identificação de tendências negativas e guardá-las para ajudar na análise dos problemas ao longo do tempo.

Movimentação dos dados pode ocorrer em tempo real, por meio de transações onlines. No entanto, grande parte da movimentação de dados e atividades de transformação são realizadas por meio de programas em lote, que podem ser programas de Extração-Transformação-Carga (ETL) ou limitada internamente a um sistema. Esses jobs em lotes devem ser concluídos dentro da janela de tempo especificada no agendamento de execuções. DBAs e os especialistas em integração de dados monitoram o desempenho dos jobs de dados em lote, observando os tempos de conclusão e erros excepcionais, determinando a causa original dos erros e resolvendo estas questões.

Quando ocorrem problemas de desempenho, os DBAs devem usar as ferramentas de monitoramento e a administração do SGBD para ajudar a identificar a origem do problema. Algumas das razões mais comuns possíveis para o desempenho pobre em banco de dados são:

- A alocação de memória (buffer / cache de dados).
- Travamento e bloqueio: Em alguns casos, um processo em execução no banco de dados pode bloquear recursos de banco de dados, tais como tabelas ou páginas de dados e bloquear outros processos que precisam deste recurso. Se o problema persistir por um intervalo de tempo muito grande, o DBA pode matar o processo que causou o bloqueio. Em alguns casos, dois processos podem criar um deadlock, com cada processo de bloqueio de recursos necessário para o outro. A maioria dos SGBD's terminará automaticamente um desses processos, depois de certo intervalo de tempo. Esses tipos de problemas são, frequentemente, resultado de uma má codificação, seja no banco de dados ou na aplicação.
- Falha para atualizar as estatísticas do banco de dados: a maioria dos SGBD's relacionais tem um construtor e otimizador de queries, que se baseia em estatísticas sobre os dados e os índices para tomar decisões sobre como executar uma determinada requisição de uma forma mais eficaz. Atualize essas estatísticas regularmente e frequentemente, especialmente em banco de dados que são muito ativos. A não execução desta atividade poderá resultar em um desempenho insatisfatório nas requisições realizadas em banco de dados.
- Má codificação no SQL: Talvez a causa mais comum de mau desempenho do banco de dados é a má codificação no SQL. Codificadores precisam de um entendimento básico de como funciona o otimizador do SQL, devendo estar o código de uma maneira que aproveite ao máximo todos os recursos do otimizador. Encapsular requisições complexas em stored procedures, que podem ser pré-compiladas e pré-otimizadas, ao invés de embuti-las no código do aplicativo. Utilize visões para pré-definir junção de

tabelas complexas. Além disto, evite utilizar códigos complexos, incluindo junções de tabelas, nas funções de banco de dados, as quais, diferentemente das store procedures, são transparentes para o otimizador de requisições.

- Indexação Insuficiente: códigos com requisições complexas e requisições que envolvem tabelas grandes para o uso de índices construídos sobre as tabelas. Criar os índices necessários para apoiar estas requisições. Tenha cuidado com a criação de muitos índices em tabelas que sofrem muita atualização, pois isso irá deixar mais lento o processo de atualização.

- Atividade da Aplicação: Idealmente, os aplicativos podem ser executados em um servidor separado ao SGBD, de modo que eles não estejam competindo por recursos. Configure e ajuste os servidores de banco de dados para o máximo desempenho. Além disso, os SGBD's novos permitem o uso de aplicações orientadas a objeto, tais como classes JAVA e .NET, que podem ser encapsuladas em objetos de banco de dados e executadas no SGBD. Tenha cuidado sobre como fazer o uso desse recurso. Pode ser muito útil em certos casos, mas o código do aplicativo em execução no servidor de banco de dados pode afetar o desempenho dos processos de banco de dados.

- Aumento do número, tamanho, ou a utilização dos bancos de dados: Para os SGBD's que suportam múltiplos bancos de dados e múltiplas aplicações, pode haver um ponto de ruptura, onde a adição de mais bancos de dados tem um efeito adverso sobre o desempenho dos bancos de dados existentes. Assim sendo, se necessário, crie um servidor de banco de dados novo. Além disso, faça a realocação de banco de dados que cresceram demasiadamente, ou que estão sendo utilizados mais intensamente do que antes, para um servidor diferente. Em alguns casos, tratar de problemas com grandes bancos de dados arquivando os dados menos utilizados em outro local, ou via a eliminação de dados expirados ou obsoletos.

- Volatilidade em banco de dados: Em alguns casos, devido a um grande número de inserções e exclusões nas tabelas durante um curto espaço de tempo, é possível que sejam criadas estatísticas imprecisas do banco de dados. Nestes casos, desligue as atualizações de estatísticas de banco de dados dessas tabelas, isto porque as estatísticas incorretas podem afetar negativamente o otimizador de queries.

Depois que a causa do problema for identificada, o DBA deverá tomar todas as medidas necessárias para resolver o problema, incluindo o trabalho com os desenvolvedores dos aplicativos para melhorar e otimizar o código do banco de dados, arquivamento ou exclusão de dados que não são mais necessários para a aplicação.

Em casos excepcionais, o DBA pode considerar a trabalhar com o modelador de dados para desnormalizar a parte afetada do banco de dados. Isto deve ser feito somente após outras medidas, tais como a criação de visões e índices, e reestruturação de código da SQL; apenas após uma cuidadosa avaliação das possíveis consequências, como perda de integridade dos dados e o aumento da complexidade do código efetuando requisições em tabelas desnormalizadas. Esta advertência se aplica apenas a bancos de dados OLTP. Para bancos de dados analíticos e de geração de relatórios somente de leitura, a desnormalização para melhora do desempenho e facilidade do acesso é regra e não a exceção, e não representa qualquer ameaça ou risco.

6.2.1.7 Plano de Retenção de Dados

Uma parte importante do projeto físico do banco de dados é o plano de retenção de dados. A retenção de dados deve ser discutida com os proprietários dos dados na fase de projeto, e um acordo deve ser obtido de como tratar os dados durante a sua vida útil. É errado supor que todos os dados vão residir para sempre no armazenamento primário. Dados que não são necessários para apoiar ativamente processos de aplicações deverão ser arquivados em algum tipo de armazenamento secundário mais barato (disco, ou fita, ou um CD/DVD) em um servidor separado. Eliminar dados que são obsoletos e desnecessários, mesmo para os fins de regulamentação. Alguns dados podem tornar-se um passivo se mantidos mais tempo do que o necessário. Lembre-se que um dos objetivos principais da gestão dos dados e que o custo de manutenção dos dados não deve exceder o seu valor para a organização.

6.2.1.8 Arquivar, Reter e Excluir os Dados

Os DBAs trabalharão com desenvolvedores de aplicativos e com o pessoal de outras operações, incluindo os administradores dos servidores e de áreas de armazenamento para implementar o plano de retenção de dados aprovado. Isso pode exigir a criação de uma área secundária para a retenção de dados, a construção de um servidor de banco de dados secundário, a replicação de dados menos necessários para um banco de dados separado, o particionamento de tabelas de banco de dados existentes, arranjo para backups em fita ou disco, e criar rotinas periódicas para exclusão dos dados desnecessários.

6.2.1.9 Suporte Especializados a Banco de Dados

Não suponha que um único tipo de arquitetura de banco de dados ou SGBD atenda a todas as necessidades. Algumas situações especiais exigem tipos especializados de banco de dados. A gestão destes bancos de dados é diferente dos tradicionais bancos de dados relacionais. Por exemplo, a maioria das aplicações Computer Assisted Design and Manufacturing (CAD / CAM) requerem banco de dados de objetos, assim como a maioria das aplicações em tempo real embutidas. As aplicações de geo-espaciamento (geospatial), tais como o MapQuest, faz uso de banco de dados geo-espaciais especializados. Outras aplicações, tais como aplicações de carrinho de compras, encontrado na maioria dos sites de varejo online, fazem uso de bases de dados XML para armazenar os dados iniciais da ordem do cliente. Estes dados são depois copiados para um ou mais bancos de dados OLTP tradicionais ou para data warehouses. Além disso, muitos aplicativos de terceiros que não de prateleira podem utilizar seus próprios bancos de dados (proprietários). Pelo menos, os seus esquemas serão proprietários e grande parte protegidos mesmo que residam em tradicionais SGBD relacionais.

A administração de banco de dados utilizados apenas para apoiar uma determinada aplicação não deve apresentar nenhuma grande dificuldade. O DBA será em grande parte responsável por garantir backups regulares do banco de dados e testes de recuperação. No entanto, se os dados desses bancos de dados precisarem ser mesclados com outros dados já existentes, digamos, em um ou mais bancos de dados relacionais, a integração dos dados pode ser um desafio. Estas considerações devem ser discutidas e resolvidas sempre que tais bancos de dados são propostas ou trazidos para a organização.

6.2.2 GESTÃO DE TECNOLOGIA DE DADOS

DBAs e outros profissionais de dados gerenciam a tecnologia relacionada à sua área. A gestão da tecnologia de dados deve seguir os mesmo princípios e padrões para a gestão de qualquer outra tecnologia.

O principal modelo de referência para a gestão de tecnologia é o Information Technology Infrastructure Library (ITIL), um modelo de processo de gestão tecnológica desenvolvida no Reino Unido. Os princípios contidos na ITIL se aplicam a tecnologia de gestão de dados. Maiores informações podem ser consultadas no site da ITIL, http://www.itil-officialsite.com.

6.2.2.1 Entendendo os requisitos das Tecnologias de Dados

É importante entender não somente como a tecnologia funciona, mas também como ela pode oferecer valor no contexto de um negócio em particular. O DBA, juntamente com o restante da organização de serviços de dados, deve trabalhar em estreita colaboração com os usuários de negócios e gestores a fim compreender as necessidades de dados e informações do negócio. Isto irá permitir-lhes sugerir a melhor aplicação de tecnologia possível, para resolver problemas de negócios e tirar vantagem de novas oportunidades de negócios.

Profissionais de dados devem entender primeiro os requerimentos de uma tecnologia de dados, antes de determinar qual a solução técnica escolher para uma situação em particular. As questões a seguir são um ponto de partida para a compreensão da adequação de uma tecnologia de dados e não necessariamente todas devem ser consideradas:

1. Qual problema esta tecnologia dados irá resolver?
2. O que esta tecnologia de dados faz que esteja indisponível em outras tecnologias de dados?
3. Existem alguns requisitos de hardware específicos para esta tecnologia de dados?
4. Existem requisitos específicos do sistema operacional para esta tecnologia de dados?
5. Existem requisitos específicos de software ou aplicações adicionais necessárias para essa tecnologia de dados para funcionar como divulgado.
6. Há exigências específicas para armazenamento de dados para esta tecnologia?
7. Existem requisitos específicos de rede ou de conectividade para esta tecnologia de dados?
8. Será que esta tecnologia de dados inclui a funcionalidade de segurança de dados. Se não, quais são as outras ferramentas que funcionam com a tecnologia que proporciona a funcionalidade de segurança de dados?
9. Existem algumas habilidades específicas necessárias para ser capaz de dar suporte a esta tecnologia de dados? Será que temos essas habilidades em casa ou teremos que adquiri-las.

6.2.2.2 Definir a Arquitetura de Tecnologia de Dados

Tecnologia de dados é parte da arquitetura organizacional, mas também é muitas vezes considerada como parte de sua arquitetura de dados.

Arquitetura de tecnologia de dados aborda três questões básicas:

1. Quais tecnologias são padrão (quais são obrigatórias, preferidas ou aceitáveis)?
2. Quais tecnologias se aplicam a que fins e em quais circunstâncias?
3. Em um ambiente distribuído, quais as tecnologias que existem onde, e como mover dados de um nó para outro?

Tecnologias de dados para ser incluído na arquitetura de tecnologia incluem:

- Software de sistema de gestão de banco de dados (SGBD).
- Utilitários relacionados à gestão de banco de dados.
- Software para modelagem de dados e gestão de modelos.
- Software de Bussiness Intelligence para relatórios e análises.
- Ferramenta para Extração-Transformação-Carga (ETL) e outras ferramentas de integração de dados.
- Ferramentas para análise de qualidade de dados e para limpeza de dados.
- Software de gestão de meta-dados, incluindo os repositórios de meta-dados.

Componentes da arquitetura de tecnologia são muitas vezes referidos como "tijolos". Várias categorias ou visões que representam facetas dos tijolos de tecnologia de dados são:

- Atual: Produtos atualmente suportados e usados.
- Período para implantação : Produtos para serem implantados para o uso nos próximo 1-2 anos.
- Período estratégico: Produtos deverão estar disponíveis para uso nos próximos 2 anos ou mais.
- Descontinuação: Produtos que a organização descontinuou ou vai descontinuar este ano.
- Preferidos: Produtos preferidos para uso pela maioria das aplicações.
- Contenção: Produtos limitados ao uso por determinadas aplicações.
- Emergentes: Produtos sendo pesquisados e testados para uma possível futura implantação.

O roteiro de tecnologia para a organização é composta por rever, aprovar e publicar os tijolos, e isso ajuda a governar as futuras decisões de tecnologia.

É importante entender várias coisas sobre tecnologia:

- Nunca é sem custos. Mesmo a tecnologia de código aberto exige cuidados e gastos.
- Deve ser sempre considerado como um meio para um fim, ao invés do fim em ela própria.
- Muito importante, comprar a mesma tecnologia que todo mundo está usando, e utilizar da mesma forma, não cria valor para o negócio ou vantagem competitiva para a organização.

Após os debates necessários com os usuários e os gestores de negócio, o grupo de serviços de dados pode resumir os objetivos das tecnologias de dados para o negócio sob a forma de um roteiro estratégico que pode ser usado para informar e direcionar pesquisas de futuras tecnologias de dados e os trabalhos em projetos.

6.2.2.3 Avaliar a tecnologia de dados

Selecionar a apropriada tecnologia relacionada a dados, particularmente a tecnologia apropriada de gestão de banco de dados, é uma importante responsabilidade de gestão de dados. A Gestão seleciona a tecnologia de dados para atender às necessidades de negócio, incluindo o custo total, a confiabilidade e a integração.

Selecionar tecnologia de dados envolve gestores de dados de negócios, DBAs, arquitetos de dados, analistas de dados, e outros profissionais de gestão de dados e outros profissionais de TI. Entre as tecnologias de dados a serem pesquisadas e avaliadas estão:

- Software de sistema de gestão de banco de dados (SGBD).
- Utilitários de banco de dados, tais como ferramentas de backup e recuperação e monitoração de desempenho.
- Software para modelagem de dados e gestão de modelos.
- Ferramentas de gestão de banco de dados, tais como editores, geradores de esquema e os geradores de objeto de banco de dados.
- Software de Bussiness Intelligence para relatórios e análises.
- Ferramenta para Extração-Transformação-Carga (ETL) e outras ferramentas de integração de dados.
- Ferramentas para análise de qualidade de dados e para limpeza de dados.
- Tecnologia para virtualização de dados.
- Software de gestão de meta-dados, incluindo os repositórios de meta-dados.

Além disso, os profissionais de dados podem ter requisitos específicos para ferramentas utilizadas em outros campos, incluindo:

- Ferramentas de gestão de mudança (configuração e biblioteca de código fonte).
- Ferramentas para gestão de problemas e questões.
- Ferramentas de gestão de testes.
- Geradores de dados de teste.

As decisões de seleção devem ser tomadas por meio de um processo padrão para avaliação de tecnologia com a aplicação dos conceitos de análise de decisão definida por Kepner e Tregoe no The Racional Manager. As alternativas devem ser listadas e comparadas com um conjunto definido de critérios ponderados de decisão, incluindo os requisitos de funcionalidade e objetivos funcionais. O método básico inclui os seguintes passos:

1. Entender as necessidades dos usuários, objetivos e requisitos relacionados.
2. Entender a tecnologia no geral.
3. Identificar as alternativas tecnológicas disponíveis.
4. Identificar os recursos necessários.
5. Pesar a importância de cada característica.
6. Entender cada alternativa tecnológica.

7. Avaliar e pontuar a capacidade de cada alternativa tecnológica para satisfazer os requisitos.
8. Calcular o total de pontos e criar um ranking para as alternativas tecnológicas pelo total de pontos.
9. Avaliar os resultados, incluindo os critérios ponderados.
10. Apresentar o ranking para a escolha da melhor alternativa tecnológica.

Selecionar um software de SGBD estratégico é particularmente importante. O Software SGBD tem um impacto importante na integração de dados, no desempenho de aplicações e na produtividade do DBA. Alguns dos fatores a serem considerados na seleção de software SGBD são:

- Arquitetura do produto e complexidade.
- Perfil da aplicação, tais como processamento de transações, bussiness intelligence e perfis pessoais.
- Apetite organizacional para risco técnico.
- Plataforma de hardware e suporte do sistema operacional.
- Disponibilidade de ferramentas para suporte a software.
- Benchmarks de desempenho.
- Escalabilidade.
- Requerimentos de software, memória e armazenamento.
- Disponibilidade de oferta de profissionais técnicos.
- O custo de propriedade, tais como licenciamento, manutenção e recursos de computação.
- Reputação do fornecedor.
- Política de suporte do fornecedor e calendário de lançamentos de correções e novas versões.
- Referências de clientes.

O DBA deverá contribuir para a avaliação de alternativas tecnológicas. Umas séries de fatores entram em jogo aqui:

- A disponibilidade, a estabilidade, a maturidade, e custos dos produtos atuais.
- A adequação de um determinado produto para atender às necessidades atuais dos negócios / problemas.
- A extensibilidade de um determinado produto para atender outras necessidades do negócio.
- O produto se encaixa com a tecnologia existente na organização e roteiro de arquitetura (ver seção 4.2.2.4).
- O produto se encaixa com outros produtos e tecnologias utilizadas pela organização.
- A reputação do fornecedor, a estabilidade e a longevidade esperada - É um fornecedor que a organização vai querer, e ser capaz de, fazer negócios por um período mais prolongado?

- O grau de apoio esperado do fornecedor - serão feitas atualizações que serão disponibilizadas com frequência a um custo mínimo? O suporte do fornecedor estará disponível quando necessário?

O DBA deverá testar cuidadosamente cada produto candidato para determinar seus pontos fortes e fracos, facilidade de implementação e utilização, aplicabilidade às necessidades atuais e futuros de negócios problemas.

6.2.2.4 Instalar e Administrar a Tecnologia de Dados

O DBA tem a atribuição de implantar produtos de novas tecnologias em desenvolvimento / teste, garantia de qualidade / certificação e ambientes de produção. Eles terão que criar e documentar os processos e os procedimentos para administrar o produto com o mínimo esforço e despesa. Lembre-se que o gasto do produto, incluindo a administração, licenciamento e suporte não devem exceder o valor do produto para o negócio. Lembre-se também que a compra de novos produtos e a implementação de novas tecnologias, provavelmente não será acompanhado por um aumento de pessoal, portanto quanto mais tecnologia realizar auto-monitoramento e auto-administração melhor.

Além disso, lembre-se que o custo e a complexidade de implementação de novas tecnologias geralmente são subestimados, já as características e benefícios são geralmente superestimados. É uma boa ideia começar com pequenos projetos-pilotos e com implementação de prova de conceito (POC), para obter uma boa ideia do que são os verdadeiros custos e benefícios antes de prosseguir com a implementação em produção.

6.2.2.5 Inventário e Acompanhamento das Licenças da Tecnologia de Dados

As organizações devem cumprir com todos os acordos de licenciamento e os requisitos regulatórios. Cuidadosamente, acompanhar e realizar auditorias anuais nas licenças de software e dos custos anuais com suporte, bem como acompanhar os contratos de locação de servidores e outros custos fixos. Não estar em conformidade com os acordos de licenciamento pode trazer sérios riscos financeiros e legais para uma organização.

Esses dados também podem determinar o custo total de propriedade (TCO) para cada tipo de tecnologia e produtos de tecnologia. Regularmente avaliar as tecnologias e produtos que estão se tornando obsoletos, sem suporte, menos úteis, ou muito caros.

6.2.2.6 Suporte para Uso e Questões de Tecnologia de Dados

Quando uma necessidade de negócio exige nova tecnologia, os DBAs deverão trabalhar com usuários corporativos e desenvolvedores de aplicações para garantir a utilização mais eficaz da tecnologia, para explorar novas aplicações da tecnologia, para explorar novas aplicações da tecnologia e para resolver quaisquer problemas ou questões que surjam com a utilização.

DBAs e profissionais de outros dados servem como suporte técnico de nível 2 que trabalham com o Suporte Técnico nível 1 e também com o suporte do fornecedor da tecnologia para compreender, analisar e resolver problemas apresentados pelos usuários.

A chave para a compreensão e uso eficaz de toda a tecnologia é o treinamento. As organizações devem certificar-se que possuem um plano de treinamento eficaz e orçamento disponível para o treinamento de todos os envolvidos na implementação, suporte e utilização de dados e de tecnologia de banco de dados. Os planos de treinamento devem incluir níveis adequados de treinamento entre áreas de conhecimento, para melhor apoiar o desenvolvimento de aplicativos, em especial o desenvolvimento no modelo ágil. DBAs devem ter, e melhor, devem aproveitar a oportunidade para aprender e desenvolver habilidade em aplicações, tais como modelagem de classes, análise de casos de uso e de acesso a dados em aplicações. Os desenvolvedores, por sua vez, devem aprender algumas habilidades em banco de dados, principalmente codificação em SQL.

6.3 Resumo

Os princípios orientadores para a aplicação de gestão das operações com dados em uma organização, uma tabela resumo das funções para cada atividade de gestão das operações com dados da organização e as questões culturais que podem surgir durante a gestão de operações com dados estão resumidas abaixo:

6.3.1 PRINCÍPIOS ORIENTADORES

Em seu livro Administração de Banco de Dados, Cragi Mullins, oferece aos DBAs as seguintes regras para a gestão de operações de dados.

1. Anote tudo.
2. Guarde tudo.
3. Sempre que possível automatize os procedimentos.
4. Foque no entendimento da finalidade de cada tarefa, gerencie o escopo, simplifique, e faça uma coisa de cada vez.
5. Meça duas vezes e despreze uma das medidas.
6. Não entre em pânico, reaja com calma e racionalmente, porque o pânico provoca mais erros.
7. Entenda o negócio, não apenas a tecnologia.
8. Trabalhe em conjunto para colaborar, seja acessível, faça auditoria no trabalho uns dos outros e partilhe seus conhecimentos.
9. Use todos os recursos à sua disposição.
10. Mantenha-se atualizado.

6.3.2 RESUMO DO PROCESSO

O resumo do processo para a função de gestão de operações com dados é mostrado na Tabela 6.1. Os resultados, as responsabilidades por papel, papéis de aprovação e os papéis de contribuição são apresentados para cada atividade na função de gestão de operações com dados. A tabela também é mostrada no Apêndice A9.

Atividades	Entregas	Papéis Responsáveis	Papéis de Aprovação	Papéis de Contribuição
4.1.1 Implementar e controlar ambientes de bancos de dados	Gestão da produção do ambiente de banco de dados, mudanças controladas à bancos de dados produzidos, lançamentos	DBAs	Executivo de DM	Programadores de sistema, Gestores de dados, analistas de dados, desenvolvedores de software, gestores de projeto
4.1.2 Dados adquiridos externamente (O)	Dados adquiridos externamente	DBAs, analistas de dados, gestores de dados	Conselho de governança de dados	Gestores de dados, analistas de dados
4.1.3 Plano de recuperação de dados (P)	Disponibilidade de SLAs de dados, plano de recuperação de dados	DBAs	Executivo de DM, Conselho de governança de dados	
4.1.4 Backup e dados recuperados (P)	Backup e registros de banco de dados, bancos de dados recuperados, continuidade do negócio	DBAs	Executivo de DM	
4.1.5 Definir os níveis de serviço do banco de dados (P)	Desempenho SLA do banco de dados	DBAs	Executivo de DM, Conselho de governança de dados	
4.1.6 Monitorar e ajustar o desempenho do banco de dados(O)	Relatórios do desempenho do banco de dados, desempenho do banco de dados	DBAs		
4.1.7 Planejar a retenção de dados (P)	Plano de retenção de dados, procedimentos de gestão de storage	DBAs	Executivo de DM	Especialistas em gestão de storage
4.1.8 Arquivar, recuperar e excluir dados (P)	Dados arquivados, dados recuperados, dados excluídos	DBAs	Executivo de DM	

Atividades	Entregas	Papéis Responsáveis	Papéis de Aprovação	Papéis de Contribuição
4.1.9 Gerenciar banco de dados especializados (C)	Bancos de dados geo-espaciais, bancos de dados CAD/CAM, bancos de dados XML, bancos de dados de objetos	DBAs	Executivo de DM	Gestores de dados, especialistas no assunto
4.2.1 Entender os requerimentos da tecnologia dos dados (O)	Requerimentos da tecnologia dos dados	Arquitetos de dados, DBAs	Executivo de DM	Gestores de dados, outros profissionais de TI
4.2.2 Definir a arquitetura de banco de dados (P) (mesma que 2.3)	Arquitetura de tecnologia de dados	Arquiteto de dados	Executivo de DM, conselho de governança de dados	DBAs, analistas de dados, gestores de dados
4.2.3 Avaliar a tecnologia dos dados (P)	Achados da ferramenta de avaliação, seleção das decisões da ferramenta	Analistas de dados, DBAs	Executivo de DM, Conselho de governança de dados	Gestores de dados, outros profissionais de TI
4.2.4 Instalar e administrar a tecnologia dos dados (O)	Tecnologia instalada	DBAs	Executivo de DM	Analistas de dados, outros profissionais de TI
4.2.5 Licenças tecnológicas de inventario e rastreamento de dados (C)	Licença de inventario	DBAs	Executivo de DM	Analistas de dados
4.2.6 Apoio à uso e problemas com a tecnologia dos dados	Identificados e resolvidos os problemas com a tecnologia	DBAs	Executivo de DM	Analistas de dados

Tabela 6.1 Resumo dos processos da gestão de operações com dados

6.3.3 QUESTÕES ORGANIZACIONAIS E CULTURAIS

Q1: Quais são os obstáculos organizacionais e culturais comuns para a administração de banco de dados?

R1: DBAs muitas vezes não promovem o valor do seu trabalho para a organização. Eles precisam reconhecer as legítimas preocupações dos proprietários de dados e dos consumidores de dados, necessitam equilibrar as necessidades de dados de curto prazo e longo prazo, educar os outros na organização sobre as importâncias das boas práticas de gestão de dados e otimizar as práticas de desenvolvimento de dados para garantir o máximo de benefício para a organização e o mínimo impacto sobre os consumidores de dados. Considerando somente o trabalho com dados como um conjunto abstrato de princípios e práticas e ignorando os elementos humanos envolvidos, os DBAs correm um risco da propagação da mentalidade "nós *versus* eles" passando a ser considerados como dogmáticos, pouco práticos, de pouca utilidade e obstrucionista.

Muitas desconexões, principalmente confrontos em quadros de referência, contribuem para esse problema. Organizações em geral consideram a tecnologia da informação em termos de aplicações específicas, e não dados, e costuma ver dados de um ponto de vista centralizado na aplicação. O valor de longo prazo para organizações em termos de o dado ser seguro, reutilizável e de alta qualidade, tais como dados como um recurso corporativo, nem sempre é tão facilmente reconhecido e apreciado.

Desenvolvimento de aplicações, muitas vezes enxerga a gestão de dados como um impedimento ao desenvolvimento de aplicações, como algo que faz os projetos de desenvolvimento demorar mais tempo e a custar mais, sem fornecer benefícios adicionais. DBAs tem sido lentos para se adaptarem às mudanças tecnológicas, tais como XML, objetos e arquiteturas orientadas a serviços e novos métodos de desenvolvimento de aplicações, tais como Desenvolvimento ágil, XP e Scrum. Desenvolvedores, por outro lado, muitas vezes não reconhecem como as boas práticas de gestão de dados podem ajudá-los a atingir seus objetivos de longo prazo de objeto e de reuso de aplicação, e arquitetura de aplicações verdadeiramente orientada a serviços.

Há várias coisas que os DBAs e outros profissionais de gestão de dados podem fazer para ajudar a superar esses obstáculos organizacionais e culturais e para promover uma abordagem mais apoiadora e de colaboração para atingir as necessidades de dados e de informações da organização:

- Automatizar processos de desenvolvimento de banco de dados, desenvolvimento de ferramentas e processos que encurtam o ciclo de desenvolvimento, redução de erros e de retrabalho e minimização do impacto sobre a equipe de desenvolvimento. Desta forma, os DBAs podem adaptar-se de forma mais interativa (ágil) com as abordagens do desenvolvimento de aplicações.
- Desenvolver e promover a utilização de objetos de dados abstraídos e reutilizáveis para que possibilite as aplicações ficar fortemente livre de acoplamento aos esquemas de banco de dados; a chamada incompatibilidade de impedância objeto-relacional. Existe uma série de mecanismos para fazer isso, incluindo visões de banco de dados, gatilhos, funções e stored procedures, objetos de aplicação de dados e as camadas de acesso a dados, XML e XSLT, conjunto de dados digitado ADO.NET e serviços web. O DBA deve estar familiarizado com todos os meios disponíveis de virtualização de dados e ser capaz de recomendar a melhor abordagem para qualquer situação. A meta final é tornar a utilização de banco de dados mais fácil, rápida e indolor possível.
- Promover padrões de banco de dados e de melhores práticas como requisitos, mas ser flexível o suficiente para desviar-se delas se forem fornecidas razões aceitáveis para

esses desvios. Normas de banco de dados nunca devem ser uma ameaça para o sucesso de um projeto.

- Ligar os padrões de banco de dados com os mais diversos níveis de suporte no acordo de nível de serviço (SLA). Por exemplo, o acordo de nível de serviço pode refletir os métodos recomendados pelo DBA e aceitos pelo desenvolvedor visando garantir a integridade e a segurança dos dados. O acordo de nível de serviço deve refletir a transferência da responsabilidade dos DBAs para a equipe de desenvolvimento, se a equipe de desenvolvimento codificar seus próprios procedimentos ou camadas para acesso a dados para atualização de banco de dados. Isto impedirá uma abordagem "tudo ou nada" em relação aos padrões.

- Estabelecer as necessidades de projeto e as necessidades de apoio na linha de frente, para reduzir os desentendimentos sobre o que a equipe quer, e não quer a partir do grupo de dados. Certifique-se de que está claro para todos sobre o trabalho que os DBAs irão fazer e não irão fazer, e de que maneira o trabalho será feito, as normas que irão, ou não, ser seguidas, a linha de tempo do projeto, o número de horas e recursos envolvidos e o nível de suporte que serão necessários durante o desenvolvimento e após a implementação. Isso ajudará a evitar surpresas desagradáveis no meio do caminho no processo de desenvolvimento.

- Comunique-se constantemente com o time do projeto, tanto durante o desenvolvimento, quanto após a implantação, para detectar e resolver todos os problemas o mais cedo possível. Isto inclui a revisão o código de acesso a dados, store procedure, visões e funções de banco de dados escritos pelo time de desenvolvimento. Isto também ajudará a criar uma superfície para qualquer problema com ou mal-entendidos sobre o projeto de banco de dados.

- Fique com o foco nos negócios. O objetivo é cumprir os requisitos de negócio e obter o máximo de valor do projeto para o negócio.

- Adote uma atitude de "posso fazer " e ser tão útil quanto possível. Se você está sempre dizendo as pessoas "não", não se surpreenda quando eles optam por ignorá-lo e encontrar outro caminho. Reconhecer que as pessoas precisam fazer tudo o que precisa ser feito, e se você não ajudá-los a ter sucesso, eles podem ajudá-lo a falhar.

- Aceitar os defeitos e falhas encontradas durante um projeto como "lições aprendidas" e aplicar isso em projetos futuros. Você não tem que vencer todas as batalhas. Se surgirem problemas pelo fato de ter sido feito coisas erradas, você sempre pode apontar para eles mais tarde como razões para fazer as coisas certas no futuro.

- Comunique-se com as pessoas no nível delas e em nos termos que elas utilizam. É melhor conversar com as pessoas de negócios em termos de necessidades de negócios e ROI, e com desenvolvedores em termos de orientação a objetos, baixo acoplamento e facilidade de desenvolvimento.

- Concentre-se em resolver os problemas das outras pessoas e não o seu próprio.

Em suma, precisamos entender quem são as partes interessadas e quais são as suas necessidades e preocupações. Precisamos desenvolver um conjunto de padrões para negócios claro, conciso e prático focado em fazer o melhor trabalho possível da melhor maneira possível. Além disso, precisamos ensinar e aplicar os padrões de uma forma que proporcione o máximo valor as partes interessadas, para que possamos ganhar o respeito e reconhecimento deles por nós, como sendo facilitadores, contribuidores e provedores de solução.

Q2: Quantos DBAs uma organização necessita?

R2: A resposta a essa questão varia conforme a organização. Não existe um número de colaboradores padrão. No entanto, pode haver um custo significativo para a organização a falta de recursos adequados. Uma equipe de DBAs sobrecarregada pode cometer erros que custam muito mais em tempo de inatividade e problemas operacionais do que o a redução obtida com custos salariais baseados na minimização da equipe de DBAs. Muitos fatores precisam ser considerados na determinação do número ideal de DBAs para a organização. Esses fatores incluem:

- O número de banco de dados.
- O tamanho e a complexidade dos bancos de dados.
- O número de plataformas e ambientes de SGBD.
- O número de usuários.
- O número de aplicações suportadas.
- O tipo e a complexidade das aplicações.
- Requisitos de disponibilidade.
- Risco de negócio e o impacto do tempo parado.
- Requisitos de desempenho.
- Acordos de nível de serviços e as expectativas relacionadas dos clientes.
- O número de solicitações de mudança em banco de dados efetuadas.
- Experiência do time de DBAs.
- Experiência do desenvolvedor de software com banco de dados.
- Experiência do usuário final.
- Maturidade das ferramentas do DBA.
- A extensão de responsabilidade do DBA para a lógica em banco de dados (stored procedures, gatilhos, funções definidas pelo usuário), integração, interfaces de acesso e produtos de informação.

Q3: O que é um DBA de aplicação?

R3: Um DBA de aplicação é responsável por um ou mais bancos de dados em todos os ambientes (desenvolvimento / teste, garantia de qualidade e produção), em oposição à administração de sistemas de banco de dados para qualquer um desses ambientes. Às vezes os DBAs de aplicação reportam-se para as unidades organizacionais responsáveis pelo desenvolvimento e manutenção de aplicações suportadas por suas bases de dados. Há prós e contras para uma equipe de DBAs de aplicação. DBAs de aplicações são vistos como membros integrais de uma equipe de suporte a aplicações, que se concentram em bancos de dados específicos, deste modo, eles podem fornecer um melhor serviço aos desenvolvedores de aplicativos. No entanto, os DBAs de aplicações podem facilmente tornar-se isolados e perder de vista as necessidades globais de dados da organização e as práticas comuns do DBA. Colaboração constante entre DBAs, analistas de dados, modeladores e arquitetos, é necessária para evitar o isolamento e não engajamento do DBA.

Q4: O que é um DBA procedural?
R4: Um DBA procedural é especializado no desenvolvimento e suporte de lógica procedural controlado e executado pelo SGBD: stored procedures, gatilhos e funções definidas pelo usuário (UDF). O DBA procedural assegura que essa lógica de procedimento seja planejada, implementada, testada e compartilhada (reutilizada). O DBA procedural deve conduzir a análise e a administração de banco de dados de objetos procedurais.

6.4 Leitura recomendada
As referências listadas abaixo provêem leitura adicional que suportam o material apresentado no capítulo 6. Estas leituras adicionais recomendadas estão também incluídas na bibliografia no final deste guia.

Dunham, Jeff. Database Performance Tuning Handbook. McGraw-Hill, 1998. ISBN 0-07-018244-2.

Hackathorn, Richard D. Enterprise Database Connectivity. Wiley Professional Computing, 1993. ISBN 0-4761-57802-9. 352 pages.

Hoffer, Jeffrey, Mary Prescott, and Fred McFadden. Modern Database Management, 7th Edition. Prentice Hall, 2004. ISBN 0-131-45320-3. 736 pages.

Kepner, Charles H. and Benjamin B. Tregoe. The New Rational Manager. Princeton Research Press, 1981. 224 pages.

Kroenke, D. M. Database Processing: Fundamentals, Design, and Implementation, 10th Edition. Pearson Prentice Hall, 2005. ISBN 0-131-67626-3. 696 pages.

Martin, James. Information Enginnering Book II: Planning and Analysis. Prentice-Hall, Inc., 1990. Englewood Cliffs, New Jersey.

Mattison, Rob. Undestanding Database Management Systems, 2nd Edition. McGraw-Hill, 1998. ISBN 0-07-049999-3. 665 pages.

Mullins, Craig S. Database Administration: The Complete Guide to Practices and Procedures. Addison-Wesley, 2002. ISBN 0-201-74129-6. 736 pages.

Parsaye, Kamran and Mark Chignell. Intelligent Database Tools and Applications; Hyperinformation Access, Data Quality, Visualization, Automatic Discovery. John Wiley & Sons, 1993. ISBN 0-471-57066-4. 560 pages.

Pascal, Fabian. Practical Issues In Database Management: A Reference For The Thinking Practitioner. Addison-Wesley, 2000. ISBN 0-201-48555-9. 288 pages.

Piedad, Floyd, and Michael Hawkins. High Availability: Design, Techniques and Processes. Prentice Hall, 2001. ISBN 0-13-096288-0.

Rob, Peter, and Carlos Coronel. Database Systems: Design, Implementation, and Management, 7th Edition. Course Technology, 2006. ISBN 1-418-83593-5. 688 pages.

Gestão de segurança de dados é a quinta função de gestão de dados na gestão do framework mostrado nas Figuras 1.3 e 1.4. É a quarta função de Gestão de dados que interage e é influenciada pela função de governança de Dados. O Capítulo 7 define a função de gestão de segurança de dados e explica os conceitos e atividades envolvidas nas operações de gestão de dados.

7.1 Introdução

Gestão de segurança de dados é o planejamento, desenvolvimento e execução de políticas e procedimentos de segurança para proporcionar a devida autenticação, autorização, acesso e auditoria nos ativos de dados e informações.

Políticas eficazes de dados e procedimentos de segurança asseguram que as pessoas certas, podem usar e atualizar dados na maneira correta e que todo o acesso inadequado e atualização são restritos. Entender e respeitar os interesses de privacidade e confidencialidade e as necessidades de todas as partes interessadas está no melhor interesse de qualquer organização. Cliente, fornecedor, e as relações constituintes em que todos confiam, e dependem do uso responsável dos dados. O tempo investido em entender melhor os interesses e preocupações em geral revela-se um investimento sábio.

Uma efetiva função da gestão de segurança de dados estabelece os mecanismos criteriosos de governança que devem ser fáceis de cumprir, numa base operacional diária por todas as partes interessadas. O contexto da gestão de segurança de dados é mostrado na Figura 7.1.

7.2 Conceitos e atividades

O objetivo final da gestão de segurança de dados e proteger os ativos de informação em alinhamento com as regulamentações de privacidade e confidencialidade e com os requisitos do negócio. Estes requisitos vêm de diversas fontes muito importantes:

- Preocupações das partes interessadas: as organizações devem reconhecer a privacidade e confidencialidade das necessidades das partes interessadas, incluindo clientes, pacientes, estudantes, cidadãos, fornecedores ou parceiros de negócios. As partes interessadas são os proprietários de seus dados, e todos na organização devem ser responsáveis confiáveis destes dados.
- Regulamentações governamentais: As regulamentações do governo protegem a segurança de alguns dos interesses das partes interessadas. Algumas regulamentações restringem o acesso à informação, enquanto outras asseguram a abertura, transparência e responsabilização.
- Preocupações proprietárias do negócio: Cada organização tem seus próprios dados para proteger; assegurando vantagens competitivas de propriedade intelectual e

conhecimento íntimo das necessidades dos clientes e relacionamentos com parceiros de negócios é fundamental em qualquer plano de negócios.

- Necessidades de legítimas de acesso: implementadores de segurança de dados também devem entender as necessidades legítimas de acesso a dados. A estratégia de negócios, regras, e processos requerem das pessoas, em determinados papéis, que assumam a responsabilidade pelo acesso e manutenção de determinados dados.

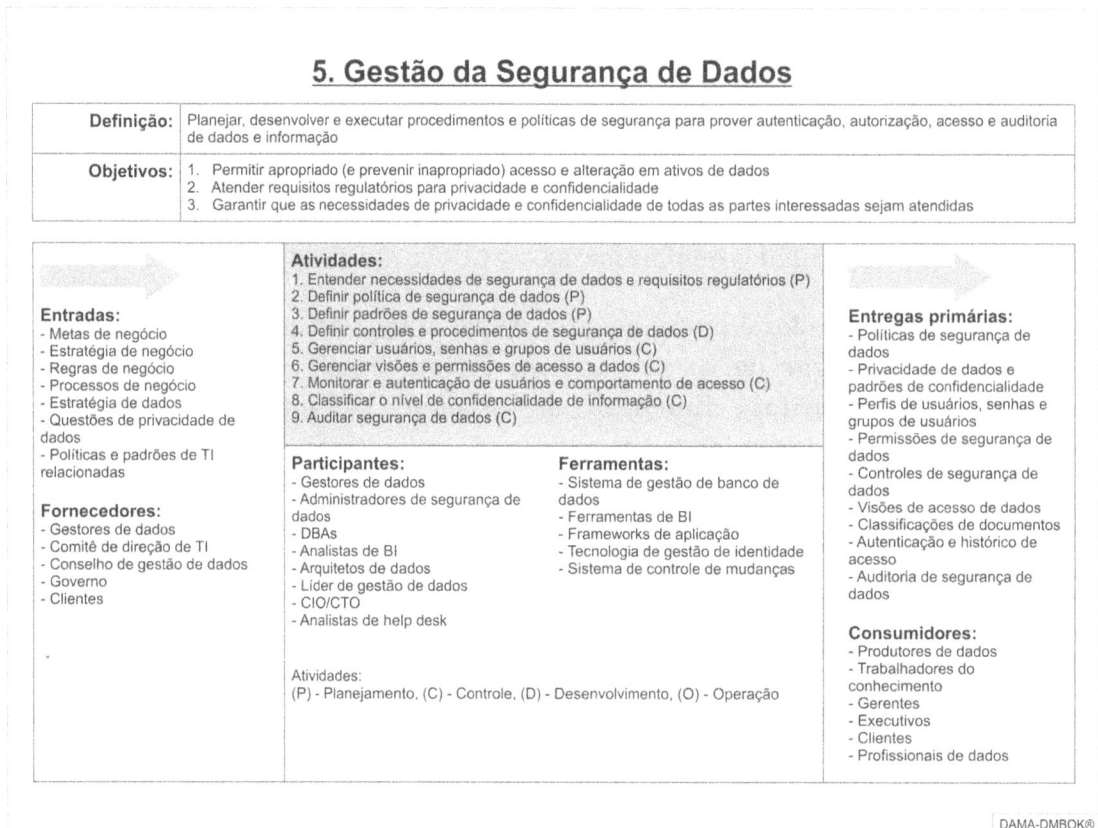

5. Gestão da Segurança de Dados

Definição:	Planejar, desenvolver e executar procedimentos e políticas de segurança para prover autenticação, autorização, acesso e auditoria de dados e informação
Objetivos:	1. Permitir apropriado (e prevenir inapropriado) acesso e alteração em ativos de dados 2. Atender requisitos regulatórios para privacidade e confidencialidade 3. Garantir que as necessidades de privacidade e confidencialidade de todas as partes interessadas sejam atendidas

Entradas:
- Metas de negócio
- Estratégia de negócio
- Regras de negócio
- Processos de negócio
- Estratégia de dados
- Questões de privacidade de dados
- Políticas e padrões de TI relacionadas

Fornecedores:
- Gestores de dados
- Comitê de direção de TI
- Conselho de gestão de dados
- Governo
- Clientes

Atividades:
1. Entender necessidades de segurança de dados e requisitos regulatórios (P)
2. Definir política de segurança de dados (P)
3. Definir padrões de segurança de dados (P)
4. Definir controles e procedimentos de segurança de dados (D)
5. Gerenciar usuários, senhas e grupos de usuários (C)
6. Gerenciar visões e permissões de acesso a dados (C)
7. Monitorar e autenticação de usuários e comportamento de acesso (C)
8. Classificar o nível de confidencialidade de informação (C)
9. Auditar segurança de dados (C)

Participantes:
- Gestores de dados
- Administradores de segurança de dados
- DBAs
- Analistas de BI
- Arquitetos de dados
- Líder de gestão de dados
- CIO/CTO
- Analistas de help desk

Ferramentas:
- Sistema de gestão de banco de dados
- Ferramentas de BI
- Frameworks de aplicação
- Tecnologia de gestão de identidade
- Sistema de controle de mudanças

Atividades:
(P) - Planejamento, (C) - Controle, (D) - Desenvolvimento, (O) - Operação

Entregas primárias:
- Políticas de segurança de dados
- Privacidade de dados e padrões de confidencialidade
- Perfis de usuários, senhas e grupos de usuários
- Permissões de segurança de dados
- Controles de segurança de dados
- Visões de acesso de dados
- Classificações de documentos
- Autenticação e histórico de acesso
- Auditoria de segurança de dados

Consumidores:
- Produtores de dados
- Trabalhadores do conhecimento
- Gerentes
- Executivos
- Clientes
- Profissionais de dados

DAMA-DMBOK®

Figura 7.1 Diagrama de contexto da Gestão de segurança de dados

Requisitos de segurança de dados e os procedimentos para atender a esses requisitos podem ser categorizados em quatro grupos básicos (os quatro A's):

- Autenticação: Validar se os usuários são realmente quem dizem ser.
- Autorização: Identificar as pessoas certas e conceder-lhes os direitos de privilégios para específica e apropriada visão dos dados.
- Acesso: Permitir a estes indivíduos e seus privilégios em tempo hábil.
- Auditoria: Rever as ações de segurança e as atividades do usuário para garantir o cumprimento regulamentar e de conformidade com políticas e normas.

7.2.1 COMPREENDER AS NECESSIDADES DE SEGURANÇA DE DADOS E REQUISITOS REGULAMENTARES

É importante distinguir entre as regras e procedimentos de negócios e as regras impostas pela aplicação de produtos de software. Enquanto os sistemas de aplicação servem como veículos para impor regras de negócio e procedimentos, é comum que estes sistemas tenham seu próprio conjunto único de requerimentos de segurança de dados que estão acima dos requisitos dos processos de negócios. Estes requisitos únicos estão se tornando mais comuns em pacotes e sistemas fora da prateleira.

7.2.1.1 Requisitos de Negócio

A implementação de segurança de dados dentro de uma organização começa com uma perfeita compreensão dos requisitos de negócios. A missão e a estratégia de negócios permeiam a estratégia de dados e devem ser o fator orientador do planejamento da política de segurança de dados. Prepare metas de curto e longo prazo para atingir uma equilibrada e efetiva função de segurança de dados.

O negócio necessita de uma definição corporativa a respeito do grau de rigidez para segurança de dados. O tamanho da empresa e da indústria a que pertence influencia diretamente esse grau. Por exemplo, as organizações financeiros e securitários nos Estados Unidos são altamente regulamentados e, independentemente do tamanho, é requerido que mantenham rigorosos padrões de segurança de dados. Por outro lado, uma empresa de varejo de pequena escala pode optar por não ter uma estendida função de gestão de segurança de dados em comparação com uma grande varejista, embora ambos possam estar envolvidos com atividades do núcleo de negócio semelhantes.

As regras e processos de negócios definem os pontos de contato de segurança. Todos os eventos no fluxo de trabalho de negócios têm seus requisitos próprios de segurança. Matrizes com os relacionamentos dados-processos e dados-papéis são ferramentas úteis para mapear essas necessidades e um guiar definição de segurança de dados, papéis-grupos, parâmetros, e permissões. Além disso, os administradores de segurança dos dados também devem avaliar as necessidades administrativas de ferramentas de software, pacotes de aplicativos e sistemas de TI utilizados pela organização.

Identificar detalhadamente os requisitos de segurança das aplicações na fase de análise de cada projeto de desenvolvimento de sistemas.

7.2.1.2 Requisitos Regulatórios

As mudanças rápidas que acontecem atualmente e o ambiente global exigem que as organizações cumpram um crescente conjunto de regulamentos. As questões éticas e legais enfrentadas pelas organizações na era da informação estão levando os governos a estabelecer novas leis e normas.

Requisitos de vários regulamentos mais recentes, como a Sarbanes-Oxley Act de 2002 dos Estados Unidos, a canadense Bill 198, e a CLERP Act da Austrália, todas têm imposto rigorosos controles de segurança na gestão da informação. O acordo Basileia II impôs controles das informações para todas as instituições financeiras que atuam na União Europeia. Uma lista das principais regulamentações de privacidade e segurança aparece na seção 7.5.1.

7.2.2 DEFINIÇÃO DE POLÍTICA DE SEGURANÇA DE DADOS

Definição de política de segurança de dados baseado em requisitos de segurança de dados é uma colaboração de esforço que envolve administradores de segurança de TI, gestores de dados, equipes de auditoria interna e externa, e do departamento jurídico. Profissionais de segurança de dados, por vezes, tomam uma abordagem rígida para segurança, e no processo pode causar impedimentos inconvenientes para os consumidores de dados. Desenvolver políticas de segurança de dados para que a conformidade seja mais fácil do que a não conformidade. O conselho de governança de dados deve revisar e aprovar a política de segurança dos dados de alto nível.

As estratégias e padrões de TI corporativos geralmente ditam as políticas de alto nível para o acesso aos ativos de dados da empresa. É comum ter a política de segurança de TI e a política de segurança de dados fazer parte de uma política de segurança combinada. A preferência, entretanto, deve ser por tê-las em separado. Políticas de segurança de dados são mais granulares por natureza e tomam muito abordagem centrada em dados em relação a uma política de segurança de TI. Definição de estruturas de diretório e um framework de gestão de identidade podem ser componentes de uma política de segurança de TI, considerando que define a aplicação individual, os papéis de banco de dados, grupos de usuário e padrões de senhas podem fazer parte da política de segurança de dados.

7.2.3 DEFINIR PADRÕES DE SEGURANÇA DE DADOS

Não há uma maneira prescrita para a implementação de segurança de dados para atender requisitos de confidencialidade e privacidade. Regulamentações geralmente focam em garantir o cumprimento do "fim", mas raramente definem os "meios" para alcançá-lo. As organizações devem projetar seus próprios controles de segurança, demonstrando que os controles cumprem os requisitos da lei ou da regulamentação, e documentam a implementação desses controles.

As estratégias e padrões da tecnologia de informação também podem influenciar:

* As ferramentas usadas para gerenciar a segurança de dados.
* Padrões e mecanismos de criptografia de dados.
* Orientações de acesso para aos fornecedores e prestadores de serviços externos.
* Protocolos de transmissão de dados por meio da internet.
* Os requisitos de documentação.
* Padrões de acesso remoto.
* Procedimentos de notificação incidentes quebra de segurança.

Considerar a segurança física, especialmente com a explosão de dispositivos portáteis e mídia, para formular uma estratégia de segurança de dados efetiva. Padrão de segurança física como parte de políticas de TI da organização, fornecem orientações, incluindo:

* O acesso a dados por meio de dispositivos móveis.
* Armazenamento de dados em dispositivos portáteis tais como laptops, DVDs, CD ou drivers USB.

- A eliminação destes dispositivos em conformidade com as políticas de gestão de registros.

Em uma organização, suas partes interessadas, e seus reguladores têm necessidades considerando-se privacidade e confidencialidade no acesso a dados. Usando estes requisitos, uma organização pode desenvolver uma implementação prática de política de segurança, incluindo os princípios orientadores de segurança de dados. O foco deve ser na qualidade e consistência, não na criação de um corpo volumoso de orientações. A política de segurança de dados deve ser em um formato que seja facilmente acessível aos fornecedores, aos consumidores e as demais partes interessadas. Uma organização pode postar esta política na intranet ou em um portal de colaboração similar. O conselho de governança de dados analisa e aprova a política. A propriedade e a responsabilidade pela manutenção da política de segurança dos dados residem com os executivos de gestão de dados e administradores de segurança de TI.

A execução da política exige que sejam satisfeitos os quatro A's assegurando os ativos de informação: autenticação, autorização, acesso e auditoria. Classificação de informação, direitos de acesso, usuários e senhas são os meios para implementação da política e satisfazer os quatro A's.

7.2.4 DEFINIR OS CONTROLES E PROCEDIMENTOS DE SEGURANÇA DE DADOS

Implementação e administração da política de segurança de dados está primariamente entre as responsabilidades dos administradores de segurança. Segurança de banco de dados é frequentemente uma das responsabilidades de um dos administradores de banco de dados (DBAs).

As organizações devem implementar controles apropriados para atender os objetivos das leis pertinentes. Por exemplo, um objetivo de controle pode ter: "revisão dos direitos e privilégios do DBA e dos usuários em uma base mensal". O controle da organização para satisfazer esse objetivo pode ser a implementação de um processo para validar as permissões atribuídas contra um sistema de gestão mudanças usadas para controlar todas as solicitações de permissão do usuário. Além disso, o controle também pode requerer um processo de fluxo de trabalho de aprovação ou formulário de papel assinado para gravar e documentar cada pedido.

7.2.5 GERENCIAR USUÁRIOS, SENHAS E MEMBROS DO GRUPO

Privilégios de acesso e atualização podem ser concedidos a contas de usuários individuais, mas esta abordagem resulta em um grande esforço redundante. Grupos por papel permitem que os administradores de segurança definam privilégios e concedem esses privilégios aos usuários inscrevendo-os no grupo de papel adequado. Inscrever usuários em mais de um grupo, embora seja tecnicamente possível, esta prática pode dificultar a compreensão dos privilégios específicos concedidos a um usuário específico. Sempre que possível, tente atribuir cada usuário a apenas um grupo de papel.

Construa definições de grupo a um grupo de trabalho ou nível de unidade de negócio. Organize os papéis em uma hierarquia, de modo que os papéis dos filhos restrinjam ainda mais os privilégios dos papéis dos pais. A contínua manutenção dessas hierarquias é uma operação complexa, que requer sistemas de informação capazes de detalhar até privilégios granulares de um usuário individual. Exemplos da hierarquia dos papeis de segurança são mostrados na Figura 7.2.

Os administradores de segurança criam, modificam e excluem contas de usuários e grupos. Alterações feitas na taxonomia do grupo e membros devem exigir certo nível de aprovação, e acompanhamento por meio de um sistema de gestão da mudança.

A consistência dos dados na gestão de usuários e grupos é um desafio em um ambiente heterogêneo. As informações do usuário como nome, título e número devem ser armazenadas em vários locais. Estas ilhas de dados muitas vezes apresentam conflitos, representando várias versões da "verdade". Para evitar questões de integridade de dados, faça gestão centralizada dos dados de identificação do usuário e os dados dos membros de papel por grupo.

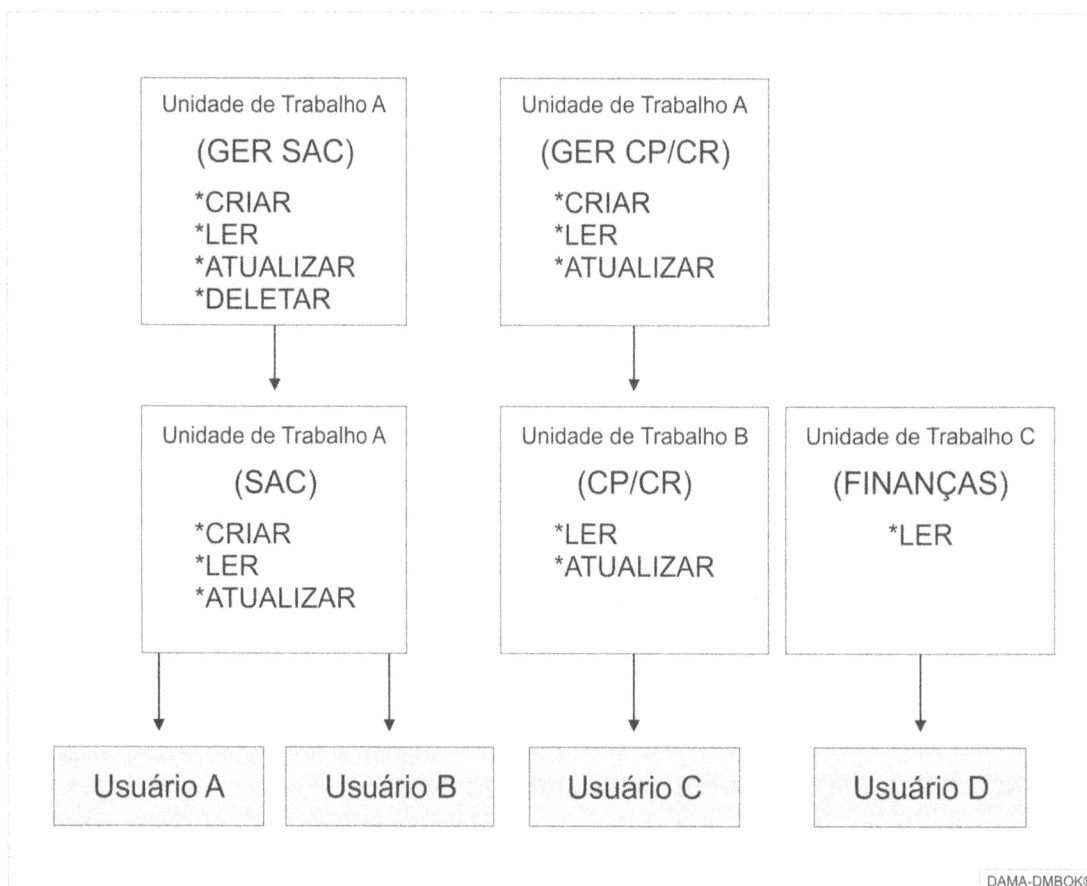

Figura 7.2 Diagrama Exemplo de Hierarquia de Papel de Segurança

7.2.5.1 Normas e Procedimentos para Senha

As senhas são a primeira linha de defesa para proteger o acesso aos dados. Cada conta de usuário deve ser obrigado a ter uma senha definida pelo usuário (proprietário da conta) com um número suficiente de nível de complexidade de senha definidos nos padrões de segurança, comumente referido como senhas fortes. Não permita senhas em branco. Os requisitos típicos de complexidades para senhas exigem que uma senha:

- Contenha pelo menos 8 caracteres.
- Contenha uma letra maiúscula e um numeral.
- Não ser idêntica ao nome do usuário.
- Não ser a mesma idêntica as últimas 5 senhas usadas.
- Não conter palavras completas de dicionário em qualquer idioma.
- Não pode ser incremental (Senha1, Senha2, etecetera).
- Não ter dois caracteres repetidos sequencialmente.
- Evitar o uso de caracteres adjacentes no teclado.
- Se o sistema suporta espaço em senhas, então uma "frase secreta" pode ser usada.

Tradicionalmente, os usuários sempre tiveram contas e senhas diferentes para cada recurso, plataforma, sistema de aplicação e / ou estação de trabalho. Essa abordagem requer aos usuários gerenciar várias senhas e contas. Organizações com diretórios de usuários corporativos podem ter um mecanismo de sincronização estabelecido entre os recursos heterogêneos para facilitar a gestão de senha do usuário. Em tais casos, o usuário necessita digitar a senha apenas uma vez, geralmente quando entra na estação de trabalho, após o qual toda autenticação e autorização é feita por meio de uma referência para diretório corporativo do usuário. Um sistema de gestão de identificação implementa essa capacidade, comumente referido como o sign-on único (ou login único).

A contínua manutenção de senhas é normalmente uma responsabilidade do usuário, exigindo que os usuários alterem suas senhas a cada 45 a 60 dias. Ao criar uma nova conta de usuário, a senha gerada deve ser definida para expirar imediatamente para que os usuários possam definir suas senhas para utilização posterior. Os administradores de segurança e os analistas do suporte técnico auxiliam na resolução de problemas e questões relacionadas a senha.

7.2.6 GERENCIAR PERMISSÕES E VISÕES PARA ACESSO A DADOS

Gestão de segurança de dados não envolve apenas impedir o acesso inadequado, mas também possibilitar o acesso válido e adequado aos dados. A maioria dos conjuntos de dados não têm qualquer requisitos de acesso restrito. Controle o acesso a dados sensíveis por meio da concessão de permissões (opt-in). Sem permissão, um usuário pode fazer nada.

Controle o acesso a dados em nível individual ou em grupo. Pequenas organizações podem achar aceitável gerenciar dados de acesso ao nível individual. Organizações maiores serão muito beneficiadas de controle de acesso baseado em papéis, a concessão de permissões para grupos de função e assim, para cada membro do grupo. Independentemente da abordagem, concessão de privilégios requer análise cuidadosa das necessidades de dados e as responsabilidades de gestão estratégica.

Visões (views) de banco de dados relacionais fornecem outro mecanismo importante para a segurança de dados, permitindo que as restrições aos dados nas tabelas de determinadas linhas baseiem-se nos valores dos dados. Visões podem também restringir o acesso a determinadas colunas, possibilitando amplo acesso a algumas colunas e acesso limitado aos campos mais confidenciais.

O controle de acesso degrada quando alcançado por meio compartilhamento ou contas de serviços. Concebida como uma conveniência para os administradores, essas contas, muitas vezes, vêm reforçadas com privilégios e não são rastreados para um usuário ou administrador em particular. Empresas que utilizam serviços compartilhados de contas correm o risco de violações de segurança de dados. Algumas organizações configuram os sistemas de monitoramento para ignorar todos os avisos relacionados a essas contas, aumentando ainda mais este risco. Avaliar o uso de tais contas com cuidado, e nunca usá-las com frequência ou por padrão.

7.2.7 MONITORAMENTO DA AUTENTICAÇÃO DO USUÁRIO E COMPORTAMENTO DE ACESSO

Monitoramento da autenticação e comportamento de acesso são fundamentais porque:

- Fornece informações sobre quem está se conectando e acessando os ativos de informações, que é um requisito básico para a auditoria de conformidade.
- Alerta os administradores de segurança para situações imprevistas, compensando omissões no planejamento, projeto e implementação da segurança de dados.

Monitoramento ajuda a detectar transações incomuns ou suspeitas que possam justificar investigação complementar e resolução de questões afins. Execute o monitoramento ativa ou passivamente. Os sistemas automatizados com verificações e validações humanos atendem muito bem os dois métodos.

Sistemas que contêm informações confidenciais, tais como salário, dados financeiros, etecetera comumente necessitam de monitoramento ativo e em tempo real. Em tais casos, acompanhamento em tempo real pode alertar o administrador de segurança ou o gestor de dados quando o sistema observa uma atividade suspeita ou acesso inadequado. O sistema envia uma notificação ao gestor de dados geralmente sob a forma de alertas por email ou outros mecanismos de notificação configuráveis.

Monitoramento passivo localiza mudanças ao longo do tempo tirando imagens, em intervalos regulares, do estado atual de um sistema, as tendências são comparadas com um valor de referência ou contra um conjunto de critérios definidos. O sistema envia relatórios para os gestores de dados responsáveis pelos dados. Enquanto a monitoração ativa é mais um mecanismo de detecção, considere a monitoração passiva como sendo um mecanismo de avaliação.

Monitoramento automatizado impõe uma sobrecarga sobre os sistemas subjacentes. Enquanto os avanços na tecnologia reduziram preocupações de consumo de recursos nos últimos anos, monitorização ainda pode afetar o desempenho do sistema. Decidir o que precisa ser monitorado, por quanto tempo, e quais ações devem ser tomadas em caso de alerta, requer análise cuidadosa. Mudanças de configuração iterativas podem ser necessárias para atingir os parâmetros ideais para o acompanhamento adequado.

Imponha o monitoramento em várias camadas ou pontos de toques em dados. O monitoramento pode ser:

- Específico para uma aplicação.
- Executado para determinados usuários e / ou grupos de papéis.
- Executado para certos privilégios.
- Usado para validação de integridade de dados.
- Executado para configuração e validação do núcleo de meta-dados.
- Executado em sistemas heterogêneos para verificar dependências.

7.2.8 CLASSIFICAR INFORMAÇÃO CONFIDENCIALMENTE

Classificar dados e produtos de informação corporativos usando um simples esquema de classificação de confidencialidade. A maioria das organizações classifica o nível de confidencialidade de informações encontradas em documentos, incluindo relatórios. Um típico esquema de classificação pode incluir os seguintes cinco níveis de classificação de confidencialidade:

- Para audiências gerais: Informações disponíveis a qualquer pessoa, incluindo o público em geral. Audiências gerais é o padrão de classificação adotado.
- Apenas para uso interno: Informação limitada aos empregados ou membros, mas com risco mínimo se compartilhado. Uso interno apenas pode ser mostrado ou discutido, mas não copiado fora da organização.
- Confidencial: As informações que não devem ser compartilhadas fora da organização. Informações confidenciais dos clientes não podem ser compartilhadas com outros clientes.
- Confidencial restrito: Informações limitadas a certos indivíduos que tem a necessidade de saber devido aos papéis que executam. Confidencial restrito pode exigir que os indivíduos qualifiquem-se por meio de autorização especial.
- Confidencial registrado: Informações confidenciais de modo que qualquer pessoa que acesse as informações deve assinar um acordo jurídico de acesso aos dados e assumir responsabilidade pelo seu sigilo.

Classificar documentos e relatórios com base no mais alto nível de confidencialidade de qualquer informação contida no documento. Rotule cada página ou na tela com a classificação no cabeçalho ou rodapé. Os produtos de informação classificados com acesso livre para "audiências em geral" não precisa de rótulos. Assuma que quaisquer produtos sem rótulos sejam para audiência em geral. Os autores de documentos e projetistas de produtos de informação são responsáveis por avaliar, classificar e rotular corretamente o nível de confidencialidade adequado para cada documento.

Também, classifique banco de dados, tabelas relacionais, colunas e visões. Classificação da confidencialidade da informação é uma característica importante de meta-dados, guiando como os usuários recebem os privilégios de acesso. Os gestores de dados são responsáveis pela avaliação e determinam o nível adequado de confidencialidade de dados.

7.2.9 AUDITORIA DE SEGURANÇA DE DADOS

Auditoria de segurança de dados é uma atividade de controle recorrente com a responsabilidade de analisar, validar, aconselhar e recomendar políticas, normas e atividades relacionadas gestão da segurança de dados. A auditoria é uma atividade gerencial realizada com a ajuda de analistas que trabalham detalhadamente sobre a estrutura de segurança implementada. Auditores Internos ou externos podem realizar auditorias; entretanto, os auditores devem ser independentes dos dados e / ou processo envolvidos na auditoria. Auditores de segurança de dados não devem ter direta responsabilidade por atividades que estão sendo auditadas, para garantir a integridade das atividades e resultados da auditoria. A auditoria não é uma missão de identificação de falhas. A meta da auditoria é prover a gestão e o conselho de governança de dados, com avaliações imparciais e recomendações objetivas e práticas e racionais.

As declarações de políticas de segurança de dados, documentos padrões, guias de implementação, pedidos de mudança, o log de monitoramento de acesso, relatórios de saída, e outros registros (eletrônico ou impresso) formam a base da auditoria. Além de examinar as provas existentes, as auditorias podem também incluir realizações de testes e verificações.

Auditoria de segurança de dados inclui:

- Analisar a política de segurança de dados e padrões contra as melhores práticas e necessidades.
- Analisar os procedimentos de implementação e as práticas atuais para assegurar consistência com as metas de segurança de dados, políticas, padrões, diretrizes e resultados desejados.
- Avaliar se as normas e procedimentos existentes são adequados e se estão alinhadas com os requisitos de negócios e tecnologia.
- Verificar se a organização está em conformidade com os requisitos regulamentares.
- Rever a confiabilidade e a precisão dos dados da auditoria de segurança de dados.
- Avaliar os procedimentos de escalar na hierarquia (levar o problema para níveis superiores) e os mecanismos de notificação em caso de violação de dados de segurança.
- Revisar os contratos, acordos compartilhamento de dados, as obrigações de segurança de dados por parte de fornecedores terceirizados e externos, garantindo que eles cumpram as suas obrigações.
- Reportar para a gerência sênior, gestores de dados e outras partes interessadas o "Estado de Segurança de Dados" dentro da organização e a maturidade de suas práticas.
- Recomendar projetos de segurança de dados, e melhorias operacional e de conformidade.

Auditoria de segurança de dados não é substituto para a gestão eficaz da segurança dos dados. Auditoria é um processo repetitivo de apoio, que deve ocorrer com regularidade, eficiência, e consistência.

7.3 Segurança de Dados em um mundo terceirizado

As organizações podem optar por terceirizar algumas funções de TI, tais como operações em lote, desenvolvimento de aplicações e / ou administração de banco de dados. Algumas podem até terceirizar a administração da segurança de dados. Você pode terceirizar quase tudo, mas não a sua responsabilidade com as outras partes interessadas.

A terceirização de operações de TI introduz desafios e responsabilidades de segurança de dados adicionais. Terceirização aumenta o número de pessoas que compartilham responsabilidades pelos dados entre as fronteiras organizacionais e geográficas. Papéis e responsabilidades informais devem ser previamente explicitados como obrigações contratuais. Contratos terceirizados devem especificar as responsabilidades e expectativas de cada papel.

Qualquer forma de terceirização aumenta o risco para a organização, incluindo certa perda de controle sobre o ambiente técnico e as pessoas que trabalham com a organização de dados. Risco de segurança de dados é escalado para incluir o fornecedor terceirizado, então qualquer medida e processo de segurança de dados devem considerar o risco do fornecedor não apenas como um risco externo, mas também como um risco interno.

Transferir controle, mas não a responsabilidade, exige uma gestão de riscos rigorosa e mecanismos de controle. Alguns destes mecanismos incluem:

- Acordos de Nível de Serviço.
- Disposições de responsabilidade limitada no contrato de terceirização.
- Cláusulas no contrato com direito a auditoria.
- Consequências claramente definidas se as obrigações contratuais forem quebradas.
- Relatórios frequentes de segurança de dados do fornecedor de serviços.
- Monitoramento independente da atividade fornecedor nos sistemas.
- Auditoria de segurança de dados mais frequentes e sem omissões.
- Comunicação constante com o fornecedor de serviço.

Em um ambiente terceirizado é crítico manter e seguir a linhagem, ou fluxo, de dados entre sistemas e pessoas para manter uma "cadeia de custódia". Organizações terceirizadas tem benefício especial com o desenvolvimento de matrizes CRUD (criar, ler, atualizar e eliminar) que mapeiam as responsabilidades com os dos dados nos processos de negócio, nas aplicações, nos papéis e nas organizações, rastreando as transformações, a linhagem, e a cadeia de custódia de dados.

Matrizes da atribuição da responsabilidade do tipo RACI (responsável, contabilizar, consultar e informar) também ajudam a esclarecer os papéis, a separação de tarefas e responsabilidades dos diferentes papéis e os requisitos de segurança de dados.

A matriz RACI também pode se tornar parte dos documentos contratuais, acordos e políticas de segurança de dados. A definição de Matrizes da atribuição da responsabilidade (RACI) irá estabelecer a clara responsabilidade e propriedade entre as partes envolvidas no engajamento da terceirização, levando a apoiar as políticas gerais de segurança de dados e suas implementações.

Na terceirização de operações de tecnologia da informação, a responsabilidade pela manutenção dos dados permanece com a organização. É crítico ter mecanismos adequados de conformidade em uso e ter expectativas realistas entre as partes que estão os acordos de tercerização.

7.4 Sumário

Os princípios orientadores para a aplicação de gestão de segurança de dados em uma organização, uma tabela resumo dos papéis para cada atividade de gestão de segurança de dados, e questões culturais e da organização que possam surgir durante a gestão de segurança de dados estão resumidos a abaixo.

7.4.1 PRINCÍPIOS ORIENTADORES

A implementação da função de gestão de segurança de dados em uma organização segue quinze princípios orientadores:

1. Ser curador responsável dos dados de todas as partes. Eles são os proprietários dos dados. Entender e respeitar as necessidades de privacidade e confidencialidade de todos as partes interessadas, seja elas clientes, pacientes, estudantes, cidadãos, fornecedores ou parceiros de negócios.
2. Compreender e cumprir todas as regulamentações e princípios pertinentes.
3. Matrizes de relacionamentos de dados-processo e dados-papel (CRUD) ajuda no mapeamento das necessidades de acesso a dados e guia a definição dos grupos de papéis, parâmetros e permissões em segurança de dados.
4. Definição de requisitos de segurança de dados e política de segurança de dados é um esforço conjunto envolvendo os administradores de segurança de TI, gestores de dados, times de auditoria externa e interna e do departamento jurídico. O conselho de governança de dados deve revisar e aprovar as políticas de segurança de dados de alto nível.
5. Identificar os requisitos detalhados de segurança das aplicações na fase de análise de cada projeto de desenvolvimento de sistemas.
6. Classificar todos os dados e produtos de informação da empresa contra um esquema simples de classificação de confidencialidade.
7. Cada conta de usuário deve ter uma senha definida pelo usuário seguindo os princípios orientadores para complexidade da senha, é importante que a senha seja trocada a cada 45 / 60 dias.
8. Criar grupos de papéis; definir os privilégios por papéis; e conceder privilégios aos usuários colocando-os no grupo de papel apropriado. Sempre que possível, atribuir a cada usuário apenas um grupo de papel.
9. Algum nível da gestão deve formalmente solicitar, controlar e aprovar todas autorizações iniciais e também alterações subsequentes para autorizações a usuário e grupo.

10. Para evitar problemas de integridade de dados com informações de segurança de acesso, gerencie os dados de identidade do usuário e dados de membros do grupo.

11. Utilize visões dos bancos de dados relacionais para restringir o acesso às colunas sensíveis e / ou linhas específicas.

12. O uso de contas compartilhadas ou de serviços devem ser cuidadosamente consideradas e estritamente limitadas.

13. Monitore ativamente o acesso aos dados a determinadas informações, e obtenha imagens periódicas das atividades de acesso aos dados comparando com critérios padrões para compreender as tendências.

14. Conduzir objetiva e periodicamente auditorias independentes de segurança de dados para verificar o atendimento das regulamentações e padrões de conformidade, e para analisar a eficácia e maturidade da política e prática de segurança de dados.

15. Em um ambiente terceirizado, não se esquecer de definir claramente os papéis e responsabilidades pela segurança dos dados, e compreender a cadeia de custódia para dados que circulam entre organizações e papéis.

7.4.2 RESUMO DO PROCESSO

O resumo do processo para a função de gestão de segurança de dados é mostrado na Tabela 7.1. As entregas, as responsabilidades por papéis, papéis de aprovação, e os papéis que contribuem são mostrados para cada atividade na função de gestão de segurança de dados. A tabela também é mostrada no apêndice A9.

Atividades	Entregas	Papéis Responsáveis	Papéis de Aprovação	Papéis de Contribuição
5.1 Entender a segurança, necessidade e regulação dos requerimentos de dados (P)	Requerimentos e regulações da segurança dos dados	Gestores de dados, Executivos de DM, administradores da segurança	Conselho de governança de dados	Gestores de dados, departamento legal, segurança do TI
5.2 Definir a política de segurança dos dados (P)	Política de segurança dos dados	Gestores de dados, Executivos de DM, administradores da segurança	Conselho de governança de dados	Gestores de dados, departamento legal, segurança do TI
5.3 Definir os padrões de segurança dos dados (D)	Padrões da segurança dos dados	Gestores de dados, Executivos de DM, administradores da segurança	Conselho de governança de dados	Gestores de dados, departamento legal, segurança do TI

Atividades	Entregas	Papéis Responsáveis	Papéis de Aprovação	Papéis de Contribuição
5.4 Definir procedimentos e controle de segurança (D)	Procedimento e controles da segurança dos dados	Administradores da segurança, DBAs	Executivo de DM	Gestores de dados, segurança do TI
5.5 Gerenciar senhas e membros do grupo de usuários (C)	Contas, senhas e papéis no grupo dos usuários	Administradores da segurança	Gerência	Produtores de dados, consumidores de dados, Help Desk
5.6 Gerenciar permissões e acessos aos dados (C)	Acessos e permissão de recursos de dados	Administradores da segurança, DBAs	Gerência	Produtores de dados, consumidores de dados, desenvolvedores de software, help desk
5.7 Monitorar autenticação e comportamento de usuários (C)	Registros de acessos, alertas de notificações de segurança, relatórios da segurança dos dados	Administradores da segurança, DBAs	Executivo de DM	Gestores de dados, Help Desk
5.8 Classificar a confidencialidade de informação (C)	Documentos confidencias, bancos de dados confidenciais	Autores do documento, projetistas de relatório, gestores de dados	Gerência	Gestores de dados
5.9 Fazer auditorias na segurança dos dados (C)	Relatórios de auditória da segurança dos dados	Auditores segurança dos dados	Conselho de gestores de dados, executivo de DM	Administradores da segurança, DBAs, gestores de dados

Tabela 7.1 Resumo do processo de gestão de segurança de dados

7.4.3 QUESTÕES ORGANIZACIONAIS E CULTURAIS

Q1: Como pode a segurança de dados ser realmente um sucesso?

A1: Segurança de dados bem sucedida está profundamente incorporada na cultura corporativa, mas isto não é o caso em muitas organizações. Organizações muitas vezes acabam sendo reativas em gestão de segurança de dados em vez de ser proativas. O nível de maturidade em gestão de segurança de dados tem aumentado ao longo dos anos, mas ainda há oportunidade para melhoria. Violações de segurança de dados têm mostrado que as organizações ainda estão resistindo e falhando em se tornarem organizadas. No lado positivo, recentemente foram introduzidos regulamentos aumentando a responsabilidade, a auditabilidade e a consciência da importância da segurança dos dados.

Q2: Pode haver uma boa segurança, enquanto ainda se permite o acesso?

A2: Proteger e assegurar os dados sem sufocar o acesso do usuário aos dados é uma tarefa difícil. Organizações com uma cultura de gestão de processos encontram relativamente menos desafios por ter um framework formidável para gestão de segurança de dados em uso. Avalie regularmente as políticas de segurança de dados, procedimentos e atividades para atingir o melhor equilíbrio possível entre as necessidades de segurança de dados de todas as partes interessadas.

Q3: O que segurança dos dados realmente significa?

A3: Segurança dos dados significa coisas diferentes para pessoas diferentes. Certos elementos de dados podem ser considerados sensíveis em algumas organizações e culturas, mas não em outras. Certos indivíduos ou papéis podem ter direitos e responsabilidades adicionais que nem sequer existem em outras organizações.

Q4:Medidas de segurança de dados se aplicam a todos?

A4: Aplicar medidas de segurança de dados de forma inconsistente ou inadequada dentro de uma organização pode levar à insatisfação do trabalhador e riscos para a organização. Segurança baseada em papéis depende da organização para definir e atribuir os papéis, e aplicar consistentemente.

Q5: Os clientes e funcionários precisam estar envolvidos em segurança de dados?

A5: A implementação de medidas de segurança de dados sem levar em conta as expectativas dos clientes e funcionários pode resultar na insatisfação de funcionários e na insatisfação de clientes e em risco organizacional. Qualquer medida ou processo de segurança de dados deve ter em conta o ponto de vista daqueles que irão trabalhar com essas medidas e processos, a fim de assegurar o mais elevado envolvimento e cumprimento.

Q6: Como você realmente evita violações de segurança?

A6: As pessoas precisam entender e apreciar a necessidade de segurança de dados. A melhor forma para evitar violações de segurança de dados é criar consciência e compreensão de requisitos de segurança, políticas e procedimentos. As organizações podem construir a consciência e aumentar o cumprimento por meio de:

- Promoção de normas por meio de treinamento em iniciativas de segurança em todos os níveis da organização. Siga o treinamento com os mecanismos de avaliação, tais como testes on-line centrados na melhoria da conscientização dos funcionários. Tal formação e testes devem ser obrigatórios e um pré-requisito para a avaliação de desempenho do colaborador.

- Definição de políticas de segurança de dados para grupos de trabalho e departamentos que complementam e se alinham com as políticas da organização. Adotando uma postura de "aja localmente" ajuda a envolver mais ativamente as pessoas.
- Links para segurança de dados no âmbito de iniciativas organizacionais. As organizações devem incluir métricas objetivas para as atividades de segurança de dados nas suas medições do BSC (Balanced Scored Card) e avaliações de projetos.
- Inclusão dos requisitos de segurança de dados em acordos de nível de serviço e em obrigações contratuais de terceirização.
- Ênfase nos requisitos legais, contratuais e regulamentares aplicáveis à sua indústria para construir senso de urgência e um framework interno para de gestão de segurança de dados.

Q7: Qual é o princípio primário orientador para a segurança de dados?

A7: O sucesso na gestão de segurança de dados depende de ser proativo em envolver as pessoas, mudar a gestão e ultrapassar os estrangulamentos culturais.

7.5 Leitura recomendada

As referências listadas abaixo fornecem uma leitura adicional que suportam o material apresentado no Capítulo 7. Estas leituras recomendadas também estão incluídas na Bibliografia no final do guia.

7.5.1 TEXTOS E ARTIGOS

Afyouni, Hassan A. Database Security and Auditiing: Protecting Data Integrity and Accessibility. Course Technology, 2005. ISBN 0-619-21559-3.

Anderson, Ross J. Security Engineering: A Guide to Building Dependable Distributed Systems. Wiley, 2008. ISBN 0-470-06852-6.

Calder, Alan and Steve Watkins. IT Governance: A Manager's Guide to Data Security and BS 7799/ISO 1779, 3rd Edition. Kogan Page, 2005. ISBN 0-749-44414-2.

Castano, Silvana, Maria Grazia Fugini, Giancarlo Martella, and Pierangela Samarati. Database Security. Addison-Wesley, 1995. ISBN 0-201-59375-0.

Dennis, Jill Callahan. Privacy and Confidentiality of Health Information. Jossey-Bass, 2000. ISBN 0-787-95278-8.

Gertz, Michael and Sushil Jajodia. Handbook of Database Security: Applications and Trends. Springer, 2007. ISBN 0-387-48532-5.

Jaquith, Andrew. Security Metrics: Replacing Fear, Uncertainty and Doubt. Addison-Wesley, 2007. ISBN 0-321-349998-9.

Landoll, Douglas J. The Security Risk Assessment Handbook: A Complete Guide for Performing Security Risk Assessments. CRC, 2005. ISBN 0-849-32998-1.

Litchfield, David, Chris Anley, John Heasman, and Bill Frindlay. The Database Hacker's Handbook: Defending Database Servers. Wiley, 2005. ISBN 0-764-57801-4.

Mullins, Craig S. Database Administration: The Complete Guide to Practices and Procedures. Addison-Wesley, 2002. ISBN 0-201-74129-6.

Peltier. Thomas R. Information Security Policies and Procedures: A Practitioner's Reference, 2nd Edition. Auerbach, 2004. ISBN 0-849-31958-7.

Shostack, Adam and Andrew Stewart. The New School of Information Security. Addison-Wesley, 2008. ISBN 0-321-50278-7.

Thuraisingham, Bhavani. Database and Applications Security: Integrating Information Security and Data Management. Auerbac Publications, 2005. ISN 0-849-32224-3.

Whitman, Michael R. and Herbert H. Mattord. Principles of Information Security, Third Edition. Course Technology, 2007. ISBN 1-423-90177-0.

7.5.2 PRINCIPAIS NORMAS DE SEGURANÇA E DE PRIVACIDADE

As principais regulamentações de segurança e privacidade que afetam os padrões de segurança de dados estão listadas abaixo:

7.5.2.1 As leis de privacidade fora dos Estados Unidos

- **Argentina:** Personal Data Protection Act of 2000 (aka Habeas Data).
- **Austria:** Data Protection Act 2000, Austrian Federal Law Gazette Part I No. 165/1999 (DSG 2000).
- **Australia:** Privacy Act of 1988.
- **Brazil:** Privacy currently governed by Article 5 of the 1988 Constitution.
- **Canada:** The Private Act – July 1983, Personal Information Protection and Eletronic Data Act (PIPEDA) of 2000 (Bill C-6).
- **Chile:** Act on the Protection of Personal Data, August 1998.
- **Columbia:** No specific privacy law, but the Columbian constitution provides any person the right to update and access their personal information.
- **Czech Republic:** Act on Protection of Personal Data (April 2000) No 101.
- Denmark: Act on Processing of Personal Data. Act No. 429, May 2000.
- **Estonia:** Personal Data Protection Act, June 1996, Consolidated July 2002.
- **European Union:** Data Protection Directive of 1998.
- **European Union:** Internet Privacy Law of 2002 (DIRECTIVE 2002/58/EC).
- **Finland:** Act on the Amendment of the Personal Data Act (986) 2000.
- **France:** Data Protection of 1978 (revised in 2004)
- **Germany:** Federal Data Protection Act of 2001.
- **Greece:** Law No. 2472 on the Protection of Individuals with Regard to the Processing of Personal Data, April 1997.

- **Hong Kong:** Personal Data Ordinance (The "Ordinance").
- **Hungary:** Act LXIII of 1992 on the Protection of Personal Data and the Publicity of Data of Public Interests.
- **Iceland:** Act of Protection of Individuals: Processing Personal Data (Jan 2000).
- **Ireland:** Data Protection (Amendment) Act, Number 6 of 2003.
- **India:** Information Technology Act of 2000.
- **Italy:** Data Protection Code of 2003 Italy: Processing of Personal Data Act, Jan. 1997.
- **Japan:** Personal Information Protection Law (Act).
- **Japan:** Law for the Protection of Computer Processed Data Held by Administrative Organizations. December 1988.
- **Korea:** Act on Personal Information Protection of Public Agencies Act on Information and Communication Network Usage.
- **Latvia:** Personal Data Protection Law, March 23, 2000.
- **Lithuania:** Law on Legal Protection of Personal Data (June 1996).
- **Luxembourg:** Law of 2 August 2002 on the Protection of Persons with Regar to the Processing of Personal Data.
- **Malaysia:** Common Law principle of confidentiality Draft Personal data Protection Bill Banking and Financial Institutions Act of 1989 privacy provisions.
- **Malta:** Data Protection Act (Act XXVI of 2001), Amended March 22, 2002, November 15, 2002 and July 15, 2003.
- **New Zealand:** Privacy Act, May 1993; Privacy Amendment Act, 1993; Privacy Amendment Act, 1994.
- **Norway:** Personal Data Act (April 2000) – Act of 14 April 2000 No. 31 Relating to the Processing of Personal Data (Personal Data Act).
- **Philippines:** No general data protection law, but there is a recognized right of privacy in civil law.
- **Poland:** Act of the Protection of Personal Data (August 1997).
- **Singapore:** The E-commerce Code for the Protection of Personal Information and Communications of Consumers of Internet Commerce.
- **Slovak Republic:** Act No. 428 of 3 July 2002 on Personal Data Protection.
- **Slovenia:** Personal Data Protection Act, RS No. 55/99.
- **South Korea:** The Act on Promotion of Information and Communications Network Utilization and Data Protection of 2000.
- **Spain:** ORGANIC LAW 15/1999 of 13 December on the Protection of Personal Data.
- **Switzerland:** The Federal Law on Data Protection of 1992.
- **Sweden:** Personal Data Protection Act (1998:204), October 24, 1998.
- **Taiwan:** Computer Processed Personal data Protection Law – applies only to public institutions.
- **Thailand:** Official Information Act (1997) for state agencies (Personal data Protection bill under consideration).
- **Vietnam:** The Law on Eletronic Transactions (Draft: Finalized in 2006).

7.5.2.2 As leis de privacidade nos Estados Unidos

- Americans with Disabilities Act (ADA).
- Cable Communications Policy Act of 1984 (Cable Act).
- California Senate Bill 1386 (SB 1386).
- Children's Internet Protection Act of 2001 (CIPA).
- Children's Online Privacy Protection Act of 1998 (COPPA).
- Communications Assistance for Law Enforcement Act of 1994 (CALEA).
- Computer Fraud and Abuse Act of 1986 (CFAA).
- Computer Security Act of 1987 – (Superseded by the Federal Information Security Management Act (FISMA)).
- Consumer Credit Reporting Reform Act of 1996 (CCRRA) – Modifies the Fair Credit Reporting Act (FCRA).
- Controlling the Assault of Non-Solicited Pornography and Marketing (CAN-SPAM) Act of 2003.
- Eletronic Funds Transfer ACT (EFTA).
- Fair and accurate Credit Transactions Act (FACTA) of 2003.
- Fair Credit Reporting Act.
- Federal Information Security Management Act (FISMA).
- Federal Trade Commission ACT (FTCA).
- Driver's Privacy Protection Act of 1994.
- Eletronic Communications Privacy Act of 1986 (ECPA).
- Eletronic Freedom of Information Act of 1996 (E-FOIA).
- Fair Credit Reporting Act of 1999 (FCRA).
- Family Education Rights and Privacy Act of 1974 (FERPA: also known as the Buckley Amendment).
- Gramm-Leach-Bliley Financial Services Modernization Act of 1999 (GLBA).
- Privacy Act of 1974.
- Privacy Protection Act of 1980 (PPA).
- Right to Financial Privacy Act of 1978 (RFPA).
- Telecommunications Act of 1996.
- Telephone Consumer Protection Act of 1991 (TCPA).
- Uniting and Strengthening America by Providing Appropriate Tools Required to Intercept and Obstruct Terrorism Act of 2001 (USA PATRIOT Act).
- Video Privacy Protection Act of 1988.

7.5.2.3 Segurança específicas da indústria e regulamentos de privacidade

- **Financial Services:** Gramm-Leach-Bliley Act (GLBA), PCI Data Security Standard.
- **Healthcare and Pharmaceuticals:** HIPAA (Health Insurance Portability and Accountability Act of 1996 and FDA 21 CFR Part 11.
- **Infrastructure and Energy:** FERC and NERC Cybersecurity Standards, the Chemical Sector Cyber Security Program and Customs-Trade Partnership against Terrorism (C-TPAT).

- **U.S. Federal Government:** FISMA and related NSA Guidelines and NIST Standards.
  CAN SPAM – Federal law regarding unsolicited electronic mail.

8. Gestão de Dados Mestres e de Referência

Gestão de dados mestres e de referência é a sexta função de Gestão de dados no framework de gestão de dados, como mostram as figuras 1.3 e 1.4. É a quinta função de gestão de dados que interage e é influenciada pela Governança de Dados. O capítulo 8 define a função de gestão de dados mestres e de referência e explica os conceitos e as atividades envolvidas na mesma.

8.1 Introdução

Em qualquer organização, diferentes grupos, processos e sistemas necessitam da mesma informação. Dados criados em processos primários devem prover o contexto para os dados criados em processos posteriores. Entretanto, grupos diferentes usam o mesmo dado para propósitos diferentes. Departamentos de Vendas, Finanças e Produção utilizam dados de vendas, mas cada departamento possui expectativas diferentes em relação à qualidade dos dados. Essas necessidades voltadas para um propósito específico levam as organizações a criarem aplicações específicas, cada uma com dados similares, porém em diferentes formatos com valores de dados inconsistentes. Essas inconsistências têm um impacto negativo dramático em toda a qualidade de dados.

Gestão de dados mestres e de referência é um processo contínuo de reconciliação e manutenção dos dados mestres e dados de referência.

- Gestão de dados de referência é o controle sobre valores de domínio definidos (também conhecidos como vocabulários), incluindo o controle sobre termos padronizados, códigos e outros identificadores únicos, definições de negócio para cada valor dos códigos, relacionamentos de negócio dentro e entre listas de domínios, uso compartilhado de dados de referência, relevantes, consistentes, precisos, gerados em tempo e atualizados para classificar e categorizar os dados.
- Gestão de dados mestres é o controle sobre os valores dos dados mestres para viabilizar o uso contextual consistente, compartilhado entre os sistemas, da mais acurada, gerada em tempo e relevante verdadeira versão sobre as entidades essenciais do negócio.

Dados mestres e de referência provêem o contexto para os dados transacionais. Por exemplo, uma transação de vendas a cliente identifica o cliente, o empregado que realizou a venda e o serviço ou produto vendido, assim como dados de referência, como a situação da transação e os códigos contábeis aplicáveis. Outros dados de referência são derivados, tais como o tipo do produto e o local de venda.

Como até a publicação desse guia, nem um único termo foi divulgado a ponto de abranger tanto os dados mestres quanto os dados de referência. Algumas vezes um ou outro termo é utilizado como sendo dado de referência ou dado mestre. Em qualquer conversa utilizando

187

esses termos é sábio clarificar qual termo o participante está se referindo por meio da utilização do termo.

O diagrama de contexto para Gestão de dados mestres e de referência, é mostrado na figura 8.1. A qualidade do dado transacional é muito dependente da qualidade do dado de referência e do dado mestre. A melhoria da qualidade do dado mestre e do dado de referência melhora a qualidade de todos os dados e tem um grande impacto na confiança do negócio no seu próprio dado.

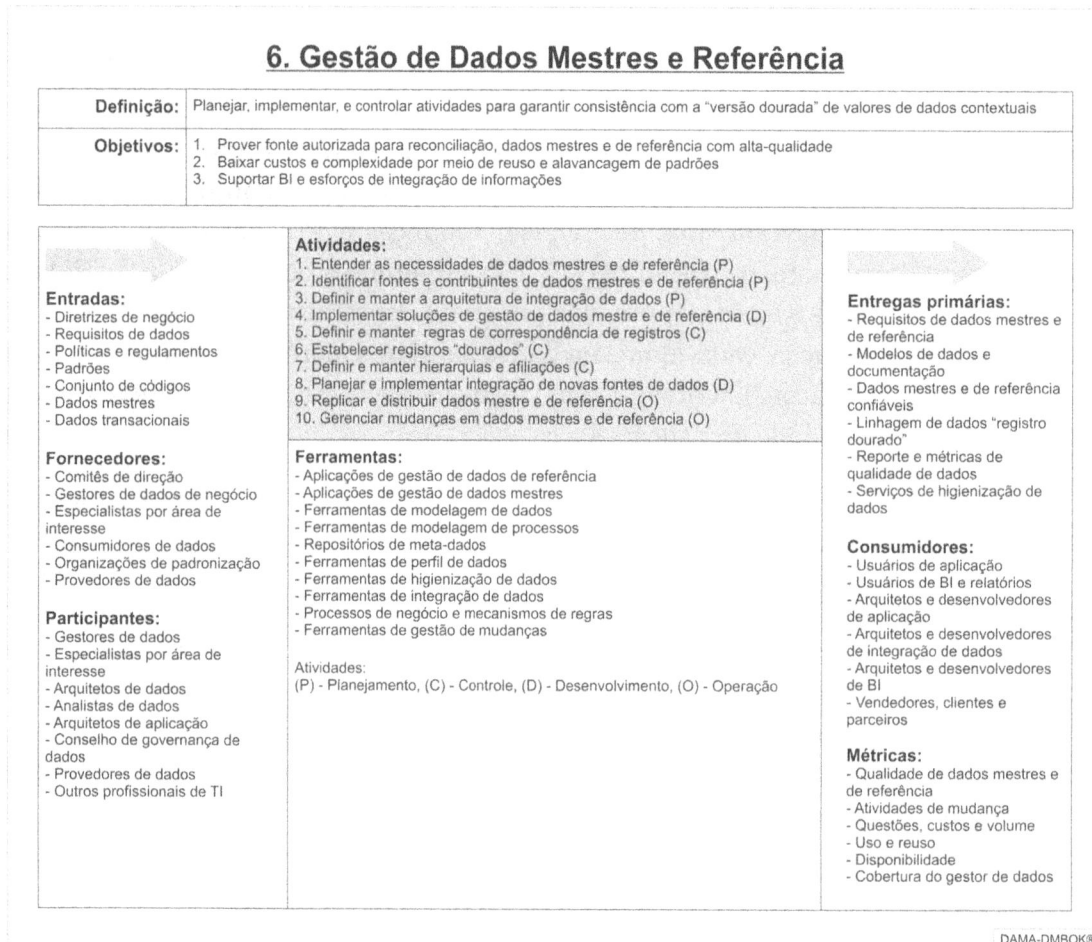

6. Gestão de Dados Mestres e Referência

Definição:	Planejar, implementar, e controlar atividades para garantir consistência com a "versão dourada" de valores de dados contextuais
Objetivos:	1. Prover fonte autorizada para reconciliação, dados mestres e de referência com alta-qualidade 2. Baixar custos e complexidade por meio de reuso e alavancagem de padrões 3. Suportar BI e esforços de integração de informações

Entradas:
- Diretrizes de negócio
- Requisitos de dados
- Políticas e regulamentos
- Padrões
- Conjunto de códigos
- Dados mestres
- Dados transacionais

Fornecedores:
- Comitês de direção
- Gestores de dados de negócio
- Especialistas por área de interesse
- Consumidores de dados
- Organizações de padronização
- Provedores de dados

Participantes:
- Gestores de dados
- Especialistas por área de interesse
- Arquitetos de dados
- Analistas de dados
- Arquitetos de aplicação
- Conselho de governança de dados
- Provedores de dados
- Outros profissionais de TI

Atividades:
1. Entender as necessidades de dados mestres e de referência (P)
2. Identificar fontes e contribuintes de dados mestres e de referência (P)
3. Definir e manter a arquitetura de integração de dados (P)
4. Implementar soluções de gestão de dados mestre e de referência (D)
5. Definir e manter regras de correspondência de registros (C)
6. Estabelecer registros "dourados" (C)
7. Definir e manter hierarquias e afiliações (C)
8. Planejar e implementar integração de novas fontes de dados (D)
9. Replicar e distribuir dados mestre e de referência (O)
10. Gerenciar mudanças em dados mestres e de referência (O)

Ferramentas:
- Aplicações de gestão de dados de referência
- Aplicações de gestão de dados mestres
- Ferramentas de modelagem de dados
- Ferramentas de modelagem de processos
- Repositórios de meta-dados
- Ferramentas de perfil de dados
- Ferramentas de higienização de dados
- Ferramentas de integração de dados
- Processos de negócio e mecanismos de regras
- Ferramentas de gestão de mudanças

Atividades:
(P) - Planejamento, (C) - Controle, (D) - Desenvolvimento, (O) - Operação

Entregas primárias:
- Requisitos de dados mestres e de referência
- Modelos de dados e documentação
- Dados mestres e de referência confiáveis
- Linhagem de dados "registro dourado"
- Reporte e métricas de qualidade de dados
- Serviços de higienização de dados

Consumidores:
- Usuários de aplicação
- Usuários de BI e relatórios
- Arquitetos e desenvolvedores de aplicação
- Arquitetos e desenvolvedores de integração de dados
- Arquitetos e desenvolvedores de BI
- Vendedores, clientes e parceiros

Métricas:
- Qualidade de dados mestres e de referência
- Atividades de mudança
- Questões, custos e volume
- Uso e reuso
- Disponibilidade
- Cobertura do gestor de dados

DAMA-DMBOK®

Figura 8.1 Diagrama de contexto de gestão de dados mestres e de referência

Consequentemente, todos os programas de gestão de dados mestres e de referência são programas de melhoria de qualidade de dados, que necessitam de todas as atividades de gestão de qualidade de dados descritas no capítulo 12. Esses programas também são dependentes de Gestão de dados ativa e de atividades de governança de dados, como descrito no capítulo 3. Gestão de dados mestres e de referência é mais bem sucedido quando estabelecido como um processo contínuo de qualidade de dados e não como um projeto de esforço isolado e único.

O custo e a complexidade de cada programa são determinados por direcionadores de negócio necessários ao seu esforço. Os dois direcionadores mais comuns para gestão de dados mestres e de referência são:

- Melhoria da qualidade e da integração de dados por meio das fontes de dados, aplicações e tecnologias.
- Prover uma visão consolidada e de 360 graus da informação sobre partes de negócios, papéis e produtos, particularmente para geração de relatórios e análises mais efetivas.

Dado o custo e a complexidade do esforço, implementar qualquer solução iterativamente, com entendimento claro dos direcionadores do negócio, suportada por padrões existentes assim como lições aprendidas, em parceria com os gestores de dados de negócio.

8.2 Conceitos e Atividades

Enquanto ambos a gestão de dados mestres e a gestão de dados de referência compartilham propósitos similares, e muitas técnicas e atividades em comum, existem diferenças entre as duas funções. Em gestão de dados de referência, o gestor de dados de negócio mantém uma lista de dados válidos (códigos e etecetera) e seus significados para o negócio por meio de origem interna ou fontes externa. Os gestores de dados de negócio também fazem a gestão dos relacionamentos entre os valores dos dados de referência, particularmente em hierarquias.

Gestão de dados mestres requer a identificação e / ou desenvolvimento do registro dourado da verdade para cada produto, região, pessoa ou organização. Em alguns casos, um "sistema de registros" provê o dado definitivo de uma instância. Entretanto, até mesmo um sistema pode produzir acidentalmente mais de um registro para a mesma instância. Uma grande variedade de técnicas são usadas para determinar, da melhor forma possível, o dado mais preciso e atualizado da instância.

Uma vez que os valores mais precisos, correntes e relevantes são estabelecidos, dados mestres e de referência ficam disponíveis para compartilhamento entre sistemas de aplicações transacionais e data warehouse / business intelligence. Alguns dados são replicados e propagados de uma base de dados mestres para uma ou mais bases de dados. Outras aplicações podem ler diretamente da base de dados mestres e de referência.

Gestão de dados mestres e de referência ocorre tanto no ambiente transacional online (OLTP) quanto nos ambientes de data warehouse e business intelligence. Idealmente todas as bases de dados transacionais devem usar os mesmos registros e valores dourados. Infelizmente a maioria das organizações tem dados mestres e de referência inconsistentes em seus sistemas transacionais, exigindo que os sistemas de data warehouse identifiquem não somente o registro do sistema mais acreditável, mas também o mais preciso e valores de dados mestres e de referência dourados. A maior parte dos custos de um projeto de sistema de data warehouse está na limpeza e na reconciliação dos dados mestres e de referência de fontes dispersas. Algumas vezes as organizações mantém dados de referência que raramente são alterados em tabelas dimensionais, tais como hierarquias organizacionais e de produtos, dentro do ambiente de data warehouse e business Intelligence, ao invés de manter os dados em banco de dados operacional mestre replicando para outros banco de dados operacionais e outros data warehouses.

Para compartilhar dados mestres e de referência efetivamente entre as aplicações, as organizações precisam entender:

- Quem necessita qual informação?
- Qual dado está disponível nas diferentes fontes?
- Como os dados das diferentes fontes diferem entre si? Quais valores são mais válidos (mais precisos, gerados em tempo, relevantes)?
- Como as inconsistências em tal informação podem ser reconciliadas?
- Como compartilhar os valores mais válidos de eficazmente e eficientemente?

8.2.1 DADO DE REFERÊNCIA

Dado de referência é utilizado para classificar ou categorizar outro dado. Regras de negócio usualmente ditam os valores dos dados de referência de acordo com um ou vários valores permitidos. Esse conjunto de valores de dados permitidos é chamado de domínio. Algumas organizações definem o valor de domínio internamente, tais como Situação do Pedido: Novo, em Progresso, Fechado, Cancelado, e assim por diante. Outros valores de domínio são definidos externamente por padrões do governo ou da indústria, tal como os dois dígitos utilizado como padrão de abreviação pelo United States Postal Service (serviço postal americano) para determinar os estados norte-americanos, tal como CA para identificar o estado da Califórnia.

Mais de um conjunto de valores de domínio de dados de referência podem se referir ao mesmo domínio conceitual. Cada valor é único dentro de seu domínio. Por exemplo, cada Estado deve ter:

- Um nome oficial ("Califórnia")
- Um nome legal ("Estado da Califórnia")
- Um código de abreviação postal ("CA")
- Um código da International Standards Organization (ISO) ("US-CA")
- Um código padrão federal americano para processamento de informações – United States Federal Information Processing Standards (FIPS) – ("06")

Em todas as organizações dados de referência existem virtualmente em todas as bases de dados. Tabelas de referência (algumas vezes chamadas de tabelas de código) se relacionam por meio de chaves estrangeiras com outras tabelas relacionais e as funções de integridade referencial dentro dos sistemas gerenciadores de banco de dados garantem que somente valores das tabelas de referência são utilizados em outras tabelas.

Alguns conjuntos de dados de referência são simplesmente uma lista com duas colunas, com um código e uma descrição, como mostrado na tabela 8.1. O valor do código, extraído da ISO 3166-1993 Lista de Códigos de Países, é o identificador primário, o termo curto que aparece em outros contextos. A descrição do código é um nome mais significativo e é o nome mostrado em telas, em caixas de seleção e relatórios.

Valor código	Descrição
US	United States of America
GB	United Kingdom (Great Britain)

Tabela 8.1 Exemplo ISO da Referência de Dados para Códigos de Países

Note que neste exemplo, o valor para Reino Unido é GB de acordo com os padrões internacionais, e não UK, apesar de que UK é forma curta utilizada em muitas formas de comunicação.

Alguns conjuntos de dados de referência fazem referência cruzada entre valores de códigos múltiplos representando a mesma coisa. Diferentes aplicações de banco de dados podem utilizar conjuntos de códigos diferentes para representar o mesmo atributo conceitual. Um conjunto de dados de referência cruzada mestre permite a mudança de um código para outro. Note que os dados numéricos, tais como o código numérico de estado FIPS mostrado na tabela 8.2, são limitados a valores numéricos e funções aritméticas não podem ser executadas neles.

USPS Código do Estado	ISO Código do Estado	Abreviação do Estado	Nome do Estado	Nome Formal do Estado
CA	US-CA	Calif.	California	Estado da California
KY	US-KY	Ky.	Kentucky	Comunidade do Kentucky
WI	US-WI	Wis.	Wisconsin	Estado de Wisconsin

Tabela 8.2 Amostra de Dados de Referência Cruzada de Códigos de Estados

Alguns conjuntos de dados de referência também incluem definições de negocio para cada valor. Definições provêem informação diferenciada que um nome sozinho não provê. Definições raramente aparecem em relatórios ou em caixa de seleção, mas aparecem na função Ajuda para as aplicações, apoiando o uso apropriado dos códigos em contexto.

Utilizando o exemplo da situação do bilhete do help desk da tabela 8.3, sem a definição do que os valores indicam a situação não pode ser rastreada de forma correta e efetiva. Esse tipo de diferenciação é especialmente necessária direcionamento de classificações utilizadas em métricas de performance ou em outra analise de business intelligence.

Código	Descrição	Definição
1	Novo	Indica que um ticket novo foi criado sem que um recurso tenha sido designado
2	Designado	Indica que um ticket já tem um recurso nomeada designada
3	Trabalho em progresso	Indica que o recurso designado começo a trabalhar no ticket
4	Resolvido	Indica que o pedido é suposto para ser preenchido pelo recurso designado
5	Cancelado	Indica que o pedido foi cancelado baseado na interação de quem o foi requerido
6	Pendente	Indica que o pedido não pode ser processado sem informações adicionais
7	Completo	Indica que o pedido foi completado e verificado por quem o foi requerido

Tabela 8.3 Amostra de Dados de Referência Help Desk

Alguns conjuntos de dados de referência definem a taxonomia dos valores dos dados, especificando a estrutura hierárquica entre os valores usando o "Universal Standard Products and Services Classification (UNSPSC)", como mostrado na figura 8.4. Utilizar dados de referência taxonômicos permite capturar dados de diferentes níveis de especificidade, enquanto cada nível prove uma visão precisa da informação.

Dados de referência taxonômicos podem ser importantes em vários contextos, mais significantemente para classificação de conteúdo, navegação multi-facetada, e business-intelligence. Em bases de dados relacionais tradicionais, dados de referência taxonômicos podem ser armazenados em uma relação recursiva. Ferramentas de gestão de taxonomia normalmente mantém a informação hierárquica, além de outras coisas.

Valor do código	Descrição	Código Fonte (Pai)
1061600	Plantas florais	1061600
1061601	Plantas Rosas	1061600
1061602	Plantas Poinsétias	1061600
1061603	Plantas orquídeas	1061600
1061700	Flores cortadas	1061000
1061705	Rosas cortadas	1061700

Tabela 8.4 Amostra de Dados de Referência Hierárquicos

Meta-dados sobre conjunto de dados de referência devem documentar:

• O significado e o propósito de cada domínio de valores de dados de referência.

- As tabelas de referência e bases de dados onde o dado de referência aparece.
- A origem do dado em cada tabela.
- A versão corrente disponível.
- Quando foi a ultima atualização do dado.
- Como o dado é mantido em cada tabela.
- Quem é responsável pela qualidade do dado e do meta-dados.

Domínios de valores de dados de referência raramente são alterados. Os gestores de dados devem manter os valores de referência de dados e os meta-dados associados, incluindo valores de códigos, descrições padrões e definições de negócio. Comunicar aos consumidores de informações quaisquer alterações ocorridas no conjunto de dados de referência.

Gestores de dados de negócio servem não somente como uma autoridade para definir internamente os conjuntos de dados de referência, mas também como uma autoridade a definição de padrões para os conjuntos de dados de referência obtidos externamente, monitorando as mudanças e trabalhando com profissionais de dados para atualizar os dados de origem externa quando este sofrer alterações.

8.2.2 DADOS MESTRES

Dados Mestres é um dado sobre as entidades de negócio que provêem um contexto para as transações de negócio. Diferentemente do dado de referência, dados mestres usualmente não são limitados a valores de domínio pré-definido. Entretanto, regras de negócio normalmente ditam o formato e os intervalos permitidos dos valores dos dados mestres. Dados mestres organizacionais comumente incluem dados sobre:

- Partes incluindo indivíduos, organizações, e seus papéis, como clientes, cidadãos, pacientes, vendedores, parceiros de negócios, concorrentes, empregados, estudantes, etecetera.
- Produtos, ambos internos e externos.
- Estruturas financeiras, tais como contas contábeis, centros de custos, centros de lucros, etecetera.
- Localidades, tais como endereços.

Dados mestres são os dado autorizáveis disponíveis mais precisos sobre uma entidade chave do negócio, utilizados para estabelecer um contexto para os dados transacionais. Os valores de dados mestres são considerados dourados.

O termo gestão de dados mestres tem suas raízes no termo arquivo mestre, uma frase cunhada antes dos bancos de dados se tornarem lugar comum. Alguns acreditam que gestão de dados mestres (MDM) é somente uma palavra da moda, que logo será substituída por outra. Entretanto, a necessidade por dados mestres e de referência de alta-qualidade é urgente e as técnicas e atividades para gestão de dados mestres e de referência serão de grande valor nos próximos anos.

Gestão de dados mestres é o processo de definição e manutenção de como o dado mestre será criado, integrado, mantido e utilizado em todo o empreendimento. Os desafios do MDM são:

1) determinar os mais precisos valores dourados entre os potenciais valores de dados conflitantes, e 2) utilizar valores dourados ao invés de outros dados menos precisos. O sistema de gestão de dados mestres tenta determinar os valores de dados dourados e fazer com que estes dados estejam disponíveis sempre que necessário.

MDM pode ser implementado por meio de ferramentas de integração de dados (tais como ETL), ferramentas de higienização de dados, ODS, que servem como ponto central de dados mestres, ou por aplicações MDM especializadas. Há três áreas de foco primário do MDM:

1. Identificação de registros duplicados dentro e por meio das fontes de dados para construir e manter IDs globais e referências cruzadas associadas para permitir a integração da informação.
2. Reconciliação entre as fontes de dados e fornecendo o "registro dourado" ou a melhor versão da verdade. Estes registros consolidados fornecem uma visão consolidada das informações pelos sistemas e buscam resolver inconsistências em nomes e endereços.
3. Fornecimento de acesso aos dados dourados entre as aplicações, seja por meio de leitura direta, ou pela replicação na alimentação de banco de dados OLTP e DW / business Intelligence.

MDM desafia as organizações a descobrir:

- Quais são os papéis importantes, organizações, lugares e coisas referenciadas repetidamente?
- Que dados está descrevendo a mesma pessoa, organização, lugar ou coisa?
- Onde estão estes dados armazenados? Qual é a fonte para os dados?
- Quais dados são mais precisos? Qual fonte de dados é mais fidedigna e acreditável? Quais são dados são mais atualizados?
- Que dados são relevantes para as necessidades específicas? Como essas necessidades se sobrepõem ou conflitam?
- Quais são os dados de várias fontes que podem ser integrados para criar uma visão mais completa e prover uma compreensão mais abrangente de pessoas, organização, lugar ou coisa?
- Quais regras de negócios podem ser estabelecidas para automatizar a qualidade dos dados mestres produzindo a melhoria da precisão de correspondência e fusão de dados sobre a mesma pessoa, organização, lugar ou coisa?
- Como podemos identificar e restaurar os dados que foram combinados e fundidos de forma inadequada?
- Como é que vamos oferecer aos valores de dados dourados para outros sistemas corporativos como um todo?
- Como podemos identificar onde e quando outros dados que não os dados dourados são usados?

Diferentes grupos que interagem com diferentes partes têm diferentes necessidades e expectativas de qualidade de dados. Muitas inconsistências de dados não podem ser resolvidas por meio de programas automatizados e precisam ser resolvidas por meio de governança de dados.

Requisitos da solução MDM podem ser diferentes, dependendo do tipo de dados mestres (financeira, produto, localização e assim por diante) e do tipo de necessidades de transações de suporte. Implementar arquiteturas de soluções diferentes com base nas necessidades de solução, estrutura da organização e direcionadores do negócio para MDM. Pontos centrais de dados de MDM e aplicações podem ser especializados em gestão de dados mestres em certas áreas particulares.

8.2.2.1 Dados Mestres da Parte

Dados mestres da parte inclui dados sobre os indivíduos, organizações e os papéis que eles desempenham nas relações de negócios. No ambiente comercial, isto inclui cliente, empregado, fornecedor, parceiro, e dados de competidores. No setor público, o foco está nos dados sobre os cidadãos. Na aplicação da lei, o foco está sobre os suspeitos, testemunhas e vítimas. Em organizações sem fins lucrativos, o foco é sobre os membros e os doadores. Na saúde, o foco é sobre os pacientes e provedores, enquanto na educação, o foco é em estudantes e corpo docente.

O sistema de gestão do relacionamento com clientes (CRM) executa MDM para dados do cliente, além de outras funções de negócios. MDM para dados de clientes é também chamado de Integração de Dados de Clientes - Client Data Integration (CDI). Banco de dados CRM tentam prover as mais completas e precisas informações sobre cada cliente. Sistemas de CRM comparam os dados do cliente de várias fontes. Um aspecto essencial do CRM é identificar dados duplicados, redundantes e conflitantes sobre o mesmo cliente.

- É este dado sobre o mesmo cliente ou de dois clientes diferentes?
- Se o dado é sobre o mesmo cliente, que valor de dado está conflitando, quais são mais precisos? Quais as fontes de dados são mais confiáveis?

Outros sistemas podem desempenhar funções MDM similares para os indivíduos, organizações e seus papéis. Por exemplo, o sistema de gestão de recursos humanos faz a gestão de dados mestres sobre funcionários e candidatos. Sistemas de gestão de fornecedores faz a gestão de dados mestres sobre fornecedores.

Independentemente da indústria, fazer a gestão de dados mestres de partes impõe desafio único devido a:

- A complexidade de funções e relacionamentos praticados por indivíduos e organizações.
- Dificuldades em identificar os identificadores únicos.
- O alto número de fontes de dados.
- A importância do negócio e o impacto potencial do dado.

MDM é particularmente desafiador para os partes que desempenham papéis múltiplos.

8.2.2.2 Dados Mestres Financeiro

Dados mestres financeiro incluem dados sobre as unidades de negócios, centros de custo, centros de lucro, contas contábeis, orçamentos, projeções e projetos. Tipicamente, um

Enterprise Resource Planning (ERP) serve como o ponto central para dados mestres financeiros (plano de contas), com detalhes do projeto e transações criadas e mantidas em uma ou mais aplicações assim dizendo. Isto é especialmente comum em organizações com funções de back-office[20] distribuídas.

Soluções MDM financeiras focam não somente em criar, manter e compartilhar informação, mas também em simular como as mudanças em dados financeiros existentes podem afetar os resultados de lucro mínimo da organização, tais como a orçamentação e projeção. Simulações de dados mestres financeiros são frequentemente parte de relatórios de business intelligence, análise e módulos de planejamento com foco em gestão de hierarquia. Modele diferentes versões da estrutura financeira para entender os possíveis impactos financeiros. Uma vez que uma decisão é tomada, as mudanças estruturais acordadas podem ser divulgadas a todos os sistemas apropriados.

8.2.2.3 Dados Mestres Produto

Dados mestres do produto podem se concentrar em produtos ou serviços internos de uma organização ou de uma indústria como um todo, incluindo os produtos e serviços dos concorrentes. Dados mestres de produto podem existir em formatos estruturados ou não. Pode incluir informações sobre relação de materiais necessários utilizados como componentes em montagens, parte / ingrediente de uso, versões, correções de erros em códigos, tabela de preços, termos de desconto, produtos auxiliares, manuais, documentos de desenhos e imagens (desenhos CAD), receitas (instruções para manufatura) e procedimentos operacionais padrão. Sistemas especializados ou aplicações ERP podem viabilizar a gestão de dados mestres de produtos.

Gestão do Ciclo de Vida do Produto - Product Lifecycle Management (PLM) foca na gestão do ciclo de vida de um produto ou serviço desde a sua concepção (tal como uma pesquisa), por meio do seu desenvolvimento, manufatura, venda / entrega, serviço e disponibilidade. As organizações implementam sistemas PLM por uma série de razões. PLM pode ajudar a reduzir o tempo para colocar um produto no mercado alavancando o uso de informação prévia enquanto melhora a qualidade geral dos dados. Em indústrias com um ciclo de desenvolvimento de produto longo (de 8 a 12 anos na indústria farmacêutica), sistemas PLM permitem estabelecer uma referência cruzada entre processos de custos e acordos legais para rastreamento, tais como conceitos de produtos que evolve desde uma ideia até muitos produtos potenciais sob diferentes nomes e acordos de licenciamento potencialmente diferentes.

8.2.2.4 Dados Mestres e de Localização

Dados mestres de localização fornecem a capacidade de acompanhar e compartilhar informações de referência sobre diferentes geografias, e criar relações hierárquicas ou territórios com base em informação geográfica para apoiar outros processos. A distinção

---

[20] Em tradução livre: funções administrativas de apoio e / ou suporte

dados mestres e de referência particularmente se apresenta entre os dados de referência de localização e dados mestres de localização:

- Dados de referência de localização geralmente incluem dados geopolíticos, como países, estados / províncias, região (county), cidades / vilas (towns), códigos postais, regiões geográficas, territórios de vendas, e assim por diante.
- Dados mestres de localização incluem endereços comerciais de partes e localização da parte de negócio, e coordenadas de posicionamento geográfico, tais como latitude, longitude e altitude.

Diferentes indústrias exigem dados especializados sobre ciências da Terra (dados geográficos sobre falhas sísmicas, inundação planícies, o solo, precipitação anual, e áreas de clima com risco grave) e dados sociológicos relacionados (população, etnia, renda e risco de terrorismo), geralmente fornecidos a partir de fontes externas.

8.2.3 ENTENDER AS NECESSIDADES DE DADOS MESTRES E DE REFERÊNCIA

Requisitos de dados mestres e de referência são relativamente fáceis de serem descobertos e compreendidos para uma única aplicação. É muito mais difícil desenvolver uma compreensão destas necessidades entre aplicações, especialmente em toda empresa. A análise da causa raiz de um problema de qualidade de dados geralmente revela requisitos de integração para dados mestres e de referência. Organizações que conseguiram fazer a gestão de dados mestres e de referência com sucesso se concentraram em uma área objetivo de cada vez. Eles analisaram todas as ocorrências de algumas entidades de negócios, em todos os bancos de dados físicos para diferentes padrões de uso.

8.2.4 IDENTIFIQUE AS FONTES E CONTRIBUÍDORES PARA DADOS MESTRES E DADOS DE REFERÊNCIA

Organizações de sucesso primeiro entendem as suas necessidades de dados mestres e de referência. Então elas traçam a linhagem destes dados para identificar os bancos de dados fontes originais e interinas, arquivos, aplicativos, organizações e até mesmo os papéis individuais que criam e mantém dados. Para capturar dados de qualidade é necessário compreender tanto as fontes no começo dos processos e as necessidades de uso no final dos processos.

8.2.5 DEFINIR E MANTER A ARQUITETURA DE INTEGRAÇÃO DE DADOS

Como discutido no Capítulo 4 a arquitetura de integração de dados eficazes controla o acesso compartilhado, replicação, e fluxo dados para garantir qualidade de dados e consistência, particularmente para dados mestres e de referência. Sem arquitetura de integração dados a gestão de dados mestres e de referência ocorre em silos de aplicações, resultando inevitavelmente em dados redundantes e inconsistentes.

Existem várias abordagens de arquiteturas básicas para a integração de dados de referência. Às vezes uma fonte autorizável é facilmente identificável e oficialmente estabelecida como o sistema de registro.

Um sistema de gestão de código pode ser sistema de registro para muitos conjuntos de dados de referência. Seu banco de dados seria a base de dados de registro. Na Figura 8.2 o banco de dados de registro serve como um ponto central de dados de referência fornecendo dados de referência para outras aplicações "que conversam" e bancos de dados. Algumas aplicações podem ler dados mestres e de referência diretamente do banco de dados de registro. Outras aplicações buscam dados para publicar e replicar dados do banco de dados de registro. Aplicações que leem diretamente banco de dados que funciona como ponto central devem gerenciar sua própria integridade referencial via código da aplicação, enquanto que banco de dados de aplicações com dados replicados podem implementar a integridade referencial por meio do SGBD.

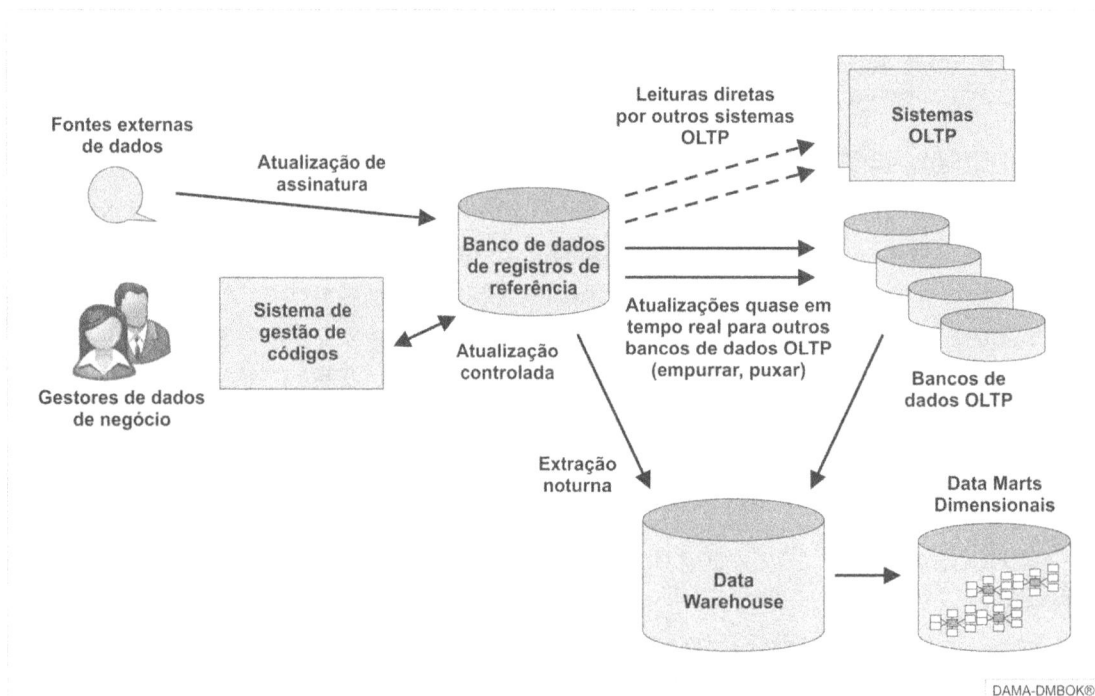

Figura 8.2 Exemplo de Arquitetura de Gestão de Dados de Referência

Dados replicados atualizam outros bancos de dados em tempo real (síncronas, atualizações coordenadas). Mais comumente, os dados replicados são empurrados para bancos de dados de outras aplicações por meio de uma abordagem subscrição - e - publicação em tempo quase real (atualizações assíncronas) nas alterações que são feitas no banco de dados de registro. Em outras circunstâncias, imagens pontuais de dados podem ser replicados, conforme necessário (puxados) do banco de dados de registro. Por exemplo, um sistema de reclamações de uma seguradora pode ser um pacote de aplicativos comprado juntamente com o banco de dados, com política de replicação de dados derivada da política de registro do banco de dados como uma reclamação que é passada por meio de processamento, refletindo o estado corrente atual da política naquele ponto em certo tempo.

 Cada área de interesse em dados mestres provavelmente vai ter o seu próprio sistema único de registro. O sistema de recursos humanos usualmente serve como sistema de registro de dados de funcionários. O sistema de CRM pode servir como o sistema de registro de dados de clientes, enquanto que um sistema de ERP pode servir como o sistema de registro de dados financeiros e de produtos. Cada banco de dados do sistema pode servir como um ponto central fidedigno de dados mestres de sua especialização.

Apenas banco de dados de registro mestre ou de referência deve ser o sistema fonte para dados replicados mestre ou de referência fornecidos para data warehouses e data marts, como mostrado na Figura 8.3. Atualizações no banco de dados de registro de dado mestre ou de referência deverá ocorrer em data warehouses e data marts.

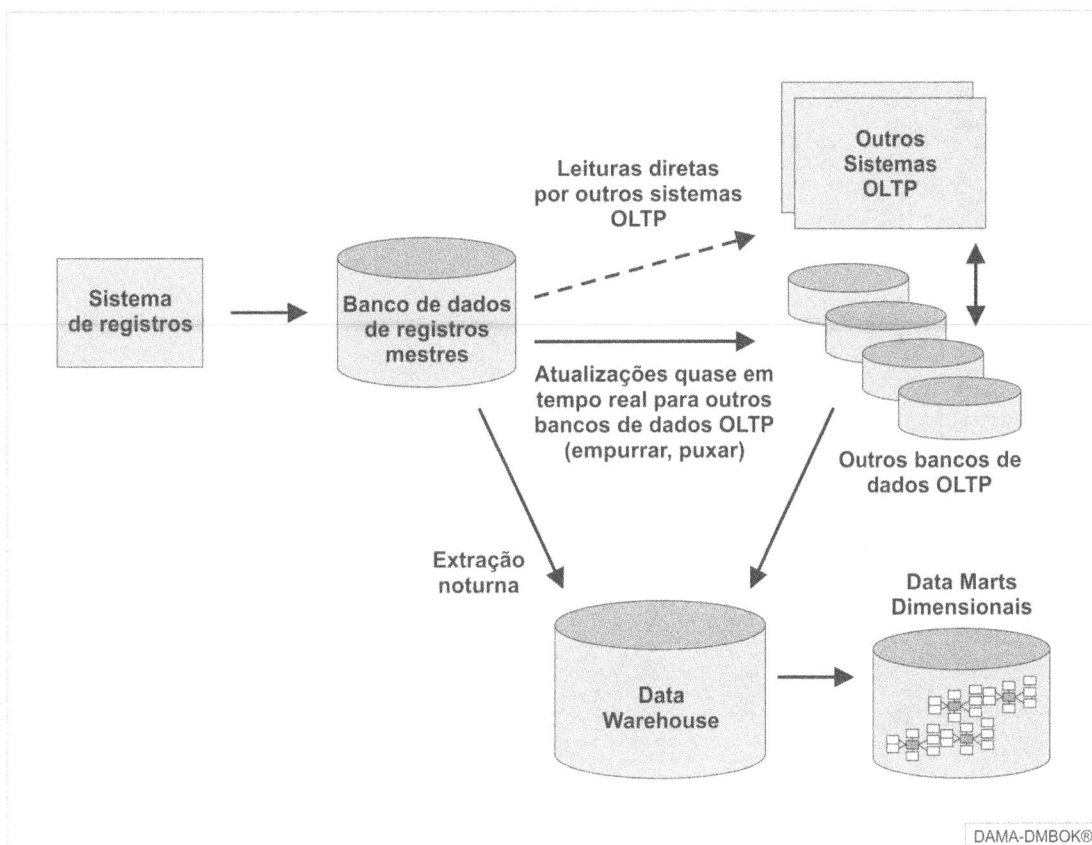

Figura 8.3 Exemplo de Arquitetura de Gestão de Dados Mestres

Ter muitos bancos de dados de registros autorizáveis pode criar um ambiente de integração de dados muito complexo. Uma implementação alternativa básica de projeto de ponto central e de aplicações que conversam é ter cada banco de dados de registro fornecendo o seu dado mestre ou de referência autorizável em um ODS que servirá como o ponto central do dado mestre e referência para todas as aplicações OLTP. Algumas aplicações podem ainda usar o ODS como sua base de dados direcionadora, enquanto outras aplicações podem ter seus próprios bancos de dados de aplicações especializados com dados replicados fornecidos a partir dos dados do ODS utilizando de uma abordagem de subscrição e publicação.

Na Figura 8.4 quatro diferentes sistemas de registro (A, B, C e D) oferecem quatro diferentes áreas mestre de interesse. Um sistema A não precisa de dados de sistemas B, C e D, e assim atualiza diretamente "A" dados mestres sem o seu próprio banco de dados. Sistemas B, C, e D têm seus próprios bancos de dados de aplicação. Sistema B lê "A" dados mestres diretamente do ODS, e provê o ODS com dados mestres sobre "B". Sistema C provê o ODS com dados mestres "C". Assim como sistema B, ele também lê dados mestres "A" diretamente o ODS, mas assina para replicar dados mestres "B" do ODS. Sistema D fornece os dados mestres "D" para o ODS, e é alimentado a partir do ODS com dados mestres sobre áreas de interesse A, B e C.

A principal vantagem deste projeto é a padronização de interfaces para o ODS e a eliminação de ponto-a-ponto interfaces. Esta vantagem simplifica a manutenção de alterações.

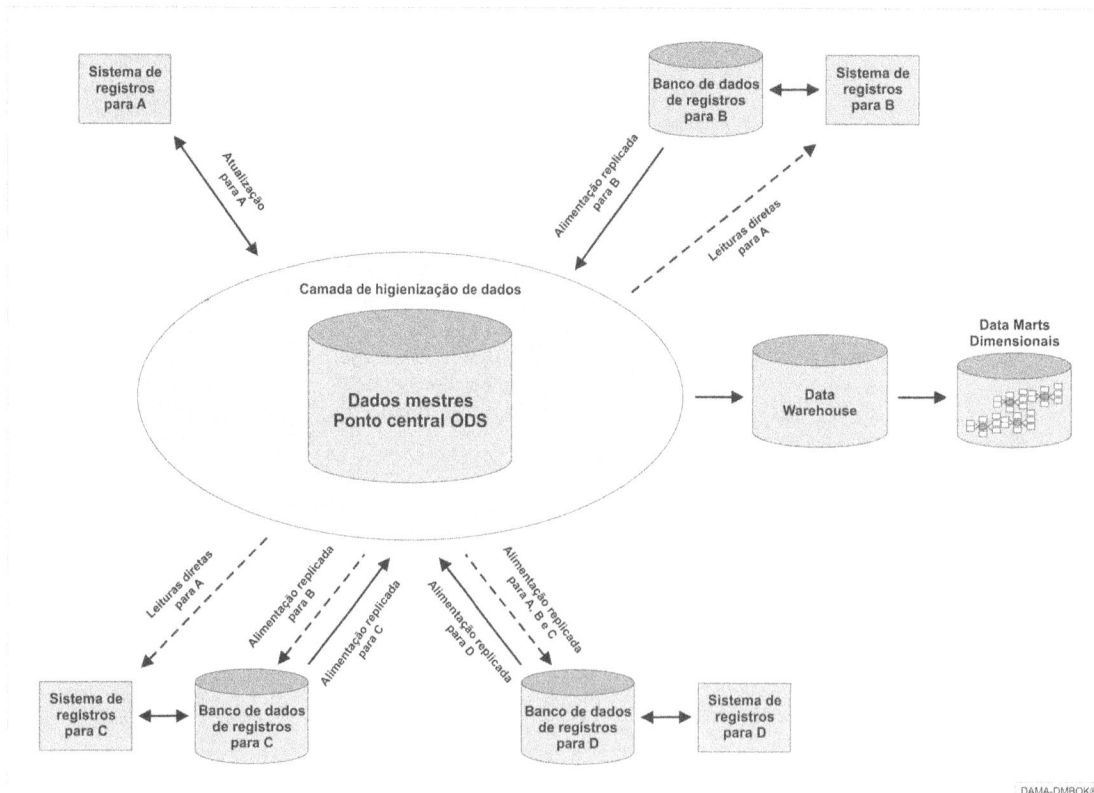

Figura 8.4 Armazém de Dados Operacionais (ODS) Ponto Central de Dados Mestres e Operacional

O modelo de ponto central de dados é particularmente útil quando não existe um sistema claro de registro para dados mestres. Neste caso, vários sistemas fornecem dados. Novos dados ou atualizações de um sistema podem necessitar de serem reconciliados com dados já fornecidos por outro sistema. O ODS se torna a fonte primária (se não única) do DW, reduzindo a complexidade dos extratos e do tempo de processamento para transformação de dados, limpeza e reconciliação. Claro, o DW deve refletir as mudanças históricas feitas no ODS, enquanto o ODS pode precisar apenas refletir o estado atual.

A arquitetura de integração de dados deve fornecer também serviços comuns de integração de dados, como mostrado na figura 8.5. Esses serviços incluem:

- Processamento do pedido de alteração, incluindo revisão e aprovação.

- Controle de qualidade de dados sobre dados mestres e de referência adquiridos externamente.
- Aplicação consistente de regras de qualidade de dados e regras de correspondência de registros.
- Padrões consistentes de processamento.
- Meta-dados consistentes sobre mapeamentos, transformações, programas e processamentos de serviços.
- Auditoria consistente, resolução de erros e dados de monitoramento de desempenho.
- Abordagens consistentes para replicação de dados (incluindo assinatura e publicação).

Figura 8.5 Arquitetura de Serviços de Integração de Dados

Para conciliar dados mestres e de referência inconsistentes de forma eficaz, é importante identificar em ambos quais elementos de dados são representados de forma inconsistente, e determinar a melhor forma de representar os dados. Estabelecer padrões de dados mestres pode ser uma tarefa demorada, bem como pode envolver múltiplas partes interessadas.

Treinamento também pode ser necessário para aqueles que estão acostumados com dados em outros formatos. Aplicar os mesmos padrões de dados, independentemente da tecnologia de integração, para permitir a efetiva padronização, compartilhamento, e distribuição de dados mestres e de referência.

8.2.6 IMPLEMENTAR SOLUÇÕES DE GESTÃO DE DADOS MESTRES E DE REFERÊNCIA

Soluções de gestão de dados mestres e de referência não podem ser implementadas em uma noite. Devido à variedade, a complexidade e a instabilidade dos requisitos, não há solução simples ou projeto de implementação susceptível de alcançar todas as necessidades de gestão de dados mestres e de referência. Organizações devem ter a expectativa de implementação de soluções de dados mestres e referência de forma iterativa e incremental por meio de vários projetos e fases relacionados, guiados por sua arquitetura, prioridades do negócio, e um roteiro programado de implementação.

Algumas organizações podem ter um sistema de gestão de código centralizada que provê aos gestores de dados de negócios uma comum e consistente facilidade para a manutenção de valores de dados de referência autorizáveis. O sistema de gestão de código serve como o sistema de registro de dados de referência sob seu controle. Outros sistemas que requerem o acesso a dados de referência podem ler diretamente a partir do banco de dados de gestão de código ou receber dados replicados do banco de dados central de gestão de código quando ocorrer atualizações. Esses outros sistemas incluem os sistemas de gestão de transações e DWs. Apesar dos melhores esforços, estes sistemas são raramente completos em escopo; de alguma forma, bolsões de dados de referência não gerenciados persistem.

Vários fornecedores oferecem aplicativos de gestão de dados mestres. Tipicamente, essas aplicações são especializadas para integração de dados do cliente (CDI[21]), integração de dados de produto (PDI[22]) ou algum outro dado mestre de área de interesse específica, como outras partes, localizações e estruturas financeiras. Alguns também gerenciam os relacionamentos hierárquicos em ambientes de business intelligence. Outros fornecedores promovem o uso de seus produtos de integração de dados e serviços de implementação para criar soluções customizadas de gestão de dados mestres para as organizações.

8.2.7 DEFINIR E MANTER REGRAS DE CORRESPONDÊNCIA (PARA CRUZAMENTO DE DADOS)

Um dos maiores desafios em curso em gestão de dados mestres é efetuar a correspondência, fusão, e ligação de dados de vários sistemas sobre a mesma pessoa, grupo, lugar, ou coisa. Efetuar a correspondência é particularmente desafiador para os dados sobre pessoas. Diferentes identificadores em diferentes sistemas dizem respeito aos indivíduos (e organizações a um menor grau), às vezes para papéis diferentes e às vezes para o mesmo papel. A correspondência tenta remover a redundância, para melhorar a qualidade dos dados, e prover informações mais compreensíveis.

---

[21] CDI: Customer Data Integration

[22] PDI: Product Data Integration

Execute correspondência de dados aplicando regras de inferência. Ferramentas de limpeza de dados e aplicações MDM geralmente incluem os mecanismos de inferência de correspondência usados para cruzar dados. Estas ferramentas são dependentes de regras de correspondência definidas claramente, incluindo a aceitabilidade dos batimentos em diferentes níveis de confiança.

Algumas correspondências de dados ocorrem com grande confiança, com base na correspondência exata de dados por meio da exatidão em múltiplos campos. Outras correspondências são sugeridas com menos confiança, devido aos conflitos de valores. Por exemplo:

- Se dois registros compartilham o mesmo sobrenome, primeiro nome, data de nascimento, e o mesmo CPF (Inscrição no Cadastro de Contribuintes Pessoa Física da Receita Federal)[23], mas o endereço da rua é diferente, é seguro assumir que são dados sobre a mesma pessoa a qual mudou seu endereço de correspondência?
- Se dois registros compartilham o mesmo número de CPF, logradouro do endereço, e o primeiro nome, mas o sobrenome é diferente, é seguro assumir que eles são referentes a mesma pessoa a qual mudou o seu sobrenome? A probabilidade seria aumentada ou diminuída com base no sexo e idade?
- Como esses exemplos se alteram se o CPF é desconhecido para um registro? Que outros identificadores são úteis para determinar a probabilidade de correspondência? Quanta confiança uma organização necessita na assertividade de uma correspondência?

Apesar dos melhores esforços, decisões a respeito de correspondência às vezes se mostram incorretas. É essencial manter o histórico das correspondências realizadas, pois caso ocorra algum erro as mesmas podem ser desfeitas. Métricas de taxa de correspondência de registros permitem que as organizações monitorem o impacto e a eficácia de suas regras de inferência de correspondência.

Estabelecer regras de correspondência para os três cenários primários e os seus diferentes fluxos de trabalho associados:

- Regras de correspondência para identificação de duplicados focando em um conjunto específico de campos que identificam unicamente uma entidade e identifica oportunidades de fusão de registros sem a execução de ações automáticas. Gestores de dados de negócio podem rever estas ocorrências e decidir a tomada de ação em uma base caso-a-caso.
- Regras para comparação de registros e mescla dos dados desses registros em um registro único, unificado, reconciliado e completo. Se as regras se aplicam entre fontes de dados, criar um único registro único e completo em cada banco de dados.

---

[23] No original foi utilizado "Social Security Number", algo similar ao código do INSS, que não é muito utilizado no Brasil para este tipo de cruzamento/correspondência. A partir desta referência toda que vez que o "Social Security Number" for citado será substituído por CPF.

Minimamente, utilize dados confiáveis a partir de um banco de dados para complementar os dados em outros bancos de dados, substituindo os valores em falta ou valores considerados imprecisos.

- Identificar regras de ligação-correspondência e referência cruzada de registros que parecem dizer respeito a um registro mestre sem atualizar o conteúdo do registro da referência cruzada. Regras de ligação-correspondência são mais fáceis de implementar e muito mais fácil de reverter.

Regras de correspondência (batimento) são complexas devido à necessidade de identificar tantas quanto possíveis circunstâncias, com diferentes níveis de confidência e de confiança depositada em valores de dados em diferentes campos de diferentes fontes. Os desafios com as regras para correspondência e fusão são: 1) a complexidade operacional de conciliar os dados, e 2) o custo de reverter a operação se houver uma falsa fusão (fusão de registros por falha na identificação e escolha das regras).

Regra de ligação-correspondência, por outro lado, é uma operação simples, já que atua sobre a tabela de referência cruzada e não sobre os campos individuais do registro de dados mestre fundido, embora isto possa ser mais difícil de apresentar informações completas a partir de vários registros.

Reavaliar periodicamente as regras de correspondência (batimento) e as regras ligação-correspondência, isto porque os níveis de confidência mudam ao longo do tempo. Muitos mecanismos de correspondência (batimento) de dados fornecem correlações estatísticas dos dados valores para ajudar a estabelecer os níveis de confidência.

Atribuir identificadores globais (IDs) para associar e conciliar os registros correspondentes sobre a mesma pessoa de diferentes fontes de dados. Gerar os IDs globais por apenas um sistema autorizado, de modo que cada valor de ID seja único. Em seguida, atribuir IDs globais para registros em todos os sistemas para estabelecer referência cruzada, permitindo a localização de dados identificadores diferentes, mas indicam ser da mesma pessoa.

8.2.8 ESTABELECER REGISTROS DOURADOS

As técnicas utilizadas para estabelecer os dados de referência mais precisos e completos são diferentes das técnicas usadas para prover o dado mestre mais preciso e completo. Porque os conjuntos de dados de referência são domínios de valor com valores distintos, gerencia cada conjunto de dados de referência como um vocabulário controlado. Estabelecer os valores de dados mestres dourados requer mais inferência, aplicação de regras de correspondência, e revisão dos resultados.

8.2.8.1 Gestão de Vocabulário e Dados de Referência

Um vocabulário é uma coleção de termos / conceitos e suas relações. Descreve os termos / conceitos em muitos níveis de detalhe. As relações podem ou não ser estritamente hierárquicas. Gestores de dados de negócio mantêm os vocabulários e os seus conjuntos de dados de referência associados (códigos, etiquetas, significados, associações). Gestão do vocabulário é definir, identificar a fonte, importar e dar manutenção nos vocabulários e sua referência de dados associada.

A ANSI / NISO Z39.19-2005, a qual provê as diretrizes para a construção, formatação, e gestão vocabulários monolíngues controlados, descreve a gestão do vocabulário como uma maneira *"de incrementar a efetividade do armazenamento de informação e sistemas de recuperação. Sistemas de navegação Web, e outros ambientes que buscam identificar e localizar o conteúdo desejado por meio de algum tipo de linguagem de uso de descrição. O propósito primáriodo controle de vocabulário é alcançar consistência na descrição dos objetos de conteúdo e facilitar a recuperação."*

Algumas das questões chaves para pedir para habilitar a gestão de vocabulário são:

Que conceitos de informação (atributos de dados) darão apoio a esse vocabulário?

- Quem é o público para esse vocabulário? Quais os processos eles suportam, e quais os papéis que eles desempenham?
- Porque é que o vocabulário é necessário? Será que vai dar suporte a aplicativos, gestão de conteúdo, análises, e assim por diante?
- Quem identifica e aprova o vocabulário preferido e termos do vocabulário?
- Quais são os atuais grupos diferentes de vocabulários usados para classificar esta informação? Onde eles estão localizados? Como eles foram criados? Quem são seus especialistas no assunto? Há qualquer preocupação com segurança ou privacidade de qualquer um deles?
- Existem padrões que podem ser aproveitados para preencher esta necessidade? Estão lá preocupações sobre o uso de um padrão externo versus interno? Com qual frequência o padrão é atualizado e qual é o grau de mudança de cada atualização? São os padrões acessíveis em um formato fácil para importação / manutenção em uma maneira de custo eficiente?

Compreender as respostas para estas perguntas permitirá integração de dados mais eficaz.

A atividade mais importante na gestão de vocabulário é a identificação da lista padrão de termos preferenciais e seus sinônimos (termos equivalentes). Perfis de dados podem ajudar a avaliar os valores dos termos e as frequências, a fim de avaliar o risco potencial e a complexidade na gestão de vocabulário.

Gestão de vocabulário requer governança de dados, permitindo aos gestores de dados avaliarem as necessidades das partes interessadas e os impactos das mudanças propostas, antes de tomar decisões consensuadas e formalmente aprovadas.

8.2.8.2 Definição de Valores de Dados Mestres Dourados

Valores de dados dourados são os valores de dados considerados o mais precisos, atualizados e relevantes para o uso compartilhado e consistente entre as aplicações. Organizações determinam os valores dourados por meio da análise da qualidade dos dados, aplicação de regras de qualidade de dados e regras de correspondência (batimento), e incorporação de controles de qualidade de dados nas aplicações que adquirem, criam, e atualizam dados.

Aplicações podem impor regras de qualidade de dados, incluindo:

- Incorporando verificações simples de edição contra dados referenciados e regras de negócios.
- Assegurar que novos registros, tais como endereços, que estão sendo inseridos ainda não existem no sistema por meio da aplicação de padronização de dados e busca automática antes da criação.
- Criação de alertas para o usuário casos os dados não atendam a expectativa de precisão (este endereço não existe), enquanto que oferece uma maneira de apresentar exceções que podem ser auditadas no futuro.

Estabelecer medidas de qualidade de dados para definir as expectativas, medir as melhorias, e ajudar a identificar as causas dos problemas de qualidade de dados. Avaliar a qualidade dos dados por meio de uma combinação de atividades de perfis de dados e verificação da aderência contra regras de negócios.

Padronização de termos e siglas é um tipo de atividade de limpeza de dados que garante que certos termos e formas curtas desses termos aparecem constantemente em conjunto de dados padronizados, como mostrado na figura 8.5. Ferramentas de limpeza de dados tipicamente fornecem dicionários padronizados de endereços que traduzem palavras e abreviações diferentes para uma abreviação ou palavra padrão. Por exemplo, "Gal", "Gnr", "General" podem ser todas mapeadas para "Gal." Ás vezes a mesma abreviação será usada para mais de um termo, tais como "Galeria" também pode ser abreviado como "Gal.", tornando qualquer tradução reversa automática a partir de uma abreviação para a palavra inteira extremamente difícil. Muitos outros nomes podem precisar de padronização, tais como nomes de organizações (U., Univ, Universidade, e assim por diante) e nomes de produtos. Todos os consumidores de dados devem ter acesso instantâneo as definições para abreviações padrões.

ID fonte	Nome	Endereço	Telefone
123	John Smith	Principal, 123, Terra dos dados, Quadra 98765	
234	J. Smith	Principal, 123, Terra dos dados, Quadra	2345678900

Dados fontes

ID fonte	Nome	Endereço	Telefone
123	John Smith	Avenida principal, 123, Terra dos dados, Quadra 98765	
234	J. Smith	Avenida principal, 123, Terra dos dados, Quadra 98765	+1 234 567 9800

Dados limpos/padronizados

Tabela 8.5 Exemplo de Padronização de Dados

Expor um conjunto de regras de qualidade de dados no ambiente de integração (ETL, serviços WEB (webservices), e assim por diante) permitirá a qualquer fonte de dados promover um conjunto regras de validação e normalização.

Uma vez que o dado está padronizado e limpo, o próximo passo é tentar a reconciliação de dados redundantes por meio da aplicação de regras de correspondência (batimento).

8.2.9 DEFINIR E MANTER HIERARQUIAS E AFILIAÇÕES

Vocabulários e seus conjuntos de dados de referência associados são muitas vezes mais do que as listas de termos preferenciais e seus sinônimos. Eles também podem incluir relações hierárquicas entre os termos. Estas relações podem ser de classificação de geral para específico (é um tipo de relacionamento) ou montagem parte-todo (é uma parte de relacionamentos). Podem ser também relacionamentos não-hierárquicos entre os termos que valem ser identificados.

Gestão de filiação é o estabelecimento e a manutenção de relações entre registros de dados mestres. Exemplos incluem afiliações proprietárias (tais como a Companhia X é uma subsidiária da Companhia Y, uma relação pai-filho) ou outras associações (como Pessoa XYZ trabalha na Companhia X). Gerenciar hierarquias especificamente dentro de um ambiente de business intelligence às vezes é chamado de gestão da hierarquia de dimensão.

8.2.10 PLANEJAR E IMPLEMENTAR A INTEGRAÇÃO DE NOVAS FONTES DE DADOS

Integrar novas fontes de dados referência envolve (entre outras tarefas):

- Receber e responder a novos pedidos de aquisição de dados de diferentes grupos.
- Executar serviços de avaliação da qualidade de dados utilizando ferramentas de limpeza de dados e tratamento de cadastros.
- Avaliar complexidade e custo da integração de dados.
- Pilotar a aquisição de dados e seu impacto sobre as regras de correspondência (batimento).
- Determinar quem será responsável pela qualidade dos dados.
- Finalizar as métricas de qualidade de dados.

8.2.11 REPLICAR E DISTRIBUIR DADOS MESTRES E DE REFERÊNCIA

Dados mestres e de referência podem ser lidos diretamente de um banco de dados de registro, ou podem ser replicados do banco de dados de registro para outros bancos de dados de processamento de transações e DW para business intelligence. Pela replicação de dados o banco de dados da aplicação pode mais facilmente garantir a integridade referencial. Em outras palavras, o banco de dados pode garantir que somente códigos de dados de referência válidos e identificadores de dados mestres são utilizados como valores de chaves estrangeiras em outras tabelas, provendo o contexto para os dados relacionados. Procedimentos de integração de dados devem garantir a replicação e distribuição oportuna de dados mestres e de referência para esses bancos de dados de aplicações.

Dados de referência mais comumente aparecem como uma lista para escolha em aplicações. Valores de dados de referência também comumente aparecem como critérios de pesquisa nos mecanismos de gestão de conteúdo. Valores de dados de referência encontrados em documentos não estruturados são geralmente indexados para permitir pesquisas rápidas.

8.2.12 GERENCIAR MUDANÇAS NOS DADOS MESTRES E DE REFERÊNCIA

Em um ambiente gerenciado de dados mestres, indivíduos específicos têm o papel de gestor de dados de negócios. Eles têm a autoridade para criar, atualizar e eliminar logicamente valores de dados de referência, e em menor medida, em algumas circunstâncias, valores de dados mestres. Gestor de dados de negócios trabalha com profissionais de dados para garantir dados mestres e de referência da mais alta qualidade. Muitas organizações definem papéis e responsabilidades mais específicos, com indivíduos frequentemente realizando mais de um papel.

Conjuntos de dados de referência sofrem poucas mudanças. Controlar formalmente as mudanças para vocabulários controlados e seus conjuntos de dados de referência seguindo um processo básico de solicitação de mudanças:

1. Criar e receber um pedido de alteração.
2. Identificar as partes interessadas relacionadas e entender seus interesses.
3. Identificar e avaliar os impactos da mudança proposta.
4. Decidir por aceitar ou rejeitar a alteração, ou recomendar uma decisão por parte da gestão ou governança.
5. Analisar e aprovar ou negar a recomendação, se necessário.
6. Comunicar a decisão às partes interessadas antes de fazer a mudança.
7. Atualizar os dados.
8. Informar as partes interessadas quando a mudança for realizada.

Mudanças para conjuntos de dados de referência internos ou externos podem ser maiores ou menores. Por exemplo, listas de código de país passam por revisões menores conforme o espaço geopolítico muda. Quando a União Soviética quebrou em muitos estados independentes, o termo para a União Soviética foi identificado com uma data de fim de vida, e foram acrescentados novos termos para novos países. Na mão contrária, os códigos internacionais de diagnósticos (CID-9)[24] em uso há muitos anos estão sendo substituídos por um novo conjunto de códigos de diagnóstico (CID-10) com dados substancialmente diferentes. Gerenciar uma grande mudança como esta como em um pequeno projeto, identificando as partes interessadas e os impactos nos sistemas, tais como aplicações, integração, relatórios e assim por diante.

Obviamente, qualquer alteração de dados de referência que foi replicada em outros lugares também deve ser aplicada aos dados replicados.

Às vezes termos e códigos são eliminados logicamente. Os códigos ainda aparecem no contexto de dados transacionais, pois os códigos não podem desaparecer devido à integridade referencial. Os códigos encontrados em um DW também representam uma verdade histórica.

---

[24] Do original em inglês – ICD 9 Diagnostic Codes

Tabelas de códigos, portanto, requerem colunas de data de vigência e colunas de data de expiração e a lógica da aplicação deve se referir a códigos atualmente válidos quando estabelece novas chaves estrangeiras de relacionamentos.

Às vezes códigos são adicionados a tabelas de código antes de sua efetividade. Por exemplo, novos códigos que entrarão em vigor 01 de janeiro podem ser adicionados a uma tabela de código em produção em dezembro, mas não utilizados por aplicações até o ano novo.

Ao relacionar os novos códigos para códigos antigos, um DW pode descrever não somente como historicamente os dados foram agregados, mas também como o passado pode ser refeito de acordo com a codificação com estruturas de codificação atuais.

Avaliar cuidadosamente o impacto de alterações em dados de referência. Se o termo está sendo eliminado logicamente, informe a todos os consumidores destes dados visando mitigar o impacto de tal eliminação. Alterações em relacionamentos podem afetar integrações existentes e as regras de agregação de dados. Alterações em meta-dados de referências (definições de negócio, fontes de dados, atribuições do gestor de dados, e assim por diante.) também devem ser controladas e, em alguns casos, dependendo do impacto, revisadas para aprovação.

A chave para o sucesso da gestão de dados mestres é o suporte da alta gestão para eliminar qualquer tipo de controle local de dados compartilhados. Para sustentar este apoio, dever fornecer canais para receber e responder a pedidos de alteração em dados mestres e de referência. Esses mesmos canais podem também receber e responder a outros tipos de pedidos, incluindo:

- Requisições de novas fontes de dados às quais pedem para trazer novas informações o ambiente de gestão de dados.
- Requisição de pesquisa de conteúdo de dados para quando existir discordância por parte de um consumidor de informações sobre a qualidade dos dados. Para responder a essas requisições o gestor de dados de negócio e profissionais de dados necessitam verificar de onde e como informação chegou, depois seguir com uma ação corretiva ou esclarecimentos em um tempo hábil.
- Requisição de mudança em especificação de dados para mudar definições de negócios ou estruturas de dados. Tais alterações podem ter um impacto em cascata em aplicações e ambientes de business intelligence. Arquitetos de dados, arquitetos de aplicações e gestores de dados de negócios devem revisar estas requisições, e o conselho de governança de dados deve decidir sobre a aceitação do pedido.

8.3 Resumo

Os princípios orientadores para a implementação de gestão de dados mestres e de referência em uma organização, uma tabela resumo dos papéis para atividade de gestão de dados mestres e de referência, e questões organizacionais e culturais que possam surgir durante a gestão de dados mestres e de referência estão resumidos abaixo.

8.3.1 PRINCÍPIOS ORIENTADORES

A implementação da função de gestão de dados mestres e de referência em uma organização segue seis princípios orientadores:

1. Dados mestres e de referência compartilhados pertencem à organização, não a uma aplicação em particular ou departamento.
2. Gestão de dados mestres e de referência é um programa contínuo de melhoria da qualidade dos dados; seus objetivos não podem ser alcançados somente por um projeto.
3. Gestores de dados de negócios são as autoridades responsáveis por controlar os valores de dados de referência. Gestores de dados de negócios trabalham com profissionais de dados para melhorar a qualidade dos dados mestres e de referência.
4. Valores de dados dourados representam os melhores esforços da organização para determinar os mais precisos, atualizados e relevantes valores de dados para uso contextual. Novos dados podem revelar que os pressupostos anteriores eram falsos. Portanto, as regras de correspondência (batimento) devem ser aplicadas com cautela, assegurando que quaisquer alterações realizadas possam ser desfeitas.
5. Replicar valores de dados mestres somente do banco de dados de registro.
6. Solicitar, comunicar, e, em alguns casos, aprovar as alterações a valores de dados de referência antes da implementação.

8.3.2 RESUMO DOS PROCESSOS

O resumo dos processos para gestão de dados mestres e de referência é mostrado na tabela 8.6. As entregas, os papéis responsáveis, os papéis de aprovação, e os papéis que contribuem são mostrados para cada atividade na função gestão de dados mestres e de referência. A Tabela também é mostrada também no Apêndice A9.

Atividades	Entregas	Papéis Responsáveis	Papéis de Aprovação	Papéis de Contribuição
6.1 Compreender necessidades de integração de dados (P)	Dados mestres e de referência requeridos	Analistas de negócio	Partes interessadas, conselho de governança de dados	Gestores de dados de negócio, especialistas no assunto
6.2 Identificar contribuidores e fontes de referência de dados (P)	Descrição e colocação de fontes e contribuidores	Arquitetos de dados, gestores de dados	Conselho de governança de dados	Analistas de dados, especialistas no assunto

Atividades	Entregas	Papéis Responsáveis	Papéis de Aprovação	Papéis de Contribuição
6.3 Definir e manter a arquitetura de integração de dados (P)	Arquitetura e mapa de locais da integração de dados mestres e de referência	Arquitetos de dados	Conselho de governança de dados	Arquitetos de aplicações, gestores de dados
	Especificação de serviços do projeto de integração de dados	Arquitetos de dados, Arquitetos de aplicações	Gestores de TI	Outros profissionais de TI, partes interessadas
6.4 Implementar soluções de gestão para dados mestres e de referência (D)	Gestão de aplicações e bancos de dados mestres e de referência	Arquitetos de aplicação, arquitetos de dados	Conselho de governança de dados	Outros profissionais de TI
	Serviços de qualidade de dados	Arquitetos de aplicação, arquitetos de dados	Conselho de governança de dados	Analistas de dados, outros profissionais de TI
	Replicação de dados e serviços de acessos para aplicativos, serviços de replicação de dados para DW.	Arquitetos de aplicação, arquitetos de dados, desenvolvedores de integração	Conselho de governança de dados	Analistas de dados, outros profissionais de TI
6.5 Definir e manter regras de encaixe (P)	Registros de regras de encaixe (especificações funcionais)	Analistas de negócio, arquitetos de dados, gestores de dados de negócio	Conselho de governança de dados	Arquitetos de aplicação, especialistas no assunto
6.6 Estabelecer registros dourados (C)	Dados mestres e de referência confiáveis	Gestores de dados	Partes interessadas	Analistas de dados, arquitetos de dados, especialistas no assunto, outros profissionais de TI
	Cruzar referência de dados	Gestores de dados	Partes interessadas	Analistas de dados, especialistas no assunto

Atividades	Entregas	Papéis Responsáveis	Papéis de Aprovação	Papéis de Contribuição
	Relatórios de linhagem de dados	Arquitetos de dados	Gestores de dados	Analistas de dados,
	Relatórios da qualidade dos dados	Analistas de dados	Gestores de dados, partes interessadas	Arquitetos de dados
6.7 Definir e manter hierarquias e afiliações (C)	Afiliações e hierarquias definidas	Gestores de dados	Partes interessadas	Analistas de dados, geradores de dados
6.8 Planejar e implementar a integração de novas fontes(D)	Avaliações da fonte da qualidade e da integração dos dados	Analistas de dados, Arquitetos de dados, Arquitetos de aplicações	Gestores de dados, gestores de TI	Geradores de dados, especialistas no assunto
	Novas fontes de dados integradas	Arquitetos de dados, Arquitetos de aplicações	Gestores de dados, partes interessadas	Analistas de dados, outros profissionais de TI
6.9 Replicar e distribuir dados mestres e de referência (O)	Dados replicados	Arquitetos de dados, Arquitetos de aplicações	Gestores de dados, partes interessadas	Analistas de dados, outros profissionais de TI
6.10 Gerenciar mudanças nos dados mestres e de referência	Alterar procedimentos de requisição	Arquitetos de dados	Conselho de governança de dados, gestores de dados	Outros profissionais de TI, partes interessadas
	Alterar respostas e requisições	Gestores de dados	Conselho de governança de dados	Partes interessadas, analistas de dados, arquitetos de dados, arquitetos de aplicação
	Alterar requisições de métricas	Arquitetos de dados	Gestores de dados, Conselho de governança de dados	Analistas de dados, outros profissionais de TI

Tabela 8.6 Resumo dos Processos de Gestão de Dados Mestres e de Referência

8.3.3 CONSIDERAÇÕES CULTURAIS E ORGANIZACIONAIS

Q1: Qual é o foco principal para da gestão dados mestres?

A1: Soluções de MDM eficazes requerem foco contínuo nas pessoas. Diferentes partes interessadas têm necessidades diferentes, expectativas diferentes, atitudes diferentes, e diferentes premissas sobre os dados e a importância de melhorar a qualidade dos dados. Profissionais de dados precisam ser excepcionalmente bons ouvintes, observando tanto as mensagens implícitas e explícitas comunicadas pelas partes interessadas. Profissionais de dados necessitam também ser bons negociadores, realizando pequenos acordos que unem as pessoas em direção a uma mais profunda e compartilhada compreensão das necessidades e questões da empresa. Profissionais de dados devem respeitar e não podem minimizar as necessidades e perspectivas locais neste processo.

Q2: Fazer mudanças em procedimentos e práticas pode incrementar a qualidade dos dados mestres e de referência?

A2: Melhorar a qualidade dos dados mestres e de referência irá requerer, sem dúvidas, mudanças nos procedimentos e práticas tradicionais. Toda organização é única, e há poucas ou quase nenhuma abordagem que vão funcionar bem em todos os lugares. As soluções devem ter escopo e serem implementadas com base na prontidão organizacional atual e na evolução de necessidades futuras.

Q3: Qual é o aspecto mais desafiador na implementação de gestão de dados mestres e de referência?

A3: Talvez a mudança cultural mais desafiadora seja em determinar quais indivíduos são responsáveis pelas decisões – gestores de dados de negócios, arquitetos, gestores e executivos - e quais as decisões os times de gestão de dados, comitês de gestão de programa e o conselho de governança de dados devem fazer de forma colaborativa. Governança de dados envolve fazer com que as partes interessadas tomem e apoiem as decisões que as afetam. Sem efetiva governança de dados e gestão de dados, soluções MDM será outro utilitário de integração dados dentro da área de TI, incapaz de entregar todo o seu potencial e as expectativas da organização.

8.4 Leitura Recomendada

As referências listadas abaixo fornecem uma leitura adicional que suportam o material apresentado no Capítulo 8. Estas leituras recomendadas também estão incluídas na bibliografia no final deste guia.

Bean, James. XML for Data Architects: Designing for Reuse and Integration. Morgan Kaufmann, 2003. ISBN 1-558-60907-5. 250 pages.

Berson, Alex and Larry Dubov. Master Data Management and Customer Data Integration for a Global Enterprise. McGraw-Hill, 2007. ISBN 0-072-26349-0. 400 pages.

Brackett, Michael. Data Sharing Using A Common Data Architecture. New York: John Wiley & Sons, 1994. ISBN 0-471-30993-1. 478 pages.

Chisholm, Malcolm. Managing Reference Data in Enterprise Databases: Binding Corporate Data to the Wider World. Morgan Kaufmann, 2000. ISBN 1-558-60697-1. 389 pages.

Dyche, Jill and Evan Levy. Customer Data Integration: Reaching a Single Version of the Truth. John Wiley & Sons, 2006. ISBN 0-47191697-8. 320 pages.

Finkelstein, Clive. Enterprise Architecture for Integration: Rapid Delivery Methods and Techniques. Artech House Mobile Communications Library, 2006. ISBN 1-580-53713-8. 546 pages.

Loshin, David. Master Data Management. Morgan Kaufmann, 2008. ISBN 98-0-12-374225-4. 274 pages.

Loshin, David. Enterprise Knowledge Management: The Data Quality Approach. Morgan Kaufmann, 2001. ISBN 0-124-55840-2. 494 pages.

National Information Standards Association (NISO), ANSI/NISO Z39.19-2005: Guideline for the Construction, Format, and Management of Monolingual Controlled Vocabularies, 2005. 172 pages. www.niso.org.

9. Gestão de Data Warehousing e business intelligence

Gestão de Data Warehousing e business intelligence são a sétima função da estrutura de Gestão de Dados ilustrada nas figuras 1.3 e 1.4. É a sexta função de gestão de dados que interage com e é influenciada pela função de Governança de Dados. O capítulo 9 define a função de Gestão de Data Warehousing e business intelligence e explica os conceitos e atividades envolvidas na gestão de Data Warehousing e business intelligence.

9.1 Introdução

O Data Warehousing (DW) é a combinação de 2 componentes primários. O primeiro é um banco de dados de suporte integrado à decisão. O segundo é um programa de software relacionado usado para coletar, limpar, transformar e armazenar dados de uma variedade de fontes operacionais e externas. Ambas as partes se combinam para atender às exigências históricas, analíticas e de business intelligence (BI). Um Data Warehouse também pode incluir dependentes data marts, os quais são cópias de um subconjunto de um banco de dados de Data warehouse. Neste amplo conceito um Data Warehouse inclui qualquer depósito ou extrato de dados que sejam utilizados para dar suporte a entrega de dados para quaisquer fins de BI.

Um Enterprise Data Warehouse (EDW) é um data warehouse centralizado projetado para atender as necessidades de business intelligence de toda a organização. Um EDW adere ao modelo de dados da empresa para garantir a coerência das atividades de apoio à decisão em toda a empresa.

Data Warehousing é o termo utilizado para descrever as operações de extração, limpeza, transformação e processo de carga – e processos de controle associados – que mantêm os dados contidos em um data warehouse. O processo de data warehousing se concentra na habilitação de um contexto de negócios integrados e históricos sobre os dados operacionais, por meio do cumprimento das regras de negócios e manutenção de relacionamentos de dados de negócios adequados. Data Warehousing também incluí o processo de interação com depósitos de meta-dados.

Data Warehousing é a solução tecnológica de apoio ao business intelligence (BI). business intelligence é um conjunto de capacidades organizacionais. BI possui vários significados, incluindo:

1. Consulta, analise e comunicação de atividades por meio do conhecimento dos trabalhadores para monitorar e compreender a saúde financeira da operação, e tomar decisões sobre a empresa.
2. Consulta, analise e processamento de informações e procedimentos.
3. Um sinônimo para o ambiente de business intelligence
4. O segmento de mercado para ferramentas de business intelligence.

5. Análise estratégica e operacional das empresas e os relatórios sobre os dados operacionais para apoiar decisões de negócios, gestão de riscos e conformidade.

6. Um sinônimo para Sistemas de Suporte à Decisão (DSS).

Gestão de Data Warehousing e business intelligence (DW-BIM) é a coleta, integração e apresentação dos dados para os trabalhadores do conhecimento para fins de análise de negócios e tomada de decisão. DW-BIM é composto por atividades de apoio a todas as fases do ciclo de vida de suporte à decisão, que fornece o contexto, move e transforma os dados de fontes para um destino comum de armazenamento de dados, e fornece aos trabalhadores do conhecimento diversos meios de acesso, manipulação, e geração de relatórios a partir deste destino comum de armazenamento de dados..

A figura 9.1 apresenta o contexto da gestão de Data Warehousing e business intelligence.

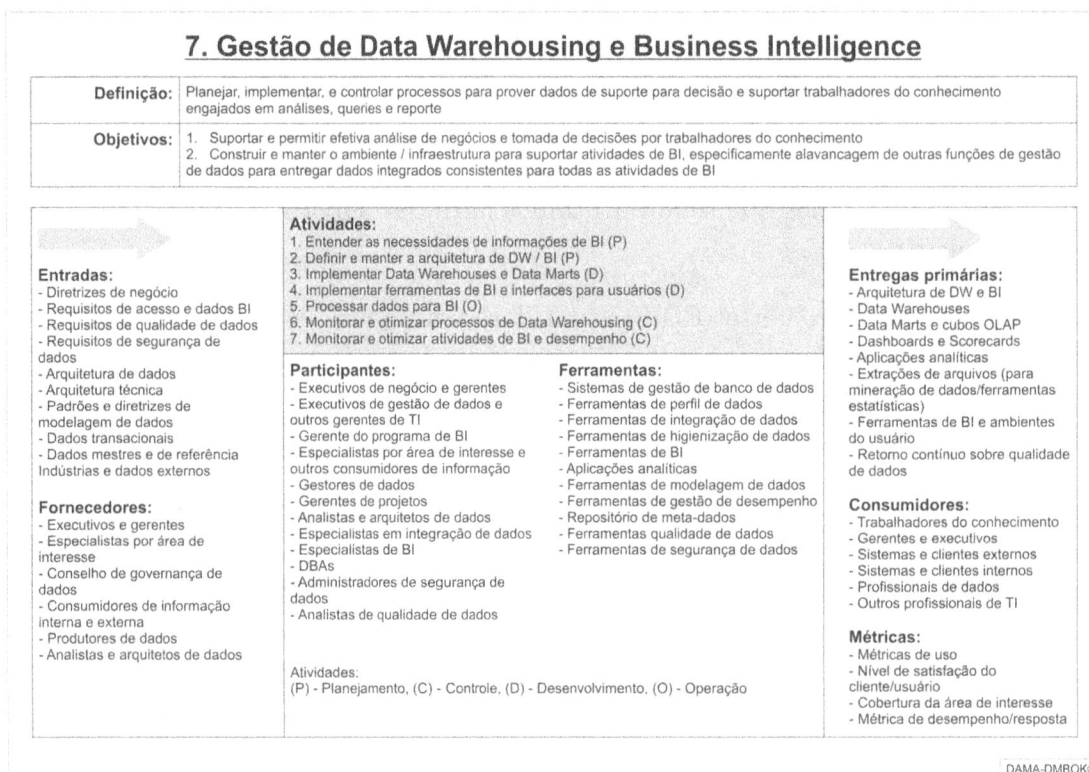

7. Gestão de Data Warehousing e Business Intelligence

Definição:	Planejar, implementar, e controlar processos para prover dados de suporte para decisão e suportar trabalhadores do conhecimento engajados em análises, queries e reporte
Objetivos:	1. Suportar e permitir efetiva análise de negócios e tomada de decisões por trabalhadores do conhecimento 2. Construir e manter o ambiente / infraestrutura para suportar atividades de BI, especificamente alavancagem de outras funções de gestão de dados para entregar dados integrados consistentes para todas as atividades de BI

Atividades:
1. Entender as necessidades de informações de BI (P)
2. Definir e manter a arquitetura de DW / BI (P)
3. Implementar Data Warehouses e Data Marts (D)
4. Implementar ferramentas de BI e interfaces para usuários (D)
5. Processar dados para BI (O)
6. Monitorar e otimizar processos de Data Warehousing (C)
7. Monitorar e otimizar atividades de BI e desempenho (C)

Entradas:
- Diretrizes de negócio
- Requisitos de acesso e dados BI
- Requisitos de qualidade de dados
- Requisitos de segurança de dados
- Arquitetura de dados
- Arquitetura técnica
- Padrões e diretrizes de modelagem de dados
- Dados transacionais
- Dados mestres e de referência Indústrias e dados externos

Fornecedores:
- Executivos e gerentes
- Especialistas por área de interesse
- Conselho de governança de dados
- Consumidores de informação interna e externa
- Produtores de dados
- Analistas e arquitetos de dados

Participantes:
- Executivos de negócio e gerentes
- Executivos de gestão de dados e outros gerentes de TI
- Gerente do programa de BI
- Especialistas por área de interesse e outros consumidores de informação
- Gestores de dados
- Gerentes de projetos
- Analistas e arquitetos de dados
- Especialistas em integração de dados
- Especialistas de BI
- DBAs
- Administradores de segurança de dados
- Analistas de qualidade de dados

Ferramentas:
- Sistemas de gestão de banco de dados
- Ferramentas de perfil de dados
- Ferramentas de integração de dados
- Ferramentas de higienização de dados
- Ferramentas de BI
- Aplicações analíticas
- Ferramentas de modelagem de dados
- Ferramentas de gestão de desempenho
- Repositório de meta-dados
- Ferramentas qualidade de dados
- Ferramentas de segurança de dados

Entregas primárias:
- Arquitetura de DW e BI
- Data Warehouses
- Data Marts e cubos OLAP
- Dashboards e Scorecards
- Aplicações analíticas
- Extrações de arquivos (para mineração de dados/ferramentas estatísticas)
- Ferramentas de BI e ambientes do usuário
- Retorno contínuo sobre qualidade de dados

Consumidores:
- Trabalhadores do conhecimento
- Gerentes e executivos
- Sistemas e clientes externos
- Sistemas e clientes internos
- Profissionais de dados
- Outros profissionais de TI

Métricas:
- Métricas de uso
- Nível de satisfação do cliente/usuário
- Cobertura da área de interesse
- Métrica de desempenho/resposta

Atividades:
(P) - Planejamento, (C) - Controle, (D) - Desenvolvimento, (O) - Operação

DAMA-DMBOK®

Figura 9.1 Diagrama de contexto da gestão de Data Warehousing e business intelligence

Objetivos para DW_BIM incluem:

- Fornecer o armazenamento integrado necessário de dados atuais e históricos organizados por áreas temáticas.
- Garantir credibilidade e qualidade dos dados para todos os recursos de acesso adequados.
- Garantir, estabilidade, alto desempenho e ambiente confiável para aquisição, gestão e acesso a dados.
- Proporcionar um ambiente de acesso de dados fácil de usar, flexível e abrangente.

- Entrega de conteúdo e acesso ao conteúdo em incrementos adequados aos objetivos da organização.
- Aproveitar, em vez de duplicar, funções de gestão de dados de componentes relevantes, como gestão de Dados Mestres e de Referência, Governança de Dados (DG), Qualidade de Dados (DQ) e Meta-dados (MD).
- Fornecer um ponto focal de entrega de dados da empresa em apoio às decisões, políticas, procedimentos, definições e normas que surgem da Governança de Dados.
- Definir, construir e apoiar todos os armazenamentos de dados, processos de dados, infraestrutura de dados e ferramentas integradas de dados que contêm, pós-transacional, dados refinados utilizados para visualização de informações, análises ou perfeito cumprimento da solicitação de dados.
- Integração de dados recém-descobertos como resultado de processos de BI no DW para análise e utilização de BI.

9.2 Conceitos e Atividades

O propósito desta seção é fornecer alguns conceitos fundamentais e definições de DW-BIM, antes de mergulhar nos detalhes das atividades específicas de DW-BIM. Apresenta um rápido passeio na história do DW-BIM e uma visão geral dos componentes típicos de DW-BIM. Segue uma explicação de algumas terminologias gerais de DW-BIM e uma breve introdução e visão geral da modelagem dimensional e sua terminologia conduz para as atividades identificadas na figura 9.1.

9.2.1 DATA WAREHOUSING - UM BREVE PASSEIO RETROSPECTIVO E HISTÓRICO

Em uma discussão de qualquer comprimento sobre Data Warehousing, dois nomes surgem invariavelmente – Bill Inmon e Ralph Kimball. Cada um tem feito contribuições significativas que têm avançado e moldado a prática de Data Warehousing. Aqui está uma breve introdução sobre suas principais contribuições juntamente com algumas comparações e contrastes das suas abordagens.

9.2.1.1 Características Clássicas de um Data Warehouse – Versão Inmon

No inicio dos anos 1990 Bill Inmon definiu um Data Warehouse como "uma coleção assunto orientada, integrada, variante no tempo, não volátil, dados resumidos e detalhados e históricos utilizados para apoiar o processo de tomada de decisões estratégicas para a corporação".

Estas características chaves deram uma clara distinção da natureza de um Data Warehouse comparado com os dados dos típicos sistemas operacionais e ainda manter em grande parte verdadeira como características de Data Warehouses.

- Assunto-Orientado: Assunto-orientação da Data Warehouse refere-se à organização dos dados ao longo das linhas das principais entidades da corporação. Data Warehouse não é funcional nem orientada à aplicação. Projete o Data Warehouse para atender as necessidades de dados da empresa e não os requisitos específicos de análise de um determinado departamento.

- Integrada: Integração se refere à unificação e coesão do armazenamento de dados no Data Warehouse, e cobre muitos aspectos, incluindo estruturas chave, codificação e decodificação de estruturas, definição dos dados, convenções de nomenclatura, e assim por diante. Implícito nessa integração é o estabelecimento de sistema (s) de registro de todos os dados a serem incluídos no âmbito do DW. Construir um Data Warehouse não é simplesmente copiar dados de um ambiente operacional para o Data Warehouse. Simplesmente consolidar dados de várias fontes em uma única fonte de dados resulta em um armazém de dados, e não um data warehouse.

- Variante no Tempo: Variação de tempo no Data Warehouse refere-se à forma como cada registro do Data Warehouse é relativo a um momento preciso no tempo, e muitas vezes aparece como um elemento de tempo na estrutura chave. Como tal, pensar no Data Warehouse como um registro histórico de fotografia de dados, onde cada fotografia tem um momento no tempo aonde o registro é certo.

- Não volátil: Não volatilidade do Data Warehouse refere-se ao fato de que alterações de registros durante o processamento normal não ocorrem, e se as atualizações ocorrem em todos, eles ocorrem em uma base de exceção. A mistura de dados operacionais atuais com profundidade, dados históricos detalhados no data warehouse desafia a natureza não volátil do data warehouse. A mistura é necessária para apoiar tanto o tático, bem como o processo de tomada de decisões estratégicas. A tendência histórica e seus impactos são tratados na secção 9.2.4.1, Data Warehouse Ativo.

- Dados Resumidos e Detalhados: Os dados em um data warehouse podem conter dados detalhados representando o nível atômico das operações da empresa, bem como dados resumidos. Nota: Nas primeiras versões da abordagem, considerações de custo e espaço levaram à necessidade de dados resumidos. Hoje, considerações sobre desempenho quase que exclusivamente guiam a sumarização de dados.

- Histórico: onde os sistemas operacionais justamente focam em dados de valor atual, uma característica dos data warehouses é que eles contêm uma grande quantidade de dados históricos (5 a 10 anos de dados). A maior parte dos dados é tipicamente a um nível resumido. Quanto mais velho é o dado, normalmente é mais resumido.

9.2.1.2 Características Clássicas de um Data Warehouse – Versão Kimball

Ralph Kimball teve uma abordagem diferente definindo um data warehouse simplesmente como "uma cópia dos dados da transação estruturada especificamente para consulta e análise". A cópia, para diferenciar do sistema operacional, tem uma estrutura diferente (o modelo de dados dimensional) para permitir aos usuários de negócios entenderem e usarem os dados com mais sucesso, para visar desempenho na consulta do DW. Data warehouses contêm sempre mais do que apenas dados transacionais – dados de referência são necessários para dar o contexto para as transações. No entanto, os dados transacionais são a grande maioria dos dados em um data warehouse.

Modelos tridimensionais de dados são os modelos de dados relacionais. Eles simplesmente não respeitam sistematicamente as regras de normalização. Modelos tridimensionais de dados refletem os processos de negócios mais simples do que os modelos normalizados.

9.2.2 ARQUITETURA E COMPONENTES DW-BI

Esta seção apresenta os principais componentes encontrados na maioria dos ambientes de DW / BI, fornecendo uma visão geral dos pontos de vista dos panoramas apresentados por Inmon e Kimball. A primeira é a fábrica de informação corporativa, de Inmon. Em segundo lugar é a abordagem de Kimball, na qual ele se refere como "Peças de Xadrez DW". Ambas as visões e os seus componentes são descritos e contrastados.

9.2.2.1 Fabrica de Informação Corporativa do Inmon

Inmon, juntamente com Claudia Imhoff e Sousa Ryan, identificou e escreveu sobre os componentes de uma arquitetura de dados corporativos para o DW-BIM e chamou isso de Corporate Information Factory (CIF). Estes componentes aparecem nas tabelas a seguir na Figura 9.2.

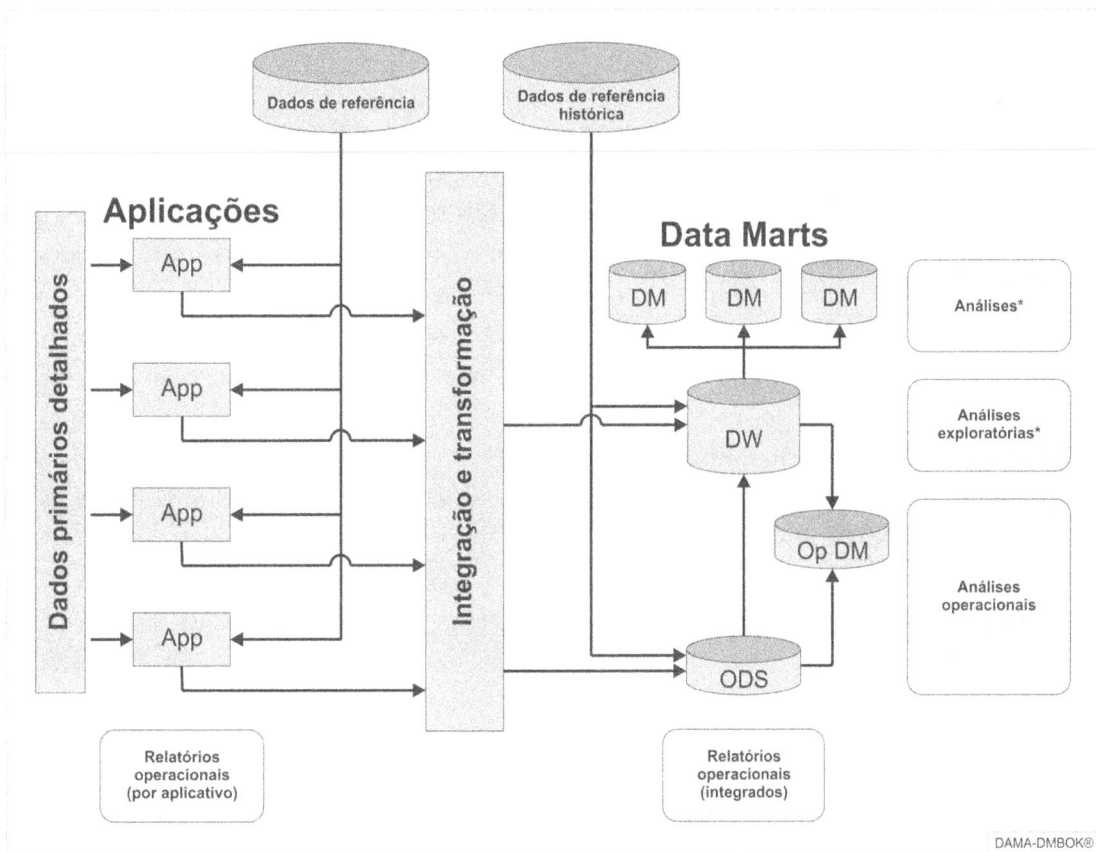

Figura 9.2 A Fábrica de Informação Corporativa

A Tabela 9.1 lista e descreve os componentes básicos da visão Corporate Information Factory de arquitetura de DW / BI.

Nome de Rótulo	Descrição
Dados Brutos Detalhados	Operacional / Aplicação de dados transacionais da empresa. Os dados brutos detalhados fornecem os dados de origem para serem integrados ao ODS e os componentes DW. Eles também podem ser em formato de banco de dados ou outro armazenamento ou formato de arquivo.
Integração e Transformação	Essa camada da arquitetura é onde os dados não integrados a partir das diversas fontes de aplicativos de armazenamento são combinados / integrados e transformados em uma representação corporativa no DW.
Dados de Referência	Dados de Referência foi o precursor do que é atualmente conhecido como Master Data Management. O objetivo era permitir o armazenamento comum e acesso para dados importantes e comuns frequentemente usados. Foco e compreensão compartilhada sobre os dados que compõe o Data Warehouse simplifica a tarefa de integração no DW.
Dados Históricos de Referência	Quando os valores atuais dos dados de referência são necessários para as aplicações transacionais e, ao mesmo tempo, é fundamental ter uma integração precisa da apresentação dos dados históricos, é necessário para capturar os dados de referência que estavam no local a qualquer momento. Para mais discussão sobre dados de referência, consulte o Capítulo 8 Gestão de Dados Mestres e de Referência.
Armazenamento de Dados Operacionais – Operational Data Store (ODS)	O foco da integração de dados está na reunião de operação e necessidades classicamente operacionais de relatórios que requerem dados de vários sistemas operacionais. As principais características dos dados distintivos da ODS em comparação com um DW incluem o valor atual x dados históricos do DW e voláteis x dados não voláteis do DW.
Data Mart Operacional (Oper-Mart)	Um Data Mart incide sobre o apoio à decisão tática. Características distintivas incluem o valor atual x dados históricos do DW, tático x análise estratégica do DW e fornecimento de dados de um ODS, e não apenas o DW. O Oper-Mart foi uma adição posterior à arquitetura CIF.
Data Warehouse (DW)	O DW é um grande recurso global das empresas, cujo objetivo principal é fornecer um único ponto de integração de dados corporativos a fim de servir de decisão, gestão análise estratégica e planejamento. Os fluxos de dados em um DW a partir dos sistemas de aplicação e ODS, flui para os data marts, geralmente em uma única direção. O dado que precisa de correção é rejeitado, corrigido em sua fonte, e realimentado por meio do sistema.
Data Marts (DM)	O objetivo do Data Marts é fornecer para o DSS / processamento de informação e de acesso que é personalizado e adaptado para as necessidades de um departamento específico ou a necessidade de análise comum.

Tabela 9.1 Descrições dos Componentes da Fabrica de Informação Corporativa

A Tabela 9.2 fornece o contexto para o alcance de informação e a finalidade de cada um dos Componentes da Fabrica de Informação Corporativa e algumas notas explicativas.

Componente	Escopo / Propósito do Relatório	Notas
Aplicações	Relatório Operacional Isolado	Limitado a dados dentro de uma instância do aplicativo
ODS	Relatório Operacional Integrado	Os relatórios que necessitam de dados dos sistemas de múltiplas fontes. Normalmente, eles têm mais dados operacionais do que de orientação analítica, com poucos dados históricos.
DW	Análise Exploratória	O conjunto completo de dados da empresa permite a descoberta de novos relacionamentos e informações. Muitas ferramentas de mineração de dados de BI trabalham com extratos de arquivos simples de DW, que também pode descarregar a carga de processamento do DW.
Oper-Mart	Análise Tática	Relatórios analíticos com base em valores atuais, com foco tático. Utiliza técnicas de modelagem dimensional de dados.
Data Mart	Analítico – gestão clássico de apoio à decisão, e análise estratégica	O foco inicial de Inmon foi a análise departamental, que foi experimentalmente verdadeiro para o mundo real das questões organizacionais, tais como a oportunidade política e de financiamento. Mais tarde, o trabalho ampliou os conceitos de necessidades comuns analítico, cruzando as fronteiras departamentais.

Tabela 9.2 Escopo e Propósito do Relatório dos Componentes da Fabrica de Informação Corporativa

A Tabela 9.3 fornece uma comparação e contraste de um negócio e perspectiva de aplicação entre os quatro principais componentes da fábrica de informações corporativas, como entre os Aplicativos, ODS, DW e Data Marts.

Observe as seguintes observações gerais sobre o contraste entre as informações do lado direito para DW e Data Marts, em comparação com o lado esquerdo para aplicações, em especial:

- As mudanças do objetivo da execução da análise.
- Os usuários finais normalmente são os tomadores de decisão, em vez de praticantes (trabalhadores da linha da frente).

- O uso do sistema é mais pontual do que as operações fixas das operações transacionais.
- Requisitos de tempo de resposta são relaxados, porque as decisões estratégicas permitem mais tempo do que as operações diárias.
- Muito mais dados estão envolvidos em cada operação / consulta ou processo.

	Dados de Aplicativos	**ODS**	**DW**	**Data Mart**
Finalidade Comercial	Função Específica do Negócio	Integrada às necessidades operacionais da corporação	Integração e Reutilização do Repositório Central de Dados.	Análises: Departamental (Inmon), Processos de Negócio (Kimball), Medidas do Negócio (Wells)
Sistema de Orientação	Operações (Execução)	Operações (Relatórios)	Infraestrutura	Informacional, Analítica (DSS)
Usuários Alvo	Usuários Finais: Rotinas (operações diárias)	Gerentes de Linha: Tomadores de decisão tática	Sistemas: Data Marts, Mineração de dados	Executivos: Métricas de Desempenho / Métricas de Negócio. Gerentes Sênior: Métricas da Organização. Gerentes Médios: Métricas do processo. Trabalhadores do Conhecimento: Atividades
Como o sistema é usado	Operações Fixas	Relatórios Operacionais	Organizar, Armazenar, Alimentar	Ad-hoc
Disponibilidade do Sistema	Alta	Média	Variável	Relaxado
Tempo de Resposta Típico	Segundos	Segundos para Minutos	Longo (Batch)	Segundos para Horas
# Registros em uma Operação	Limitado	Pequeno para Médio	Grande	Grande
Quantidade de Dados por Processo	Pequena	Média	Grande	Grande
Ciclo de Vida do Desenvolvimento do Sistema (SDLC)	Clássico	Clássico	Clássico	Modificado

Tabela 9.3 Componentes da Fabrica de Informação Corporativa – Visão do Negócio / Aplicação

Tabela 9.4 fornece uma comparação e contraste de uma perspectiva de dados entre os quatro componentes principais da fábrica de informações corporativas, como entre as aplicações, ODS, DW e Data Marts.

Tabela 9.4, especialmente as linhas de fuga para a quantidade de história e latência, representa um quadro clássico, onde a maioria dos processos de DW são para aumento de latência e, muitas vezes, processamento em lote durante a noite. A combinação da pressão de negócios continuou e os requisitos para dados mais rápidos e a melhoria na tecnologia subjacente, estão a indefinição das linhas e exigindo de avanços no projeto arquitetônico e de abordagem. Esses tópicos são abordados brevemente na Seção 9.2.4.1, Data Warehousing ativo. Considerado um tópico avançado, não é aqui apresentado como uma alternativa independente de arquitetura.

	Aplicação	**ODS**	**DW**	**Data Mart**
Orientação	Funcional	Conteúdo	Conteúdo	Conteúdo Limitado
Visão	Aplicação	Corporativa (Operações)	Corporativa (Histórico)	Análise Focada
Integração	Não Integrada – Aplicação Específica	Dados Corporativos Integrados	Dados Corporativos Integrados	Subconjunto Integrado
Volatilidade	Alta, Criação, Leitura, Alteração, Deleção (CRUD)	Volátil	Não-volátil	Não-volátil
Tempo	Valor Atual	Valor Atual	Variante no Tempo	Variante no Tempo
Nível de Detalhe	Único Detalhe	Único Detalhe	Detalhe + Resumo	Detalhe + Resumo
Quantidade de História*	30 a 180 dias	30 a 180 dias	5-10 anos	1-5 anos
Latência*	Tempo Real ou Quase em Tempo Real (NRT)	Quase em Tempo Real (NRT)	> 24 horas	1 dia para 1 mês
Normalizado?	Sim	Sim	Sim	Não
Modelagem	Relacional	Relacional	Relacional	Dimensional

Tabela 9.4 Componentes da Fabrica de Informação Corporativa – Visão dos Dados

Observe as seguintes observações gerais sobre o contraste entre a perspectiva de dados do lado direito para DW e Data Marts, em comparação com o lado esquerdo para aplicações, em especial:

- Dados são assunto X Orientação Funcional.
- Dados integrados X Stove-piped[25] ou silos.
- Dados são de Variação de Tempo X Valor Corrente Único.
- Maior latência nos dados.
- Significativamente mais histórico está disponível.

9.2.2.2 Ciclo de Vida de Desenvolvimento de Negócios do Kimball e Peças de Xadrez DW

Ralph Kimball chama sua abordagem de Ciclo de Negócio Dimensional, no entanto, ainda é comumente referido como o Método Kimball. De sua sugestão de Projeto # 49 "Nós escolhemos o Business Dimensional Lifecycle como rótulo da vez, porque reforçou nossos princípios fundamentais sobre o sucesso do data warehouse com base em nossas experiências coletivas a partir de meados da década de 1980".

A base do Ciclo de Negócio Dimensional é de três princípios:

Foco de Negócios: Ambos os requisitos de negócios imediatos e longo prazo de integração de dados gerais e consistência.

Modelos de Dados Dimensional Atômico: Para facilidade de entendimento do negócio e o desempenho da consulta do usuário.

Gestão de Evolução Iterativa: Gerir as mudanças e melhorias para os data warehouse como individuais, projetos finitos, mesmo que nunca haja um fim para o número destes projetos.

O ciclo de vida dimensional da empresa defende o uso de dimensões adequadas e projetos fatos. O processo de conformação impõe uma taxonomia corporativa e regras de negócios consistentes, de modo que as peças do data warehouse tornaram-se componentes reutilizáveis que já estão integrados.

A Figura 9.3 é uma representação do que Kimball se refere como Data Warehouse Chess Pieces (Adaptado de The Data Warehouse Toolkit, 2 ª Edição, Ralph Kimball e Ross Margy, John Wiley & Sons, 2002). Note que o uso Kimball do termo Data Warehouse foi mais inclusiva e mais extensa do que o de Inmon. No diagrama abaixo, Kimball usa o Data Warehouse como termo para englobar tudo em ambos os dados de staging e áreas de apresentação de dados.

---

[25] Nota de tradução: Stove piped em tradução livre significa dados armazenados e utilizados de forma isolada dentro da organização.

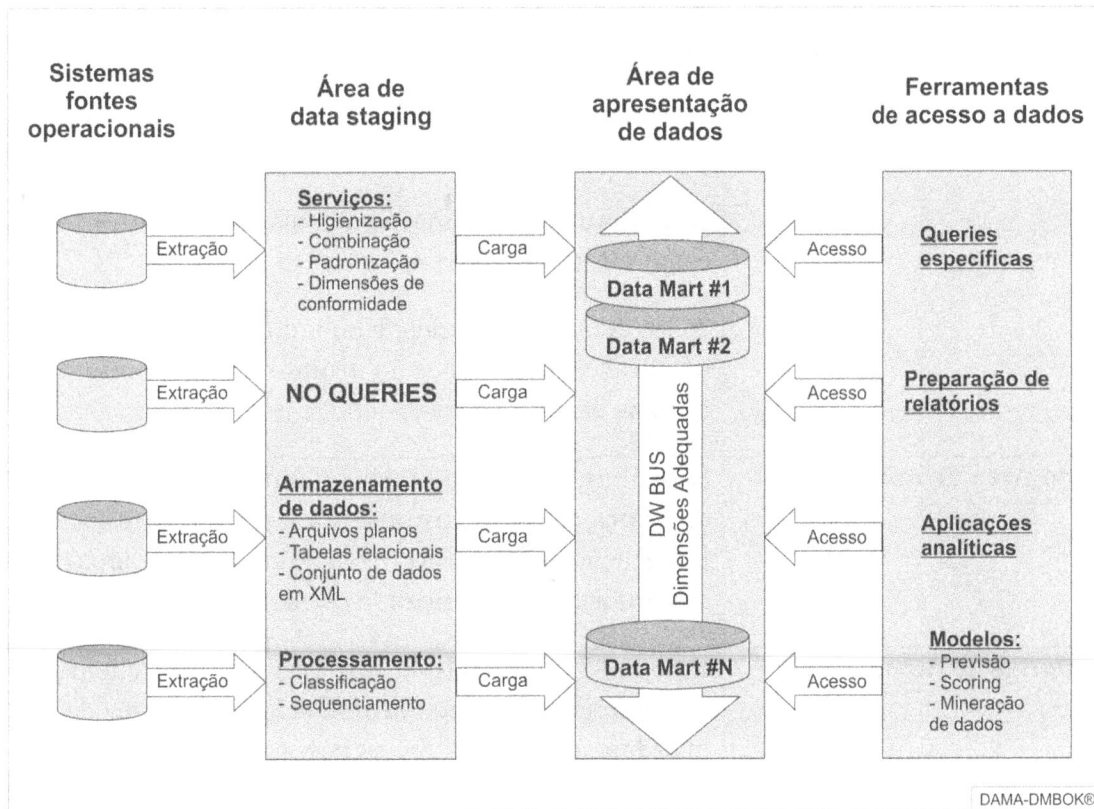

Figura 9.3 Peças de xadrez do Data Warehouse de Kimball

A Tabela 9.5 descreve os componentes básicos das peças de xadrez do Data Warehouse a Kimball vistas da arquitetura DW / BI e notas de como esses componentes mapeiam para componentes do CIF.

Nome	Descrição
Fonte de Sistemas Operacionais	Aplicativos Operacionais / Transacionais da empresa. Estes fornecem os dados de origem para ser integrado aos componentes de ODS e DW. Equivalentes aos sistemas de aplicativos no diagrama CIF.
Dados da Área de Staging	Kimball artisticamente usa a analogia de uma cozinha para se referir a esta área como aquela onde os dados são preparados por trás dos bastidores para a apresentação. Ele se refere a ele como o conjunto de todos os processos de armazenamento e ETL que se destacam entre os sistemas de origem e a área de apresentação de dados. A principal diferença na abordagem de arquitetura aqui é que o foco Kimball sempre foi eficiente no final de entrega dos dados analíticos. Com esse escopo, menor do que a gestão corporativa Inmon de dados, a área de staging de

Nome	Descrição
	dados torna-se um conjunto potencialmente eclético de processos necessários para integrar e transformar dados para a apresentação.
	Semelhante a combinação de dois componentes CIF, tais como integração e transformação, e DW.
	Nota: Nos últimos anos, Kimball reconheceu que um DW corporativo pode caber na arquitetura existente na sua área de staging de dados.
Dados da Área de Apresentação	Semelhante ao Data Marts na imagem CIF, com a diferença chave de arquitetura a ser um paradigma da integração de "DW Bus", como dimensões compartilhadas ou conformadas unificando os vários Data Marts.
Ferramentas de Acesso de Dados	Foco nas necessidades e exigências para os clientes finais / consumidores dos dados tem sido uma marca da abordagem Kimball. Essas necessidades se traduzem em critérios de seleção de um conjunto amplo de ferramentas de acesso a dados para as ferramentas certas para a tarefa certa.
	No modelo CIF, as ferramentas de acesso estão fora da arquitetura do DW.

Tabela 9.5 Peças de Xadrez DW do Kimball – Descrições dos Componentes.

9.2.3 BI TÁTICO, ESTRATÉGICO E OPERACIONAL

BI Tático: é a aplicação de ferramentas de BI para analisar as tendências de negócios, comparando uma métrica para a mesma métrica de um mês ou ano anterior, etecetera, ou para analisar dados históricos, a fim de descobrir as tendências que merecem atenção. Use Tática BI para apoiar decisões de negócio a curto prazo.

BI Estratégico: já classicamente envolvido fornecendo métricas para executivos, muitas vezes em conjunto com algum método formal de gestão de desempenho de negócios, para ajudá-los a determinar se a empresa está no alvo para atingir suas metas. Uso Estratégico de BI para apoio a longo prazo metas e objetivos corporativos.

BI Operacional: fornece BI para as linhas de frente do negócio, onde as capacidades analíticas orientam as decisões operacionais. Use Operacional BI para gerenciar e otimizar as operações de negócios. BI Operacional foi a última das três abordagens a evoluir no setor. BI Operacional envolve o acoplamento de aplicações de BI com as funções e processos operacionais, com a exigência de tolerância muito baixa para a latência (perto de dados em tempo real de captura e envio de dados). Portanto, as abordagens mais arquitetônicas, tais como Arquitetura Orientada a Serviços (SOA) tornam-se necessárias para apoiar o BI operacional inteiramente. Algumas dessas abordagens são discutidas na Seção 9.3.2.1, Data Warehousing Ativo.

9.2.4 TIPOS DE DATA WAREHOUSING

Os três principais tipos de data warehousing estão descritos nas seções seguintes.

9.2.4.1 Data Warehousing Ativo

Data Warehousing servindo BI tático e estratégico têm existido por muitos anos, muitas vezes com uma frequência diária de carga, geralmente atendido por uma janela de lote todas as noites. Essas arquiteturas são muito dependentes de uma das características originais do data warehouse de Inmon, tais como dados não voláteis.

Com o início do BI Operacional (e outros requisitos gerais do negócio), empurrando para menor latência e maior integração de tempo real ou quase em tempo real de dados para o data warehouse, novas abordagens arquiteturais estão surgindo para lidar com a inclusão de dados voláteis. Uma aplicação comum de BI operacional é a Máquina Bancária Automatizada (ABM) de dados de configuração. Ao fazer uma transação bancária, saldos históricos e saldos resultantes de novas ações bancárias imediatas, devem ser apresentados ao cliente bancário em tempo real. O tratamento completo dessas novas abordagens para o provisionamento de dados está além do escopo desta introdução, mas será suficiente para introduzir dois conceitos fundamentais de projeto que são necessários, isolamento de mudança, e alternativas para lote ETL.

O impacto das mudanças dos novos dados voláteis deve ser isolado a maior parte do histórico, dados não voláteis do DW. Típicas abordagens de arquitetura para o isolamento inclui uma combinação de construir as partições e usar consultas de união para as diferentes partições, quando necessário.

Muitas alternativas para o lote ETL atender os requisitos de latência mais curtos de disponibilidade de dados no DW, alguns dos quais incluem trickle-feeds, pipelining, e arquitetura orientada a serviços (SOA), onde os serviços de dados são projetados e mantidos.

9.2.4.2 Análise Multidimensional – OLAP

Online Analytical Processing (OLAP) refere-se a uma abordagem para proporcionar um excelente desempenho para consultas analíticas multi-dimensionais. O termo OLAP originado, em parte, para fazer uma distinção clara entre OLTP, Online Transactional Processing. A saída típica de consultas OLAP estão em um formato de matriz. As dimensões, a forma das linhas e colunas da matriz, e os fatores, ou medidas, são os valores dentro da matriz.

Conceitualmente, isso é ilustrado como um cubo. Análise multidimensional com cubos é particularmente útil quando existem maneiras bem conhecidas de como analistas querem olhar para um resumo dos dados.

Uma aplicação comum é a análise financeira, onde os analistas querem percorrer repetidamente hierarquias conhecidas para analisar os dados, por exemplo, data (como Ano,

Trimestre, Mês, Dia), organização (tais como região, país, Unidade de Negócios do Departamento) e hierarquia de produtos (como Categoria de Produto, Linha de Produto, Produto).

9.2.4.3 ROLAP, MOLAP, HOLAP e DOLAP

Três abordagens de implementação clássicas suportam o Online Analytical Processing. Os nomes destas referem-se à abordagem das implementações de banco de dados que segue abaixo, tais como Relacional, Multidimensional, Híbrida, e Banco de Dados.

- *Relational Online Analytical Processing (ROLAP):* ROLAP suporta OLAP usando técnicas que implementam multidimensionalidade nas tabelas bidimensionais dos sistemas de gestão de banco de dados relacional (RDBMS). Associações Star Schema são uma técnica de projeto comum de banco de dados utilizado em ambientes ROLAP.
- *Multidimensional Online Analytical Processing (MOLAP):* MOLAP suporta OLAP usando a tecnologia de banco de dados proprietário e multidimensional especializado.
- *Hybrid Online Analytical Processing (HOLAP):* Isto é simplesmente uma combinação de ROLAP e MOLAP. Implementações HOLAP para permitir que parte dos dados a serem armazenados na forma de MOLAP e outra parte dos dados a serem armazenados em ROLAP. Implementações variam no controle um projetista tem que variar o mix de particionamento.
- *Database Online Analytical Processing (DOLAP):* Um cubo OLAP virtual está disponível como uma função especial de propriedade de um banco de dados relacional clássico.

9.2.5 CONCEITOS E TERMINOLOGIA DA MODELAGEM DE DADOS DIMENSIONAL

Modelagem de dados dimensional é a técnica de modelagem preferencial para a criação de data marts. O Dr. Ralph Kimball foi pioneiro em muitos dos termos e técnicas de modelagem de dados dimensional. O objetivo desta seção é introduzir os conceitos e termos.

O foco de Kimball tem sido sobre a apresentação dos dados ao usuário final e modelagem de dados dimensional, em geral, se concentra em fazer o simples para o usuário final entender e acessar os dados. Inerente à técnica de projeto é uma consciência de troca de preferência e escolha fácil de entender e utilizar as estruturas de uma perspectiva do usuário final, à custa de mais trabalho de implementação para os desenvolvedores. Isso ajuda a contribuir para o fato de a maioria do trabalho do projeto data mart acaba sendo no processamento de ETL.

A Tabela 9.6 contrasta as diferenças nas características típicas dos sistemas construídos a partir de modelagem relacional para aplicações transacionais versus aqueles construídos com modelagem de dados dimensional para data marts.

	Modelagem Entidade Relacionamento (Aplicações Transacionais)	Modelagem de Dados Dimensional (Data Marts)
Sistema Típico	Operacional	Informativa, Analítica (BI)
# Registros em uma operação	Alguns	Muitos (milhões +)
Tempo de Resposta Típico	Segundos	Segundos, minutos ou horas
Usuários-alvo	Rotineiro - O pessoal da linha da frente	Gestão e analistas
Orientação	Aplicação - Executar o negócio	Análise - Analisar o negócio
Disponibilidade	Alta	Relaxada
Quantidade de Dados por Processo	Pequena	Grande
Horizonte Temporal de dados	60 – 180 dias	Um para muitos anos
Como o sistema é usado	Operações Fixas	Fixas e Ad-Hoc

Tabela 9.6 Características do sistema para aplicações transacionais e Data Marts

Modelagem de Dados Dimensional é um subconjunto de modelagem de dados entidade relacionamento, e tem os blocos básicos de entidades, atributos e relacionamentos. As entidades vêm em dois tipos básicos: fatos, que fornecem as medidas e dimensões, que proporcionará o contexto. Relacionamentos em modelagem dimensional simples são todos limitados a passar pela tabela de fatos e todas as relações dimensão-para-fato, são um-para-muitos (1: M).

9.2.5.1 Tabelas fato

As tabelas Fato representam e contém medidas importantes de negócios. O termo "fato" é sobrecarregado, como tabelas de fato (entidades) contêm um ou mais fatos (atributos que representam as medidas). As linhas de uma tabela fato correspondem a uma medida especial e podem ser numéricos, contendo valores, quantidades, ou contagens. Algumas medidas são o resultado de algoritmos, de modo que os meta-dados tornam-se fundamentais para a devida compreensão e utilização. As tabelas Fato ocupam mais espaço no banco de dados (90% é uma regra de ouro razoável), e tendem a ter um grande número de linhas.

As tabelas fato expressam ou resolvem relações muitos para muitos entre as dimensões. O acesso às tabelas fato é geralmente por meio de tabelas Dimensão.

As tabelas fato, muitas vezes têm um número de colunas de controle que expressam quando a linha foi carregada, por qual programa, ou indicadores para a maioria dos registros atuais, ou de outros estados. Estes campos ajudam os programadores, os operadores e os super-usuários a navegar e validar os dados.

9.2.5.2 Tabelas dimensão

As tabelas Dimensão, ou Dimensão breve, representam os objetos importantes da empresa e contêm descrições textuais do negócio. Dimensões servem como a principal fonte de consulta ou relatório de restrições. Elas atuam como pontos de entrada ou links para as tabelas Fato, e seu conteúdo fornece grupos de relatório e rótulos de relatório. As dimensões normalmente são altamente fora de normalizações e representam cerca de 10% do total de dados, como uma regra de ouro. A profundidade e a qualidade do projeto detalhado das dimensões determinam a utilidade analítica dos sistemas resultantes.

Todos os projetos provavelmente vão ter uma dimensão Data e uma dimensão Organização ou Partido, no mínimo. Outras dimensões dependem do tipo de análise que apóia os dados na tabela fato.

As tabelas Dimensão têm tipicamente um pequeno número de linhas e um grande número de colunas. O conteúdo principal de uma tabela Dimensão são:

- Chave substituta ou não substituta.
- A chave primária representa o que é usado para ligações para outras tabelas no DW.
- Elementos descritivos, incluindo códigos, descrições, nomes, status, e assim por diante.
- Qualquer informação sobre a hierarquia, incluindo várias hierarquias e costumeiras quebras de "estilos".
- A chave do negócio que o usuário organizacional usa para identificar uma linha única.
- A origem do sistema de identificação das principais áreas de rastreamento.
- Controle campos similares aos campos de controle da tabela fato, mas voltada para o tipo de registro da dimensão do histórico a qual é concebido, como os tipos 1-3, 4 e 6 descritos a seguir.

Dimensões devem ter identificadores únicos para cada linha. As duas principais abordagens para a identificação de chaves para as tabelas Dimensão são chaves substitutas e chaves naturais.

9.2.5.2.1 Chaves Substitutas

A abordagem de Kimball da a cada dimensão uma única chave primária, povoado por um número não relacionado com os dados reais. O número é uma chave substituta ou chave anônima, e pode ser tanto um número sequencial, ou um número verdadeiramente aleatório. As vantagens do uso de chaves substitutas incluem:

Desempenho: Campos numéricos, às vezes, pesquisam mais rápido do que outros tipos de campos.

Isolamento: É uma reserva de mudanças do campo chave do negócio. A chave de substituição pode não precisar mudar se um tipo de campo ou comprimento no sistema de origem muda.

Integração: Permite combinações de dados de diferentes fontes. A chave de identificação em sistemas de origem normalmente não têm a mesma estrutura de outros sistemas.

Realce: Valores, tais como Desconhecido ou Não aplicável, têm o seu próprio valor chave específico, além de todas as chaves para as linhas válidas.

Interoperabilidade: Algumas bibliotecas de acesso a dados e funções de GUI trabalham melhor com as chaves substitutas, porque não necessitam de conhecimentos adicionais sobre o sistema já instalado para funcionar corretamente.

Variedade de versões: Permite várias instâncias do mesmo valor da dimensão, que é necessário para o rastreamento de alterações ao longo do tempo.

Depuração: Suporta análise de emissão de carga e capacidade de executar novamente.

Em troca dessas vantagens, há o processamento de ETL extra necessário para mapear os valores numéricos para os valores-chave das principais fontes, e manter as tabelas de mapeamento.

9.2.5.2.2 Chaves Naturais

Para alguns sistemas, é preferível não criar outros campos de chave, usando, em vez disso, os dados que já estão presentes para identificar linhas exclusivas. As vantagens de usar chaves naturais incluem:

Menor sobrecarga: Os campos-chave já estão presentes, não exigindo qualquer modelagem adicional para a criação ou transformação para preencher.

Facilidade de mudança: Em RDBMS onde o conceito de um domínio existe, é fácil fazer mudanças globais devido a mudanças no sistema de origem.

Vantagem de Desempenho: Usando os valores nas chaves únicas pode-se eliminar algumas associações inteiramente, melhorando o desempenho.

Linhagem de Dados: Mais fácil de controlar todos os sistemas, especialmente quando os dados viajam por meio de mais de dois sistemas.

Em troca dessas vantagens, pode haver a necessidade de identificar vários campos em cada consulta como parte da associação e, possivelmente, valores complexos para esses campos não numéricos. Além disso, em alguns RDBMS, associações com longas cadeias de texto podem executar pior do que aqueles que usam números.

9.2.5.3 Tipos de Atributo Dimensão

Os três principais tipos de atributos de dimensão são diferenciados pela necessidade de reter cópias históricas. Eles são criativamente chamado Tipo 1, Tipo 2 (e 2ª) e Tipo 3. Existem dois outros tipos que não aparecem com muita frequência, também criativamente chamados Tipo 4 e Tipo 6 (1 +2 +3). Tipos de 1 a 3 podem coexistir dentro da mesma tabela, e as ações durante a atualização depende de quais campos com os tipos estão com atualizações a serem aplicadas.

9.2.5.3.1 Tipo 1 Sobrescrever

Atributos de dimensão Tipo 1 não tem necessidade de qualquer registro histórico. O único interesse está no valor atual, portanto, todas as atualizações substituem completamente o valor anterior no domínio nessa linha. Um exemplo do tipo 1 é = a cor do cabelo. Quando ocorre uma atualização, não há necessidade de manter o valor atual.

9.2.5.3.2 Tipo 2 Nova Linha

Atributos de dimensão Tipo 2 precisam de todos os registros históricos. Cada vez que um destes campos do Tipo 2 muda, uma nova linha com as informações atuais é acrescentada à tabela, e o até então atualizado campo de data de validade é atualizado para um estado de expirado. Um exemplo é o Endereço de Faturamento. Quando o endereço de faturamento muda, a linha com o endereço antigo expira e uma nova linha com as informações atuais de endereço de faturamento é anexada.

Note que a gestão atributos do Tipo 2 requer que a chave da tabela seja capaz de lidar com várias instâncias da mesma chave natural, quer por meio do uso de chaves substitutas, por meio da adição de um valor de índice para a chave primária, ou a adição de um valor de data (eficácia, expiração, inserção e assim por diante) para a chave primária.

9.2.5.3.3 Tipo 3 Nova Coluna

Atributos de dimensão Tipo 3 só precisam de uma porção selecionada conhecida da história. Vários campos na mesma linha contêm os valores históricos. Quando ocorre uma atualização, o valor atual é movido para o próximo campo apropriado, e o último deixa de ser necessário, o valor cai. Um exemplo é a pontuação de crédito, onde só a pontuação original, quando a conta foi aberta, as pontuações mais atuais, e a pontuação imediatamente anterior são valiosas. Uma atualização passaria a pontuação atual para a pontuação anterior.

Outro exemplo é total mensal da conta. Não podem ser de 12 campos, chamada mês01, mês02, etecetera, ou janeiro, fevereiro, etecetera. Se for o primeiro, então as atualizações mês atual valor mês01 e todos os outros valores descem um campo. Neste último caso, então, quando o mês adequado é atualizado, o usuário sabe que o mês após o mês em curso contém os dados do ano passado.

Uma utilidade do tipo 3 é para migrações do valor do atributo. Por exemplo, uma empresa decide reorganizar a sua hierarquia de produtos, mas quer ver números de vendas na hierarquia velha e na nova por um ano, para se certificar de que todas as vendas estão sendo registradas corretamente. Ter os antigos e os novos disponíveis por um período de tempo permite essa transição nos dados.

9.2.5.3.4 Tipo 4 Nova Tabela

Atributos de dimensão Tipo 4 iniciam o movimento da linha expirada em uma tabela de histórico e na linha da atual a tabela é atualizada com as informações atuais. Um exemplo seria uma tabela Fornecedor, onde as linhas competentes ao *Fornecedor* expiradas saem para a tabela Histórico depois de uma atualização, para que assim a tabela de dimensão principal contenha apenas as linhas de fornecedores atuais. Essa ação é às vezes chamada de dimensão Tipo 2 a.

Consultas envolvendo prazos são mais complexas em um projeto de tipo 4, uma vez que as tabelas atuais e de histórico precisam ser unidas antes de se juntar com a tabela fato. Portanto, é ótimo quando a grande maioria utiliza os dados de acesso da dimensão atual e a tabela de histórico é mantida mais para fins de auditoria do que para recuperações ativas.

9.2.5.3.5 Tipo 6 1+2+3

O Tipo 6 trata a tabela Dimensão como o tipo 2, onde qualquer alteração de qualquer valor cria uma nova linha, mas o valor da chave (ou substituto natural) não muda. Uma forma de implementar o tipo 6 é adicionar três campos para cada data de linha –data efetiva, data de validade e um indicador da linha atual. Consultas à procura de dados a partir de qualquer ponto particular na verificação de tempo para ver se a data desejada está entre as datas de vigência e término. Consultas procurando apenas os dados atuais, adicionando filtros para o indicador da linha atual. Adição de filtros tem o inconveniente de exigir conhecimentos adicionais para criar as consultas que pedem corretamente pela linha correta por valor do período ou indicador.

Outra forma de implementar tipo 6 é adicionar um campo de índice em vez de um indicador da linha atual, com o valor atual de 0. Atualizando linhas para obter o valor do índice de zero, e em todas as linhas adicione 1 para os valores de índice para movê-las para baixo da linha. Consultas olhando para os valores atuais que iria definir o filtro para o valor de índice igual a zero, e consultas à procura de períodos anteriores que ainda usam as datas de vigência e validade. Esta técnica tem o inconveniente de que todas as linhas de fato irá ligar automaticamente para a versão índice 0 (a linha atual). Consultas associadas à tabela fato não vai encontrar qualquer valor prévio da dimensão a menos a dimensão efetiva e data de validade estejam incluídas na consulta.

9.2.5.4 Star Schema

Um Star Schema é a representação de um modelo de dados tridimensional com uma única tabela fato no centro de conexão a uma série de tabelas Dimensão vizinhas, como mostrado na figura 9.4. É também referido como uma estrela associada ao esquema, enfatizando que as junções da tabela fato central são chaves primárias de via única de cada uma das tabelas Dimensão circundante. A tabela fato central tem uma chave composta formada por chaves de dimensão.

9.2.5.5 Snowflaking

Snowflaking é o termo utilizado para a estrutura tridimensional plana, fora de normalização, tabela única, de um Star Schema para o respectivo componente hierárquico ou estrutura de rede. Os métodos de projeto do Kimball desencorajam snowflaking em dois princípios Star Schema, e 2) as economias de espaço normalmente são mínimas.

Três tipos de tabelas Snowflaking são reconhecidos: Snowflaking verdadeiro, estabilizadores e pontes:

Tabelas Snowflaking: Formada quando uma hierarquia é solucionada em tabelas nível. Por exemplo: uma tabela Dimensão Período diária soluciona detalhes da tabela de Data, e outra tabela para o Mês ou Ano que está diretamente ligada à tabela Data.

Tabelas Outrigger: Formada quando os atributos em uma tabela Dimensão se associam às linhas de outra tabela Dimensão. Por exemplo, um campo de data em uma dimensão (Data de contratação do empregado) liga para a tabela Dimensão Período para facilitar as consultas que deseja classificar Empregados Contratados por Data de Contratação de acordo com o Ano Fiscal.

Tabelas Bridge: Formada em duas situações. A primeira é quando um relacionamento de muitos para muitos entre duas dimensões que não é ou não pode ser resolvido por meio de uma relação de tabelas fato. Um exemplo disso é uma conta bancária compartilhada com os proprietários. A tabela a ponte capta a lista de proprietários no grupo proprietário da tabela bridge. A segunda é quando normalizamos hierarquias de profundidade variável ou irregular. A tabela bridge pode capturar cada relação pai-filho na hierarquia, permitindo a passagem mais eficiente.

9.2.5.6 Grain

Kimball cunhou o termo Grain para representar o significado ou a descrição de uma única linha de dados em uma tabela fato. Ou, dito de outro modo, refere-se ao nível atômico dos dados de uma transação. Definir o grão de uma tabela de fatos é uma das etapas fundamentais no método de projeto dimensional do Kimball. Por exemplo, se a tabela fato tem dados para uma loja para todas as operações de um mês, sabemos que o grão ou os limites de dados na tabela de fato não irá incluir os dados no ano passado.

9.2.5.7 Dimensões Conformizadas

As Dimensões conformizadas são dimensões comuns ou compartilhadas entre vários data marts no método de projeto do Kimball. Mais precisamente, Kimball define dimensões para serem conformes quando se quer combinar tanto em termos de nomes de dados do elemento e seus respectivos valores, ou que contenha um subconjunto estrito. A importância prática é que os cabeçalhos de linha de qualquer conjunto de respostas de dimensões conformizadas deve ser capaz de coincidir exatamente.

Por exemplo, pensar em vários data marts ou tabelas Fato, todos ligando diretamente para a mesma tabela Dimensão, ou uma cópia direta dessa tabela Dimensão. Atualizações para a tabela dimensão mostram automaticamente em todas as consultas para os data marts.

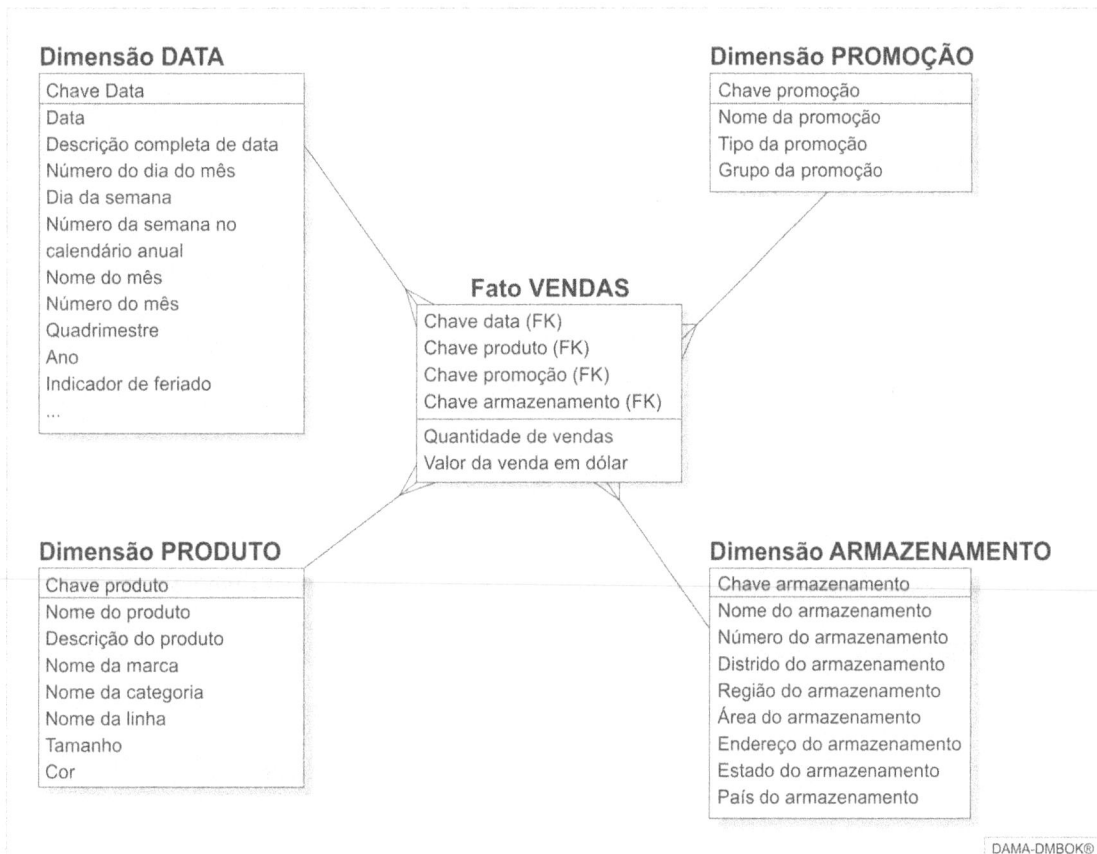

Figura 9.4 Exemplo de Star Schema

Reutilização de Dimensões conforme em outros star schemas permite o desenvolvimento modular do DW. As estrelas podem ser agrupadas em conjunto por meio de dimensões conformizadas conforme o projeto cresce. Um DW que começa com uma tabela fato para o Departamento de Contas a Pagar pode ser agrupado em um fato sobre o desempenho do fornecedor no Departamento de Suprimentos por meio de uma dimensão Produto que eles compartilham em comum. Em última instância, consultas atravessam áreas sujeitas a unificar o acesso aos dados do DW em toda a empresa.

9.2.5.8 Fatos Conformizados

Fatos conformizados usam definições padronizadas dos termos em marts individuais. Diferentes usuários de negócio podem usar o mesmo termo de maneiras diferentes. Será que as adições de clientes referem-se às adições brutas ou acréscimos ajustados? Os pedidos processados referem-se a toda a ordem, ou a soma de itens de linha individuais.

Os desenvolvedores precisam estar cientes das coisas que se podem ser chamadas de o mesmo, mas são conceitos diferentes entre as organizações, ou, inversamente, coisas que são chamadas de forma diferente, mas na verdade são o mesmo conceito nas organizações.

9.2.5.9 Arquitetura Barramento do DW e Matriz de Barramento

O termo barramento veio da formação em engenharia elétrica do Kimball, onde um barramento era algo fornecendo energia comum a uma série de componentes elétricos. Com base nessa analogia, a arquitetura de barramento DW de dimensões conformadas é o que permite vários data marts a coexistir e compartilhar plugando um barramento de dimensões compartilhadas ou conformada.

A matriz de barramento DW é uma forma de mostrar intersecção de data marts, processos de dados, ou dados das áreas com as dimensões compartilhadas conformadas. A tabela 9.7 mostra uma representação tabular da arquitetura de barramento. A oportunidade para as dimensões conformadas aparecem em um data mart é marcado como o uso de múltiplas dimensões (a linha). O barramento aparece onde vários data marts usam as mesmas dimensões (a coluna).

A matriz de barramento DW é uma comunicação e ferramenta de planejamento muito eficaz. Seu conceito de unificação é uma das mais valiosas contribuições de Kimball para a prática DW-BIM. O conceito unificador torna-se um documento chave vivo de projeto na DW-BIM. Como novas peças de design são adicionadas, as dimensões existentes e fatos, com suas fontes, a lógica de atualização e cronograma, precisam ser revisados para possível reutilização.

	Dimensões Conformizadas				
	Data	**Produto**	**Loja**	**Vendedor**	**Warehouse**
Vendas	X	X	X		
Inventário	X	X	X	X	X
Ordens	X	X		X	

Tabela 9.7 Exemplo de Matriz de Barramento DW

9.3 Atividades DW-BIM

O data warehouse está preocupado principalmente com a parte do ciclo de vida DW-BIM da fonte de dados para um armazenamento de dados comum a todos os departamentos relevantes, em suma o conteúdo dos dados. BIM está preocupado com a parte do ciclo de vida de armazenamento de dados comum a utilização de público-alvo – em resumo, a apresentação dos dados.

DW e BIM se entrelaçam naturalmente, como DW não pode entregar valor para a organização sem meios de acesso aos dados recolhidos, juntamente com capacidades analíticas e de relatórios. Por sua vez, a eficácia de uma capacidade de BIM está diretamente dependente do fornecimento de dados do DW que é oportuno, pertinente, integrado, e tem outros fatores de qualidade controlada por, e documentados como exigido.

Atividades DW-BIM possuem sobreposição com muitas das funções de gestão de dados, já contemplada no Guia. O objetivo da seção Atividades DW-BIM é articular as atividades envolvidas na DW-BIM em um contexto de aplicação baseado na prática. Inclui referências a outras funções de gestão de dados, com definições em outras partes do Guia, bem como proporcionar conhecimentos práticos para os diversos métodos, ferramentas e técnicas que são específicos para a função DW-BIM.

9.3.1 ENTENDENDO AS NECESSIDADES DE INFORMAÇÃO DO BUSINESS INTELLIGENCE

Modelagem de dados dimensional é a técnica de modelagem preferencial para a criação de data marts. O Dr. Ralph Kimball foi pioneiro em muitos dos termos e técnicas de modelagem de dados dimensional. O objetivo desta seção é introduzir os conceitos e termos.

Começando com e mantendo um foco de negócios consistente ao longo do ciclo de vida do DW-BIM é essencial para o sucesso. Olhar para a cadeia de valor da empresa é uma boa maneira de entender o contexto do negócio. Os processos de negócios específicos na cadeia de valor da empresa fornecem um contexto natural de negócios para enquadrar as áreas de análise. Veja Seção 4.2.2.3 para obter mais informações sobre Cadeias de Valor e Figura 4.4 para um bom exemplo.

Levantamento de requisitos para projetos de DW-BIM possui semelhanças e diferenças com levantamento de requisitos para outros projetos em desenvolvimento típico de TI. Em projetos de DW-BIM, geralmente é mais importante compreender o contexto mais amplo de negócios de áreas de negócio específicas, como a comunicação é generalizada e exploratória. O contexto mais amplo de negócios está em forte contraste com os sistemas operacionais, onde o processo de desenvolvimento define, antecipadamente, os detalhes precisos e requisitos específicos de operações e relatórios.

Análise de projetos de DW-BIM é mais ad-hoc, por natureza e envolve fazer perguntas, que, por sua vez, levam a novas ou diferentes perguntas. Claro, a consulta será limitada pela natureza e qualidade dos dados disponíveis. E embora as especificações exatas de todos os relatórios não serão conhecidas, o que pode ser conhecido é o contexto para as questões - as maneiras que os trabalhadores do conhecimento provavelmente irão analisar os dados complexos.

Identifique o escopo da área de negócios, em seguida, identifique e entreviste as pessoas de negócios adequadas. Pergunte o que fazem e por quê? Capture as questões específicas que querem perguntar. Documente como distinguir e categorizar aspectos relevantes da informação. Pergunte às pessoas de negócios como acompanhar e definir o sucesso. Sempre que possível, defina e capture métricas de desempenho chave e fórmulas.

Capturar o vocabulário de negócio real e terminologia é a chave para o sucesso. A atividade de coleta de requisitos de BI é uma grande oportunidade de parceria com a função de Gestão de meta-dados (ver Capítulo 11), pois é fundamental ter um contexto de negócios compreensível de dados de ponta a ponta, a partir de fontes de dados iniciais, por meio de todas as transformações, para a apresentação final. Em resumo, um dos requisitos do projeto

DW-BIM devem enquadrar todo o contexto das áreas de negócio e / ou processos que estão no escopo.

Documente o contexto do negócio, em seguida, explore os detalhes das fontes de dados reais. Normalmente, a parte de ETL pode consumir 67% do valor de um projeto DW-BIM e do tempo. Perfis de dados são muito úteis, e colaborar com a função de Qualidade de Dados é essencial (ver Capítulo 12). A avaliação do estado dos dados de origem leva as mais precisas às estimativas iniciais para a viabilidade e o alcance de esforço. A avaliação também é importante para definição de expectativas adequadas.

Observe que o DW é muitas vezes o primeiro lugar onde o castigo da má qualidade dos dados nos sistemas de origem e / ou funções de entrada de dados se torna aparente. Colaborar com a função de governança de dados (ver Capítulo 3) é crítica, como entrada de negócios sobre como lidar com todas as variações inesperadas que inevitavelmente ocorrem nos dados reais é essencial.

Criar um sumário executivo das necessidades de business intelligence identificadas é uma prática recomendada. O sumário executivo deve incluir uma visão geral do contexto do negócio, ter uma lista de perguntas da amostra, proporcionar comentários sobre a qualidade dos dados existentes e nível de esforço para a limpeza e integração, e descrever as organizações relacionadas e eventos organizacionais. Pode também incluir um desenho esquematizado para a navegação da solução mostrando os caminhos para a consulta e comunicação na apresentação do produto selecionado. Reveja o sumário executivo com a empresa para a priorização do programa da DW-BIM.

Ao iniciar um programa DW-BIM, uma boa maneira de decidir por onde começar é com uma simples avaliação de impacto nos negócios e viabilidade técnica. A viabilidade técnica levará em consideração coisas como a disponibilidade, a complexidade e o estado dos dados e da disponibilidade de especialistas no assunto. Projetos que têm alto impacto nos negócios e alta viabilidade técnica são bons candidatos para o início.

Mais importante ainda, avaliar a necessidade de apoio às empresas, considerando três fatores críticos de sucesso:

Patrocínio da Empresa: Existe patrocínio executivo adequado, ou seja, um indivíduo identificado e Comitê de Direção envolvido e de financiamento compatíveis? Projetos DW-BIM exigem patrocínio executivo forte.

Objetivos de Negócio e Escopo: Existe uma necessidade de negócio claramente identificada, propósito e escopo para o esforço?

Recursos da Empresa: Existe um compromisso de gestão organizacional com a disponibilidade e o adequado empenho dos especialistas nos assuntos do negócio? A falta de compromisso é um ponto comum de falha e um bom motivo suficiente para suspender um projeto DW-BIM até que o compromisso seja confirmado.

9.3.2 DEFINIR E MANTER A ARQUITETURA DW-BI

Capítulo 4, sobre Gestão da Arquitetura de Dados, desde a excelente cobertura da arquitetura de dados em geral, bem como muitos dos componentes específicos da arquitetura do DW-BIM, incluindo modelos de dados da empresa (área temática, conceitual e lógica), arquitetura de tecnologia de dados e arquitetura de integração de dados. A seção 9.2.2 apresenta os principais componentes da arquitetura de DW-BIM. A seção atual acrescenta algumas considerações práticas relacionadas à definição e manutenção da arquitetura DW-BIM.

Uma arquitetura DW-BIM bem sucedida requer a identificação e reunião de uma série de papéis fundamentais, potencialmente de outras funções importantes, incluindo:

Arquiteto Técnico: Hardware, sistemas operacionais, bancos de dados e arquitetura DW-BIM.

Arquiteto de Dados: Análise dos dados, sistemas de registro, modelagem de dados e mapeamento de dados.

Arquiteto ETL / Líder do Projeto: virtualizar e transformar, data marts, e agendas.

Especialista de Meta-dados: Interfaces de meta-dados, arquitetura de meta-dados e conteúdo.

Arquiteto de Aplicação BI / Líder do Projeto: interfaces de ferramentas de BI e de design do relatório, a entrega de meta-dados, dados e navegação de relatórios, e entrega (tais como empurrar, puxar, enlatado, ad-hoc).

DW-BIM deve alavancar muitas das disciplinas e componentes de um departamento de TI e funções de negócio; Assim, outro conjunto importante de atividades inclui a avaliação inicial e integração dos processos de negócios adequados, arquiteturas e padrões de tecnologia, inclusive para:

- Servidores.
- Bancos de dados.
- Identificação de cópias douradas de banco de dados (System of Records) e saídas de negócios.
- Segurança.
- Retenção de dados.
- Ferramentas de ETL.
- Ferramentas da Qualidade de Dados.
- Ferramentas de meta-dados.
- Ferramentas de BI.
- Monitoramento e gestão de ferramentas e relatórios.
- Escalonadores e horários, inclusive padrão comercial e uma chave de horários de calendário.
- Erro de manipulação de processos e procedimentos.

Os requisitos técnicos, incluindo o desempenho, disponibilidade e necessidades de tempo são fatores essenciais para o desenvolvimento da arquitetura DW-BIM. A arquitetura do DW-BIM deverá responder a perguntas básicas sobre para onde vão os dados, quando, porque e como. A forma como as necessidades cobrem os detalhes de hardware e software. Esta é a estrutura de organização para conduzir todas as atividades em conjunto.

As decisões e princípios do projeto dos dados que contém detalhes da DW é uma prioridade no projeto de arquitetura DW-BIM. Publicando as regras claras para que os dados só estejam disponíveis por meio de relatórios operacionais (como em casos de não-DW) é fundamental para o sucesso dos esforços DW-BIM. As melhores arquiteturas DW-BIM vão criar um mecanismo para ligar de volta para o nível de transações e relatórios de nível operacional a partir de dados atômicos DW. Ter este mecanismo faz parte da arte do bom projeto de DW. Ele irá proteger o DW de ter que carregar todos os detalhes transacionais.

Um exemplo é fornecer um mecanismo de visualização para os principais relatórios operacionais ou formulários com base em uma chave de transação, como número de nota fiscal. Os clientes vão sempre querer todos os detalhes disponíveis, mas alguns dos dados operacionais só têm valor no contexto do relatório original, e não fornecem valor analítico, como campos de descrição longa.

É muito importante que a arquitetura DW-BIM se integre com a arquitetura de informação corporativa global. Existem muitas técnicas diferentes de projeto, mas uma técnica útil é concentrar-se na definição de negócios adequado Service Level Agreements (SLAs). Muitas vezes o tempo de resposta, a retenção de dados e disponibilidade das exigências e as necessidades são muito diferentes entre as classes de necessidades de negócio e respectivos sistemas de apoio, tais como relatórios operacionais versus DW versus data marts. Várias tabelas na seção 9.2.2 serão úteis ao considerar os aspectos variados de diferentes componentes do projeto da arquitetura DW-BIM.

Outro fator crítico de sucesso é a identificação de um plano para a reutilização, compartilhamento e extensão dos dados. A matriz de Barramento DW apresentada na Seção 9.2.5.9 fornece um paradigma de boa organização.

Por fim, nenhum esforço DW-BIM pode ser bem sucedido sem a aceitação de negócios de dados. A aceitação de negócios inclui os dados que estão sendo compreensíveis, tendo qualidade verificável e tendo uma linhagem demonstrável. Do negócio em que os dados devem ser parte do teste de Aceitação do Usuário. Testes aleatórios estruturados dos dados na ferramenta BIM com os dados dos sistemas de origem sobre a carga inicial e uma atualização de alguns ciclos de carga devem ser realizados para atender aos critérios de sinal desligado. O cumprimento destes requisitos é fundamental para qualquer arquitetura de DW-BIM. Considerem-se, antecipadamente, alguns subcomponentes de extrema importância arquitetônica, juntamente com as suas atividades de apoio:

Feedback da qualidade de dados: Como é fácil a integração das mudanças necessárias nos sistemas operacionais?

Meta-dados do princípio ao fim: A arquitetura suporta fluxos de meta-dados de ponta a ponta? Em particular, há transparência e disponibilidade de significado e contexto projetado em toda a arquitetura? Será que a arquitetura e projeto de apoio são de fácil acesso às respostas, quando a empresa quer saber "O que este relatório, esse elemento de dados, essa métrica, etecetera, quer dizer?".

Linhagem de dados verificáveis do princípio ao fim: Para utilizar o moderno, popular, jargão da tevê, são as evidencias da cadeia de custódia de todos os dados DW-BIM facilmente comprováveis? É um sistema de registro de todos os dados identificados?

9.3.3 IMPLEMENTAR DATA WAREHOUSES E DATA MARTS

Os data warehouses e data marts são as duas principais classes de armazenamentos de dados formal no panorama DW-BIM. O objetivo de um data warehouse é integrar dados de várias fontes e depois servir-se dos dados que integra para fins de BI. Este consumo é geralmente por meio de data marts ou outros sistemas (por exemplo, um arquivo simples para uma aplicação de mineração de dados). O projeto de um data warehouse é um projeto de banco de dados relacional, com técnicas de normalização. Idealmente, uma base de dados única vai integrar os dados dos sistemas de múltiplas fontes, e servem de dados para vários data marts.

O principal objetivo dos data marts é fornecer dados para análise dos trabalhadores do conhecimento. Um data mart de sucesso deve garantir o acesso a estes dados de forma simples, compreensível e com bom desempenho. Modelagem e projeto tridimensional (usando técnicas de normalização), como os apresentados na seção 9.2.5, tem sido a principal técnica de escolha para a concepção de data marts orientada ao usuário. Criar um data mart para atender às necessidades de análise especializada do negócio. Data marts geralmente incluem informações agregadas e resumidas para suportar uma análise mais rápida. A visão de Kimball tem apenas data marts e nenhuma camada do DW normalizada.

O Capítulo 5 aborda o projeto de dados detalhado, e o projeto de banco de dados, em particular. As referências no final do capítulo, fornecem um número de excelentes livros sobre métodos de implementação do DW-BIM.

Na revisão, o uso de data warehouses e data marts poderiam ser considerados uma aplicação de um dos famosos Sete Hábitos de Stephen Covey, como começar com o fim em mente. Em primeiro lugar, identificar o problema a resolver, em seguida, identificar os detalhes e o que seria utilizado (parte final da solução do software e data marts associados). De lá, continuar a trabalhar nos dados integrados necessários (data warehouse) e, finalmente, todo o caminho de volta para as fontes de dados.

9.3.4 IMPLEMENTAR FERRAMENTAS DE BUSINESS INTELLIGENCE E INTERFACES DE USUÁRIO

A maturidade do mercado de BI e uma vasta gama de ferramentas disponíveis de BI torna raro para as empresas construir suas próprias ferramentas de BI. O objetivo desta seção é apresentar os tipos de ferramentas disponíveis no mercado de BI, uma visão geral das suas principais características, e algumas informações para ajudar a combinar as ferramentas com os adequados níveis de recursos dos clientes.

A correta implementação da ferramenta de BI ou Interface de Usuário (UI) é sobre como identificar as ferramentas certas para o conjunto de usuários correto. Quase todas as ferramentas de BI também vêm com seus próprios repositórios de meta-dados para gerir os seus mapas de dados internos e de estatísticas. Alguns fornecedores fazem estes repositórios abertos para o usuário final, enquanto alguns permitem meta-dados de negócio a serem inseridos. Os repositórios de meta-dados de negócio devem estar vinculados a, ou copiados desses repositórios para obter uma visão completa da atividade de relatórios e análises que a ferramenta proporciona. O capítulo 11 abrange a gestão de meta-dados.

9.3.4.1 Ferramentas de Consulta e Relatório

Consulta e Relatórios é o processo de consulta a uma fonte de dados, em seguida, formatá-los para criar um relatório, ou um estilo de relatório de produção, como uma fatura, ou um relatório de gestão.

As necessidades nas suas atividades de informação são muitas vezes diferentes das necessidades no âmbito da consulta de negócio e relatórios. Mas, às vezes, as necessidades ofuscam e linhas se cruzam. Assim como você pode usar um martelo para fixar um parafuso na parede, você pode usar uma ferramenta de operações de negócios e relatórios para os relatórios de gestão. O inverso, porém, não é verdade, raramente você pode usar uma consulta de negócio e ferramenta de relatórios para desenvolver relatórios de operações da empresa. Uma ferramenta de consulta de negócio não pode oferecer suporte a layouts com pixel-perfeito, fonte de dados normalizada, ou a programação que os desenvolvedores de TI procuram.

Com a consulta e relatórios de negócios, a fonte de dados é mais frequentemente um data warehouse ou data mart (embora nem sempre). Enquanto desenvolve relatórios de produção, os usuários avançados e usuários comerciais ocasionais desenvolvem seus próprios relatórios com as ferramentas de consulta de negócios. A Tabela 9.8 fornece uma excelente generalização das classes de mapeamento das ferramentas de BI para as respectivas classes primárias de usuários. Ela compara algumas características adicionais que ajudam a distinguir os relatórios no estilo de operações de negócios, e relatórios no estilo de consulta de negócios e relatórios. Estas características não são de forma absoluta, e você não vai necessariamente encontrar vendedores de ferramentas que sejam tão precisas. Os relatórios de operações de negócios não são necessariamente pixel-perfeito, embora alguns sejam. Use relatórios gerados com ferramentas de consulta de negócios individual, departamental ou corporativo.

Nos últimos anos, tem havido uma tremenda aderência e colapso do mercado com relação às ferramentas de relatórios. Todos os principais fornecedores de BI já oferecem recursos de relatório clássicos pixel-perfeito que antes eram essencialmente do domínio dos relatórios de aplicação. Do ponto de vista de custo simples, o mecanismo de entrega e de infraestrutura de relatórios ou até mesmo informações é agnóstico com o conteúdo ou o tipo de informação. Em outras palavras, é prudente para as empresas alavancar infraestrutura comum e mecanismos de entrega. Estas incluem a web, e-mail e aplicações para a entrega de todos os tipos de informações e relatórios, dos quais DW-BIM é um subconjunto.

Características	Relatórios de Operações de Negócios	Relatórios de Consulta de Negócios
Autor Principal	Desenvolvedor de TI	Usuários avançados ou usuário de negócio
Finalidade	Preparação de Documentos	Tomada de decisão
Relatório de Entrega	Papel ou e-mail, incorporado em um aplicativo	Portal, planilhas, e-mail
Qualidade de Impressão	Pixel-Perfect	Historicamente qualidade de apresentação, agora Pixel-Perfect
Usuário Base	10s ou 1000s	100s ou 1000s
Fonte de Dados	OLTP - em tempo real	Data warehouse ou data mart, ocasionalmente OLTP.
Nível de detalhamento dos dados	Atômico	Agregado, filtrado
Escopo	Operacional	Tático, estratégico
Uso	Muitas vezes, incorporado dentro de um aplicativo OLTP	BI como um aplicativo separado

Tabela 9.8 Produção versus Relatórios de Consulta de Negócios

Relatórios de produção cruzam o limite DW-BIM e muitas vezes as consultas a sistemas transacionais para a produção de itens operacionais, tais como faturas e extratos bancários. Os desenvolvedores de relatórios de produção tendem a ser o pessoal de TI.

Ferramentas de consulta e relatórios de negócios permitem que os usuários criem seus próprios relatórios ou criem saídas para utilização por outros. Eles estão mais preocupados com o layout preciso, porque eles não estão tentando gerar uma fatura ou coisa parecida. No entanto, eles querem fazer tabelas e gráficos de forma rápida e intuitiva. Algumas ferramentas focam na visualização inovadora dos dados como um meio de mostrar o significado dos dados com mapas de dados, e movendo panorama dos dados ao longo do tempo. Os recursos de formatação variam drasticamente neste segmento. Ferramentas neste segmento são chamadas de ferramentas de consulta ad-hoc. Muitas vezes os relatórios criados por usuários de negócios tornam-se relatórios padrão, não utilizados exclusivamente para questões organizacionais ad-hoc.

A Figura 9.5 relaciona as classes de ferramentas de BI com as respectivas classes de usuários de BI para essas ferramentas.

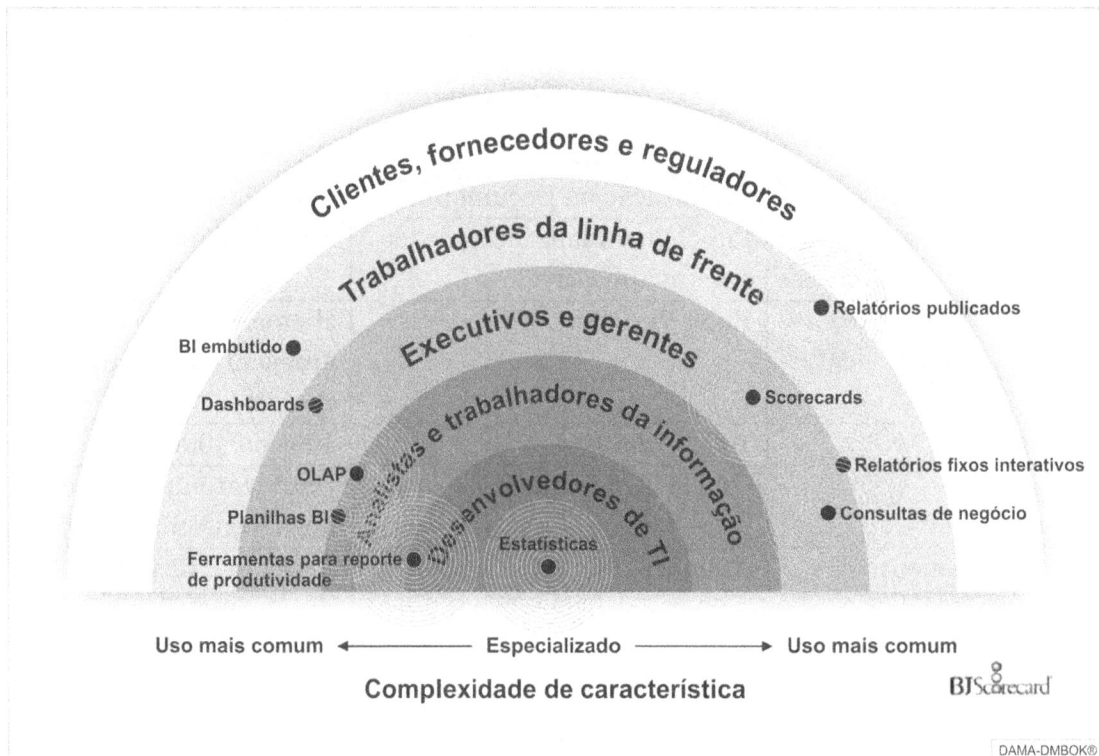

Figura 9.5 Quais as ferramentas de BI para quais usuários?

Na definição dos grupos de usuários-alvo, há um espectro de necessidades de BI. Em primeiro lugar, saber os seus grupos de usuário e adaptar a ferramenta para os grupos de usuários em sua empresa. De um lado, os desenvolvedores de TI podem ser mais preocupados com a extração dos dados, e se concentrar em funcionalidades avançadas. Na outra extremidade do espectro, os consumidores de informação podem querer acesso rápido a relatórios previamente desenvolvidos e executados. Estes consumidores podem querer algum grau de interatividade, tais como rotinas, filtrar, classificar, ou só podem querer ver um relatório estático.

Tenha em mente que a perfuração é uma funcionalidade OLAP. Portanto, esta é uma necessidade apenas para analistas ou usuários avançados, ou é algo que os clientes / fornecedores / usuários ocasionais também gostariam, mas que talvez não tenha sido possível no passado?

Você precisa entender como todas as classes de usuários se acostumaram a usar a ferramenta, incluindo usuários da web. Será que a internet é apenas um mecanismo de entrega, ou também um ambiente de criação do relatório? Será que / como é que você vai oferecer o acesso offline para os relatórios que estão disponíveis na Web?

Os usuários podem mudar de uma classe de usuários para outra à medida que aumentam as habilidades ou como eles desempenham diferentes funções organizacionais. Um gerente da cadeia de abastecimento, por exemplo, pode querer exibir um relatório estático financeiro, mas vai querer um relatório altamente interativo de análise de inventário. Um analista financeiro e um gerente responsável pela linha de despesas podem ser um usuário de poder ao analisar as despesas totais, mas um cliente vendo um relatório estático de uma conta de telefone.

Os usuários externos costumam olhar relatórios estáticos, como um resumo da sua atividade. Cada vez mais, porém, as empresas estão fornecendo relatórios extranet mais interativos para seus melhores clientes e maiores fornecedores. Trabalhadores da linha de frente podem usar estáticos, relatórios publicados, ou uma pequena parte da informação incorporada em um aplicativo. Executivos e gerentes irão utilizar uma combinação fixa de relatórios, dashboards e scorecards. Gestores e usuários de poder tendem a querer furar essas fatias dos relatórios e organizar os dados para identificar a causa raiz dos problemas.

9.3.4.2 Ferramentas On Line Analytical Processing (OLAP)

OLAP fornece uma análise interativa e multidimensional, com diferentes dimensões e diferentes níveis de detalhe. A seção 9.2.3.2, multidimensional Análise MOLAP, fez uma breve introdução deste tópico. Esta seção aborda as ferramentas OLAP, que preveem a organização de dados em cubos OLAP para análise rápida.

Normalmente, os cubos nas ferramentas de BI são gerados a partir de uma estrela (ou floco de neve) do esquema do banco de dados. Os cubos OLAP consistem em fatos numéricos, chamadas de *medidas*, a partir das tabelas fato. Estes cubos podem ser virtuais sob demanda ou em lotes sem cargos. As dimensões classificam os fatos no respectivo esquema (ver secção 9.2.2).

O valor das ferramentas OLAP e cubos é a redução da possibilidade de confusão e interpretação errônea, alinhando o conteúdo dos dados com o modelo mental do analista. O analista pode navegar pelo banco de dados e tela para um subconjunto específico de dados, alterar as orientações dos dados e definição de cálculos analíticos. Slice-and-dice[26] é um processo de navegação iniciado pelo usuário chamando para página apresentada de forma interativa, por meio da especificação das partições por meio de rotações e drill down / up[27]. Operações OLAP comuns incluem slice and dice, drill down, drill up, roll up[28], e pivot[29].

Slice: Slice é um subconjunto de uma matriz multidimensional correspondente a um valor único para um ou mais membros das dimensões que não estão no subconjunto.

Dice: A operação de dados é uma partição de mais de duas dimensões de um cubo de dados, ou mais de dois cortes consecutivos.

---

[26] Nota de tradução: Termo não traduzido. O texto a respeito é esclarecedor. Informações adicionais podem ser encontradas no DAMA_Dictionary_of_Data_Management_First_Edition.

[27] idem

[28] idem

[29] idem

Drill Down / Up: Drill Down / Up é uma técnica analítica específica segundo a qual o usuário navega entre os níveis de dados, que vão desde o mais resumido (up) para o mais detalhado (down).

Roll-up: um roll-up envolve computar todos os relacionamentos de dados para uma ou mais dimensões. Para fazer isso, define uma relação ou fórmula computacional.

Pivot: Para alterar a orientação tridimensional de um relatório ou apresentação da página.

9.3.4.3 Aplicações Analíticas

Henry Morris, do IDC primeiro cunhou o termo aplicações analíticas em meados de 1990, esclarecendo como elas são diferentes de OLAP e ferramentas de BI em geral.

Aplicações analíticas incluem a lógica e os processos para extrair dados dos sistemas fonte bem conhecidos, tais como sistemas fornecedores de ERP, um modelo de dados para o data mart, e relatórios pré-construídos e painéis. Aplicações analíticas fornecem às empresas uma solução pré-construída para otimizar uma área funcional (gestão de pessoas, por exemplo) ou a indústria vertical (análise de varejo, por exemplo).

Diferentes tipos de aplicações analíticas incluem financeira, cliente, cadeia de fornecimento, fabricação e aplicações de recursos humanos.

A abordagem comprar versus construir influencia muito as nuances dentro de aplicativos analíticos. Quando você compra uma aplicação analítica, você compra o modelo de dados e cubos pré-construídos e relatórios com as métricas funcionais. Estas aplicações compradas dizem a você o que é importante, o que você deve monitorar e fornecem alguma da tecnologia para ajudá-lo a chegar ao valor mais rapidamente. Por exemplo, com uma ferramenta de BI geral, você determina como e se calcular as medidas de negócios, tal como venda média por visita à loja, e em quais relatórios que você quer que ela apareça. Uma aplicação analítica pré-construída oferece esta e outras métricas para você. Algumas aplicações analíticas construídas fornecem um ambiente de desenvolvimento para a montagem de aplicações.

A proposição de valor das aplicações analíticas é o início rápido, como a redução do tempo de colocação no mercado e entrega. Algumas das questões fundamentais para a avaliação de aplicações analíticas são:

1. Será que temos os sistemas de origens padrões para o ETL que é fornecido? Se sim, quanto o modificamos? Menos modificações equivale a mais valor e melhor adequação.
2. Quantos sistemas de outras fontes precisamos integrar? Quanto menos fontes, melhor valor e adequação.
3. Quantas são as consultas padrão da indústria enlatadas, relatórios e dashboards de acordo com a nossa empresa? Envolva seus analistas de negócios e clientes e deixe-os responder isso!
4. Qual parte da infraestrutura de aplicação analítica corresponde à sua infraestrutura existente? Quanto mais correspondência, melhor valor e adequação.

9.3.4.4 Implementar Dashboards e Scorecards de Gestão

Dashboards e scorecards são duas formas de apresentar informações sobre o desempenho de forma eficiente. Normalmente, os dashboards são muito mais orientados para apresentação dinâmica de informações operacionais, enquanto scorecards são mais representações estáticas de longo prazo das metas da organização, tática ou estratégica. Scorecards focam em uma determinada métrica e se comparam a um destino, muitas vezes refletindo um estado simples de vermelho, amarelo e verde para as metas, com base em regras de negócio; painéis geralmente apresentam vários números de muitas maneiras diferentes.

Normalmente, scorecards são divididos em quatro quadrantes ou pontos de vista da organização: Finanças, Clientes, Meio Ambiente e Funcionários, embora haja flexibilidade, em função das prioridades da Organização. Cada um terá um número de métricas que são relatadas e tenderam a vários alvos definidos pelos executivos seniores. Variação de metas é apresentada, geralmente com uma causa ou um comentário que acompanha cada métrica. Reportagem é geralmente um intervalo definido, e a propriedade de cada métrica é atribuída de modo que as expectativas de melhoria de desempenho podem ser aplicadas.

Em seu livro sobre Performance Dashboards, Wayne Eckerson fornece cobertura em profundidade os tipos e as arquiteturas de dashboards. O objetivo de apresentar esta informação é fornecer um exemplo de como o caminho de várias técnicas de BI se combinam para criar um rico ambiente de BI integrado. A Figura 9.6 é uma adaptação de uma publicação TDWI relacionada.

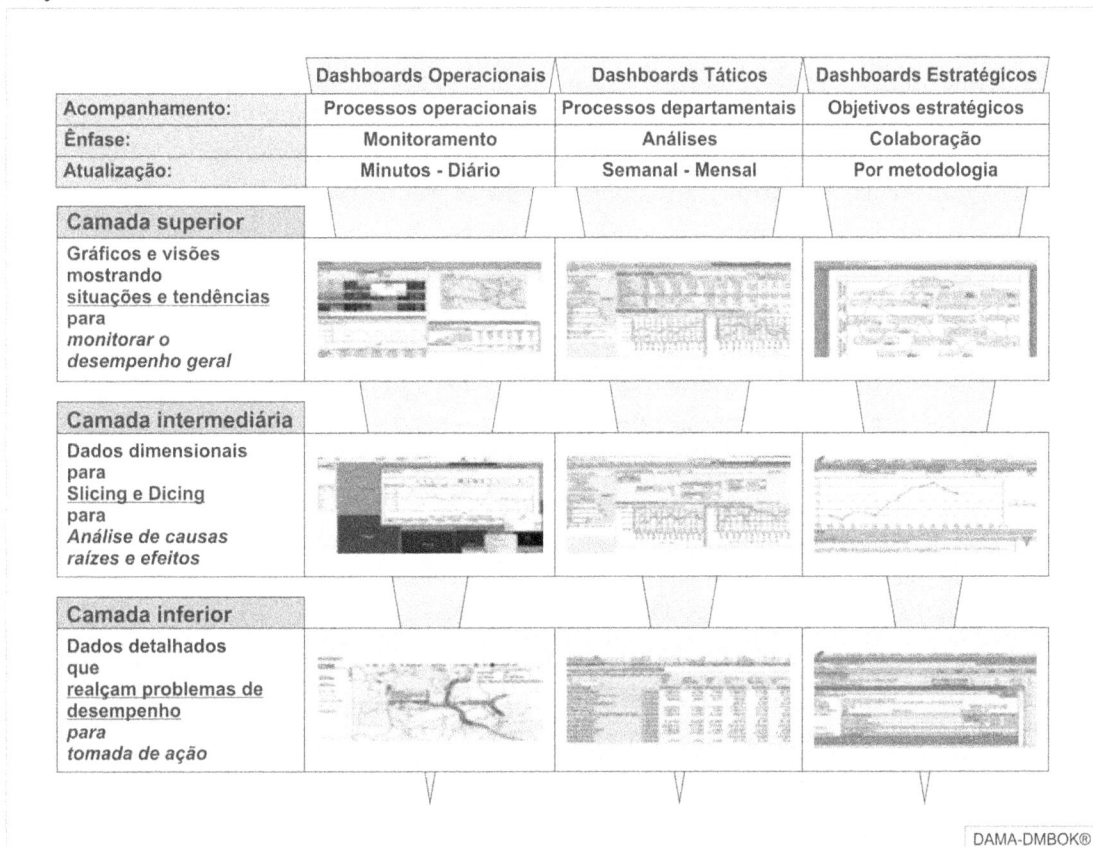

Figura 9.6 As três arvores dos Dashboards de desempenho

9.3.4.5 Ferramentas de Gestão de Desempenho

Aplicações de gestão de desempenho incluem orçamento, planejamento e consolidação financeira. Tem havido uma série de grandes aquisições neste segmento, como fornecedores de ERP e fornecedores de BI vêem aqui grandes oportunidades de crescimento e acreditam que BI e Gestão de Desempenho são convergentes. Do lado da compra dos clientes, o grau em que os clientes compram BI e gestão de desempenho do mesmo fornecedor depende de recursos do produto, mas também sobre o grau em que o CFO e CIO cooperam. É importante notar que o orçamento e o planejamento não se aplicam apenas aos indicadores financeiros, mas à força de trabalho, capital, e assim por diante também.

9.3.4.6 Ferramentas de Análise Preditiva e Mineração de Dados

A mineração de dados é um tipo particular de análise que revela padrões em dados usando vários algoritmos. Considerando que o padrão de consulta e ferramentas de relatórios exige que você tenha uma pergunta específica, uma ferramenta de mineração de dados vai ajudar os usuários a descobrir as relações ou os padrões de apresentação de uma forma mais exploratória. A análise preditiva (analise o que) permite aos usuários criar um modelo, testar o modelo baseado em dados reais, e, em seguida, os resultados futuros do projeto. Mecanismos fundamentais que podem ser redes neurais ou inferência.

Use a mineração de dados em análise de previsão, detecção de fraudes, análise de causa raiz (por meio do agrupamento), segmentação de clientes e de pontuação e análise de cesta de compras. Apesar da mineração de dados ser um segmento do mercado de BI, continua a ser uma aplicação reservada para usuários especialistas. No passado, os estatísticos tinham grande parte de dados extraídos dos sistemas de origem e data warehouses para realizar análises fora do ambiente de BI. Recentes parcerias entre BI e os vendedores de Bancos de Dados estão proporcionando maior entrosamento e integração das capacidades de processamento analítico e Bancos de Dados. Normalmente extrações de arquivos simples são usadas para treinar o mecanismo, e depois uma varredura completa em um banco de dados fonte é realizado, produzindo relatórios estatísticos e gráficos.

Note que uma boa estratégia para fazer a interface com muitas ferramentas de mineração de dados é trabalhar com os analistas de negócios para definir o conjunto de dados necessários para análise, e depois efetuar acertos para envio de arquivos extraídos periodicamente. Esta estratégia libera o processamento multi-pass intenso envolvido na mineração de dados do DW, e muitas ferramentas de mineração de dados trabalham com entrada baseada em arquivo, também.

9.3.4.7 Ferramentas Avançadas de Visualização e Descoberta

As ferramentas avançadas de visualização e descoberta geralmente usam uma arquitetura de memória para permitir aos usuários interagir com os dados em uma forma altamente visual e interativa. Padrões em um grande conjunto de dados podem ser difíceis de reconhecer em uma exibição de números. Um padrão pode ser captado visualmente muito rapidamente, quando milhares de pontos de dados são carregados em uma exibição sofisticada em uma única página de exibição.

A diferença dessas ferramentas em relação à maioria dos produtos dashboards é geralmente em:

1. O grau de análise sofisticada e os tipos de visualização, tais como múltiplos pequenos, spark lines, mapas de calor, histogramas, gráficos de cachoeira, gráficos bala, e assim por diante.
2. Aderência às melhores práticas de acordo com a comunidade de visualização.
3. O grau de interatividade e de descoberta visual versus a criação de um gráfico em uma exibição de dados tabulares.

9.3.5 PROCESSAMENTO DE DADOS DE BUSINESS INTELLIGENCE

A maior parte do trabalho em qualquer esforço da DW-BIM está na preparação e processamento dos dados. Esta seção apresenta alguns dos componentes da arquitetura e sub-atividades envolvidas no processamento de dados para BI.

9.3.5.1 *Áreas de Staging*

A área de staging é o armazenamento de dados intermediário entre uma fonte de dados original e o repositório de dados centralizado. Toda purificação, reconciliação, transformação e relacionamentos as necessárias acontecem nesta área. Arquiteturas avançadas implementam esses processos de uma forma bem definida e progressiva. Dividindo o trabalho reduz a complexidade total, e torna a depuração muito mais simples. Ter uma área de staging inicial é uma estratégia comum e simples de descarregar um conjunto completo de dados do sistema de origem respectivo, tal como está, ou seja, sem transformações.

Um mecanismo de captura de mudança reduz o volume dos conjuntos de dados transmitidos. Vários meses a alguns anos de dados podem ser armazenados na área de estágio inicial. Os benefícios dessa abordagem incluem:

- Melhorar o desempenho no sistema de origem, permitindo assim que seja lá armazenado um histórico limitado.
- Captação pró-ativa de um conjunto completo de dados, permitindo que as necessidades futuras.
- Minimizar o impacto do tempo e desempenho no sistema de origem por ter uma única extração.
- Criação pró-ativa de um armazenamento de dados que não está sujeita às limitações do sistema transacional.

Componentes de projeto de utilização posterior para filtrar apenas os dados necessários para as prioridades do negócio, e não iterativo, progressivo, em conformidade e normalização. Projetos que ainda permitem a separação de dados em conformidade, como a conformidade de tipos e conjuntos de valor, a partir da fusão e da normalização será mais simples de manter. Muitas arquiteturas nomeiam essa integração e transformação de dados para distingui-la de uma simples cópia da área de staging.

9.3.5.2 Mapeamento de Origens e Destinos

Mapeamento Origem para o Destino é a atividade de documentação que define os detalhes do tipo de dados e regras de transformação para todas as entidades requeridas e elementos de dados, e cada uma delas para cada destino individual. DW-BIM acrescenta requisitos adicionais a este processo clássico de origem em relação ao objetivo de mapeamento encontrado como um componente de qualquer migração de dados típicos. Em particular, um dos objetivos do esforço DW-BIM deveria ser proporcionar uma linhagem completa de cada elemento de dados disponíveis no ambiente de BI todo o caminho de volta à sua respectiva origem.

A parte mais difícil de qualquer esforço de mapeamento é determinar ligações válidas entre elementos de dados em múltiplos sistemas equivalentes. Considere o esforço para consolidar dados em um EDW de cobrança múltipla ou sistemas de gestão de pedidos. Existem chances de que as tabelas e campos que contenham dados equivalentes não tenham os mesmos nomes ou estruturas. Uma taxonomia sólida é necessária para combinar os elementos de dados em diferentes sistemas em uma estrutura consistente no EDW. Origens douradas ou sistema(s) de origem de registros deverá ser assinalada pelo Negócio.

9.3.5.3 Limpeza de Dados e Transformações (Aquisição de Dados)

A limpeza de dados focaliza nas atividades que corrigem e melhoram os valores de domínio de elementos de dados individuais, incluindo a aplicação de normas. A limpeza é especialmente necessária para as cargas iniciais, onde a história significativa está envolvida. A estratégia preferida é empurrar a limpeza de dados e da atividade de correção de volta para os sistemas de origem, sempre que possível.

As estratégias devem ser desenvolvidas para linhas de dados que são carregados, mas consideradas incorretas. Uma política para a exclusão dos registros antigos pode causar alguns estragos com tabelas relacionadas e chaves substitutas, expirando uma linha e carregar os dados novos como uma linha completamente nova pode ser uma opção melhor.

A transformação dos dados concentra-se em atividades que proporcionem contexto organizacional entre elementos de dados, entidades e áreas temáticas. Contexto organizacional inclui referências cruzadas, gestão de dados mestres e de referência (ver Capítulo 8), e os relacionamentos completos e corretos. A transformação dos dados é um componente essencial capaz de integrar dados de múltiplas fontes. Desenvolvimento de transformação de dados requer amplo envolvimento com a Governança de Dados.

9.3.6 MONITORAR E AJUSTAR PROCESSOS DATA WAREHOUSING

Transparência e visibilidade são os princípios fundamentais que devem conduzir o monitoramento do DW-BIM. Quanto mais se pode expor os detalhes das atividades DW-BIM, mais os clientes finais podem ver e compreender o que está acontecendo (e ter confiança no BI) e menos apoio direto ao cliente final será necessário. Proporcionar um dashboard que apresenta o status de alto nível de atividades de entrega de dados, com capacidade drill-down, é uma prática que permite que uma extração sobre demanda de informações por parte do pessoal de apoio e clientes. A adição de medidas de qualidade de dados vai aumentar o valor deste dashboard onde o desempenho é mais do que apenas a velocidade e o tempo.

Processamentos devem ser monitorados por meio do sistema de pontos de estrangulamento e dependências entre os processos. Técnicas de ajuste de banco de dados devem ser empregadas onde e quando necessário, incluindo particionamento, backup ajustado e estratégias de recuperação. O arquivamento é um assunto difícil, em data warehousing. Usuários frequentemente consideram o armazém de dados como um arquivo ativo, devido aos longos históricos que são construídos, e não são dispostos, especialmente se as fontes OLAP derrubaram registros, para ver o data warehouse começar um arquivamento.

Gestão por exceção é uma grande política para aplicar aqui. Enviar mensagens de sucesso normalmente resulta em mensagens ignoradas, mas o envio de mensagens de atenção sobre a falha é uma adição prudente a um dashboard.

9.3.7 MONITORAR E AJUSTAR ATIVIDADES E DESEMPENHO DE BI

Transparência e visibilidade são os princípios fundamentais.

A melhor prática para monitorar e ajustar o BI é definir e exibir um conjunto de satisfação dos clientes em frente às métricas utilizadas. O tempo médio de resposta da consulta e o número de usuários por dia / semana / mês, são exemplos de métricas úteis para mostrar. Além de exibir as medidas estatísticas disponíveis a partir dos sistemas, é útil fazer um levantamento dos clientes DW-BIM regularmente.

A revisão periódica das estatísticas de uso e padrões é essencial. Relatórios fornecendo frequência e uso de recursos de dados, consultas, e relatórios permitem uma melhoria prudente. A atividade de ajustar o BI é análoga ao princípio de perfis de aplicativos, a fim de saber quais são os gargalos e onde aplicar os esforços de otimização. A criação de índices e agregações é mais eficaz quando feito de acordo com os padrões de utilização e estatística. Ganhos de desempenho enormes podem vir a partir de soluções simples, como a afixação dos resultados completados diariamente com um relatório que é executado centenas ou milhares de vezes por dia.

9.4 Resumo

Os princípios orientadores para a aplicação de data warehousing e gestão de business intelligence em uma organização, uma tabela resumo das funções para cada atividade de data warehousing e business intelligence, a organização e as questões culturais que possam surgir durante a gestão do data warehousing e business intelligence são resumidos a seguir.

9.4.1 PRINCÍPIOS ORIENTADORES

A implementação do data warehousing e gestão do business intelligence em uma organização segue onze princípios orientadores:

1. Obter o comprometimento e apoio dos executivos. Esses projetos são muito trabalhosos.

2. Especialistas em Segurança do Negócio: Suporte e alta disponibilidade são necessários para obter os dados corretos e solução de BI útil.

3. Ser um negócio focado e dirigido. Certifique-se de que o trabalho do DW / BI está servindo as necessidades reais de negócio prioritárias e resolvendo problemas urgentes de negócios. Deixe o negócio dirigir a priorização.

4. Qualidade de Dados demonstrável é essencial. Fundamental para o sucesso do DW / BI é ser capaz de responder a perguntas básicas como Por que essa soma X? Como foi computado? e De onde vêm os dados?

5. Fornecer valor incremental. Idealmente entrega em 2-3 segmentos contínuos por mês.

6. Transparência e self-service. Quanto mais contexto fornecido (todos os tipos de meta-dados), mais valor os clientes obtêm. Sabiamente expor informações sobre o processo reduz as chamadas e aumenta a satisfação.

7. Um tamanho não serve para todos. Certifique-se de encontrar as ferramentas e produtos para cada um dos seus segmentos de clientes.

8. Pensar e arquitetar globalmente, agir e construir localmente. Deixe a imagem de grande visão e guia final para a arquitetura, mas construa e entregue de forma incremental, com prazo muito mais curto e mais foco do projeto-base.

9. Colaborar e integrar todas as iniciativas de outros dados, especialmente aqueles para a governança de dados, qualidade de dados e meta-dados.

10. Comece com o fim em mente. Deixe a prioridade do negócio e o alcance do final de entrega de dados, no espaço da unidade de BI a criação de conteúdos da DW. O objetivo principal para a existência da DW é a de servir dados para os clientes organizacionais finais por meio das capacidades de BI.

11. Resumir e otimizar por último, não em primeiro lugar. Construir sobre os dados atômicos e adicionar agregados ou resumos como necessários para o desempenho, mas não substituir o detalhe.

9.4.2 RESUMO DO PROCESSO

O resumo do processo para data warehousing e gestão de business intelligence é mostrada na Tabela 9.9. Os resultados, os papéis de grande responsabilidade, os papéis de aprovação e funções que contribuem são mostrados para cada atividade no data warehousing e funções de gestão de business intelligence. A tabela também é mostrada no Apêndice A9.

Atividades	Entregas	Papéis Responsáveis	Papéis de Aprovação	Papéis de Contribuição
7.1 Entender as necessidades de informações de BI (P)	Requerimentos de DW-BIM para o projeto	Analista de dados/BI Gestor do programa de BI Especialista no assunto	Gestor de dados, Executivos e gestores de negócio	Especialistas em meta-dados, Líder do processo de negócio

Atividades	Entregas	Papéis Responsáveis	Papéis de Aprovação	Papéis de Contribuição
7.2 Definir a arquitetura de data warehouse/ BI (P) (Igual a 2.5)	Arquitetura de BI DW	Arquiteto de Data Warehouse, Arquiteto de BI	Arquiteto de dados corporativos, Executivo de DM, CIO. Comitê de direcionamento de arquitetura de dados, conselho de governança de dados	Especialistas em BI, Especialistas em integração de dados, DBAs, outros gestores de dados, Arquitetos de TI
7.3 Implementação de Data Warehouses e Data Marts (D)	Data Warehouses, Data Marts, cubos OLAP	Especialistas em BI	Arquiteto de data warehouse, equipes de gestão de dados	Especialistas em integração de dados, DBAs, outros gestores de dados, outros profissionais de TI
7.4 Implementação de ferramentas de BI e interfaces de usuários. (P)	Ferramentas de BI e ambientes de usuários, Requisições e dashboards, scorecards, aplicações analíticas, etecetera.	Especialistas em business intelligence	Arquiteto de Data Warehouse, Comitê de gestão de dados Conselho de governança de dados, Executivos e gestores de negócio	Arquiteto de Data Warehouse, Outros gestores de dados, outros profissionais de TI
7.5 Processamento de dados para BI (O)	Dados integrados e acessíveis Detalhes da resposta da qualidade dos dados	DBAs Especialistas em integração de dados	Gestores de dados	Outros gestores de dados, outros profissionais de TI
7.6 Monitorar e ajustar processos de Data Warehouse (C)	Relatórios de desempenho de DW	DBAs Especialistas em integração de dados		Operadores de TI
7.7 Monitorar e ajustar a atividade e desempenho de BI (C)	Relatório de desempenho de BI, novos índices, Novas agregações	Especialistas em Business intelligence, DBAs, Analistas de BI		Outros gestores de dados, Operadores de TI, Auditores de TI

Tabela 9.9 Resumo dos Processos de Gestão de DW e BI

9.4.3 QUESTÕES ORGANIZACIONAIS E CULTURAIS

Q1: Eu não consigo apoiar o CEO / CIO. O que posso fazer?

A1: Tente descobrir a urgência e as questões dos problemas de negócios e alinhe o projeto com o fornecimento de soluções para esses.

Q2: Como posso equilibrar as pressões de entrega de projetos individuais com as metas de programação do DW/BI de construção usando dados reutilizáveis e infraestrutura?

A2a: Construir a infraestrutura de reutilizáveis e os dados um pedaço de cada vez.

A2b: Use a matriz de barramento DW como uma ferramenta de comunicação e marketing. Em uma base projeto a projeto, negocie um dar e receber - por exemplo; "Aqui estão as dimensões conformadas dos outros projetos desenvolvidos dos quais você pode se aproveitar"; E "Aqui estão os que pedimos para este projeto para que elas possam contribuir para a construção de outros projetos futuros."

A2c: Não aplicar o mesmo rigor e sobrecarga para todas as fontes de dados. Relaxar as regras / sobrecarga para a única fonte, os dados específicos do projeto. Use as prioridades de negócio para determinar onde aplicar o rigor extra. Em suma, use a regra clássica 80/20: 80% do valor vêm de 20% dos dados. Determine o que é dos 20% e foque sobre ele.

9.5 Leitura recomendada

As referências listadas abaixo fornecem uma leitura adicional que suportam o material apresentado no Capítulo 9. Estas leituras recomendadas também estão incluídas na bibliografia no final do Guia.

9.5.1 DATA WAREHOUSING

Adamson, Christopher. Mastering Data Warehouse Aggregates: Solutions for Star Schema Performance. John Wiley & Sons, 2006. ISBN 0-471-77709-9. 345 pages.

Adamson, Christopher and Michael Venerable. Data Warehouse Design Solutions. John Wiley & Sons, 1998. ISBN 0-471-25195-X. 544 pages.

Adelman, Sid and Larissa T. Moss. Data Warehouse Project Management. Addison-Wesley Professional, 2000. ISBN 0-201-61635-1. 448 pages.

Adelman, Sid and others. Impossible Data Warehouse Situations: Solutions from the Experts. Addison-Wesley, 2002. ISBN 0-201-76033-9. 432 pages.

Brackett, Michael. The Data Warehouse Challenge: Taming Data Chaos. New York: John Wiley & Sons, 1996. ISBN 0-471-12744-2. 579 pages.

Caserta, Joe and Ralph Kimball. The Data Warehouse ETL Toolkit: Practical Techniques for Extracting, Cleaning, Conforming and Delivering Data. John Wiley & Sons, 2004. ISBN 0-764-56757-8. 525 pages.

Correy, Michael J. and Michael Abby. Oracle Data Warehousing: A Practical Guide to Successful Data Warehouse Analysis, Build and Roll-Out. TATA McGraw-Hill, 1997. ISBN 0-074-63069-5.

Covey, Stephen R. The 7 Habits of Highly Effective People. Free Press, 2004. ISBN 0743269519. 384 Pages.

Dyche, Jill. E-Data: Turning Data Into Information With Data Warehousing. Addison-Wesley, 2000. ISBN 0-201-65780-5. 384 pages.

Gill, Harjinder S. and Prekash C. Rao. The Official Guide To Data Warehousing. Que, 1996. ISBN 0-789-70714-4. 382 pages.

Hackney, Douglas. Understanding and Implementing Successful Data Marts. Addison Wesley, 1997. ISBN 0-201-18380-3. 464 pages.

Imhoff, Claudia, Nicholas Galemmo and Jonathan G. Geiger. Mastering Data Warehouse Design: Relational and Dimensional Techniques. John Wiley & Sons, 2003. ISBN 0-471-32421-3. 456 pages.

Imhoff, Claudia, Lisa Loftis and Jonathan G. Geiger. Building the Customer-Centric Enterprise: Data Warehousing Techniques for Supporting Customer Relationship Management. John Wiley & Sons, 2001. ISBN 0-471-31981-3. 512 pages.

Inmon, W. H. Building the Data Warehouse, 4th Edition. John Wiley & Sons, 2005. ISBN 0-764-59944-5. 543 pages.

Inmon, W. H. Building the Operational Data Store, 2nd edition. John Wiley & Sons, 1999. ISBN 0-471-32888-X. 336 pages.

Inmon, W. H., Claudia Imhoff and Ryan Sousa. The Corporate Information Factory, 2nd edition. John Wiley & Sons, 2000. ISBN 0-471-39961-2. 400 pages.

Inmon, W. H. and Richard D. Hackathorn. Using the Data Warehouse. Wiley-QED, 1994. ISBN 0-471-05966-8. 305 pages.

Inmon, William H., John A. Zachman and Jonathan G. Geiger. Data Stores, Data Warehousing and the Zachman Framework. McGraw-Hill, 1997. ISBN 0-070-31429-2. 358 pages.

Kimball, Ralph and Margy Ross. The Data Warehouse Toolkit: The Complete Guide to Dimensional Modeling, 2nd edition. New York: John Wiley & Sons, 2002. ISBN 0-471-20024-7. 464 pages.

Kimball, Ralph, Laura Reeves, Margy Ross and Warren Thornwaite. The Data Warehouse Lifecycle Toolkit: Expert Methods for Designing, Developing and Deploying Data Warehouses. John Wiley & Sons, 1998. ISBN 0-471-25547-5. 800 pages.

Kimball, Ralph and Richard Merz. The Data Webhouse Toolkit: Building the Web-Enabled Data Warehouse. John Wiley & Sons, 2000. ISBN 0-471-37680-9. 416 pages.

Mattison, Rob, Web Warehousing & Knowledge Management. McGraw Hill, 1999. ISBN 0-070-41103-4. 576 pages.

Morris, Henry. Analytic Applications and Business Performance Management. DM Review Magazine, March, 1999. www.dmreview.com. Note: www.dmreview.com is now www.information-management.com.

Moss, Larissa T. and Shaku Atre. business intelligence Roadmap: The Complete Project Lifecycle for Decision-Support Applications. Addison-Wesley, 2003. ISBN 0-201-78420-3. 576 pages.

Poe, Vidette, Patricia Klauer and Stephen Brobst. Building A Data Warehouse for Decision Support, 2nd edition. Prentice-Hall, 1997. ISBN 0-137-69639-6. 285 pages.

Ponniah, Paulraj. Data Warehousing Fundamentals: A Comprehensive Guide for IT Professionals. John Wiley & Sons – Interscience, 2001. ISBN 0-471-41254-6. 528 pages.

Westerman, Paul. Data Warehousing: Using the Wal-Mart Model. Morgan Kaufman, 2000. ISBN 155860684X. 297 pages.

9.5.2 BUSINESS INTELLIGENCE

Biere, Mike. business intelligence for the Enterprise. IBM Press, 2003. ISBN 0-131- 41303-1. 240 pages.

Eckerson, Wayne W. Performance Dashboards: Meassuring, Monitoring, and Managing Your Business. Wiley, 2005. ISBN-10: 0471724173. 320 pages.

Bischoff, Joyce and Ted Alexander. Data Warehouse: Practical Advice from the Experts. Prentice-Hall, 1997. ISBN 0-135-77370-9. 428 pages.

Howson, Cindi. The business intelligence Market. http://www.biscorecard.com/. Requires annual subscription to this website.

Malik, Shadan. Enterprise Dashboards: Design and Best Practices for IT. Wiley, 2005. ISBN 0471738069. 240 pages.

Moss, Larissa T., and Shaku Atre. business intelligence Roadmap: The Complete Project Lifecycle for Decision-Support Applications. Addison-Wesley, 2003. ISBN 0-201-78420-3. 576 pages.

Vitt, Elizabeth, Michael Luckevich and Stacia Misner. business intelligence. Microsoft Press, 2008. ISBN 073562660X. 220 pages.

9.5.3 MINERAÇÃO DE DADOS

Cabena, Peter, Hadjnian, Stadler, Verhees and Zanasi. Discovering Data Mining: From Concept to Implementation. Prentice Hall, 1997. ISBN-10:0137439806.

Delmater, Rhonda and Monte Hancock Jr. Data Mining Explained, A Manager's Guide to Customer-Centric business intelligence. Digital Press, Woburn, MA, 2001. ISBN 1-5555-8231-1.

Rud, Olivia Parr. Data Mining Cookbook: Modeling Data for Marketing, Risk and Customer Relationship Management. John Wiley & Sons, 2000. ISBN 0-471-38564-6.

9.5.4 OLAP

Thomsen, Erik. OLAP Solutions: Building Multidimensional Information Systems, 2nd edition. Wiley, 2002. ISBN -10: 0471400300. 688 pages.

Wremble, Robert and Christian Koncilia. Data Warehouses and Olap: Concepts, Architectures and Solutions. IGI Global, 2006. ISBN: 1599043645. 332 pages.

http://www.olapcouncil.org/research/resrchly.htm.

A Gestão de Documentos e Conteúdo é a oitava função da gestão de dados mostrada nas Figuras 1.3 e 1.4 e a sétima função da gestão de dados que interage com a Governança de Dados e por ela é influenciada. Este capítulo define essa função e explica os conceitos e atividades envolvidos na sua aplicação.

10.1 Introdução

A Gestão de Documentos e Conteúdo é o controle sobre a obtenção, o armazenamento, o acesso e a utilização dos dados e informações armazenados fora dos bancos de dados relacionais. Seu foco está na integridade e no acesso. Portanto, equivale aproximadamente a gestão de operações de dados em bancos de dados relacionais. Uma vez que a maioria dos dados não estruturados tenha relação direta com os dados armazenados em arquivos estruturados e bancos de dados relacionais, as decisões de gestão devem assegurar consistência entre essas três áreas. Entretanto, a Gestão de Documentos e Conteúdo vai além do puramente operacional. Seu foco estratégico e tático sobrepõe-se aos de outras funções da gestão de dados no atendimento das necessidades de governança de dados, arquitetura, segurança, meta-dados gerenciados e qualidade de dados não estruturados.

Como seu nome expressa, a Gestão de Documentos e Conteúdo inclui duas subfunções:

- **Gestão de documentos** - é a armazenagem, o inventário e o controle de documentos eletrônicos ou impressos. Considera qualquer arquivo ou registro como um documento; e inclui a gestão de registros[30]. A gestão de documentos engloba os processos, as técnicas e as tecnologias de controle e organização de documentos e registros, armazenados eletronicamente ou impressos.
- **Gestão de conteúdo** - refere-se a processos, técnicas e tecnologias de organização, categorização e estruturação de acesso ao conteúdo das informações, resultando na sua efetiva recuperação e reutilização. A gestão de conteúdo é particularmente importante no desenvolvimento de websites e portais, mas as técnicas de indexação baseadas em palavras-chave e a organização baseada em taxonomias podem ser aplicadas por meio das plataformas de tecnologia. Algumas vezes, a gestão de conteúdo é definido como Gestão de Conteúdo Organizacional (*Enterprise Content Management = ECM*), implicando que o escopo da gestão de conteúdo abrange a empresa toda.

---

[30] A norma ISO 15489:2001 define a gestão de registros como "o campo do gestão responsável pelo controle eficiente e sistemático da criação, recebimento, manutenção, uso e disposição de registros, incluindo os processos de captação e manutenção de evidência de atividades de negócios e transações (e informações sobre estas) na forma de registros".

Em geral, a gestão de documentos preocupa-se com os arquivos com menor noção de conteúdo. O conteúdo de informações em um arquivo pode indicar como gerenciá-lo, porém a gestão de documentos trata cada arquivo como uma única entidade. Já a gestão de conteúdo "olha" para dentro do arquivo e procura identificar e usar os conceitos incluídos em um determinado conteúdo de informação.

O diagrama de contexto da gestão de documentos e conteúdo é mostrado na Figura 10.1.

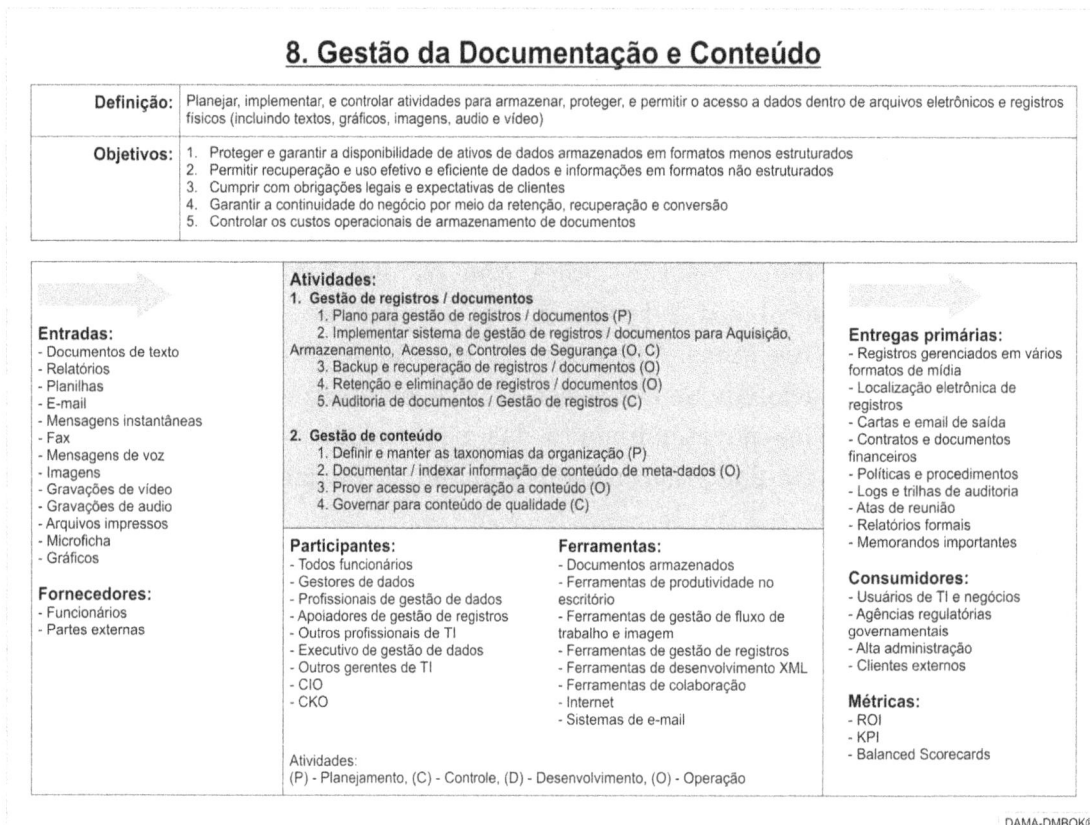

8. Gestão da Documentação e Conteúdo

Definição:	Planejar, implementar, e controlar atividades para armazenar, proteger, e permitir o acesso a dados dentro de arquivos eletrônicos e registros físicos (incluindo textos, gráficos, imagens, audio e vídeo)
Objetivos:	1. Proteger e garantir a disponibilidade de ativos de dados armazenados em formatos menos estruturados 2. Permitir recuperação e uso efetivo e eficiente de dados e informações em formatos não estruturados 3. Cumprir com obrigações legais e expectativas de clientes 4. Garantir a continuidade do negócio por meio da retenção, recuperação e conversão 5. Controlar os custos operacionais de armazenamento de documentos

Entradas:
- Documentos de texto
- Relatórios
- Planilhas
- E-mail
- Mensagens instantâneas
- Fax
- Mensagens de voz
- Imagens
- Gravações de vídeo
- Gravações de audio
- Arquivos impressos
- Microficha
- Gráficos

Fornecedores:
- Funcionários
- Partes externas

Atividades:
1. Gestão de registros / documentos
　1. Plano para gestão de registros / documentos (P)
　2. Implementar sistema de gestão de registros / documentos para Aquisição, Armazenamento, Acesso, e Controles de Segurança (O, C)
　3. Backup e recuperação de registros / documentos (O)
　4. Retenção e eliminação de registros / documentos (O)
　5. Auditoria de documentos / Gestão de registros (C)

2. Gestão de conteúdo
　1. Definir e manter as taxonomias da organização (P)
　2. Documentar / indexar informação de conteúdo de meta-dados (O)
　3. Prover acesso e recuperação a conteúdo (O)
　4. Governar para conteúdo de qualidade (C)

Participantes:
- Todos funcionários
- Gestores de dados
- Profissionais de gestão de dados
- Apoiadores de gestão de registros
- Outros profissionais de TI
- Executivo de gestão de dados
- Outros gerentes de TI
- CIO
- CKO

Ferramentas:
- Documentos armazenados
- Ferramentas de produtividade no escritório
- Ferramentas de gestão de fluxo de trabalho e imagem
- Ferramentas de gestão de registros
- Ferramentas de desenvolvimento XML
- Ferramentas de colaboração
- Internet
- Sistemas de e-mail

Atividades:
(P) - Planejamento, (C) - Controle, (D) - Desenvolvimento, (O) - Operação

Entregas primárias:
- Registros gerenciados em vários formatos de mídia
- Localização eletrônica de registros
- Cartas e email de saída
- Contratos e documentos financeiros
- Políticas e procedimentos
- Logs e trilhas de auditoria
- Atas de reunião
- Relatórios formais
- Memorandos importantes

Consumidores:
- Usuários de TI e negócios
- Agências regulatórias governamentais
- Alta administração
- Clientes externos

Métricas:
- ROI
- KPI
- Balanced Scorecards

DAMA-DMBOK®

Figura 10.1 Diagrama de contexto da gestão de documentos e conteúdo

10.2 Conceitos e Atividades

Os limites entre gestão de documentos e gestão de conteúdo são difusos à medida que os processos e as funções nas empresas se entrelaçam e os fornecedores tentam ampliar os mercados para seus produtos de tecnologia.

Os princípios fundamentais da gestão de dados, de acordo com este guia, aplicam-se tanto aos dados estruturados quanto aos não estruturados. Estes últimos constituem-se em valiosos ativos corporativos. Armazenagem, integridade, segurança, qualidade de conteúdo, acesso e uso eficaz orientam a gestão dos dados não estruturados, que exigem governança de dados, arquitetura, segurança de meta-dados e qualidade de dados.

Um sistema de gestão de documentos é uma aplicação utilizada para rastrear e armazenar documentos eletrônicos e imagens eletrônicas de documentos em papel. Bibliotecas de sistemas de documentos, sistemas de correio eletrônico e sistemas de gestão de imagens são formas especializadas de um sistema de gestão de documentos, que provê: armazenagem, conversão, segurança, gestão de meta-dados, indexação de conteúdos e recursos de recuperação.

Um sistema de gestão de conteúdo é utilizado para coletar, organizar, indexar e recuperar conteúdos de informação e armazená-los tanto como componentes quanto como documentos integrais e ao mesmo tempo manter links entre componentes. Também pode prover controles para revisar conteúdos de informação em documentos. Enquanto um sistema de gestão de documentos pode prover funcionalidade de gestão dos documentos sob seu controle, um sistema de gestão de conteúdo é essencialmente independente de onde e como os documentos estão armazenados.

10.2.1 DADOS NÃO ESTRUTURADOS

Dados não estruturados são qualquer documento, arquivo, gráfico, imagem, texto, relatório, formulário ou gravação de vídeo ou áudio que não tenha sido codificado ou de outra forma estruturado em linhas e colunas ou registros. Dados não tabulares incluem dados não estruturados assim como dados codificados. O termo *não estruturado* tem conotações injustas, uma vez que usualmente há alguma estrutura nesses formatos como, por exemplo, parágrafos e capítulos.

De acordo com muitas estimativas, cerca de 80% de todos os dados armazenados são mantidos fora de bancos de dados relacionais. Dados não estruturados ou semi-estruturados se apresentam como informações armazenadas em contexto. De fato, há sempre alguma estrutura na qual os dados fornecem informações, e essa estrutura pode até ser tabular em sua apresentação. Assim, nenhuma palavra sozinha descreve adequadamente o vasto volume e o formato variado dos dados não estruturados.

Dados não estruturados são encontrados em diferentes tipos de formatos eletrônicos, incluindo documentos de processamento de palavras, e-mails, arquivos planos, tabelas, arquivos XML, mensagens transacionais, relatórios, gráficos organizacionais, imagens digitais, microfichas e gravações de áudio e vídeo. Uma enorme quantidade de dados não estruturados também é encontrada em arquivos impressos em papel.

10.2.2 GESTÃO DE DOCUMENTOS/REGISTROS

Gestão de Documentos/Registros é a gestão do ciclo de vida dos documentos significativos para a organização. Nem todos os documentos são significativos como evidências das atividades de negócios da organização e de sua conformidade às normas legais.

Enquanto alguns esperam que a tecnologia um dia possibilite a existência de um mundo sem papéis, o mundo de hoje certamente está cheio de documentos e registros impressos. A gestão de registros lida com registros em papel e microfichas/microfilmes desde sua criação ou recebimento, passando pelas etapas de processamento, distribuição, organização e recuperação, até sua disposição final. Os registros podem ser físicos, como documentos, memorandos, contratos, relatórios ou microfichas; eletrônicos, como conteúdo de e-mail, anexos e mensagens instantâneas; conteúdos de um website; documentos de todos os tipos gravados em diferentes mídias e em hardware; e dados capturados em bancos de dados de todos os tipos. Há ainda registros híbridos, que combinam formatos tais como os de cartões de acesso ou abertura (registros em papel com uma janela de microficha incorporada contendo detalhes ou material de suporte).

Mais de 90% dos registros criados atualmente são eletrônicos. O crescimento do e-mail e das mensagens instantâneas tornou a gestão de registros eletrônicos crítico para a organização. Normas de conformidade e dispositivos legais como o Código Civil e o Código de Defesa do Consumidor, agora representam preocupações para os responsáveis pelo cumprimento das regras de conformidade da corporação, os quais, por sua vez, têm feito pressão para que haja maior padronização nas práticas internas de gestão de registros.

Devido a questões de privacidade, proteção de dados e prevenção de roubo de identidade, os processos de gestão de registros não devem reter certos dados sobre pessoas nem transportá-los por meio de fronteiras internacionais. Pressões tanto do mercado quanto das normas regulatórias resultam em um foco mais concentrado em prazos de retenção, locação, transporte e destruição de registros.

O ciclo de vida da Gestão de Documentos/Registros inclui as seguintes atividades:

- Identificação de documentos/registros existentes ou recentemente criados.
- Criação, aprovação e imposição de políticas de documentos/registros.
- Classificação de documentos/registros.
- Política de retenção de documentos/registros.
- Armazenagem a curto e a longo prazo de documentos/registros físicos e eletrônicos.
- Recuperação e circulação: permissão de acesso e circulação de documentos/registros de acordo com políticas, padrões de segurança e controle e exigências legais.
- Preservação e disposição: arquivamento e remoção de documentos/registros de acordo com as necessidades, os estatutos e as normas organizacionais.

Os profissionais de gestão são as partes interessadas nas decisões relativas aos esquemas de classificação e retenção, com o objetivo de dar suporte ao nível organizacional de consistência entre a base de dados estruturados que se relacionam com dados não estruturados específicos. Por exemplo: se relatórios de produção finalizados são considerados documentos históricos apropriados, os dados estruturados em um ambiente OLTP ou de warehouse podem ser liberados de armazenar os dados básicos do relatório.

10.2.2.1 Plano para Gestão de Documentos / Registros

A prática do gestão de documentos envolve o planejamento em diferentes níveis do ciclo de vida de um documento, desde sua criação ou recebimento, passando por sua organização para recuperação e distribuição, até seu arquivamento ou disposição. Requer o desenvolvimento de sistemas de classificação/indexação e taxonomias que facilitem a recuperação dos documentos e a criação de planos e políticas em torno de documentos e registros baseados no valor dos dados para a organização e como evidência das transações organizacionais.

Estabelecer, comunicar e impor políticas, procedimentos e melhores práticas para documentos. A legislação sobre liberdade de informação em algumas jurisdições determina que as agências governamentais atendam às solicitações de documentos dos cidadãos por meio de processos muito formais. Essas organizações também coordenam a avaliação dos documentos, e até de partes dos documentos, para sua liberação total ou parcial e a escala de tempo para qualquer liberação.

Primeiro, identificar a unidade organizacional responsável pela gestão de documentos/registros. Essa unidade desenvolve um plano de armazenagem de registros para curto e longo prazo.

As de retenção de registros de acordo com os padrões da empresa e as normas legais. Coordena o acesso e a distribuição dos registros internamente e externamente e integra melhores práticas e fluxos de processo com outros departamentos dentro da organização. E também cria um plano de continuidade dos negócios para documentos/registros vitais.

Finalmente, a unidade desenvolve e executa uma política e um plano de retenção para arquivos, tais como registros selecionados para preservação por longos períodos. Os registros são destruídos ao final de seu ciclo de vida de acordo com necessidades, procedimentos, estatutos e procedimentos operacionais.

10.2.2.2 Implementação de sistemas de Gestão de Documentos/Registros para aquisição, armazenagem, acesso e controles de segurança.

Documentos podem ser criados dentro de um sistema de gestão de documentos ou capturados por meio de scanners ou softwares OCR. Esses documentos eletrônicos devem ser indexados por meio de palavras-chave ou textos durante o processo de captação de modo que o documento possa ser encontrado. Meta-dados, como as datas em que o documento foi criado, revisado e armazenado, e o nome do criador, são tipicamente armazenados para cada documento. Eles poderiam ser extraídos automaticamente do documento ou adicionados pelo usuário. Registros bibliográficos de documentos são dados descritivos estruturados, tipicamente em formato padrão Machine-Readable Cataloging (MARC) que são armazenados em bibliotecas de bancos de dados localmente e tornados disponíveis por meio de catálogos compartilhados mundialmente, como privativos e com permissão de acesso.

A armazenagem de documentos inclui a gestão destes. Um repositório de documentos permite operações de entrada e saída, conversão, colaboração, comparação, arquivamento, definição de status, migração de um meio de armazenagem para outro e disposição. Os documentos podem ser categorizados para recuperação utilizando um único identificador de documento ou por meio da especificação de termos de pesquisa parciais envolvendo o identificador do documento e/ou partes dos meta-dados esperados.

Os relatórios podem ser liberados por meio de diferentes ferramentas, incluindo impressoras, e-mail, websites, portais e mensagens assim como por meio da interface com um sistema de gestão de documentos. Dependendo da ferramenta, os usuários podem pesquisar por drill-downs, visualizações, download/check-in and out e relatórios impressos sob demanda. A gestão de relatórios pode ser facilitado por meio da habilitação das funcionalidades adicionar/modificar/apagar relatórios organizados em pastas. A retenção de relatórios pode ser programada para remoção automática ou arquivamento em outra mídia como disco, CD-ROM, etecetera.

Desde que a funcionalidade necessária seja similar, muitos sistemas de gestão de documentos incluem gestão de ativos digitais. É a gestão de ativos digitais tais como áudio, vídeo, música e fotos digitais. As tarefas incluem catalogação, armazenamento e recuperação de ativos digitais.

Alguns sistemas de gestão de documentos têm um módulo que pode suportar diferentes tipos de fluxos operacionais, tais como:

- Fluxos operacionais manuais que indicam para onde o usuário envia o documento.
- Fluxo operacional baseado em regras, no qual são criadas regras que ditam o fluxo do documento dentro da organização.
- Regras dinâmicas que permitem diferentes fluxos de trabalho baseados no conteúdo.

Os sistemas de gestão de documentos podem ter um módulo de gestão de direitos no qual o administrador garante acesso baseado no tipo de documento e credenciais do usuário. As organizações podem determinar que certos tipos de documentos necessitem de procedimentos adicionais de segurança ou controle. Restrições de segurança, incluindo restrições de privacidade e confidencialidade, aplicam-se durante a criação e a gestão do documento, assim como durante sua liberação. Uma assinatura eletrônica garante a identidade do remetente do documento e a autenticidade da mensagem, entre outras coisas. Alguns sistemas focam mais em controle e segurança de dados e informações do que em seu acesso, uso ou recuperação, particularmente nos setores de inteligência, militar e pesquisa científica. Organizações altamente competitivas ou fortemente controladas por normas legais, como a indústria farmacêutica e o setor financeiro, também adotam medidas extensivas de segurança e controle.

Há esquemas para níveis de controle baseados em quão críticos são os dados e no prejuízo presumido que ocorreria se os dados fossem corrompidos ou perdidos de outra forma. A norma ANSI 859 (2008) estabelece três níveis de controle: formal (o mais rígido), revisão e custódia (o menos rígido).

Ao estabelecer controles em documentos, são recomendados por essa norma os seguintes critérios: Controle *formal* exige a formalização do início da mudança, a completa avaliação da mudança quanto ao impacto da decisão de uma autoridade de mudança, e completo status de responsabilidade na implementação e validação pelas partes interessadas. O controle de *revisão* é menos formal, notificando as partes interessadas e incrementando versões onde uma mudança for requerida. O controle de *custódia* é o menos formal, exigindo apenas armazenagem e meios de recuperação seguros. A Tabela 10.1 mostra um exemplo de lista de ativos de dados e possíveis níveis de controle.

Na determinação de que nível e controle se aplica a determinado ativo de dados, a norma ANSI 859 recomenda a aplicação dos seguintes critérios:

1. Custo de provimento e atualização do ativo.
2. Impacto do projeto, quando a mudança tem custo significativo ou consequências no prazo.
3. Outras consequências da mudança na empresa ou no projeto.
4. Necessidade de reutilização do ativo ou versões anteriores do ativo.
5. Manutenção do histórico da mudança (quando significativo para a empresa ou o projeto).

10.2.2.3 Backup e Recuperação de Documentos/Registros

O sistema de gestão de documentos/registros necessita ser incluído como parte das atividades globais de backup e recuperação da empresa para todos os dados e informações. É crítico que o gerente de documentos/registros esteja envolvido na gestão e na redução de riscos, na continuidade dos negócios, especialmente considerando a segurança de registros vitais. O risco pode ser classificado como ameaças que interrompem parcial ou totalmente uma organização da condução normal de suas operações.

Uso de sites praticamente onlines, hot sites ou cold sites[31] podem ajudar a solucionar algumas dessas questões. Desastres poderiam incluir falta de energia, erros humanos, falhas de rede ou de hardware, mau funcionamento de software, ataque malicioso assim como desastres naturais. Um Plano de Continuidade dos Negócios (também chamado de Plano de Recuperação de Desastre) contém políticas escritas, procedimentos e informações elaboradas para reduzir o impacto de ameaças de todas as mídias dos documentos e registros da organização, e para recuperá-las na eventualidade de um desastre e recuperá-los no mínimo espaço de tempo e com o mínimo de transtorno.

Um programa de registros vitais proporciona à organização acesso aos registros necessários para conduzir seus negócios durante um desastre e a reassumir os negócios normais depois. Registros vitais devem ser identificados, com planos desenvolvidos para proteção e recuperação e os planos devem ser mantidos. Exercícios de continuidade dos negócios precisam incluir a recuperação de registros vitais. Os funcionários e os gestores responsáveis pelos registros vitais necessitam de treinamento. E auditorias internas devem ser conduzidas para assegurar que haja conformidade com o programa de registros vitais.

10.2.2.4 Retenção e Destruição de Documentos / Registros

Um programa de retenção e destruição de documentos / registros define o período de tempo durante o qual documentos e registros para operações, legal, fiscal e com valor histórico devem ser mantidos. Define também quando documentos / registros não estão mais ativos e podem ser transferidos para um arquivo secundário, tal como um local externo para armazenamento. O programa especifica os processos de conformidade, e os métodos e cronogramas para destruição de documentos / registros.

---

[31] Nota de tradução: hot sites e cold sites em tradução livre significa sites promocionais e sites estáticos.

Existem considerações a respeito de software para retenção de documentos / registros. Registro eletrônico pode requerer o uso de combinação apropriada de versões e sistemas operacionais para permitir o acesso. Instalação de novas versões de software ou mudanças tecnológicas podem criar um risco de falha no sistema ou a completa perda da capacidade de leitura e usabilidade.

Gerentes de documentos/registros devem lidar com questões de privacidade e proteção de dados, e também com roubo de identidade. Eles asseguram que não há retenção de dados pessoalmente identificados. Isso traz atenção para como os cronogramas de retenção de registros são montados para a destruição de documentos/registros.

Exigências legais e regulatórias devem ser consideradas quando do ajuste dos cronogramas de retenção de documentos/registros. Os dados digitais em registros eletrônicos são bem adequados para recuperação em casos legais civis ou criminais. Todos os tipos de registros eletrônicos listados na tabela 10.1 podem ser descobertos por evidência, incluindo e-mail, onde as pessoas são frequentemente menos cuidadosas do que deveriam.

Ativo de dados	Formato	Revisão	Custódia
Lista de itens de ação		X	
Agendas			X
Descobertas de auditoria		X	X
Orçamentos	X		
DD 250s			X
Proposta final			X
Dados e relatórios financeiros	X	X	X
Dados de recursos humanos		X	
Minutas de reuniões			X
Avisos, minutas e listas de comparecimento a reuniões		X	X
Planos (incluindo planos de gestão de dados e de configuração de gestão)	X		
Propostas (em processamento)		X	
Cronogramas	X		
Declarações de trabalho	X		
Estudos de mercado		X	
Material de treinamento	X	X	
Documentos de trabalho			X

Tabela 10.1 Exemplos de Níveis de Controle de Documentos (Norma ANSI 859)

Informações sem valor agregado devem ser removidas dos pertences da organização e dispostas fora para evitar desperdício de espaço físico e eletrônico, assim como os custos associados com sua manutenção. O desenvolvimento de políticas e procedimentos e conformidade são críticos para o bom gestão de registros.

Muitas organizações não dão prioridade à remoção de informações sem valor agregado por que:

- As políticas não são adequadas.
    - o Informações sem valor agregado de uma pessoa são informações valiosas de outra.
    - o Incapacidade de prever futuras possíveis necessidades para os registros físicos e/ou eletrônicos existentes.
- Não há compra inicial para o Gestão de Registros.
    - o Incapacidade de decidir quais registros apagar.
    - o Custo percebido de tomar uma decisão e remover registros físicos e eletrônicos.
    - o Espaço eletrônico é barato. Comprar mais espaço quando necessário é mais fácil do que os processos de arquivamento e remoção.

10.2.2.5 Auditoria de Gestão de Documentos/Registros

A gestão de documentos/registros requer auditorias periódicas para assegurar que a informação certa está chegando à pessoa certa no momento certo para a tomada de decisão ou para a execução de atividades operacionais. Um exemplo de amostra de medidas de auditoria é mostrado na Tabela 10.2.

Componente da Gestão de Documentos/Registros	Amostra de Medida de Auditoria
Inventário	Cada local no inventário é identificado de forma única.
Armazenagem	As áreas de armazenagem de documentos/registros físicos têm espaço adequado para acomodar expansão.
Confiabilidade e Precisão	Verificações localizadas são executadas para confirmar que os documentos/registros refletem adequadamente o que foi criado ou recebido.
Esquemas de classificação e indexação	Os planos de arquivos de meta-dados e documentos são bem descritos.
Acesso e recuperação	Usuários finais encontram e recuperar informações críticas com facilidade.
Processos de retenção	O cronograma de retenção é estruturado de forma lógica.
Métodos de disposição	A disposição final dos documentos/registros é feita conforme recomendado.

Segurança e confidencialidade	Violações de confidencialidade de documentos/registros e perda de documentos/registros são registradas como incidentes de segurança e gerenciados de forma apropriada.
Entendimento organizacional da gestão de documentos/registros	Treinamento adequado é dado as partes interessadas e à equipe sobre as funções e as responsabilidades relacionadas a gestão de documentos/registros.

Tabela 10.2 Amostra de Medidas de Auditoria

Uma auditoria usualmente consiste em:

- Definir os direcionamentos da organização e identificar as partes interessadas que compreendem o "porquê" da gestão de documentos/registros.
- Reunir dados sobre o processo (o "como"), uma vez que se tenha determinado o que examinar/medir e que ferramentas utilizar (tais como normas, benchmarks e pesquisas de opinião).
- Relatar os resultados.
- Desenvolver um plano de ação para os próximos passos e cronogramas.

10.2.3 GESTÃO DE CONTEÚDO

Gestão de conteúdo é a organização, categorização e estruturação de dados/recursos de modo que possam ser armazenados, publicados e reutilizados de múltiplas formas.

Conteúdo inclui dados/informações que existem em muitos formatos e em múltiplos estágios de finalização em seu ciclo de vida. Conteúdo por ser encontrado em mídias eletrônicas, impressas ou de outros tipos. Na forma de finalização do conteúdo, algum conteúdo pode tornar-se uma matéria de registro para uma organização e exige diferentes formas de proteção em seu ciclo de vida como registro.

O ciclo de vida do conteúdo pode ser ativo, com mudanças diárias antes de sua disseminação, por meio de processos controlados de criação, modificação e colaboração. Dependendo do tipo de conteúdo envolvido, este pode necessitar de tratamento formal (estritamente armazenado, gerenciado, auditado, retiro e disposto) ou informal.

Tipicamente, os sistemas de gestão de conteúdo gerenciam o conteúdo de um website ou de uma intranet por meio da criação, edição, armazenagem, organização e publicação do conteúdo. Entretanto, o termo conteúdo tornou-se mais amplo em sua natureza incluindo informações não estruturadas e as tecnologias já discutidas neste capítulo. Muitos profissionais de gestão de dados podem ser envolvidos com os vários conceitos nesta seção, tais como aspectos de XML.

10.2.3.1 Definição e Manutenção de Taxonomias da Empresa (Arquitetura do Conteúdo da Informação)

Há muitas ideias sobre o que é arquitetura do conteúdo da informação ou arquitetura da informação e o que um arquiteto da informação faz. Em geral, é o processo de criar uma estrutura para um corpo de informações ou conteúdo.

Para um documento ou sistema de gestão de conteúdo, o arquiteto de conteúdo identifica os links e as relações entre documentos e conteúdo, especifica os requisitos e os atributos dos documentos e define a estrutura de conteúdo em um documento ou um sistema de gestão de conteúdo.

Na gestão de websites, a arquitetura do conteúdo de informação é específica para esse tipo de aplicação. Identifica o(s) proprietário(s) do conteúdo publicável e o cronograma de publicação. Uma estrutura de menu do site é projetada utilizando um modelo de navegação comum.

Ao criar a arquitetura do conteúdo da informação, são utilizados os meta-dados da taxonomia (juntamente com outros meta-dados). A gestão de meta-dados e as técnicas de modelagem de dados são alavancados no desenvolvimento de um modelo de conteúdo.

Taxonomia é a ciência ou técnica da classificação. Contém vocabulário controlado que pode auxiliar os sistemas de navegação e busca. Idealmente, o vocabulário e as entidades em um modelo conceitual de dados da empresa podem ser coordenados. Taxonomias são desenvolvidas a partir de uma perspectiva ontológica do mundo.

As taxonomias são agrupadas em quatro tipos:

- Uma taxonomia plana não tem relacionamento entre o conjunto de categorias controladas à medida que as categorias são iguais. Um exemplo é uma lista de países.
- Uma taxonomia de facetas parece uma rede em forma de estrela onde cada nó está associado ao nó central. As facetas são atributos do objeto situado no centro. Um exemplo são os meta-dados, onde cada atributo (criador, título, direitos de acesso, palavras-chave, versão, etecetera) é uma faceta de um conteúdo (ou objeto).
- Uma taxonomia hierárquica é uma estrutura em forma de árvore com pelo menos dois níveis e bidirecional. Movendo-se para cima, a hierarquia expande a categoria; movendo-se para baixo, refina a categoria. Um exemplo é a geografia, do continente até o endereço.
- Uma taxonomia em rede organiza o conteúdo em categoriais tanto hierárquicas quanto em facetas. Quaisquer dois nós em uma taxonomia em rede se ligam com base em suas associações. Um exemplo é um mecanismo de recomendação (... se você gosta desse, você também deve gostar deste...). Outro exemplo é um thesaurus.

Uma ontologia é um tipo de modelo que representa um conjunto de conceitos e suas relações dentro de um domínio. Tanto as declarações afirmativas quanto os diagramas utilizando técnicas de modelagem de dados podem descrever estes conceitos e relações. A maioria das ontologias descreve indivíduos (instâncias), classes (conceitos), atributos e relações. Pode ser uma coleção de taxonomias e thesauro de vocabulário comum para representação de conhecimento e intercâmbio de informações. Ontologias frequentemente se relacionam com uma hierarquia taxonômica de classes e definições com uma relação de submissão, tal como decompor o comportamento inteligente em muitos módulos de comportamento mais simples e então em camadas.

A modelagem semântica é um tipo de modelagem de conhecimento. Consiste de uma rede de conceitos (ideias ou tópicos de interesse) e suas relações. Uma ontologia, um modelo semântico que descreve conhecimento, contém os conceitos e as relações juntos.

10.2.3.2 Meta-dados de conteúdo de informação de documento / índice

O desenvolvimento de meta-dados para conteúdo de dados não estruturados pode assumir muitas formas, em especial e pragmaticamente baseadas em:

- Formato(s) dos dados não estruturados. Frequentemente, o formato dos dados dita o método de acesso a eles (como um índice eletrônico para dados eletrônicos não estruturados).
- Se já existem ferramentas de pesquisa para uso com dados não estruturados relacionados.
- Se os meta-dados são autodocumentáveis (como em sistemas de arquivo). Neste caso o desenvolvimento é mínimo é a ferramenta existente é simplesmente adotada.
- Se os métodos e esquemas existentes podem ser adotados ou adaptados (como em catálogos de biblioteca).
- Necessidade de abrangência total e detalhes na recuperação (como nas indústrias farmacêutica e nuclear). Portanto, meta-dados detalhados no nível de conteúdo podem ser necessários, e uma ferramenta capaz de codificar o conteúdo pode ser necessária.

Em geral, a manutenção de meta-dados de dados não estruturados torna-se a manutenção de uma referência cruzada de vários esquemas locais com o conjunto oficial de meta-dados da empresa. Gerentes de registros e profissionais de meta-dados reconhecem que métodos embutidos de longo prazo existem por toda a organização para conteúdo de documentos/registros que devem ser retidos por muitos anos, mas que esses métodos são muito dispendiosos para reorganizar. Em algumas organizações, uma equipe centralizada mantêm esquemas de referência cruzada entre índices de gestão de registros, taxonomias e até de thesauri variantes.

10.2.3.3 Prover acesso a conteúdo e sua recuperação

Uma vez que o conteúdo tenha sido descrito pela marcação de meta-dados/palavras-chave e classificado dentro da arquitetura de conteúdo da informação apropriada, estará disponível para recuperação e uso. A localização de dados não estruturados na companhia pode ser facilitada por meio de tecnologia de portal que mantém perfis de meta-dados de usuários para ajustá-los às áreas de conteúdo.

Um mecanismo de pesquisa é uma classe de software que busca informações requisitadas e recupera websites que contenham esses termos em seu conteúdo. Um exemplo é o do Google.

Ele tem numerosos componentes: software de mecanismo de pesquisa, software aranha que circula pela web e armazena URLs (Uniform Locator Resources) dos conteúdos que encontra indexação das palavras e textos encontrados e regras de ranque. Os mecanismos de busca podem ser usados para pesquisar dentro de um sistema de gestão de conteúdo, e retornar conteúdos e documentos que contenham certas palavras-chave. Dogpile.com é um mecanismo de busca que apresenta resultados de muitos outros mecanismos de busca.

Outra abordagem organizacional é utilizar profissionais para recuperar informações por meio de várias ferramentas de busca organizacionais. Esses dados não estruturados podem ser usados em enquetes, recuperações ad-hoc, inquéritos executivos, necessidades de relatórios legislativos ou regulatórios ou um inquérito parlamentar, para mencionar alguns. Ferramentas de meta-dados incluem:

- Modelos de dados usados como guias para os dados em uma organização, com áreas de assuntos designadas para unidades organizacionais.
- Sistemas de gestão de documentos.
- Taxonomias.
- Esquemas de referência cruzada entre taxonomias.
- Índices de coleções (p. ex. produto, mercado ou instalação em particular).
- Índices de arquivos, localizações ou ativos fora do site.
- Mecanismos de busca.
- Ferramentas de BI que incorporam dados não estruturados.
- Thesauri da empresa e dos departamentos.
- Índices de sistema de arquivos.
- Registros de controle de gestão de projetos.
- Bibliotecas de relatórios publicados, conteúdos, bibliografias e catálogos.
- Coleções ad-hoc ou regulares de relatórios gerenciais.
- Índices de pesquisas de opinião.
- Sistemas de gestão de registros de audiências ou outras reuniões.
- Arquivos de desenvolvimento de produtos.

Tim Berners-Lee, o inventor da World Wide Web, publicou um artigo na revista Scientific American em maio de 2001, sugerindo que a web poderia ser feita de forma mais inteligente: um conceito conhecido como *web semântica*. Programas de compreensão de contexto poderiam encontrar as páginas procuradas pelos usuários. Esses programas se apoiam em linguagem natural, informação legível por máquina, métodos de pesquisa "bagunçados", meta-dados em RDF (Resource Description Format), ontologias e XML.

O XML (Extensible Markup Language) facilita o compartilhamento de dados por meio de diferentes sistemas de informação e da Internet. XML coloca rótulos em elementos de dados para identificar o significado dos dados em vez de seu formato (p.ex. HTML). Nidificação simples e referências provêm o relacionamento entre elementos de dados. Os espaços de nomes do XML provêm um método para evitar conflitos de nomes quando dois documentos diferentes usam os mesmos elementos de nomes. Métodos mais antigos de markup incluem SGML e GML, para citar apenas alguns.

XML fornece uma linguagem para representar dados tanto estruturados quanto não estruturados e informações. O sistema usa meta-dados para descrever o conteúdo, a estrutura e as regras de negócios de qualquer documento ou bando de dados.

A necessidade de gestão de conteúdo capacitado em XML cresceu. Muitas abordagens incluem as seguintes:

- XML provê a capacidade de integrar dados estruturados a bancos de dados relacionais com dados não estruturados. Os dados não estruturados podem ser armazenados em um DB<S BLOB (binary large object) relacional ou em arquivos XML.
- XML pode integrar dados estruturados com dados não estruturados em documentos, relatórios, e-mail, imagens, gráficos, arquivos de áudio e vídeo. A modelagem de dados deve levar em contra a geração de relatórios não estruturados a partir de dados estruturados, e incluí-los na criação de fluxos de trabalho de correção de erros de qualidade de dados, backup, recuperação e arquivamento.
- XML também pode construir portais de empresas ou corporativos (Business-to-Business = B2B e Business–to-Customer = B2C)[32], os quais oferecem aos usuários um único ponto de acesso para uma variedade de conteúdos.

Aplicações de computador não conseguem processar diretamente dados e conteúdos não estruturados. O XML provê a identificação e a rotulagem dos dados e conteúdos não estruturados de modo que as aplicações do computador possam entendê-los e processá-los. Nesse sentido, dados estruturados são anexados a conteúdos não estruturados. Uma especificação XMI (Extensible Markup Interface) consiste de regras para gerar documentos XML contendo os meta-dados reais e a partir destes a "estrutura" para XML.

Dados não estruturados e semi estruturados estão se tornando mais importantes para data warehousing e business intelligence. Data warehouses e seus modelos de dados podem incluem índices estruturados para ajudar usuários a encontrar e analisar dados não estruturados. Alguns bancos de dados incluem a capacidade de manejar URLs de dados não estruturados que funcionam como hyperlinks quando recuperados da tabela do banco de dados.

Estruturas RDF chaveadas são usadas pelos mecanismos de busca para retornar um único conjunto de resultados de bancos de dados e sistemas de gestão de dados não estruturados. Entretanto, a utilizado de estruturas RDF chaveadas ainda não é um método industrial baseado em normas.

---

[32] Nota de tradução: Termos não traduzidos. O texto a respeito é esclarecedor. Informações adicionais podem ser encontradas no DAMA_Dictionary_of_Data_Management_First_Edition.

10.2.3.4 Governança para Qualidade de Conteúdo

A gestão de dados não estruturados exige parcerias efetivas entre monitores de dados, profissionais de dados e gerentes de registros, com dinâmica similar à da governança de dados estruturados. Monitores de dados de negócios podem ajudar a definir portais na web, taxonomias organizacionais, índices de mecanismos de busca e questões de gestão de conteúdo.

O foco da governança de dados em uma organização pode incluir políticas de retenção de documentos e registros, políticas de assinaturas eletrônicas, formatos de relatórios e políticas de distribuição de relatórios. Profissionais de dados implementam e executam essas e outras políticas para proteger e alavancar os ativos de dados encontrados em formatos não estruturados. Uma chave para o atendimento das necessidades da organização é maximizar a capacitação de seus profissionais de gestão de registros.

Informações de alta qualidade, acuradas e atuais ajudarão em decisões críticas de negócios. A atemporalidade do processo de tomada de decisões com informações de alta qualidade pode acentuar a vantagens competitiva e a efetividade dos negócios.

Definir qualidade para qualquer registro ou conteúdo é tão difícil quanto para dados estruturados.

Quem necessita da informação? Considere a disponibilidade tanto para os que originam as informações quanto para os que devem usá-las.

Quando as informações são necessárias? Algumas informações podem ser solicitadas com regularidade limitada, como mensal, trimestral ou anual. Outras informações podem ser necessárias todos os dias ou nunca.

Qual é o formato das informações? Relatórios em um formato que não possa ser usado efetivamente faz com que a informação não tenha valor real.

Qual é o mecanismo de liberação? Uma decisão deve ser tomada sobre se divulga a informação ou se a torna acessível eletronicamente por meio, por exemplo, de uma mensagem ou um website.

10.3 Sumário

Os princípios de orientação para a implementação da gestão de documentos e conteúdo em uma organização, uma tabela com o sumário das funções de cada atividade de gestão de documentos e conteúdo e questões organizacionais e culturais que podem surgir durante a gestão de documentos e conteúdo são resumidos a seguir.

10.3.1 PRINCÍPIOS DE ORIENTAÇÃO

A implementação da função gestão de documentos e conteúdo em uma organização segue três princípios de orientação:

- Todos na organização têm um papel a desempenhar na proteção do futuro desta. Todos devem criar, usar, recuperar e dispor os registros de acordo com as políticas e os procedimentos estabelecidos.
- Especialistas na manipulação de registros e conteúdos devem estar completamente engajados na política e no planejamento. Normas regulatórias e melhores práticas podem variar de forma significativa de acordo com o setor econômico e a jurisdição legal.
- Mesmo se profissionais de gestão de registros não forem disponíveis na organização, qualquer um pode ser treinado e ter um entendimento dessas questões. Uma vez treinados, monitores da empresa e outros podem colaborar para uma abordagem efetiva da gestão de registros.

10.3.2 SUMÁRIO DO PROCESSO

O sumário do processo para a função de gestão de documentos e conteúdo é apresentado na Tabela 10.3. O que deve ser entregue e os diferentes papéis (responsável, aprovação e contribuição) são mostrados para cada atividade na função de gestão de documentos e conteúdo. A tabela também é mostrada no Apêndice A9.

Atividades	Entregas	Papéis Responsáveis	Papéis de Aprovação	Papéis de Contribuição
8.1. Gestão de Documentos e Registros				
8.1.1 Plano para gerenciar registros de documentos (P)	Mapa e estratégia para gestão de documentos	Gerentes de sistemas de documentos; gerentes de registros	Conselho de governança de dados	Arquitetos de dados, analistas de dados, monitores de dados de negócios
8.1.2 Implementar sistemas de gestão de documentos/regis tros para aquisição, armazenagem, acesso e controles de segurança (O, C)	Sistemas de gestão de documentos/regis tros (incluindo sistemas de imagem e e-mail), Portais Documentos em papel e eletrônicos (textos, gráficos, imagens, áudio e vídeo)	Gestores de sistemas de documentos Gestores de registros	Especialistas no assunto	

Atividades	Entregas	Papéis Responsáveis	Papéis de Aprovação	Papéis de Contribuição
8.1.3 Backup e recuperação de documentos/regis tros	Arquivos de backup Continuidade dos negócios	Gestores de sistemas de documentos Gestores de registros		
8.1.4 Retenção e disposição de documentos e registros	Arquivos Armazenamento gerenciado	Gestores de sistemas de documentos Gestores de registros		
8.1.5 Auditar gestão de documentos/regis tros	Auditorias de gestão de documentos/regis tros	Gerencia do Departamento de Auditoria	Administração	
8.2. Gestão de conteúdo				
8.2.1 Definir e manter taxonomias da empresa (P)	Taxonomias da empresa (arquitetura do conteúdo da informação)	Gerentes de conhecimento	Conselho de Governança de Dados	arquitetos de dados analistas de dados Monitores de dados de negócios
8.2.2 Documentar/inde xar meta-dados de conteúdo de informação (D)	Palavras-chave indexadas, meta-dados	Gestores de sistemas de documentos Gestores de registros		
8.2.3 Prover acesso e recuperação de conteúdo (O)	Portais Análises de conteúdo Informações alavancadas	Gestores de sistemas de documentos Gestores de registros	Especialistas no Assunto	arquitetos de dados analistas de dados
8.2.4 Governança de qualidade de conteúdo (C)	Informações alavancadas	Gestores de sistemas de documentos Gestores de registros	Monitores de dados de negócios	Profissionais de gestão de dados

Tabela 10.3 Resumo dos Processos de Gestão de Documentos e Conteúdo

10.3.3 QUESTÕES ORGANIZACIONAIS E CULTURAIS

Q1. Onde, na organização, deve situar-se a gestão de registros?

R1. A função gestão de registros precisa ser elevada na organização e não encarada como uma função de baixo nível ou de baixa prioridade.

Q2. Quais são as questões mais importantes que um profissional de gestão de documentos e conteúdo precisa reconhecer?

R2. Privacidade, proteção de dados, confidencialidade, propriedade intelectual, codificação, uso ético e identidade são as questões importantes com que os profissionais de gestão de documentos e conteúdo devem lidar com a cooperação de funcionários, gestores e reguladores.

10.4 Leituras recomendadas

O material de referência citado abaixo está complete com leituras adicionais que dão suporte ao material apresentado no capítulo 10. Esses livros recomendados também estão relacionados na bibliografia deste Guia.

10.4.1 GESTÃO DE DOCUMENTOS/CONTEÚDO

Aspey, Len and Michael Middleton. Integrative Document & Content Management: Strategies for Exploiting Enterprise Knowledge. 2003. IGI Global, ISBN-10: 1591400554, ISBN-13: 978-1591400554.

Boiko, Bob. Content Management Bible. Wiley, 2004. ISBN-10: 0764573713, ISBN-13: 978-07645737.

Jenkins, Tom, David Glazer, and Hartmut Schaper. Enterprise Content Management Technology: What You Need to Know, 2004. Open Text Corporation, ISBN-10: 0973066253, ISBN-13: 978-0973066258.

Sutton, Michael J. D. Document Management for the Enterprise: Principles, Techniques, and Applications. Wiley, 1996, ISBN-10: 0471147192, ISBN-13: 978-0471147190.

10.4.2 GESTÃO DE REGISTROS

Alderman, Ellen and Caroline Kennedy. The Right to Privacy. 1997. Vintage, ISBN-10: 0679744347, ISBN-13: 978-0679744344.

Bearman, David. Electronic Evidence: Strategies for Managing Records in Contemporary Organizations. 1994. Archives and Museum Informatics. ISBN-10: 1885626088, ISBN-13: 978-1885626080. Cox, Richard J. and David Wallace. Archives and the Public Good: Accountability and Records in Modern Society. 2002. Quorum Books, ISBN-10: 1567204694, ISBN-13: 978-1567204698.

Cox, Richard J. Managing Records as Evidence and Information. Quorum Books, 2000. ISBN 1-567-20241-4. 264 pages.

Dearstyne, Bruce. Effective Approaches for Managing Electronic Records and Archives. 2006. The Scarecrow Press, Inc. ISBN-10: 0810857421, ISBN-13: 978-0810857421.

Ellis, Judith, editor. Keeping Archives. Thorpe Bowker; 2 Sub edition. 2004. ISBN-10: 1875589155, ISBN-13: 978-1875589159.

Higgs, Edward. History and Electronic Artifacts. Oxford University Press, USA. 1998. ISBN-10: 0198236344, ISBN-13: 978-0198236344.

Robek. Information and Records Management: Document-Based Information Systems. Career Education; 4 edition. 1995. ISBN-10: 0028017935.

Wellheiser, Johanna and John Barton. An Ounce of Prevention: Integrated Disaster Planning for Archives, Libraries and Records Centers. Canadian Library Assn. 1987. ISBN-10: 0969204108, ISBN-13: 978-0969204107.

10.4.3 PORTAIS DE INFORMAÇÃO CORPORATIVA

Firestone, Joseph M. Enterprise Information Portals and Knowledge Management. Butterworth-Heineman, 2002. ISBN 0-750-67474-1. 456 pages.

Mena, Jesus, Data Mining Your Website, Digital Press, Woburn, MA, 1999, ISBN 1- 5555-8222- 2.

10.4.4 LIVRARIA DE CIÊNCIAS DE META-DADOS

Baca, Murtha, editor. Introduction to Metadata: Pathways to Digital Information. Getty Information Institute, 2000. ISBN 0-892-36533-1. 48 pages.

Hillman, Diane I., and Elaine L. Westbrooks,. Metadata in Practice. American Library Association, 2004. ISBN 0-838-90882-9. 285 pages.

Karpuk, Deborah. Metadata: From Resource Discovery to Knowledge Management. Libraries Unlimited, 2007. ISBN 1-591-58070-6. 275 pages.

Liu, Jia. Metadata and Its Applications in the Digital Library. Libraries Unlimited, 2007. ISBN 1-291-58306-6. 250 pages.

10.4.5 SEMANTICAS EM DOCUMENTOS XML

McComb, Dave. Semantics in Business Systems: The Savvy Manager's Guide. The Discipline Underlying Web Services, Business Rules and the Semantic Web. San Francisco, CA: Morgan Kaufmann Publishers, 2004. ISBN: 1-55860-917-2.

10.4.6 DADOS AINDA NÃO CONSTRUÍDOS E BI

Inmon, William H. and Anthony Nesavich,. Tapping into Unstructured Data: Integrating Unstructured Data and Textual Analytics into business intelligence. Prentice-Hall PTR, 2007. ISBN-10: 0132360292, ISBN-13: 978-0132360296.

10.4.7 STANDARDS

ANSI/EIA859 : Data Management. ISO 15489-1:2001 Records Management -- Part 1: General. ISO/TR 15489-2:2001 Records Management -- Part 2: Guidelines. AS 4390-1996 Records Management.

ISO 2788:1986 Guidelines for the establishment and development of monolingual thesauri.

UK Public Record Office Approved Electronic Records Management Solution. Victorian Electronic Records Strategy (VERS) Australia.

10.4.8 E-DISCOVERY

http//:www.uscourts.gov/ruless/Ediscovery_w_Notes.pdf
http//:www.fjc.gov/public/home.nsf/pages/196

Gestão de meta-dados é a nona função de gestão de dados no âmbito de gestão de dados conforme é mostrado nas figuras 1.3 e 1.4. É a oitava função de gestão de dados que interage e é influenciada pela função de governança de dados. O Capítulo 11 define a função de gestão de meta-dados e explica os conceitos e as atividades envolvidas na gestão de meta-dados.

11.1 Introdução

Meta-dados: são dados sobre dados, mas o que faz exatamente isso ser comumente usado como definição? Metadados são para os dados o que é um dado para vida real. Os dados refletem as transações da vida real, eventos, objetos, relacionamentos, etecetera. Os meta-dados refletem as operações de dados, eventos, objetos, relacionamentos, etecetera. Gestão de meta-dados é o conjunto de processos que garantem a adequada criação, armazenamento, integração e controle para apoiar o uso associado de meta-dados. Para entender o papel vital dos meta-dados em gestão de dados, desenhe uma analogia a um catálogo de fichas em uma biblioteca. O catálogo identifica quais livros são armazenados na biblioteca e onde eles estão localizados fisicamente no interior do edifício. Os usuários podem pesquisar livros por área de assunto, autor ou título. Além disso, o catálogo de fichas mostra o autor, *etiquetas* de assunto, data de publicação e histórico de revisão de cada livro. As informações do catálogo de fichas ajudam a determinar quais livros atenderão às necessidades do leitor. Sem este Catálogo como recurso, encontrar livros na biblioteca seria difícil, demorado e frustrante. Um leitor pode procurar em muitos livros incorretos antes de encontrar o livro certo, se não existisse um catálogo de fichas. Gestão de meta-dados, como as outras funções de gestão de dados, é representado em um diagrama de contexto. O diagrama de contexto para gestão de meta-dados, mostrado na figura 11.1, é uma representação simples das funções descritas neste capítulo. As atividades de gestão de meta-dados estão no centro, rodeado de aspectos ambientais relevantes. Conceitos chaves de definição na gestão de meta-dados estão na parte superior do diagrama.

1. Aproveitando os meta-dados em uma organização eles podem fornecer benefícios das seguintes formas:
2. Aumentar o valor das informações estratégicas (por exemplo, Data Warehouse, CRM, SCM, etecetera), fornecendo contexto para os dados, auxiliando assim, analistas na tomada de decisões mais eficazes.
3. Reduzir os custos de treinamento e o impacto da rotação do pessoal por meio de documentação completa de contexto de dados, história e origem.
4. Reduzir o tempo de pesquisa orientada a dados, auxiliando os analistas de negócios em encontrar as informações necessárias, em tempo hábil.
5. Melhorar a comunicação, construir a ponte entre os usuários de negócios e profissionais de TI, aproveitando o trabalho feito por outras equipes e aumentar a confiança nos dados do sistema de TI.

6. Aumentar a velocidade do desenvolvimento do sistema focada nas demandas de mercado reduzindo o tempo de ciclo de vida de desenvolvimento do sistema.
7. Reduzir o risco de falha de projeto por meio de melhor análise de impacto em vários níveis durante a gestão de mudanças.
8. Identificar e reduzir os dados e processos redundantes, diminuindo assim, o retrabalho e uso de dados desatualizados ou incorretos.

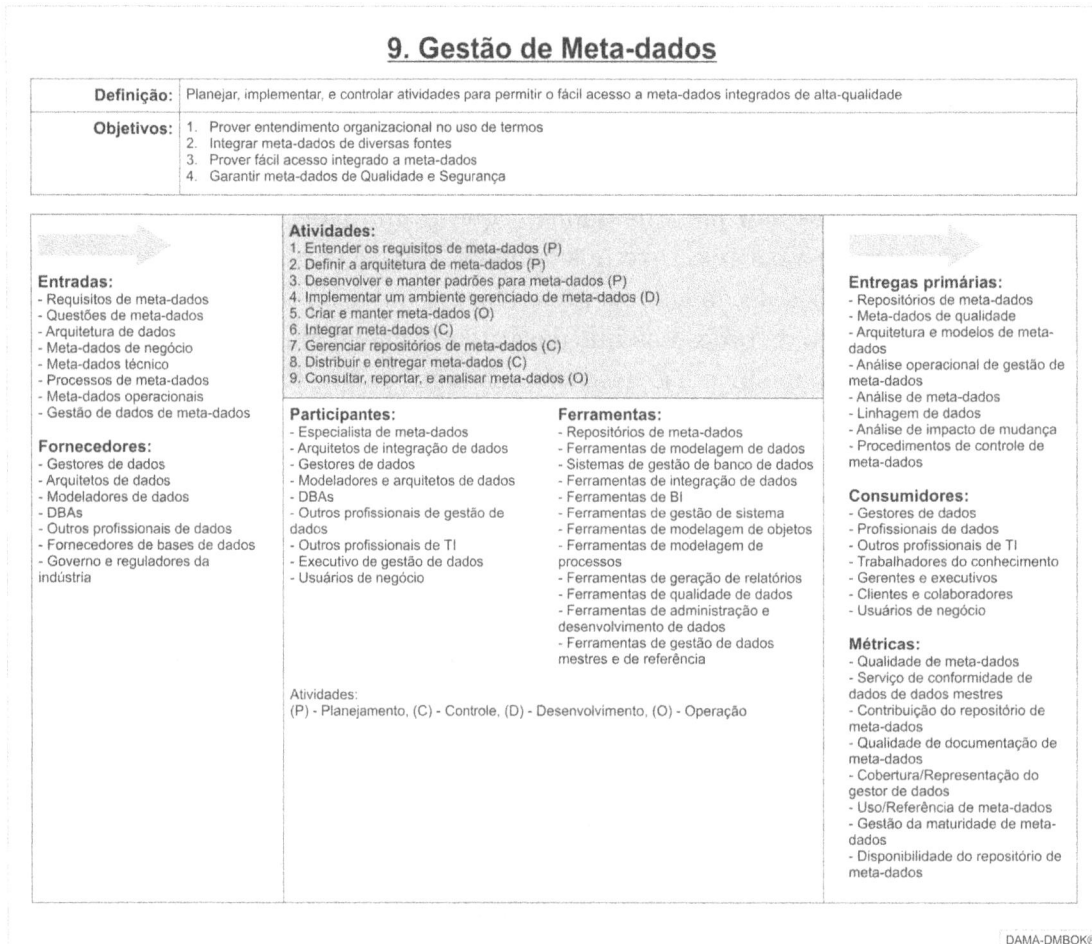

9. Gestão de Meta-dados

Definição:	Planejar, implementar, e controlar atividades para permitir o fácil acesso a meta-dados integrados de alta-qualidade
Objetivos:	1. Prover entendimento organizacional no uso de termos 2. Integrar meta-dados de diversas fontes 3. Prover fácil acesso integrado a meta-dados 4. Garantir meta-dados de Qualidade e Segurança

Entradas:
- Requisitos de meta-dados
- Questões de meta-dados
- Arquitetura de dados
- Meta-dados de negócio
- Meta-dados técnico
- Processos de meta-dados
- Meta-dados operacionais
- Gestão de dados de meta-dados

Fornecedores:
- Gestores de dados
- Arquitetos de dados
- Modeladores de dados
- DBAs
- Outros profissionais de dados
- Fornecedores de bases de dados
- Governo e reguladores da indústria

Atividades:
1. Entender os requisitos de meta-dados (P)
2. Definir a arquitetura de meta-dados (P)
3. Desenvolver e manter padrões para meta-dados (P)
4. Implementar um ambiente gerenciado de meta-dados (D)
5. Criar e manter meta-dados (O)
6. Integrar meta-dados (C)
7. Gerenciar repositórios de meta-dados (C)
8. Distribuir e entregar meta-dados (C)
9. Consultar, reportar, e analisar meta-dados (O)

Participantes:
- Especialista de meta-dados
- Arquitetos de integração de dados
- Gestores de dados
- Modeladores e arquitetos de dados
- DBAs
- Outros profissionais de gestão de dados
- Outros profissionais de TI
- Executivo de gestão de dados
- Usuários de negócio

Ferramentas:
- Repositórios de meta-dados
- Ferramentas de modelagem de dados
- Sistemas de gestão de banco de dados
- Ferramentas de integração de dados
- Ferramentas de BI
- Ferramentas de gestão de sistema
- Ferramentas de modelagem de objetos
- Ferramentas de modelagem de processos
- Ferramentas de geração de relatórios
- Ferramentas de qualidade de dados
- Ferramentas de administração e desenvolvimento de dados
- Ferramentas de gestão de dados mestres e de referência

Atividades:
(P) - Planejamento, (C) - Controle, (D) - Desenvolvimento, (O) - Operação

Entregas primárias:
- Repositórios de meta-dados
- Meta-dados de qualidade
- Arquitetura e modelos de meta-dados
- Análise operacional de gestão de meta-dados
- Análise de meta-dados
- Linhagem de dados
- Análise de impacto de mudança
- Procedimentos de controle de meta-dados

Consumidores:
- Gestores de dados
- Profissionais de dados
- Outros profissionais de TI
- Trabalhadores do conhecimento
- Gerentes e executivos
- Clientes e colaboradores
- Usuários de negócio

Métricas:
- Qualidade de meta-dados
- Serviço de conformidade de dados de dados mestres
- Contribuição do repositório de meta-dados
- Qualidade de documentação de meta-dados
- Cobertura/Representação do gestor de dados
- Uso/Referência de meta-dados
- Gestão da maturidade de meta-dados
- Disponibilidade do repositório de meta-dados

DAMA-DMBOK®

Figura 11.1 Diagrama de contexto de gestão de meta-dados

11.2 Conceitos e Atividades

Meta-dados é a ficha do catálogo de cartões em um ambiente de dados gerenciados. Abstratamente, meta-dados são as *etiquetas* descritivas ou o contexto que se aplica aos dados (conteúdo) em um ambiente de dados gerenciados. Meta-dados mostram aos usuários técnicos e de negócios onde encontrar informações em repositórios de dados. Meta-dados também fornecem detalhes sobre de onde vêm os dados e como chegaram lá, todas as transformações e seu nível de qualidade, fornecendo assistência com o que realmente significa os dados e maneiras de como interpretá-lo.

11.2.1 DEFINIÇÃO DE META-DADOS

Meta-dados são informações sobre os dados físicos, processos técnicos e de negócios, regras de dados e restrições, estruturas físicas e lógicas dos dados, como são utilizados por uma organização.

Estas *etiquetas* descritivas descrevem dados (por exemplo: banco de dados, elementos de dados), conceitos (por exemplo, processos de negócios, aplicação de sistemas, código do software, infraestrutura de tecnologia) e as conexões (relações) entre os dados e os conceitos.

Meta-dados é um amplo termo que inclui muitas áreas de assuntos potenciais. Estas áreas de assuntos incluem:

1. Análise de negócios: definições de dados, relatórios, os usuários, utilização, desempenho.
2. Arquitetura de negócios: papéis/funções e organizações, metas e objetivos.
3. Definições de negócios: os termos do negócio e explicações para um determinado conceito, fato ou outro item encontrado em uma organização.
4. Regras de negócio: padrão de cálculo e métodos de derivação.
5. Governança de dados: políticas, normas, procedimentos, programas, funções, organizações, atribuições de serviços.
6. Integração de dados: origens, destinos, transformações, linhagem, fluxos de trabalho ETL, EAI, EII, migração/conversão.
7. Qualidade dos dados: defeitos, métricas, classificações.
8. Gestão de conteúdo de documentos: dados não estruturados, documentos, taxonomias, ontologias, conjuntos de nome, descobertas/coberturas legais, índices de mecanismo de pesquisa.
9. Infraestrutura de tecnologia de informações: plataformas, redes, configurações de licenças.
10. Modelos de dados lógicos: entidades, atributos, relacionamentos e regras, nomes comerciais e definições.
11. Modelos de dados físicos: arquivos, tabelas, colunas, exibições, definições de negócio, índices, uso, desempenho, gestão de alterações.
12. Modelos de processo: funções, atividades, funções/papéis, entradas/saídas, fluxo de trabalho, regras de negócio, calendários, armazenagem.
13. Portfólio de sistemas e governança de TI: bancos de dados, aplicações, projetos e programas, roteiro de integração, gestão de mudanças.
14. Informações da arquitetura orientada a serviços (SOA): componentes, serviços, mensagens, dados mestres.
15. Design e desenvolvimento de sistemas: requisitos, projetos e planos de teste, impacto.
16. Gestão de sistemas: segurança de dados, licenças, configuração, confiabilidade, níveis de serviço.

11.2.1.1 Tipos de meta-dados

Meta-dados são classificados em quatro tipos principais: negócios, técnico e operacional, processos e gestão de dados.

Meta-dados de negócio incluem os nomes de empresas e definições do assunto, áreas de conceito, entidades e atributos; tipos de dados de atributo e outras propriedades de atributo, descrições de intervalo; cálculos; algoritmos e regras de negócios; valores de domínio válido e suas definições. Meta-dados corporativos prende-se com a perspectiva de negócios para o usuário de meta-dados.

Exemplos de meta-dados de negócios:

- Definições de dado de negócios, incluindo cálculos.
- Regras e algoritmos de negócios, incluindo hierarquias.
- Análise de linhagem de dados e impactos.
- Modelo de dados: nível corporativo conceitual e lógico.
- Demonstrações de qualidade de dados, tais como indicadores de confiança e completude/integridade.
- Informações de manejo de dados e de propriedade da empresa.
- Ciclo de atualização de dados.
- Disponibilidade histórica ou alternativa de definição de negócios.
- Restrições regulatórias ou contratuais.
- Listas de relatórios ou de conteúdo de dados.
- Sistema de registro para elementos de dados.
- Restrições válidas de valor (amostra ou lista).

Meta-dados técnicos e operacionais fornecem aos desenvolvedores e usuários técnicos informações sobre seus sistemas. Meta-dados técnicos incluem tabela de banco de dados físico e nomes de coluna, propriedades da coluna, outras propriedades do objeto de banco de dados e armazenamento de dados. O administrador de banco de dados precisa saber o padrão de acesso de usuários, frequência, relatório/consulta dos tempos de execução. Deve capturar estes meta-dados usando rotinas dentro de um SGBD ou outro software.

Meta-dados operacionais destina-se às necessidades dos usuários de operações de TI, incluindo informações sobre a movimentação de dados, sistemas de origem e destino, programas em lotes, frequência de trabalho, agenda de anomalias, backup e recuperação de informações, regras de arquivamento e uso.

Exemplos de meta-dados técnicos e operacionais:

- Inclui controles de auditoria e balanceamento de informações.
- Regras de retenção e arquivamento de dados.
- Codificações/conversões de tabela de referência.
- Histórico de extratos e resultados.
- Identificação de campos de sistema de origem.
- Mapeamentos, transformações e as estatísticas do sistema de registro de armazenamentos de dados de destino (OLTP, OLAP).
- Modelo de dados físico, incluindo índices, chaves e nomes de tabelas de dados.
- Programação de dependências de serviços e agenda.
- Nomes de programas e descrições.

- Critérios de deleção.
- Regras de backup e recuperação.
- Relacionamentos entre os modelos de dados e o data warehouse/armazéns.
- Sistemas de alimentação de registro de armazenamento de dados de destino (OLTP, OLAP, SOA).
- Relatório do usuário e consulta de acesso padrões, frequência e o tempo de execução.
- Manutenção de versão.

Meta-dados de processos são dados que definem e descrevem as características de outros elementos do sistema (processos, regras de negócios, programas, empregos, ferramentas, etecetera).

Exemplos de meta-dados de processo:

- Armazém de dados e dados envolvidos.
- Organismos regulatórios e governamentais.
- Donos das Organizações e partes interessadas.
- Dependências de Processos e decomposição.
- Processos de retorno e de sequenciamento da documentação.
- Nome do Processo.
- Ordem do processo e cronograma.
- Variações de processos devido à entrada ou calendário.
- Papéis e responsabilidades.
- Atividades da cadeia de valor.

Meta-dados de dados de gestão de serviço são dados sobre gestores de dados, processos de manejo e atribuições de responsabilidade. Gestores de dados garantem que os dados e meta-dados são precisos, com alta qualidade em toda a empresa. Eles estabelecem e monitoram a partilha de dados.

Exemplos de dados meta-dados gerenciados estrategicamente.

- Geradores de negócios / metas.
- Regras de dados CRUD.
- Definições de dados - técnicos e de negócios.
- Proprietários de dados.
- Regras de partilha de dados e acordos / contratos.
- Administradores de dados, funções e responsabilidades.
- Armazenamentos de dados e sistemas envolvidos.
- Áreas de assunto de dados.
- Usuários de dados.
- Governo / organismos reguladores
- Organização de governança, estrutura e responsabilidades.

11.2.1.2 Meta-dados para dados não estruturados

Todos os dados são um pouco estruturados, assim a noção de meta-dados não estruturados é um equívoco. Um termo melhor seria meta-dados para dados não estruturados. Dados não estruturados são na verdade altamente estruturados, embora usando métodos diferentes. Em geral, considerem quaisquer dados que não estejam em um banco de dados ou arquivo, incluindo documentos ou outros dados de mídia de dados não estruturados. Para obter mais informações sobre esse tópico, consulte o capítulo 10.

Meta-dados descrevem dados estruturados e não estruturados. Meta-dados para dados não estruturados existem em muitos formatos, respondendo a uma variedade de requisitos diferentes. Aplicativos de gestão de conteúdo, sites de universidade, sites de intranet da empresa, arquivos de dados, coleções de periódicos eletrônicos e listas de recursos da comunidade são exemplos de repositórios de meta-dados que descrevem dados não estruturados. Um método comum para a classificação de meta-dados de fontes não estruturadas os descrevem como meta-dados descritivos, meta-dados estruturais ou meta-dados administrativos.

Exemplos de meta-dados descritivos:

- Catálogos de informações.
- Dicionário e termos de palavra-chave.

Exemplos de meta-dados estruturais:

- Dublin Core.
- Estruturas de campos.
- Formatos/meios (áudio / visual, folheto).
- Dicionário de rótulos de palavra-chave.
- Esquemas XML.

Exemplos de meta-dados administrativos:

- Fontes.
- Integração / atualização de agenda.
- Direitos/privilégios de acesso.
- Páginas de relacionamentos (por exemplo, design de navegação do website).

Meta-dados bibliográficos, meta-dados de registro e meta-dados de preservação são todos os esquemas de meta-dados aplicados aos documentos, mas com focos diferentes. Meta-dados bibliográficos são as fichas da biblioteca do documento. Meta-dados de registro está preocupado com validade e retenção. Meta-dados de preservação está preocupado com o armazenamento, condição de arquivamento e conservação do material.

11.2.1.3 Fontes de meta-dados

Os meta-dados estão em toda parte e em todas as atividades de gestão de dados. As identificações de informações sobre quaisquer dados são meta-dados, são de interesse potencial de algum grupo de usuário. Meta-dados são parte integrante de todos os aplicativos e sistemas de TI. Use estas fontes para atender aos requisitos de meta-dados técnicos. Crie meta-dados corporativos por meio da interação com o usuário, definição e análise de dados. Adicione instruções de qualidade e outras observações sobre os dados no repositório de meta-dados ou meta-dados de origem em sistemas de TI por meio de alguma atividade de suporte. Identificar os meta-dados como um agregado (como área de assunto, característica do sistema) ou nível detalhado (tais como valor característico de código, coluna de banco de dados). Uma gestão adequada e navegação entre meta-dados relacionados é um requisito de utilização importante.

Fontes primárias de meta-dados são numerosas — praticamente qualquer coisa em uma organização. Fontes secundárias são outros repositórios de meta-dados, acessados usando software ponte. Muitas ferramentas de gestão de dados criam e usam os repositórios para uso próprio. Seus fornecedores também fornecem software adicional para habilitar links para outras ferramentas e repositórios de meta-dados. Ás vezes chamados de aplicativos ponte. No entanto, esta funcionalidade permite principalmente a replicação de meta-dados entre repositórios, e não entre links verdadeiros.

11.2.2 META-DADOS HISTÓRIA 1990 - 2008

Na década de 1990, alguns gerentes de negócios finalmente começaram a reconhecer o valor de repositórios de meta-dados. Ferramentas mais recentes ampliaram o escopo meta-dados de negócios. Alguns dos benefícios potenciais de meta-dados de negócios identificados na indústria durante este período incluíam:

- Provisão de uma camada semântica entre sistemas da empresa, operacional, business intelligence e os usuários de negócios.
- Redução dos custos de treinamento.
- Criando informações estratégicas, tais como data warehouse, CRM, SCM e assim por diante, possui muito mais valor a sua ajuda aos analistas na tomada de decisões mais rentáveis.
- Criando informações acionáveis.
- Limitando decisões incorretas.

Na metade final da década de 90, viram os meta-dados, tornarem-se mais relevantes para empresas que estavam lutando para entender seus recursos de informação. Isso foi, principalmente, devido ao prazo pendente no Y2K, que iniciativas emergentes de data warehouse tiveram um foco crescente em torno da World Wide Web. Foram iniciados esforços para tentar padronizar a definição de meta-dados e o intercâmbio entre os aplicativos da empresa.

Exemplos de padronização incluem o CASE Definition Interchange Facility (CDIF) desenvolvido pela Electronics Industries Alliance (EIA) em 1995, e os elementos de meta-dados Dublin Core desenvolvido pelo DCMI (Dublin Core Metadata Initiative) em 1995, em Dublin, Ohio. As primeiras partes de ISO 11179 padrão para especificação e padronização de dados elementos foram publicadas em 1994 a 1999. O Object Management Group (OMG) desenvolveu o Common Warehouse Metadata Coalition´s (CWM) em 1998. Rival Microsoft suportava coligações de meta-dados (MDC) modelo de informação aberto em 1995. Até 2000, os dois padrões mesclaram-se na CWM. Muitos dos repositórios de meta-dados começaram a promissora adoção do padrão CWM.

Os primeiros anos do século XXI viram a atualização de repositórios de meta-dados existentes para implantação na web. Produtos também introduziram algum nível de suporte para CWM. Durante este período, muitos fornecedores de integração de dados começaram com foco em meta-dados como uma oferta de produto adicional. No entanto, relativamente poucas organizações realmente compraram ou desenvolveram repositórios de meta-dados, e muito menos alcançaram o ideal de implementação de um amplo ambiente organizacional gerenciado por meta-dados, como definidos nos modelos de meta-dados Universais por várias razões:

- A escassez de pessoas com habilidades do mundo real.
- Dificuldade do esforço.
- Menor sucesso estelar de alguns e os primeiros esforços de algumas empresas.
- Relativa estagnação da ferramenta de mercado após a explosão inicial de interesse no final dos anos 90.
- O ainda menos universal entendimento sobre os benefícios para negócios.
- A demasiada ênfase na indústria colocada em aplicativos herdados e meta-dados técnicos.

Enquanto prossegue a década atual, as empresas estão começando a concentrar-se mais sobre a necessidade e a importância dos meta-dados. O foco também está se expandindo sobre como incorporar os meta-dados além das tradicionais fontes estruturadas e incluir fontes não estruturadas. Alguns dos fatores que guiam este renovado interesse na gestão de meta-dados são:

- Recente entrada neste mercado pelos maiores fornecedores.
- Os desafios que algumas empresas estão enfrentando na tentativa de atender a requisitos normativos, tais como a lei Sarbanes-Oxley (EUA) e requisitos de privacidade com ferramentas pouco sofisticadas.
- O surgimento de iniciativas organizacionais como controle das informações, conformidade, arquitetura organizacional e reutilização de software automatizado.
- Melhorias para os padrões de meta-dados existentes, como o lançamento RFP do novo OMG padrão Information Management Metamodel (IMM) (também conhecido como CWM 2.0), que substituirá CWM.
- Reconhecimento nos níveis mais altos, por algumas das empresas mais avançadas, que a informação é um ativo (para algumas empresas o recurso mais importante), que deve ser ativa e efetivamente gerenciada.

A história das ferramentas de gestão de meta-dados e produtos parece ser uma metáfora para a falta de uma abordagem metodológica para gestão de informações da empresa que é tão predominante nas organizações. A falta de normas e a natureza proprietária da maioria das soluções de meta-dados gerenciados fazem com que as organizações evitem incidir sobre meta-dados, limitando sua capacidade para desenvolver um ambiente de gestão de informações de empresa verdadeiro. Maior atenção dada à informação e à sua importância para operações e tomada de decisão numa organização, irá conduzir os produtos de gestão de meta-dados e soluções para serem mais padronizados. Este direcionamento dá mais reconhecimento à necessidade de uma abordagem metodológica para gestão de informações e meta-dados.

11.2.3 ESTRATÉGIA DE META-DADOS

Uma estratégia de meta-dados é uma instrução de direção na gestão de meta-dados pela empresa. Ela é uma declaração de intenções e atua como um framework de referência para as equipes de desenvolvimento. Cada grupo de usuário tem seu próprio conjunto de necessidades de um aplicativo de meta-dados. Trabalhar por meio de um processo de desenvolvimento de requisitos de meta-dados fornece uma compreensão clara das razões e expectativas para os requisitos.

Construir uma estratégia de meta-dados de um conjunto de componentes definidos. O foco principal da estratégia de meta-dados é ganhar uma compreensão e consenso sobre os principais geradores de negócios da organização, problemas e requisitos de informação para o programa de meta-dados da empresa. O objetivo é compreender quão bem o ambiente atual atende a esses requisitos, tanto agora como no futuro.

Os objetivos da estratégia que definem a arquitetura de meta-dados de futuro da organização. Eles também recomendam a progressão lógica das etapas de implementação em fases, que permitirão que a organização concretize a visão de futuro. Os objetivos de negócios da unidade da estratégia de meta-dados definem a tecnologia e os processos necessários para cumprir estes objetivos. O resultado deste processo é uma lista das fases de implementação orientada por objetivos de negócios e priorizados pelo valor para os negócios que trazem para a organização, combinada com o nível de esforço necessário para entregá-los. As fases incluem:

1. Estratégia de meta-dados - iniciação e planejamento: prepara a equipe de estratégia de meta-dados e vários participantes para o próximo esforço para facilitar o processo e melhorar os resultados. Descreve a declaração e a organização da estratégia de meta-dados, incluindo o alinhamento com os esforços de governança de dados e estabelece a comunicação destes objetivos para todas as partes. Conduzir o desenvolvimento da estratégia de meta-dados com as principais partes interessadas (negócios e TI) para determinar / confirmar o âmbito da estratégia de meta-dados e comunicar o potencial valor de negócios e objetivos.
2. Realizar entrevistas chave com as partes interessadas: As entrevistas com as partes interessadas fornecem uma base de dados de conhecimento para a estratégia de meta-dados. As partes interessadas incluem geralmente comerciais e técnicas.
3. Avaliar fontes de meta-dados existentes e arquitetura de informação: determina o grau relativo de dificuldade em resolver as questões de meta-dados e sistemas identificados nas entrevistas e análise de documentação. Durante esta fase, realizar entrevistas chave detalhadas, equipe de TI e revisão da documentação das arquiteturas de sistema, modelos de dados, etecetera.

4. Desenvolver arquitetura para o futuro meta-dados: Refinar e confirmar a visão de futuro e desenvolver a arquitetura de destino a longo prazo para o ambiente gerenciado de meta-dados nesta fase. Esta fase inclui todos os componentes de estratégia, tais como estrutura de organização, incluindo governança de dados e recomendações de alinhamento de manejo; arquitetura de meta-dados gerenciados. Arquitetura de entrega de meta-dados, arquitetura técnica e arquitetura de segurança.

5. Desenvolver a estratégia e plano de implementação do MME que é dividido as seguintes fases: revisar, validar, integrar, priorizar e concordar com as conclusões de análises de dados e entrevistas. Desenvolver a estratégia de meta-dados, incorporando uma abordagem de implementação em fases que leva a organização do ambiente atual para o ambiente de meta-dados do futuro gerenciado.

11.2.4 ATIVIDADES DE GESTÃO DE META-DADOS

Gestão eficaz de meta-dados depende de governança de dados (ver capítulo 3) para permitir que gestores de dados de negócios definam prioridades de gestão de meta-dados, orientar os programas de investimentos e supervisionar os esforços de implementação dentro do contexto maior de regulamentações governamentais e setoriais.

11.2.4.1 Compreendendo os requisitos de meta-dados

Uma estratégia de gestão de meta-dados deve refletir uma compreensão precisa da empresa. Estes requisitos são reunidos para confirmar a necessidade de um ambiente de gestão de meta-dados, a definição das prioridades e escopo, educar e comunicar, guia da ferramenta de avaliação para implementação, guia da modelagem de meta-dados, guia dos padrões de meta-dados internos, guia dos serviços prestados que dependem de meta-dados e para estimar e justificar a necessidades de pessoal. Obter esses requisitos de negócios de usuários técnicos da organização. Refine esses requisitos de uma análise das funções, responsabilidades, desafios e necessidades de informação dos indivíduos selecionados na organização e não da busca por requisitos de meta-dados.

11.2.4.1.1 Requisitos dos usuários do negócio

Os usuários de negócios requerem melhor compreensão das informações dos sistemas operacionais e analíticos. Os usuários de negócios exigem um elevado grau de confiança nas informações obtidas de armazéns de dados corporativos, aplicações analíticas e sistemas operacionais. Eles precisam de acesso sob medida e seu papel nos métodos de entrega de informações, como relatórios, consultas, push (agendamento), ad-hoc, OLAP, painéis, com um elevado grau de documentação de qualidade e contexto.

Por exemplo, o termo royalties em negócios é negociado entre o fornecedor e é calculado no montante pago pelo varejista e, em última análise, pelo consumidor. Esses valores representam elementos de dados que são armazenados em sistemas operacionais e analíticos, e aparecem nas chaves dos relatórios financeiros, cubos OLAP e modelos de mineração de dados. As definições, usos e algoritmos precisam ser acessíveis quando utilizam os dados de royalties. Qualquer meta-dados sobre royalties que são confidenciais ou podem ser considerados como informações sobre a concorrência, requerem o uso controlado por grupos de usuários autorizados.

Os usuários de negócios devem compreender a intenção e o propósito da gestão de metadados. Para fornecer requisitos de negócios significativos, os usuários devem ser educados sobre as diferenças entre dados e meta-dados. É um desafio manter o foco dos usuários de negócios limitado às necessidades de meta-dados versus outros requisitos de dados. Reuniões facilitadoras (entrevistas e / ou sessões JAD) com outros usuários de negócios com funções semelhantes (por exemplo, a área de Finanças) são um meio muito eficaz de identificação de requisitos e manter o foco nos meta-dados e necessidades contextuais do grupo de usuários.

Também e fundamental para o sucesso da gestão de meta-dados a criação de uma área de governança de dados. A área de governança de dados é responsável por definir a direção e os objetivos da iniciativa e para tomar decisões melhores sobre produtos, suporte do fornecedor, arquiteturas técnicas e estratégia geral. Frequentemente, o Conselho de governança de dados serve como o órgão que direciona os requisitos para dados e meta-dados.

11.2.4.1.2 Requisitos técnicos de usuários.
Requisitos de alto nível de exigência técnica incluem:

- Incremento diário de por meio de colocação: tamanho e tempo de processamento.
- Meta-dados existentes.
- Fontes – conhecidas e desconhecidas.
- Alvos.
- Transformações.
- Arquitetura para fluxo – lógica e física.
- Requisitos de meta-dados não padronizados.

Usuários técnicos incluem os administradores de banco de dados (DBAs), especialistas e arquitetos em meta-dados, pessoal de suporte e desenvolvedores. Normalmente, estes são os custos diante dos ativos de informações corporativas. Esses usuários devem entender a implementação técnica dos dados cuidadosamente, incluindo detalhes de nível atômico, pontos de integração de dados, interfaces e mapeamentos. Além disso, eles devem compreender o contexto de negócios dos dados a um nível suficiente para oferecer o suporte necessário, incluindo a execução de cálculos ou derivação das regras de dados e programas de integração que especificam os usuários de negócios.

11.2.4.2 Definir a arquitetura de meta-dados
Conceitualmente, todas as soluções de gestão de meta-dados ou ambientes consistem nas seguintes camadas arquitetônicas: criação de meta-dados / sourcing, integração de meta-dados, um ou mais repositórios de meta-dados, entrega de meta-dados, uso de meta-dados, e meta-dados de controle / gestão.

Um sistema de gestão de meta-dados deve ser capaz de extrair meta-dados de várias fontes. Projeta a arquitetura para ser capaz de digitalizar as várias fontes de meta-dados e atualizar periodicamente o repositório. O sistema deve oferecer suporte às atualizações manuais de meta-dados, solicitações, buscas e pesquisas de meta-dados por vários grupos de usuários.

Um ambiente de meta-dados gerenciados deve isolar o usuário final das diversas fontes de meta-dados díspares. A arquitetura deve fornecer um ponto de acesso único para o repositório de meta-dados. O ponto de acesso deve fornecer todos os recursos de meta-dados relacionados transparente para o usuário. Transparente significa que o usuário pode acessar os dados sem estar ciente dos ambientes das diferentes fontes de dados.

O design da arquitetura de componentes acima depende dos requisitos específicos da organização. Três abordagens arquiteturais técnicas para a construção de um repositório de meta-dados comuns imitam as abordagens para a criação de armazéns de dados: centralizado, distribuídos e híbridos. Nessas abordagens todos tem em conta a implementação do repositório e como funcionam os mecanismos de atualização. Cada organização deve escolher a arquitetura que melhor se adapte às suas necessidades.

11.2.4.2.1 Arquitetura de meta-dados centralizada

Uma arquitetura centralizada consiste em um repositório único de meta-dados que contém cópias dos meta-dados ao vivo de várias fontes. Organizações com TI com limitados recursos, ou aquelas que pretendem automatizar tanto quanto possível, pode optar por evitar essa opção de arquitetura. Monitorar os processos e criar um novo conjunto de funções para suportar esses novos processos. Organizações com priorização para um elevado grau de coerência e uniformidade dentro do repositório de meta-dados comuns podem se beneficiar de uma arquitetura centralizada.

As vantagens de um repositório centralizado incluem:

- Alta disponibilidade, uma vez que é independente dos sistemas-fonte.
- Rápida recuperação de meta-dados, uma vez que a consulta e o repositório residirem juntos.
- Estruturas de banco de dados resolvida, ou seja, que não são afetadas pela natureza proprietária de terceiros ou sistemas comerciais.
- Extração de meta-dados que podem ser transformados ou aprimorados com meta-dados adicionais que não podem residir no sistema-fonte, melhorando a qualidade.

Algumas limitações da abordagem centralizada incluem:

- Processos complexos são necessários para garantir que as alterações em meta-dados de origem replicam rapidamente para o repositório.
- Manutenção de um repositório centralizado pode ser substancial.
- A extração poderia exigir módulos adicionais personalizados ou middleware.
- Validação e manutenção de código personalizado podem aumentar as demandas sobre a equipe de TI interna e os fornecedores de software.

11.2.4.2.2 Arquitetura de meta-dados distribuída

Uma arquitetura completamente distribuída mantém um ponto de acesso único. O mecanismo de recuperação de meta-dados responde às solicitações do usuário recuperando dados de sistemas-fonte em tempo real. Não há nenhum repositório persistente. Nesta arquitetura, o ambiente de gestão de meta-dados mantém os catálogos do sistema fonte e informações de pesquisa necessárias ao processo, consultas do usuário e pesquisas eficazmente.

Um agente de solicitação de objetos comuns ou protocolo de middleware semelhante acessa esses sistemas de origem. As vantagens da arquitetura de meta-dados distribuídos incluem:

- Meta-dados devem ser sempre tão atualizados como válidos como possíveis.
- Consultas são distribuídas, possivelmente melhorando o tempo de resposta / processo.
- Solicitações de meta-dados de sistemas proprietários limitam-se a consulta de processamento, em vez de exigir informações detalhadas sobre estruturas de dados proprietários, portanto minimizando o esforço de implementação e manutenção necessário.
- Desenvolvimento de processamento de consulta automatizada de meta-dados é provavelmente mais simples, e exige o mínimo de intervenção manual.
- Processamento em Batch é reduzido, com nenhum processo de replicação ou sincronização de meta-dados.

Além disso, as seguintes limitações existem para arquiteturas distribuídas:

- Realce ou normalização de meta-dados não é necessário entre sistemas.
- Utilização de recursos de consultas é diretamente afetado pela disponibilidade dos sistemas-fonte participantes.
- Incapacidade de suporte definido pelo usuário ou inserido manualmente entradas de meta-dados, uma vez que não há nenhum repositório para colocar esses acréscimos.

11.2.4.2.3 Arquitetura híbrida de meta-dados

Uma alternativa combinada é a arquitetura híbrida. Meta-dados ainda se movem diretamente dos sistemas-fonte para um repositório. No entanto, o design do repositório só contabiliza os meta-dados adicionados pelo usuário, os itens críticos padronizados e as adições de fontes manuais.

 A arquitetura beneficia a recuperação quase em tempo real de meta-dados de suas fontes e meta-dados aprimorados para atender às necessidades dos utilizadores mais eficazmente, quando necessário. A abordagem híbrida reduz o esforço para intervenção manual de TI e a funcionalidade de acesso personalizado-codificado para sistemas proprietários. Os meta-dados são tão válidos quanto o possível e atual no momento da utilização, com base em necessidades e prioridades do usuário. Arquitetura híbrida melhora a disponibilidade do sistema.

 A disponibilidade dos sistemas-fonte é um limite, porque a natureza distribuída dos sistemas back-end lidas como processamento de consultas. Sobrecarga adicional é necessária para vincular esses resultados iniciais com o aumento de meta-dados no repositório central antes de apresentar o resultado definido para o usuário final.

As organizações que têm que mudar rapidamente meta-dados, possuem necessidade de consistência, uniformidade e a um crescimento substancial em meta-dados e fontes de meta-dados, podem se beneficiar de uma arquitetura híbrida. Organizações com meta-dados mais estáticos e perfis de crescimento de meta-dados menores podem não aproveitar o potencial máximo desta alternativa de arquitetura. Outra abordagem de arquitetura avançada é a arquitetura de meta-dados bidirecional, que permite a alteração de qualquer parte da arquitetura (interface de usuário de origem, ETL,) e, em seguida, feedback do repositório em sua fonte original de meta-dados. O repositório é um Broker para todas as atualizações. Pacotes de software comercial estão em desenvolvimento para incluir esse recurso interno, mas as normas ainda estão em desenvolvimento.

Vários desafios são aparentes nesta abordagem. O projeto obriga o repositório de meta-dados conter a versão mais recente da fonte de meta-dados e obriga a gerenciar as alterações na origem, também. As alterações devem ser retidas e sistematicamente resolvidas.

Conjuntos adicionais de programa / processo e interfaces para amarrar o repositório de volta para a fonte de meta-dados que devem ser construídas e mantidas.

11.2.4.3 Tipos Padrão de meta-dados

Existem dois tipos principais de padrões de meta-dados: padrão industrial ou de consenso e padrões e normas internacionais. Geralmente, as normas internacionais servem base para o desenvolvimento de padrões da indústria para os serviços desenvolvidos e executados. Um quadro dinâmico para padrões de meta-dados, cortesia de Ashcomp.com está disponível no site da DAMA internacional, www.dama.org. A estrutura de alto nível na Figura 11.2 mostra como padrões se relacionam e como eles dependem uns dos outros para contexto e uso. O diagrama também dá um vislumbre sobre a complexidade das normas de meta-dados e serve como ponto de partida para a exploração e descoberta de padrões.

11.2.4.3.1 Indústria / Consenso normas de meta-dados

Compreender os diversos padrões para a implementação e a gestão de meta-dados na indústria é essencial para a seleção apropriada e a utilização de uma solução de meta-dados para uma empresa. Uma área onde os padrões de meta-dados são essenciais é na troca de dados com parceiros comerciais operacionais. A criação do formato electronic data interchange (EDI) representa um padrão de formato de meta-dados precoce incluído nas ferramentas EDI. As empresas percebem o valor do compartilhamento de informações com clientes, fornecedores, parceiros e organismos reguladores. Por conseguinte, a necessidade de compartilhamento de meta-dados comuns para apoiar o uso ideal de informações compartilhadas gerou padrões baseados no setor.

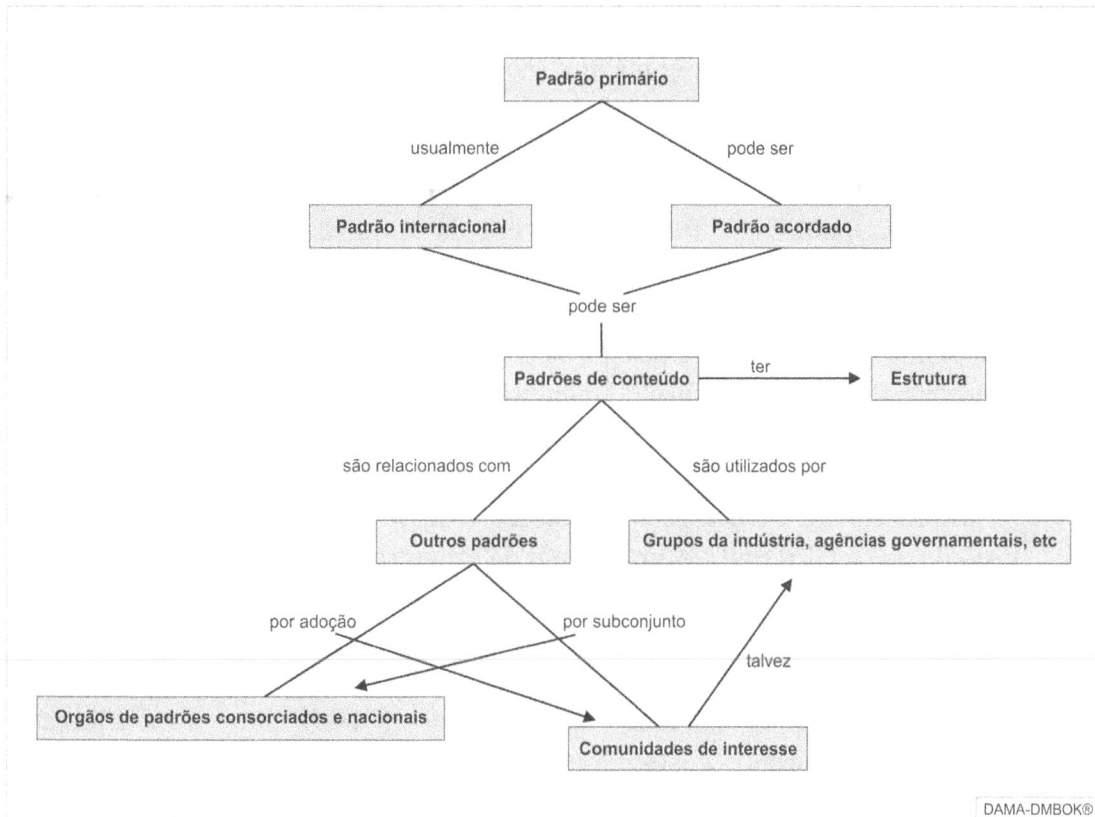

Figura 11.2 Normas de alto nível para a estrutura de trabalho

Fornecedores oferecem suporte a XML para seus produtos de gestão de dados para troca de dados. Eles usam a mesma estratégia para unir suas ferramentas em suítes de soluções. Tecnologias, incluindo integração de dados, bancos de dados relacionais e multidimensionais, gestão de requisitos, relatórios de business intelligence, modelagem de dados e regras de negócios, oferecem importação e exportação de recursos de dados e meta-dados usando XML, Enquanto suporte a XML é importante, a falta de padrões de esquema XML torna um desafio para integrar os meta-dados necessários por meio de produtos. Fornecedores mantêm seus esquemas XML e definições de tipo de documento (DTD) proprietários. Estas são acessadas por interfaces proprietárias, ou seja, para que a integração dessas ferramentas ocorra em um ambiente de gestão de meta-dados ainda requer-se desenvolvimento personalizado.

Alguns padrões de meta-dados do setor notáveis são:

1. Especificações OMG: OMG é um consórcio sem fins lucrativos de líderes de indústria de computador dedicado para a definição, a promoção e a manutenção de padrões da indústria para aplicativos corporativos interoperáveis. Empresas como Oracle, IBM, Unisys, NCR e outros, apoiam OMG. OMG é o criador do middleware padrão CORBA e definiu os meta-dados relacionados com estes padrões:
   - O armazém comum de meta-dados (CWM): Especifica o intercâmbio de meta-dados entre data warehouse, BI, KM e tecnologias de portal. CWM é baseado em

UML e depende dele para representar construções de dados orientada a objeto. O CWM tem muitos componentes que são ilustrados na Figura 11.3.

- O meta modelo de informações de gestão (IMM): A próxima iteração do CWM, agora sob direção e desenvolvimento da OMG, deverá ser publicada em 2009. Ele promete fazer a ponte entre OO, dados e XML, incorporando CWM. Seu objetivo é garantir a habilidade de rastreamento do requisito de diagramas de classe, incluindo modelos lógicos / físicos e esquemas XML e DDL.
- O modelo de informação aberta MDC (OIM): um vendor-neutral de tecnologia independente faz a especificação de tipos de meta-dados do núcleo do sistema operacional, data warehouse e ambientes de gestão de conhecimento.
- O XML (Extensible Markup Language): O formato padrão para o intercâmbio de meta-dados usando o MDC OIM.
- A linguagem de Modelagem Unificada (UML) é a linguagem de especificação formal para o OIM SQL: A linguagem de consulta para a OIM.
- O XMI (Extensible Markup Interface): facilita o intercâmbio de meta-dados entre ferramentas e repositórios. Especificação de XMI consiste em regras para gerar o documento XML que contém os meta-dados reais e o DTD XML.
- O meta modelo de definição de ontologia (ODM): uma especificação para representação formal, gestão, interoperabilidade e aplicação de semântica de negócios de modelos de visão OMG controlado por arquiteturas (MDA).

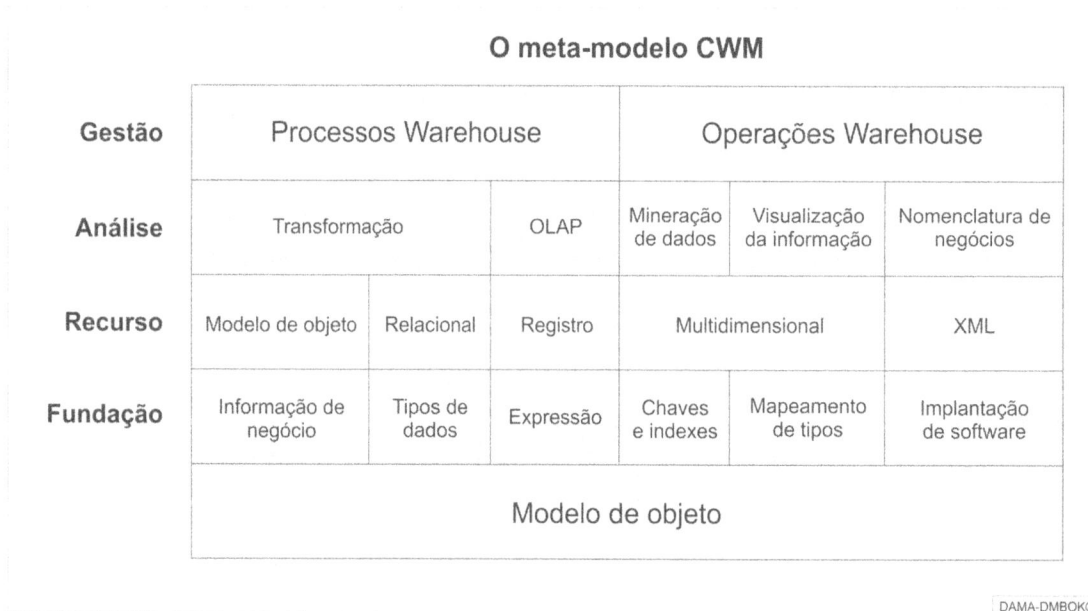

O meta-modelo CWM

Gestão	Processos Warehouse		Operações Warehouse		
Análise	Transformação	OLAP	Mineração de dados	Visualização da informação	Nomenclatura de negócios
Recurso	Modelo de objeto	Relacional	Registro	Multidimensional		XML
Fundação	Informação de negócio	Tipos de dados	Expressão	Chaves e indexes	Mapeamento de tipos	Implantação de software
	Modelo de objeto					

DAMA-DMBOK®

Figura 11.3 Meta modelo CWM

2. Especificações World Wide Web Consortium (W3C): W3C criou o RDF (relacional definition Framework) para descrever e intercambiar meta-dados usando XML. RDF centra-se na captura de recursos da Web, além de outros recursos que estão associados com uma URL.

3. Dublin Core: Iniciativa de meta-dados Dublin Core (DCMI) é um fórum sem fins lucrativos para o desenvolvimento de consenso dos padrões de meta-dados on-line interoperáveis para uma variedade de fins organizacionais e de negócios. Principalmente se concentra sobre a padronização de meta-dados on-line e recursos da Web, mas também é útil para a captura de meta-dados de armazéns de dados e sistemas operacionais. O Dublin core baseia-se em relacional Description Framework (RDF).

4. Distributed Management Task Force (DTMF): Web-Based Enterprise Management (WBEM) é um conjunto de gestão e tecnologias padrão da Internet desenvolvidas para unificar a gestão de ambientes de computação distribuído. Ele fornece a capacidade para a indústria fornecer um conjunto bem integrado de ferramentas de gestão baseada em padrões, facilitando o intercâmbio de dados entre plataformas e tecnologias diferentes. Uma das normas que compõem o WBEM é o modelo de dados do CIM (Common Information Model) padrão para WBEM. CIM fornece uma definição comum de informações de gestão de sistemas, redes, aplicativos e serviços e permite extensões de fornecedor.

5. Os padrões de meta-dados para dados não estruturados são:

- ISO 5964 - orientações para a criação e desenvolvimento de glossários multilíngues.
- ISO 2788 – contém orientações para a criação e desenvolvimento de dicionários monolíngues.
- ANSI/NISO Z39. 1 - dados de referência padrão americano e de arranjo de periódicos.
- ISO 704 - trabalho de terminologia – princípios e métodos.

6. Normas Geo-espaciais cresceram a partir de um quadro global chamado infraestrutura global de dados espaciais, mantido pelo U.S. Federal Geographic Data Comite (FGDC). O conteúdo padrão de meta-dados do Geospatial Digital (CSDGM) é uma iniciativa dos Estados Unidos com supervisão do FGDC. O FGDC tem um mandato que inclui uma clearing house de dados, padrões de dados espaciais, um quadro de dados digitais geo-espaciais de abrangência nacional e parcerias para aquisição de dados.

7. A Austrália New Zeland Land Information Concil (ANZLIC) deu uma contribuição significativa para a ISO 9115:2003 que trata de informação geográfica: meta-dados e ISO 19139:2003 informação geográfica: especificação de execução de meta-dados.

8. Na Europa, as normas de meta-dados geográficos são centradas no Comitê INSPIRE (infraestrutura de informação espacial na Europa) e seu trabalho.

9. Padrões de meta-dados do setor são muitas e variadas para atender aos problemas específicos ou necessidades do setor. Aqui estão duas normas do setor de amostra:

- Setor automotivo: Sistema moderno para número de identificação de veículos baseia-se em dois padrões relacionados, ISO 3779 e ISO 3780 para definir o número de 17 dígitos exclusivo. Cada posição de 17 dígitos tem um significado específico e o intervalo de valores válidos. Também existe uma variante ao padrão europeu.
- Indústria de utilitários elétricos: "The Utility Commom Model (CIM)" é uma estrutura de intercâmbio de dados padrão para o compartilhamento de informações

de energia, incluindo um barramento de mensagens e especificação de acesso de dados comum entre utilitários na América do Norte. O Electric Power Research Institute(EPRI) suporta o utilitário CIM.

Com base em padrões da OMG, o modelo Driven Architecture (MDA) separa a lógica de negócio e o aplicativo de tecnologia de plataforma. Um modelo independente de plataforma de uma aplicação ou funcionalidade de negócios e comportamento do sistema pode ser realizado em praticamente qualquer plataforma usando UML e MOF (Meta-Object Facility) como padrões de tecnologia. Esta abordagem de arquitetura, há um quadro para fornecedores de pacote de aplicativos que permite flexibilidade na implementação do pacote, para que o produto possa atender às necessidades de variados mercados. O MDA tem impacto menos direto sobre a implementação específica de um pacote em uma organização.

Planejamento de organizações para a implantação da solução de meta-dados deve adotar um conjunto de padrões de meta-dados obtidos no início do ciclo de planejamento que são baseados em uma indústria ou um setor sensível. Use o padrão adotado nos critérios de avaliação e seleção de todas as tecnologias de gestão de meta-dados. Muitos fornecedores líderes suportam vários padrões, e alguns podem auxiliar na personalização baseada na indústria e/ou padrões sensíveis do setor.

11.2.4.3.2 Normas internacionais de meta-dados

Um padrão de meta-dados internacionais chave é o International Organization for Standardization ISO / IEC 11179 que descreve a padronização e registro de elementos de dados para torná-los compreensíveis e compartilháveis. A finalidade da ISO / IEC 11179 é dar indicações concretas sobre a formulação e a manutenção de descrições de elementos de dados discretos e conteúdo semântico (meta-dados) que é útil na formulação de elementos de dados de uma maneira consistente e padrão. Ele também fornece orientação para o estabelecimento de um registro de elemento de dados. O padrão é uma importante orientação para a indústria de desenvolvedores de ferramentas, mas é pouco provável que seja uma preocupação para as organizações que implementam usando ferramentas comerciais, uma vez que as ferramentas devem cumprir as normas. No entanto, partes da norma ISO / IEC 11179 podem ser úteis para as organizações que desejam desenvolver suas próprias normas internas, já que o padrão contém importantes detalhes sobre cada tema. As partes relevantes da norma internacional ISO / IEC 11179 são:

- Parte 1: estrutura de trabalho para a geração e a padronização dos elementos de dados.
- Parte 3: atributos básicos de elementos de dados.
- Parte 4: regras e diretrizes para a formulação das definições de dados.
- Parte 5: nomeação e princípios de identificação de elementos de dados.
- Parte 6: registro de elementos de dados.

11.2.4.4 Métricas padrão de meta-dados

Controlar a eficácia do ambiente implantado de meta-dados requer medições para avaliar a aceitação do usuário, compromisso organizacional, cobertura de conteúdo e qualidade. Métricas devem ser principalmente quantitativas e não de natureza qualitativas.

Algumas sugestões de métricas em ambientes de meta-dados incluem:

- Integralidade do repositório de meta-dados: comparar a cobertura ideal das empresas de meta-dados (todos os artefatos e todas as instâncias no escopo) para cobertura real. Referencia à estratégia para definições de escopo.
- Documentação de qualidade dos meta-dados: avaliar a qualidade da documentação de meta-dados, por meio de métodos manuais e automáticos. Métodos automáticos incluem executar lógica de colisão em duas fontes, medindo quanto eles correspondem e a tendência ao longo do tempo. Outra métrica seria medir a porcentagem de atributos que têm suas definições e tendências ao longo do tempo. Métodos manuais incluem pesquisa aleatória ou completa, com base nas definições de qualidade da empresa. Medidas de qualidade indicam a integridade, confiabilidade, moeda, etecetera, dos meta-dados no repositório.
- Conformidade de dados de serviço de dados mestres: mostra a reutilização de dados em soluções SOA. Meta-dados sobre os serviços de dados auxilia os desenvolvedores para decidir quando um novo desenvolvimento poderia usar um serviço existente.
- Representação/cobertura Steward: compromisso organizacional de meta-dados, avaliadas pela nomeação de Steward foram nomeados com cobertura em toda a empresa para o manejo e documentação das funções e nas descrições das funções.
- O uso e referência de meta-dados: absorção do usuário sobre o uso do repositório de meta-dados pode ser medida por login simples. Referência aos meta-dados por usuários na prática de negócios é uma medida mais difícil de controlar. Medidas baseadas em entrevistas qualitativas podem ser necessárias para capturar esta medida.
- Maturidade de gestão de meta-dados: métricas desenvolvidas para avaliar a maturidade de meta-dados da empresa, com base na abordagem de modelo (CMM) para avaliação de maturidade.
- Disponibilidade de repositório de meta-dados: processamento de tempo (em lotes e consultas).

11.2.4.5 Implementar um ambiente gerenciado de meta-dados.

Implemente um ambiente de meta-dados gerenciados em etapas incrementais de forma a minimizar os riscos para a organização e para facilitar a aceitação.

Muitas vezes, a primeira implementação é um piloto para provar conceitos e aprender sobre como gerenciar o ambiente de meta-dados. Um projeto-piloto tem a complexidade adicional de uma avaliação de requisitos, desenvolvimento de estratégia, seleção de avaliação de tecnologia e ciclo de implementação inicial que projetos incrementais subsequentes não terão. Ciclos subsequentes terá roteiro de planejamento, formação do pessoal e mudanças de organização e um plano de implementação incremental com avaliação e reavaliação etapas, conforme necessário. Integração de projetos de meta-dados em corrente e metodologia de desenvolvimento de TI são necessárias.

Tópicos para comunicação e planejamento para uma iniciativa de gestão de meta-dados incluem discussões e decisões sobre as estratégias, planos e implantação, incluindo:

- Gestão de informações organizacionais.
- Governança de dados.
- Gestão de dados mestres.
- Gestão da qualidade de dados.
- Arquitetura de dados.
- Gestão de conteúdo.
- Data Warehouse e Business Inteligence.
- Modelagem de dados organizacionais.
- Acesso e distribuição de meta-dados.

11.2.4.6 Criar e manter meta-dados

Uso de um pacote de software significa que o modelo de dados do repositório não precisa ser desenvolvido, mas é provável que precise se adaptar para atender às necessidades da organização. Se for desenvolvida uma solução personalizada, criar o modelo de dados para o repositório é uma das primeiras etapas de design depois que a estratégia de meta-dados é completa e os requisitos de negócios são totalmente compreendidos.

A facilidade de criação e atualização de meta-dados prevê a verificação periódica do repositório, além da inserção manual e da manipulação de meta-dados por usuários autorizados e programas. Um processo de auditoria valida atividades e relatórios de exceções.

Se os meta-dados são um guia para os dados em uma organização, sua qualidade é fundamental. Se existem anomalias de dados nas fontes de organização, e se estes são exibidos corretamente nos meta-dados, os meta-dados podem guiar o usuário por meio dessa complexidade. Dúvidas sobre a qualidade dos meta-dados no repositório podem levar a rejeição total da solução de meta-dados e ao final de qualquer suporte para um trabalho continuado em iniciativas de meta-dados. Portanto, é essencial para lidar com a qualidade dos meta-dados, não apenas seu movimento e consolidação. Naturalmente, qualidade também é subjetiva, pelo envolvimento de negócios em que se estabelece o que constitui qualidade é essencial.

Meta-dados de baixa qualidade criam:

- Replicação de dicionários / repositórios / armazenamento de meta-dados.
- Meta-dados inconsistentes.
- Versão de fontes e meta-dados em competição real.
- Duvida na confiabilidade dos sistemas de solução de meta-dados.

Meta-dados de alta qualidade criam:

- Confiança, desenvolvimento organizacional-cruzado.
- Compreensão consistente dos valores dos recursos de dados.
- Meta-dados —conhecimento por toda a organização.

11.2.4.7 Integrar os meta-dados

Os processos de integração recolhem e consolidam meta-dados de toda a empresa, incluindo os meta-dados de dados adquiridos fora da empresa. Integra os meta-dados extraídos de um armazenamento de meta-dados de origem com outros negócios relevantes e meta-dados técnicos como função de armazenamento de meta-dados. Meta-dados podem ser extraídos usando adaptadores / scanners, aplicativos de ponte, ou acessando diretamente os meta-dados em uma das fontes de origem. Plugins estão disponíveis em muitos fornecedores de ferramentas de software, bem como ferramentas de integração de meta-dados. Em alguns casos, os plugins devem ser desenvolvidos usando a ferramenta da API.

Desafios surgem no processo de integração que vai exigir algum tipo de recurso por meio do processo de governança para resolução. Integração de dados internos define; dados externos, como o Dow Jones ou organizações de estatísticas do governo, e dados origem de fontes não eletrônicas como papéis em branco, artigos em revistas ou relatórios podem levantar muitas perguntas sobre qualidade e semântica desses dados.

Realizar uma varredura nos repositório de duas maneiras distintas.

1. Interface proprietária: em uma etapa única varredura e processo de carregamento, um scanner recolhe os meta-dados de um sistema de origem, então diretamente chama o componente "carregador" de formato específico para carregar os meta-dados no repositório. Neste processo, não há nenhuma saída de arquivo de formato específico e a coleção e carregamento de meta-dados ocorre em uma única etapa.
2. Interface semi Proprietária: em um processo de duas etapas, um scanner recolhe os meta-dados de um sistema de origem e os gera em um arquivo de dados de formato específico. O scanner produz apenas um arquivo de dados que o repositório de recebimento deve ser capaz de ler e carregar adequadamente. A interface é uma arquitetura mais aberta, como o arquivo pode ser lido por vários métodos.

Um processo de digitalização produz e utiliza vários tipos de arquivos durante o processo:

1. Arquivo controle: que contém a estrutura de origem do modelo de dados.
2. Arquivo reutilização: contendo as regras para a gestão de reutilização de processo de cargas.
3. Arquivos de log: produzido durante cada fase do processo, um para cada varredura / extração e um para cada ciclo de carga.
4. Arquivos temporários e backup de arquivos: uso durante o processo ou para assegurar a habilidade de rastreamento.

Use uma área de transferência não persistente de meta-dados para armazenar os arquivos temporários e backup. A área de teste oferece suporte aos processos de reversão e recuperação e oferece uma trilha de auditoria intercalar para auxiliar os gerentes do repositório ao investigar problemas de origem ou qualidade de meta-dados. A área de transferência pode assumir a forma de um diretório de arquivos ou um banco de dados. Truncar as tabelas de banco de dados da área de transferência antes de uma nova meta-alimentação de dados que utiliza a tabela de preparação, ou versões cíclicas no tempo do mesmo formato de armazenamento.

Ferramentas ETL usadas para armazenamento de dados e aplicativos de business intelligence são frequentemente usadas efetivamente em processos de integração de meta-dados.

11.2.4.8 Gerenciar repositórios de meta-dados.

Implemente uma série de atividades de controle para gerenciar o ambiente de meta-dados. Controle de repositórios é o controle de atualizações de repositórios de meta-dados realizado por especialistas de meta-dados. Estas atividades são de natureza administrativa e envolvem monitoramento e reposta aos relatórios, advertências, logs de trabalho e resolver vários problemas no ambiente do repositório implementado. Muitas das atividades de controle são padrões para operações de dados e a manutenção de interface.

As atividades de controle incluem:

- Backup, recuperação, arquivamento, descarte.
- Configuração de modificações.
- Educação e treinamento de usuários e dados stewards.
- Agendamento / acompanhamento de serviços.
- Análise estatística de carga.
- Gestão da análise e geração de métricas.
- Ajuste de desempenho.
- Garantia da qualidade, controle de qualidade.
- Análise estatísticas de consultas.
- Geração de relatório de consultas.
- Administração de repositórios.
- Mapeamento de fontes e movimento.
- Treinamento sobre as atividades de controle e consulta / relatórios.
- Gestão da interface do usuário.
- Controle de versões.

11.2.4.8.1 Repositórios de meta-dados

Repositório de meta-dados refere-se às tabelas físicas em que são armazenados os meta-dados. Implementar repositórios de meta-dados usando uma plataforma de banco de dados relacional aberta. Isso permite o desenvolvimento e implementação de vários controles e interfaces que não podem ser antecipados no início de um projeto de desenvolvimento do repositório.

O conteúdo do repositório deve ser genérico em design, refletindo não apenas os projetos de banco de dados de sistema. Design de conteúdo em alinhamento com os especialistas da área organizacional e com base em um modelo abrangente de meta-dados. Os meta-dados devem ser tão integrados quanto possível — este será um dos elementos mais diretos de valor agregado do repositório. Ele deve abrigar versões atuais, planejadas e históricas dos meta-dados.

Por exemplo, a definição de meta-dados de negócios para o cliente poderia ser — "Qualquer um que tenha comprado um produto de nossa empresa dentro de uma de nossas lojas ou por meio de nossos catálogos". Um ano mais tarde, a empresa adiciona um novo canal de distribuição. A empresa constrói um Web site para permitir que os clientes façam pedidos de produtos. Nesse momento, a definição de meta-dados de negócios para o cliente altera-se para — "Qualquer um que tenha comprado um produto de nossa empresa dentro de uma de nossas lojas, por meio de nosso catálogo de vendas por correspondência ou por meio da web".

11.2.4.8.2 Diretórios glossários e outros armazenamentos de meta-dados

Um diretório é um tipo de armazenamento de meta-dados que limita os meta-dados para o local ou a fonte de dados na empresa. Fontes Sinalizadas como sistema de registro (ele pode ser útil usar símbolos como — ouro) ou em outro nível de qualidade. Indica várias fontes no diretório. Um diretório de meta-dados é particularmente útil para os desenvolvedores e usuários de super dados, tais como as equipes de gestão de dados e analistas de dados.

Um glossário normalmente fornece orientação para uso dos termos, e um dicionário de sinônimos pode direcionar o usuário por meio de escolhas estruturadas envolvendo três tipos de relacionamentos: equivalência, hierarquia e associação. Estas relações podem ser especificadas contra os dois termos de origem e glossário intra e interdisciplinares. Os termos podem vincular as informações adicionais armazenadas em um repositório de meta-dados, reforçar sinergicamente sua utilidade.

Um glossário de várias fontes deve ser capaz do seguinte:

- Armazenagem de termos e definições de muitas fontes.
- Representação das relações de conjuntos de termos dentro de qualquer fonte única.
- Estabelecimento de uma estrutura suficientemente flexível para acomodar a entrada a partir de diferentes fontes e relacioná-las com novos termos já existentes.
- Ligações por todo o conjunto de atributos de meta-dados registrados no repositório de meta-dados.
- Outros repositórios de meta-dados incluem listas especializadas, tais como listas de origem ou interfaces, conjuntos de códigos, léxicos, esquema espacial e temporal, referência espacial e distribuição de conjuntos de dados geográficos digitais, repositórios de repositórios e regras de negócios.

11.2.4.9 Distribuir e entregar os meta-dados

A camada de entrega de meta-dados é responsável pela entrega dos meta-dados do repositório para os usuários finais e para quaisquer aplicativos ou ferramentas que necessitam de meta-dados alimentá-los.

Alguns mecanismos de entrega:

- Meta-dados para sites intranet para procurar, pesquisar, consultar, emitir relatórios e análise.
- Relatórios, dicionários, outros documentos e sites.
- Data warehouse, Data Marts e ferramentas de BI.
- Ferramentas de desenvolvimento e modelagem de software.
- Mensagem e transações.
- Aplicações.
- Soluções de interface externa a organização (por exemplo, soluções de Cadeia de suprimentos).

A solução de meta-dados frequentemente vincula-se a uma solução de business intelligence, para que o universo e a moeda de meta-dados na solução sincronizem-se com o conteúdo do BI. O link fornece um meio de integração na entrega do BI para o usuário final. Da mesma forma, alguns CRM ou outras soluções ERP podem exigir integração de meta-dados na camada de entrega dos aplicativos.

Ocasionalmente, meta-dados é trocado com organizações externas por meio de arquivos simples. No entanto, é mais comum que as empresas usem XML como sintaxe de transporte por meio de soluções proprietárias.

11.2.4.10 Meta-dados de consulta, relatório e analise.

Meta-dados orienta como utilizamos os ativos de dados. Nós usamos meta-dados em business intelligence (geração de relatórios e análise), decisões de negócios (operacionais, táticas, estratégicas) e na semântica do negócio (o que dizemos o que queremos dizer – "linguagem de negócios").

Meta-dados orienta como podemos gerenciar ativos de dados. Processos de governança de dados usam meta-dados para controlar e governar. Entrega e implementação de sistemas de informação usam meta-dados para adicionar, alterar, excluir e acessar os dados. Integração de dados (sistemas operacionais, DW / sistemas de BI) refere-se aos dados por suas etiquetas ou meta-dados para alcançar essa integração. Meta-dados controla e integração de dados, processo e sistema de auditorias. Administração de banco de dados é uma atividade que controla e mantêm dados por meio de suas marcas ou meta-dados de camada, como faz a gestão de dados e sistema de segurança. Algumas atividades de melhoria de qualidade são iniciadas por meio da inspeção de meta-dados e sua relação com dados associados.

Um repositório de meta-dados deve ter um aplicativo front-end que ofereça suporte à funcionalidade de pesquisa e recuperação necessária para toda essa orientação e gestão de ativos de dados. A interface fornecida para os usuários corporativos pode ter um conjunto diferente de requisitos funcionais do que para usuários técnicos e desenvolvedores. Alguns relatórios facilitam o desenvolvimento futuro, como análise de impacto de alterações ou definições diversas para Data Warehouse e projetos de business intelligence, tais como relatórios de linhagem de dados.

11.3 Resumo

Os princípios orientadores para a implementação da gestão de meta-dados em uma organização, um quadro-resumo das funções para cada atividade de gestão de meta-dados e a organização e a questões culturais que possam surgir durante a gestão de meta-dados é resumido abaixo.

11.3.1 PRINCÍPIOS ORIENTADORES

Os princípios orientadores para o estabelecimento de uma função de gestão de meta-dados estão listados abaixo:

1. Estabelecer e manter uma estratégia de meta-dados e políticas adequadas, especialmente deixando as metas claras e objetivas para gestão e uso de meta-dados.
2. Contrato de compromisso sustentado, financiamento e apoio vocal da gerência sênior relativas à gestão de meta-dados para a empresa.
3. Assumir uma perspectiva de empresa para garantir a futura extensão, mas implementar por meio de entrega iterativa e incremental.
4. Desenvolva uma estratégia de meta-dados antes da avaliação, aquisição e instalação de produtos de gestão de meta-dados.
5. Criar ou adotar padrões de meta-dados para garantir a interoperabilidade de meta-dados em toda a empresa.
6. Assegurar a aquisição de meta-dados eficazmente para meta-dados internos e externos.
7. Maximizar o acesso do usuário, uma vez que uma solução que não é acessada não mostrará o valor dos negócios.
8. Compreender e comunicar a necessidade de meta-dados e o propósito de cada tipo de meta-dados, a socialização do valor de meta-dados incentivará o uso do negócio.
9. Medir conteúdo e uso.
10. Aproveitar XML, mensagens e serviços Web.
11. Estabelecer e manter o envolvimento de toda a empresa no manejo de dados, atribuindo a responsabilidade para os meta-dados.
12. Definir e monitorar processos e procedimentos para garantir a implementação de políticas corretas.
13. Incluir foco em papéis/funções, pessoal, normas, procedimentos, formação e métricas.
14. Fornecer especialistas dedicados de meta-dados para o projeto e mais além.
15. Certificar a qualidade de meta-dados.

11.3.2 RESUMO DO PROCESSO

O resumo do processo para a função de gestão de meta-dados é mostrada na Tabela 11.1. As entregas, papéis responsáveis, papéis de aprovação, e papéis contribuidores são mostrados para cada atividade da função de gestão de meta-dados. A tabela é apresentada no Apêndice A9.

11.3.3 QUESTÕES ORGANIZACIONAIS E CULTURAIS

Muitas questões organizacionais e culturais existem para uma iniciativa de gestão de meta-dados. Prontidão organizacional é uma grande preocupação, como métodos de governança e controle.

Q1: Gestão de meta-dados é uma prioridade baixa em muitas organizações. Quais são os principais argumentos ou instruções para gestão de meta-dados de valor agregado?

A1: Um conjunto essencial de meta-dados precisa de coordenação em uma organização. Eles podem ser estruturas de dados de identificação de funcionário, número de apólices de seguro, números de identificação do veículo ou especificações de produtos, que se mudou, exigiria grandes revisões de muitos sistemas corporativos. Procure esse bom exemplo onde o controle vai colher benefícios de qualidade imediata de dados da empresa. Construa o argumento a partir de exemplos concretos de negócios relevantes.

Q2: Como a gestão de meta-dados se relaciona a governança de dados? Não podemos governar por meio de regras de meta-dados?

A2: Sim! Meta-dados é regido da mesma maneira com que os dados são regulados, por meio de princípios, políticas e gestão eficaz e ativa. Ler sobre governança de dados no capítulo 3.

Atividades	Entregas	Papéis Responsáveis	Papéis de Aprovação	Papéis de Contribuição
9.1 Compreender os requerimentos de meta-dados (P)	Requerimentos de meta-dados	Especialistas em meta-dados Gestores de dados, Arquitetos e modeladores de dados Administradores de bancos de dados	Arquiteto de dados corporativos, Líder de DM Comitê de Gestão de dados	Outros profissionais de TI Outros profissionais de DM
9.2 Definir a arquitetura de Meta-dados (P)	Arquitetura de meta-dados	Arquitetos de meta-dados, Arquitetos de integração de dados	Arquiteto de dados corporativos, Líder de DM Comitê de Gestão de dados CIO Administradores de bancos de dados	Especialistas em meta-dados, Outros gestores de TI, Outros profissionais de TI

Atividades	Entregas	Papéis Responsáveis	Papéis de Aprovação	Papéis de Contribuição
9.3 Desenvolver e manter os padrões de meta-dados (P)	Padrões de meta-dados	Arquitetos de meta-dados, Gestores de dados, Administradores de dados	Arquiteto de dados corporativos, Líder de DM Comitê de gestão de dados	Outros profissionais de TI Outros profissionais de DM
9.4 Implementar e gerenciar um ambiente de meta-dados (D)	Métricas de meta-dados	Administradores de base de dados	Arquiteto de dados corporativos Líder de DM Comitê de gestores de dados	Outros profissionais de TI
9.5 Criar e manter meta-dados (O)	Atualizados: • Ferramentas de modelagem de dados • Sistemas de gestão de bancos de dados • Ferramentas de integração de sistemas, • Ferramentas de BI • Ferramentas de gestão de sistemas • Ferramentas de modelagem de objetos • Ferramentas de geração de relatórios • Ferramentas de qualidade dos dados • Ferramentas de desenvolvimento e administração de dados Ferramentas de dados mestres e de referência	Especialistas em meta-dados	Arquitetos de dados corporativos, Líder de DM Comitê de gestão de dados	Outros profissionais de TI

Atividades	Entregas	Papéis Responsáveis	Papéis de Aprovação	Papéis de Contribuição
9.6 Integrar meta-dados (C)	Repositórios de meta-dados	Arquitetos de integração de dados Especialistas em meta-dados Gestores de dados Arquitetos e modeladores de dados Administradores de banco de dados	Arquitetos de dados corporativos, Líder de DM Comitê de gestão de dados	Outros profissionais de TI
9.7 Gerenciar repositórios de meta-dados (C)	Repositórios gerenciados de meta-dados Administração Princípios, práticas, táticas	Arquitetos de integração de dados Especialistas em meta-dados Gestores de dados Arquitetos e modeladores de dados Administradores de banco de dados	Arquitetos de dados corporativos, Líder de DM Comitê de gestão de dados	Outros profissionais de TI
9.8 Distribuir e entregar meta-dados (O)	Distribuição de meta-dados Arquitetura e modelos de meta-dados	Administradores de banco de dados	Arquitetos de dados corporativos, Líder de DM Comitê de gestão de dados	Arquitetos de meta-dados
9.9 Requisições, relatórios e análise de meta-dados(O)	Qualidade de meta-dados Análise operacional de gestão de meta-dados Análise de meta-dados Linhagem de dados Análise do impacto da mudança	Analista de dados, Analista de meta-dados	Arquitetos de dados corporativos, Líder de DM Comitê de gestão de dados	Especialistas em BI Especialistas em integração de dados, Administradores Outros gestores de dados

Tabela 11.1: Resumo de processo de gestão de meta-dados

11.4 Leituras recomendada

As referências listadas abaixo fornecem leituras adicionais que suportam o material apresentado no Capítulo 11. Estas leituras recomendadas são também incluídas na bibliografia no final do guia.

11.4.1 LEITURA GERAL

Brathwaite, Ken S. Analysis, Design, and Implementation of Data Dictionaries. McGraw-Hill Inc., 1988. ISBN 0-07-007248-5. 214 pages.

Collier, Ken. Executive Report, business intelligence Advisory Service, *Finding the Value in Metadata Management* (Vol. 4, No. 1), 2004. Available only to Cutter Consortium Clients, http://www.cutter.com/bia/fulltext/reports/2004/01/index.html.

Hay, David C. Data Model Patterns: A Metadata Map. Morgan Kaufmann, 2006. ISBN 0-120-88798-3. 432 pages.

Hillmann, Diane I. and Elaine L. Westbrooks, editors. Metadata in Practice. American Library Association, 2004. ISBN 0-838-90882-9. 285 pages.

Inmon, William H., Bonnie O'Neil and Lowell Fryman. Business Metadata: Capturing Enterprise Knowledge. 2008. Morgan Kaufmann ISBN 978-0-12-373726-7. 314 pages.

Marco, David, Building and Managing the Meta Data Repository: A Full Life-Cycle Guide. John Wiley & Sons, 2000. ISBN 0-471-35523-2. 416 pages. Marco, David and Michael Jennings. Universal Meta Data Models. John Wiley & Sons, 2004. ISBN 0-471-08177-9. 478 pages.

Poole, John, Dan Change, Douglas Tolbert and David Mellor. Common Warehouse Metamodel: An Introduction to the Standard for Data Warehouse Integration. John Wiley & Sons, 2001. ISBN 0-471-20052-2. 208 pages.

Poole, John, Dan Change, Douglas Tolbert and David Mellor. Common Warehouse Metamodel Developer's Guide. John Wiley & Sons, 2003. ISBN 0-471-20243-6. 704 pages.

Ross, Ronald. Data Dictionaries And Data Administration: Concepts and Practices for Data Resource Management. New York: AMACOM Books, 1981. ISN 0-814-45596-4. 454 pages.

Tannenbaum, Adrienne. Implementing a Corporate Repository, John Wiley & Sons, 1994. ISBN 0-471-58537-8. 441 pages.

Tannenbaum, Adrienne. Metadata Solutions: Using Metamodels, Repositories, XML, And Enterprise Portals to Generate Information on Demand. Addison Wesley, 2001 ISBN 0-201-71976-2. 528 pages.

Wertz, Charles J. The Data Dictionary: Concepts and Uses, 2nd edition. John Wiley & Sons, 1993. ISBN 0-471-60308-2. 390 pages.

11.4.2 META-DADOS EM BIBLIOTECONOMIA

Baca, Murtha, editor. Introduction to Metadata: Pathways to Digital Information. Getty Information Institute, 2000. ISBN 0-892-36533-1. 48 pages.

Hillmann, Diane I., and Elaine L. Westbrooks. Metadata in Practice. American Library Association, 2004. ISBN 0-838-90882-9. 285 pages.

Karpuk, Deborah. METADATA: From Resource Discovery to Knowledge Management. Libraries Unlimited, 2007. ISBN 1-591-58070-6. 275 pages.

Liu, Jia. Metadata and Its Applications in the Digital Library. Libraries Unlimited, 2007. ISBN 1-291-58306-6. 250 pages.

11.4.3 PADRÕES PARA META-DADOS GEOESPACIAIS

http://www.fgdc.gov/metadata/geospatial-metadata-standards.

11.4.4 PADRÕES ISO PARA META-DADOS

ISO Standards Handbook 10, Data Processing—Vocabulary, 1982.

ISO 704:1987, Principles and methods of terminology.

ISO 1087, Terminology—Vocabulary.

ISO 2382-4:1987, Information processing systems—Vocabulary part 4.

ISO/IEC 10241:1992, International Terminology Standards—Preparation and layout.

FCD 11179-2, Information technology—Specification and standardization of data elements - Part 2: Classification for data elements.

ISO/IEC 11179-3:1994, Information technology—Specification and standardization of data elements - Part 3: Basic attributes of data elements.

ISO/IEC 11179-4:1995, Information technology—Specification and standardization of data elements - Part 4: Rules and guidelines for the formulation of data definitions.

ISO/IEC 11179-5:1995, Information technology—Specification and standardization of data elements - Part 5: Naming and identification principles for data elements.

ISO/IEC 11179-6:1997, Information technology—Specification and standardization of data elements - Part 6: Registration of data elements.

Gestão da qualidade de dados (DQM) é a décima Função da Gestão de Dados mostrada no framework de gestão de dados nas Figuras 1.3 e 1.4. É a nona função de gestão de dados que interage e é influenciada pela Função de governança de dados. O capítulo 12 define a qualidade de gestão de dados e explica as atividades e conceitos envolvidos no DQM.

12.1 Introdução

DQM é um processo de suporte critico na gestão de mudanças organizacionais. Alterando o foco do negócio, integrações corporativas de estratégias de negócios, e fusões e aquisições e novas parcerias demandam que os departamentos de TI misturem fontes de dados, criem cópias douradas dos dados, preencher dados retrospectivamente ou integrar dados. Os objetos da interatividade com legado ou para sistemas de negócios para negócios (B2B) necessitam de um suporte da gestão da qualidade de dados.

Qualidade de dados é sinônimo de qualidade da informação, tendo em mente que falta de qualidade nos dados resulta em informações imprecisas e um desempenho fraco de negócios. Limpeza de dados pode resultar em caras melhorias em curto prazo que não atingem a raiz do problema. Um programa mais rigoroso de qualidade de dados é necessário para prover uma solução econômica para melhorar a qualidade e integridade dos dados.

Na abordagem do programa, essas questões envolvem mais do que simplesmente correção de dados. Na realidade, eles envolvem gestão do ciclo de vida de criação, transformação e transmissão de dados para garantir que a informação encontre todos os consumidores de dados dentro da organização.

O processo de qualidade de dados deve ser institucionalizado com fiscalizações, Gestões e melhorias articuladas na identificação do tipo de negócio otimizado para qualidade de dados e determinar os melhores caminhos de medição, controle, monitoramento e para fazer relatórios sobre a qualidade dos dados. Após identificar os problemas no envio do processamento de dados é necessário notificar os administradores de dados para que assim tomem as ações corretoras parar corrigir esses erros, enquanto simultaneamente eliminam a raiz do problema.

Gestão da qualidade de dados (DQM) também é um processo contínuo para os parâmetros de definição que especificam níveis adequados de qualidade de dados de acordo com as necessidades do negócio, garantindo assim que a qualidade dos dados se mantenha nesse nível. DQM envolve uma análise de qualidade dos dados, identificando anomalias de dados e definindo requisitos de negócios e regras correspondentes dos dados para que assim encontre a qualidade de dados demandada. DQM envolve instituir inspeções e processos para monitorar e controlar de acordo com a regra de qualidade de dados pré-estabelecida, assim como instituir análise, padronização, limpeza e consolidação de dados quando aplicável. Por fim, DQM incorpora rastreamento de problemas como uma maneira de monitorar comprometimento com a qualidade de dados definida pelo Acordo de Nível de Serviço.

O contexto de qualidade de dados é exemplificado na Figura 12.1.

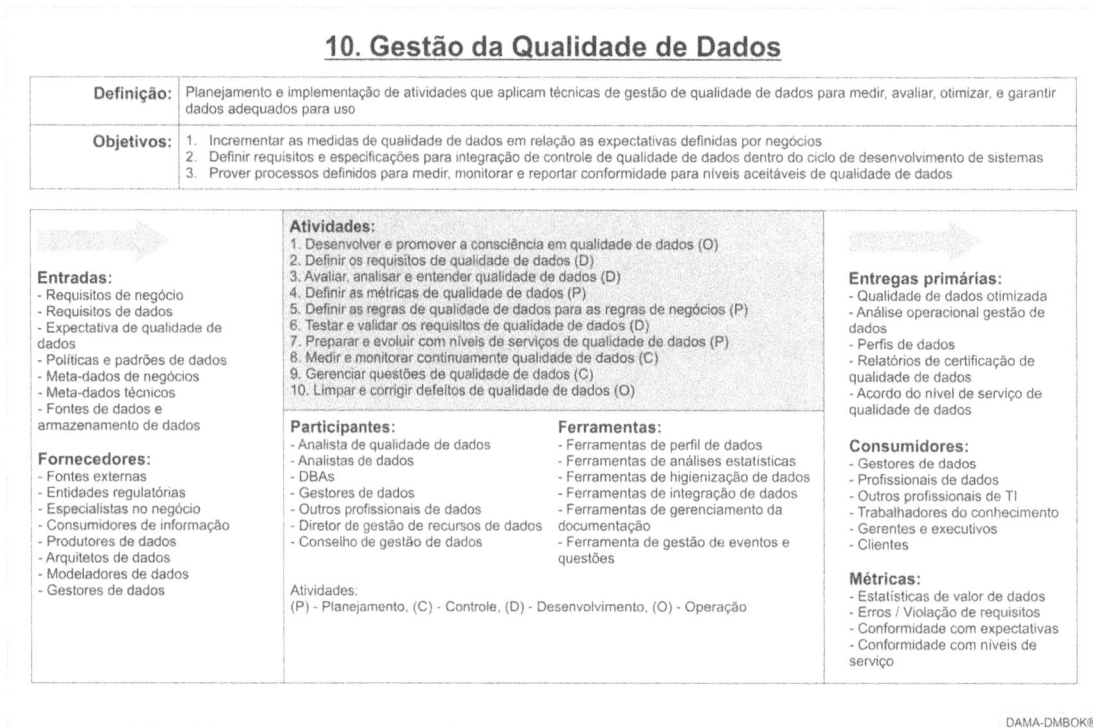

Figura 12.1 Diagrama de contexto da gestão de qualidade de dados

12.2 Conceitos e Atividades

Expectativas de qualidade de dados provêm os requerimentos necessários para definir a qualidade dos dados do sistema. O sistema inclui definir os requerimentos, políticas de inspeções, medidas e monitores que reflitam mudanças no desempenho e qualidade dos dados. Esses requerimentos refletem três aspectos do negócio de expectativas de dados: A maneira de guardar a expectativa nas regras do negócio, a maneira de medir a qualidade dos dados dentro da dimensão e aceitabilidade da entrada.

12.2.1 ABORDAGEM PARA A GESTÃO DE QUALIDADE DE DADOS

A abordagem geral para DQM demonstrada na figura 12.2, é uma versão do ciclo de Deming. Deming, um dos primeiros escritores sobre gestão de qualidade, propõe um modelo de resolução de problemas conhecido como "planejar-fazer-estudar-agir" (plan-do-study-act) ou "planejar-fazer-conferir-agir" (plan-do-check-act) que é prático para a gestão de qualidade dos dados. Quando aplicado para qualidade dos dados, com os parâmetros de qualidade definidos pelos termos de uso do serviço, isso envolve:

- Planejamento para avaliação dos presentes estados e identificações de métricas chaves para medir a qualidade dos dados.
- Processos de implementação para medir e melhorar a qualidade dos dados.

- Monitorar e medir os níveis atuais em relação com os níveis das expectativas pré-definidas por negócios.
- Agir para resolver quaisquer problemas encontrados para melhorar a qualidade dos dados e melhor ir de encontro com as expectativas de negócios.

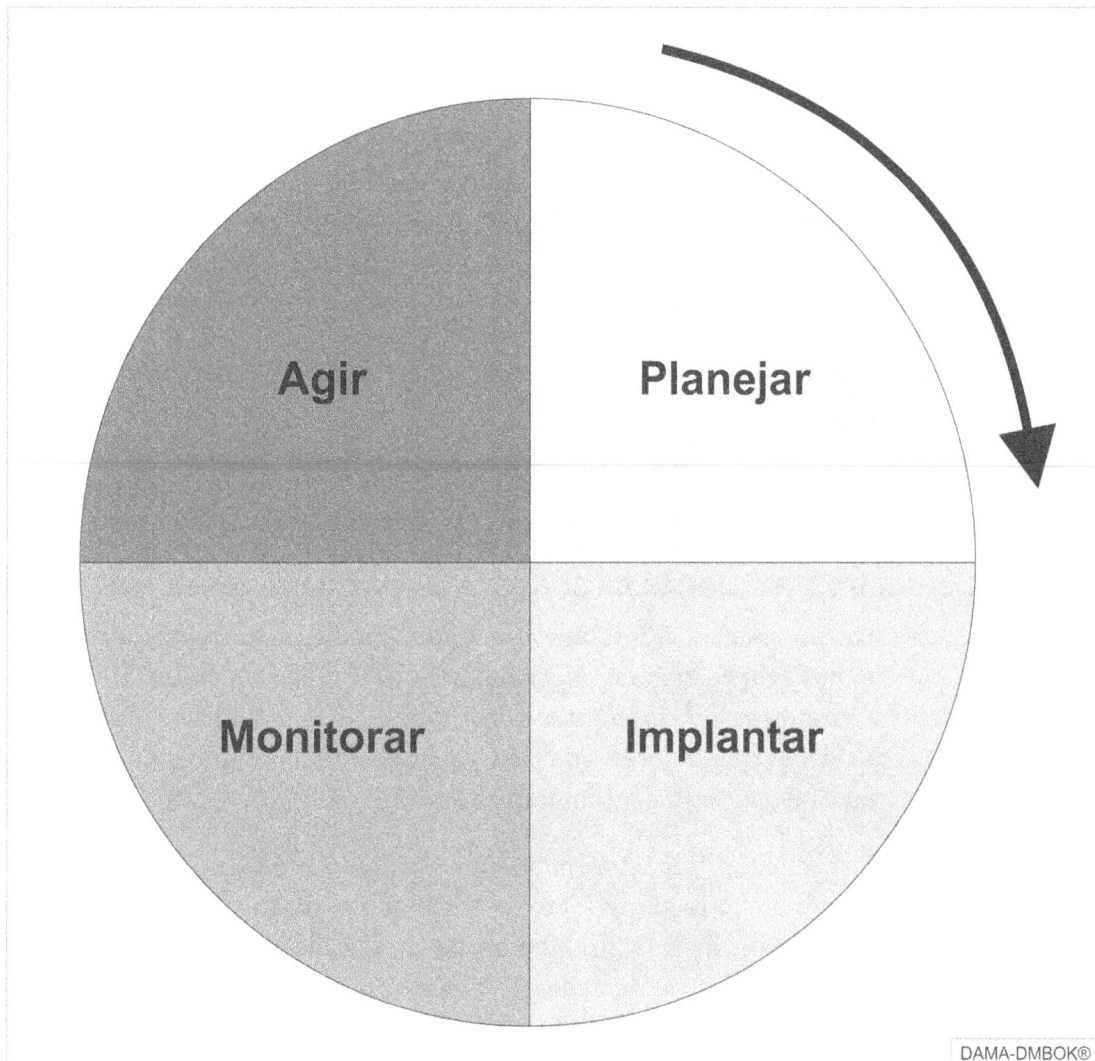

Figura 12.2 O ciclo de gestão de qualidade de dados

O ciclo de DQM começa por identificar os problemas com os dados que são críticos que impeçam atingir os objetivos do negócio, definindo os requerimentos do negócio para qualidade de dados, identificando dimensões de qualidade de dados chaves e definindo as regras do negócio que são de suma importância para atingir altos níveis de qualidade de dados.

No estágio de planejamento, a equipe de qualidade dos dados prediz os escopos de problemas conhecidos, quais envolvem determinar o custo e o impacto destes problemas e avaliar alternativas para possíveis correções.

No estágio de implementação, é necessário traçar um perfil dos dados e instituir inspeções e monitores para identificar os problemas com os dados, quando estes ocorrerem. Durante este estágio, a equipe de qualidade dos dados pode se preparar para corrigir processos falhos que são as raízes dos problemas de erros de dados, ou como último recurso, corrigir os erros na fonte. Quando não é possível corrigir os erros em suas fontes, deve-se corrigi-los no ponto mais próximo da fonte..

O estágio de monitoramento é para monitorar ativamente a qualidade dos dados medidos de acordo com as regras do negócio. Desde que a qualidade dos dados encontrem-se com os padrões de aceitabilidade o processo está sob controle e o nível de qualidade de dados está de acordo com os requerimentos do negócio. No entanto, se a qualidade dos dados for menor que os níveis aceitáveis, se faz necessário notificar os gestores de dados para que estes possam tomar ações durante o próximo estágio.

O estágio de ação é desenvolvido para tomar ações que dirijam e resolvam problemas de qualidade de dados assim que estes apareçam.

Novos ciclos começam com a investigação de novos pacotes de dados, ou quando novos padrões de qualidade de dados são identificados para os pacotes de dados já existentes.

12.2.2 DESENVOLVIMENTO E PROMOÇÃO DE CONSCIÊNCIA DA QUALIDADE DE DADOS

Promover a conscientização sobre a qualidade dos dados significa mais que simplesmente assegurar-se de que as pessoas certas estão conscientes da existência de problemas com a qualidade dos dados. Promover a conscientização qualidade dos dados é essencial para garantir a participação de partes interessadas da organização, sendo assim existindo um grande aumento na chance de sucesso de qualquer programa de DQM.

Conscientização inclui relacionar impactos materiais na qualidade dos dados, garantindo assim abordagens sistemáticas para reguladores e visão geral da qualidade organizacional de dados e socializar o conceito de que problemas de qualidade de dados não podem ser encaminhados somente a soluções de tecnologia. Como um passo inicial algum nível de treinamento dos conceitos de qualidade de dados se faz necessário.

O próximo passo inclui estabelecer um sistema de governança de dados para a qualidade dos dados. Uma governança de dados é a coleção de processos e procedimentos para designar responsabilidade por todas as faces da qualidade de dados, cobertas em mais detalhes no capítulo 3. As tarefas de governança de dados DQM incluem:

- Engajar parceiros de negócios que trabalharão com a equipe de qualidade de dados e defenderão o programa de qualidade de dados.
- Identificar propriedade de papéis e responsabilidades sobre dados, incluindo quadros de governança de dados e gestores de dados.
- Designar responsabilidade para dados de elementos críticos e DQM.
- Sincronizar elementos de dados usados entre as linhas de negócios e prover regras claras e definições precisas de uso de domínios.

- Introduzindo conceitos de requerimentos de análise de dados como parte do todo do ciclo de desenvolvimento do sistema.
- Amarrando alta qualidade de dados com objetivos pessoais de desempenho.

Finalmente, um Comitê de Supervisão da Qualidade de Dados pode ser criado, o qual terá hierarquia de reporte associada a diferentes papéis de governança de dados. O comitê será composto de gestores de dados, os quais farão o alinhamento com o negócio dos clientes, linhas de negócios, ou até mesmo com aplicações específicas. Para continuar a promover a conscientização da qualidade dos dados enquanto monitoram os seus pacotes de dados designados. O quadro de visão geral de qualidade de dados é responsável por políticas e procedimentos para uma visão geral da comunidade de qualidade de dados. O guia provido inclui:

- Estabelecer prioridades para a qualidade de dados.
- Padrões de desenvolvimento e manutenção da qualidade de dados.
- Relatórios de medidas relevantes da qualidade de dados que englobem a empresa.
- Prover um guia de facilidades para envolvimento da equipe.
- Estabelecer mecanismos de comunicação para compartilhamento de conhecimento.
- Desenvolvimento e aplicação de certificações e códigos de conduta.
- Monitoramento e relatórios sobre desempenho.
- Identificar oportunidades de melhorias e estabelecer um consenso de construções para aprovações.
- Resolver variações e conflitos.

12.2.3 DEFININDO REQUERIMENTOS DE QUALIDADE DE DADOS

A qualidade dos dados deve ser entendida dentro do contexto de "atividade de uso". A maior parte das aplicações é dependente do uso dos dados que se encontram com as necessidades específicas associadas com a finalização do processo de negócio. Esses processos de negócio implementam regras de negócios impostas tanto por meios externos, como conformidade regulatória, observação dos padrões da indústria ou acatando a formatos de troca de dados e por meio de meios internos, tais como regras internas guiando departamentos de marketing, vendas, comissões, logísticas e em diante. Requerimentos de qualidade de dados geralmente são escondidos com as políticas estabelecidas de negócios. Visões detalhadas incrementadas e refinamento interativo das políticas de negócio ajudam a identificar esses requerimentos de informações quais, ao contrário, se tornam regras de qualidade de dados.

Confirmando as medidas dos requerimentos de "atividade de uso" habilita relatórios de métricas significativas associadas com dimensões bem definidas de qualidade de dados. Os detalhes da revisão incrementada incluem:

1. Identificar componentes chave de dados associados com políticas de negócios.
2. Determinar como inserções de dados já identificados afetam o negócio.
3. Avaliar como erros de dados são categorizados dentro de um pacote de dimensões de qualidade de dados.
4. Especificar as regras do negócio que medem a frequência de erros de dados.

5. Prover meios para identificar processos de medida que estão em conformidade com as regras de negócios.

Segmentar as regras de negócios de acordo com as dimensões de qualidade de dados que caracterizam as medidas de indicadores de alto-nível. Incluir detalhes no nível de granularidade da medida, como valor dos dados, elementos dos dados, registros dos dados e quadros de dados que são requisitos para uma implementação correta. Dimensões de qualidade de dados incluem:

- Acuracidade: Refere-se ao grau em que um dado corretamente representa uma entidade na vida real seguindo o modelo definido. Em muitos casos, mede a acuracidade por como os valores concordam com uma identificada fonte correta de informação. Por exemplo, comparando valores contra uma base de dados de registros ou contra um conjunto de valores corroborativos de uma outra tabela, checando contra valores dinamicamente computados ou talvez aplicando processo manual para checar a acuracidade do valor.

- Completude: Indica se certos atributos têm sempre valores assinalados em conjunto de dados. Outra informação é se a quantidade certa de linhas está presente em conjunto de dados. Designar regras de completude para conjunto de dados se atribui em níveis variantes de obrigações fixas que requerem um valor, elementos de dados com valores condicionais e atributos de valores inaplicáveis. Veja completude também como abrangendo uso e valores de dados apropriados.

- Consistência: Refere-se a garantia que valores de dados em conjunto de dados são consistentes com valores em outro conjunto de dados. O conceito de consistência é relativamente amplo; Pode incluir a expectativa que dois valores de dados extraídos de diferentes conjuntos de dados não podem conflitar um com o outro, ou define-se como consistência com um conjunto de restrições predefinidas. Uma consistência mais formal especifica uma relação consistente entre os valores dos atributos, tanto por meio do registro ou de mensagens, ou dentro de todos os valores de um único atributo. Entretanto, deve se agir com cuidado para não se confundir consistência com precisão ou assertividade. Consistência deve ser definida entre um conjunto de valores de atributos e outro conjunto de conjunto de valores de atributos dentro do mesmo registro (consistência em nível de registro), entre conjunto de valores de atributos e outro em diferentes registros (consistência entre registros), ou um conjunto de valores de atributos e o mesmo pacote de atributos com o mesmo registro em diferentes pontos no tempo (consistência temporal).

- Corrente: Valor de dados refere ao nível do grau de qual a informação é presente com o mundo que ela modela. Valor de dados mede quão "recente" são os dados, também quão corretos são de acordo com alguma mudança relacionada ao tempo. Medir os valores dos dados é uma função dentre as esperadas do ritmo de frequência em quais diferentes elementos de dados se atualizam, bem como são verificados que os dados são recentes. Regras de valores de dados definem o tempo de vida que tem os valores de dados antes que estes expirem ou precisem de atualização.

- Precisão: Refere-se ao nível de detalhe de um elemento de dados. Dados numéricos podem necessitar de acuracidade para vários digitos significantes. Por exemplo, arredondar e truncar pode introduzir erros onde a necessidade de precisão é necessária.

- Privacidade: Privacidade se refere à necessidade de acesso, uso e controle. Alguns elementos de dados precisam de limites de uso e/ou acesso.
- Razoabilidade: Considera como relevante a consistência de expectativas dentro de um contexto operacional. Por exemplo, pode-se esperar que um número de transações por dia não exceda a 105% do número médio processado nos últimos 30 dias.
- Integridade referencial: É a condição que existe quando todas as referências de dados em uma coluna de uma tabela possui associação adequada em outra coluna ou tabela. A expectativa de integridade referencial inclui algumas especificações para quando uma chave estrangeira aparecer como um identificador único, o registro daquela chave é referido para que realmente exista. Regras de integridade referencial também se manifestam como limites contra duplicações, para garantir que cada entidade ocorra apenas uma vez.
- Em tempo adequado: Refere-se à expectativa para acessibilidade e disponibilidade da informação. Por exemplo, uma medida de tempo adequado é o tempo entre a qual a informação é esperada e quanto ela é pronta e disponibilizada para uso.
- Unicidade: Essencialmente, a condição de unicidade para uma entidade indica que a mesma não existe mais do que uma vez em um conjunto de dados. Definindo exclusividade das entidades de um conjunto de dados implica que nenhuma entidade exista mais que uma vez dentro do pacote de dados e que o valor da chave é relacionado com cada entidade única e apenas esta chave especifica a entidade quando os dados são definidos. Muitas organizações preferem um nível de controle de redundância em seus dados por ser uma meta mais fácil de ser atingida.
- Validade: Validade se refere aos dados, se estes são guardados, trocados ou apresentados em um formato que é consistente com o domínio dos valores de formato. Como também se são consistentes com outros valores de atributos semelhantes. Validade garante que todos os valores de dados estão em conforme com os vários atributos associados aos elementos dos dados: o tipo, precisão, padrão do formato, uso de valores de enumeração pré-definidos, áreas de domínio, tipos de armazenamento subescritos e tantos outros. Validar para determinar valores possíveis não é o mesmo que verificar para determinar valores precisos.

12.2.4 PERFIS, ANÁLISE E AVALIAÇÃO DA QUALIDADE DOS DADOS

Antes de definir a qualidade das métricas dos dados, é crucial para o desempenho que as avaliações de dados sejam feitas usando duas abordagens diferentes, Subjetiva (top-down) e Objetiva (Bottom-up).

A avaliação objetiva de problemas na qualidade dos dados existentes envolve uma inspeção e avaliação dos conjuntos de dados deles mesmos. A análise direta dos dados revelará anomalias potencias nos dados que deveriam ser trazidas a atenção de especialistas no assunto para validação e análise. Abordagens objetivas evidenciam problemas potenciais evidenciam problemas potenciais baseados nos resultados dos processos automatizados, tais quais análise de frequência, análise duplicada, dependência do pacote de dados cruzados, Linhas "filhas órfãs" de dados e análises redundantes.

De qualquer maneira, anomalias potencias, e até mesmos erros verdadeiros de dados talvez não sejam relevantes dentro do contexto de negócios a não ser que sejam vetadas com a constituição dos consumidores dos dados. A abordagem subjetiva de avaliação de qualidade de dados envolve engajar usuários a documentar seus processos de negócios e correspondente dependência de dados críticos. A subjetiva de envolve entender como seus processos consumem dados, e quais elementos de dados são críticos para o sucesso de sua aplicação de negócio. Por meio da revisão de relatórios, documentos e diagnósticos dos erros de dados, o analista da qualidade de dados pode avaliar os tipos de impacto para o negócio que é associado com esses erros de dados.

Os passos para essa análise são:

- Identificar o pacote de dados para revisão.
- Catalogar o uso do negócio para esse pacote de dados.
- Colocar os pacotes de dados para uma análise empírica usando ferramentas de perfil e técnicas.
- Listar todas as anomalias potenciais.
- Para cada anomalia:
  o Revisar a anomalia com um especialista no assunto para determinar se representa um erro de dados verdadeiro.
  o Avaliar impactos potenciais para o negócio.
- Priorizar a importância critica de anomalias na preparação para definir a métrica de qualidade de dados.

Em essência, o processo usa de análise estatística em muitos aspectos do pacote de dados para avaliar:

- A porcentagem de registros de dados preenchidos.
- O número de valores de dados preenchidos em cada atributo.
- Valores que ocorrem com frequência.
- Potênciais externos.
- Relações entre colunas do mesmo quadro.
- Relações entre quadros.

Usando estas estatísticas para identificar quaisquer problemas que possam ter um grande impacto e que são aptos a monitoramento constante como parte dos dados que estão no processo de inspeção de qualidade e controle. Importante business intelligence pode ser descoberto apenas nesses passos de análises. Por exemplo, em um evento em que os dados que ocorrem de maneira rara (um outlier) podem apontar para um grande fato de negócio, como uma rara falha de equipamento pode estar ligada a um já suspeito fornecedor inadequado.

12.2.5 DEFININDO MÉTRICAS DE QUALIDADE DE DADOS

O passo de desenvolvimento de métricas não ocorre no fim do ciclo de vida, em ordem de manter um desempenho acima do tempo daquela função, mas para o DQM, ocorre como parte do passo de estratégia / projeto / plano para que possa ter sua função implementada numa organização.

Qualidade pobre de dados afeta o desempenho dos objetivos do negócio. O analista de qualidade de dados deve procurar e usar indicadores de desempenho de qualidade de dados para relatar a relação entre dados incorretos e objetivos de negócios perdidos. Procurar esses indicadores introduz um desafio de dividir uma abordagem para identificar e gerenciar informação que seja de uma métrica de qualidade "relevante ao negócio". Veja uma abordagem de medida de qualidade dados como a uma monitoração de qualquer tipo de desempenho de uma atividade de negócio; e a métrica da qualidade dos dados deveria exibir as características de métricas razoáveis definidas no contexto dos tipos de dimensão de qualidade de dados, como discutidos em uma sessão anterior. Essas características, não são limitadas à, mas incluem:

- Capacidade de medição: Uma métrica de qualidade de dados deve ser passível de medição, e deverá ser quantificada dentro de área discreta. Note que enquanto muitas coisas são mesuráveis, nem todas se traduzem em métricas úteis, implicando que na relevância necessária para negócios.
- Relevância de Negócio: O valor de uma métrica é limitado se não for possível relacioná-la a algum aspecto das operações ou desempenhos do negócio. Então, toda métrica de qualidade de dados deverá demonstrar como seus níveis de aceitação se relacionam com as expectativas de negócios.
- Aceitabilidade: As dimensões de qualidades de dados enquadram os requerimentos do negócio para a qualidade dos dados e quantificar medidas de qualidade por entre toda a dimensão identificada constitui evidencias sólidas da qualidade dos dados. Baseie a determinação, de se a qualidade dos dados se encontra com as expectativas do negócio em níveis mínimos específicos de aceitação. Se a pontuação é igual ou ultrapassar os níveis mínimos aceitáveis então a qualidade dos dados se encontra de acordo com as expectativas do negócio. Caso a pontuação esteja menor que o mínimo aceitável, notifique os gestores de dados e tome as ações necessárias.
- Responsabilidade / Delegação: Está associado com os papéis definidos dos indivíduos apropriados a serem notificados quando a medida de uma métrica indicar que a qualidade dos dados não se encontra com as expectativas. O proprietário do processo do negócio é essencialmente responsável pela gestão dos dados e é quem deve ser acionado para tomar a ação de correção adequada.
- Habilidade de Controle: Qualquer característica de informação que serve como uma métrica deve refletir algum aspecto de negócio controlável. Em outras palavras, o valor designado às métricas de qualidade de dados que esteja dentro de uma área indesejável deverá acionar alguma ação para melhoria destes dados que estão sendo medidos.

- Capacidade de Rastreamento: Em uma organização métricas quantificáveis habilitam que a medição da qualidade de dados se desenvolva com o tempo. Rastreamento facilita que os gestores de dados monitorem atividades dentro do escopo do termo de aceitação do usuário de qualidade de dados e demonstram a efetividade de atividades de melhorias. Uma vez que o processo de informação é estável, o rastreamento habilita a instituição de processos de controle estáticos para garantir a previsibilidade com respeito para uma qualidade de dados continua.

O processo de definição de métricas de qualidade de dados é resumida como:

- Selecionar um dos impactos críticos para o negócio.
- Avaliar os elementos de dados dependentes, criados e processos de atualização associados com o impacto em questão.
- Para cada elemento de dados, listar quaisquer dados relevantes associados.
- Para cada expectativa, especifique a dimensão de qualidade de dados associada e uma ou mais regras do negócio usadas para determinar a conformidade para as expectativas dos dados.
- Para cada uma das regras de negócios selecionadas, descreva o processo de medida conforme (explicado na próxima sessão).
- Para cada regra de negócio especifique um nível mínimo inicial aceitável (explicado na próxima sessão).

O resultado é um pacote de processos de medições que resultam em pontuações brutas da qualidade dos dados que podem servir para quantificar a conformidade dos dados com as expectativas. Medidas que não se encontram com os níveis mínimos aceitáveis indicam uma não conformidade, demonstrando que é necessário reparar alguns dados.

12.2.6 DEFININDO AS REGRAS DA QUALIDADE DOS DADOS DO NEGÓCIO

O processo de instituir as medidas de conformidade para regras de negócio específicas requer definição. Monitorar a conformidade para estas regras de negócios requerem:

- Segregar valores de dados, registros e coleções de registros que não atendem as necessidades do negócio.
- Gerar um alerta de notificação alertando um gestor de dados sobre um problema potencial com a qualidade dos dados.
- Estabelecer um processo automático ou designado para alinhar, ou possivelmente corrigir, dados com erros dentro das expectativas do negócio.

O primeiro processo usa inserções de expectativas dos dados. Os pacotes de dados podem se conformar, ou não, com essas inserções. Regras mais complexas podem incorporar essas inserções com ações ou diretrizes que suportam o segundo ou terceiro processo, gerando notificações quando instancias de dados não se conformam, ou tentam se transformar em valores de dados identificáveis como erros. Use templates, para especificar essas regras de negócios, como os exemplos abaixo:

- Membro do valor do domínio: especificando que o valor de um elemento de dados é selecionado de um desses valores de dados enumerados, como por exemplo, 2-Caracteres Código Postal do Brasil para um campo de ESTADO.
- Conformidade definitiva: Confirmando que a mesma compreensão das definições de dados é entendida e usada de maneira correta pela organização. Confirmação inclui acordos algorítmicos para campos calculados, incluindo qualquer tempo, ou restrição de local, e regras de roll-up.
- Área de congruência: O valor designado a um elemento de dado deve estar de acordo com um alcance numérico, lexicográfico ou de tempo, sendo assim maior que 0 e menor que 100, para um alcance numérico.
- Conformidade de formato: Um ou mais padrões de valores específicos designados a um elemento de dado, tais como as diferentes maneiras de se especificar números telefônicos.
- Conformidade de mapeamento: Indicar que um valor designado a um elemento de dado deve corresponder a um dos valores de domínio selecionados que o mapeia para outro valor de domínio correspondente. O valor de domínio "Estado", novamente se prova um bom exemplo, como valores de estados podem ser representados usando valores de domínios diferentes (No caso dos códigos postais americanos determinados pela agência americana FIPS podem ser de 2 dígitos, códigos, ou nomes inteiros) e esse tipo de regras apresentam os valores "AL" e "01" e ambos representam "Alabama".
- Presença de valor e registro da finalização: Regras definem as condições sob as quais valores que faltam são inaceitáveis.
- Regras de consistência: Designações condicionais que se referem à manutenção do relacionamento entre dois (ou mais) atributos baseados em valores dos mesmos.
- Verificação de precisão: Comparar valores de dados contra valores correspondentes em um registro do sistema para verificar que os valores são equivalentes.
- Verificação de exclusividade: Regras que especificam quais entidades devem possuir um representante único e que verificam que existe apenas um registro para cada objeto do mundo real representado.
- Verificação de tempo: Regras que indicam as características associados com expectativas para acessibilidade e disponibilidade de dados.

Outros tipos de regras podem envolver aplicar funções agregadas a pacotes de instancias de dados. Exemplos incluem validações racionáveis do número de registros em um arquivo, a racionalização do número mediano de transações de um pacote, ou a variação esperada. É possível exportar o template de regras quando existe a necessidade de transformar regras para formatos aptos para execução, tais como codificados dentro de um motor de regras, ou como o componente analisador de dados de uma ferramenta que trace o perfil dos dados, ou ainda, como uma ferramenta de integração de dados.

12.2.7 TESTE E VALIDAÇÃO DOS REQUERIMENTOS DE QUALIDADE DE DADOS

Ferramentas de análise de dados procuram por anomalias potencias como descritas na seção 12.3.1. Utilize as mesmas ferramentas para a regra de validação. Regras descobertas ou definidas durante o processo de designação de qualidade dos dados são então, referenciadas para medir a conformidade, durante o processo operacional.

A maior parte das ferramentas de perfil permitem que analistas de dados a definam regras de dados para validação, acessando distribuições de frequência e medidas correspondentes e então aplicam regras definidas aos pacotes de dados.

Revisar os resultados e verificar se os dados que foram identificados como não-conformes estão realmente incorretos, provem um nível de testes. Em adição é necessário revisar as regras de negócio já definidas com os clientes para ter certeza que eles as compreendem e que as regras de negócios correspondem com os requerimentos do negócio.

Caracterizando níveis de qualidade de dados baseados nas regras de conformidade de dados faz com que a medida da qualidade de dados seja objetiva. Usando regras de dados definidas ativamente para validar dados, uma organização pode distinguir que esses registros estão em conforme, ou não com a expectativa da qualidade de dados. Por outro lado, essas regras de dados servem de base para os níveis presentes de qualidade de dados em comparação com aqueles que estão em processo de audição.

12.2.8 ESTABELECER E AVALIAR NÍVEIS DE SERVIÇOS DE QUALIDADE DE DADOS

Inspeção e monitoramento da qualidade dos dados são feitos para medir e monitorar a conformidade de acordo com as regras da qualidade de dados pré-estabelecidas. Termos de serviço da qualidade dos dados especificam as expectativas da organização para respostas e correções. Inspeções de qualidade de dados ajudam a reduzir o número de erros. Enquanto habilitam o isolamento e uma análise na raiz do problema dos erros de dados, existe uma expectativa quanto aos procedimentos operacionais, que estes promovam um esquema para a correção da raiz do problema de acordo com uma previamente acordada data de entrega.

Existindo a inspeção e monitoramento da qualidade dos dados no local, aumenta a probabilidade de detecção e correção de problemas antes de um impacto significativo para os negócios.

Controle pré-definido de qualidade dos dados no Termo de Serviço inclui:

- Elementos de dados cobertos pelo acordo.
- Os impactos para o negócio com os erros de dados.
- As dimensões da qualidade dos dados associados com cada elemento de dados.
- As especificações de qualidade para cada elemento de dados para cada dimensão identificada em cada aplicação ou sistema na cadeia de valores.
- Os métodos para medir contra essas expectativas.
- Os níveis mínimos aceitáveis para cada medida.
- Os indivíduos a serem notificados em caso de não conformidade com os níveis mínimos. As datas e prazos de entrega para a esperada resolução destes problemas.
- A estratégia de escalação e possíveis prêmios e multas quando a resolução e prazos são cumpridos.

O Termo de Serviço da qualidade dos dados também define os papéis e as responsabilidades associadas com o desempenho dos processos operacionais de qualidade dos dados. O procedimento operacional de qualidade de dados gera relatórios na conformidade para as regras de negócio definidas, bem como monitora o desempenho da equipe quando defrontada a um problema com a qualidade dos dados. Gestores da qualidade de dados e a equipe operacional de qualidade de dados, enquanto asseguram o nível do serviço da qualidade dos dados, devem levar em conta as limitações do Termo de Serviço e conectar dados para planos de desempenho pessoais.

Quando problemas não são designados dentro do tempo de resolução especificado, um processo de escalação deve existir para comunicar a não observação do nível de serviço até o gerente do processo. O Termo de Serviço da qualidade dos dados estabelece os limites de tempo para gerar notificações, os nomes daqueles que estão na cadeia de gestão, e quando há necessidade de escala. Dados os pacotes de regras de qualidade de dados, métodos para medir conformidade, os níveis mínimos de aceitação definidos pelos clientes e os acordos de serviço o time de qualidade de dados pode monitorar a conformidade dos dados da expectativa do negócio, bem como o desempenho da equipe de qualidade dos dados nos processos com erros de dados.

12.2.9 MEDIÇÃO E MONITORAMENTO CONSTANTE DA QUALIDADE DOS DADOS

Procedimentos operacionais de DQM dependem na disponibilidade do serviço de medição e monitoramento da qualidade dos dados. Para conformidade com as regras de negócio a qualidade dos dados são inseridos dois contextos para controle e medida: in-stream (dentro do processo) e batch (arquivo de lote). Aplicam-se medidas em três níveis de granularidade, nomeados valor de elemento de dados, instância de dados ou registro, e pacote de dados, criando assim seis medidas possíveis. Colecionar medidas dentro do processo enquanto criam-se os dados, e realizar atividades de arquivos de lote em coleções de instâncias de dados agrupados em um pacote de dados, provavelmente em um armazenamento persistente.

Monitorar continuamente incorporando processos de controle e medida dentro do processamento ativo de dados. É improvável que as medidas dos pacotes de dados possam ser desempenhadas durante o processo, sabendo que a medida precisa ser feita no pacote inteiro. Os únicos pontos durante o processo são quando conjunto de dados mudam de mãos entre estágios de processamento. Incorpore as regras da qualidade dos dados usando as ferramentas descritas em 12.1. Incorporando os resultados dos processos de medição e controle dentro dos procedimentos operacionais e dos relatórios do framework permitindo assim um monitoramento continuo dos níveis da qualidade dos dados.

12.2.10 PROBLEMAS COM A QUALIDADE DOS DADOS

Defender o reforço do Termo de Serviço da qualidade dos dados requer mecanismos para fazer registro e rastreamento dos incidentes com a qualidade dos dados, e atividades para pesquisa e resolução destes problemas. O relatório de um problema com a qualidade dos dados pode provar essa capacidade, pode fazer um registro do evento de avaliação, fazer diagnósticos iniciais, e tomar ações subsequentes associadas com os eventos da qualidade dos dados. Rastreamento de problemas com a qualidade dos dados, pode também gerar relatórios do desempenho dos dados, incluindo o tempo essencial para resolução dos problemas, frequência dos problemas, tipos de problemas, fontes dos problemas e abordagens comuns para resolver ou eliminar problemas novos ou recorrentes. Um bom sistema rastreador de problemas vai eventualmente se tornar fonte de referência para problemas novos ou antigos, seus estados, e quaisquer fatores que possam necessitar de ações de outros não diretamente relacionados com a resolução daquele problema.

Granularidade	In-Stream	Batch
Elemento de dados: Finalização, Estrutural, Consistência, razão	Editar conferencias na aplicação Serviços de validação dos elementos de dados Aplicações especialmente programadas	Solicitações diretas Ferramentas de análise ou de perfil de dados
Registro de dados: Finalização, consistência estrutural, consistência semântica, razão	Editar conferencias nas aplicações Serviços de validação de registro de dados. Aplicações especialmente programadas	Solicitações diretas Ferramentas de análise ou de perfil de dados
Pacote de dados: Agregar medidas, tais como contas, somas, significado, variação	Inspeção feita entre estágios de processamento	Solicitações diretas Ferramentas de análise ou de perfil de dados

Tabela 12.1 Técnicas para incorporação de medições e monitoramentos

Muitas organizações já possuem sistemas de relatórios de problemas para rastrear e gerenciar softwares, hardwares, e problemas com redes. Incorporar o rastreamento de problemas com a qualidade de dados se foca em organizar categorias de problemas de dados dentro da hierarquia dos problemas. O rastreamento de problemas na qualidade dos dados requer também foco em treinar sua equipe para identificar quando os problemas com os dados aparecem e como eles podem ser classificados, catalogados e rastreados de acordo com o Termo de Serviço da Qualidade dos Dados. Os passos envolvem alguns, ou todas as seguintes diretrizes:

- Padronizar atividades e problemas com a qualidade dos dados: Já que os termos utilizados para descrever um problema com a qualidade dos dados pode variar de acordo com as várias linhas de negócios, é precioso padronizar os conceitos utilizados, quais podem simplificar os relatórios e a classificação dos mesmos. A padronização também tornará mais simples a maneira de medir o volume dos problemas e das atividades, identificando padrões e interdependências entre sistemas e participantes, e relatar sobre o impacto geral das atividades de qualidade dos dados. A classificação de um problema pode mudar com o aprofundamento da investigação e a descoberta de suas raízes.

- Designar um processo para problemas com dados: Os procedimentos operacionais direcionam o analista para os problemas com a qualidade dos dados para que este possa fazer um diagnóstico individual e listar soluções alternativas. O processo de designação deve ser conduzido com o sistema de rastreamento, sugerindo profissionais com áreas de conhecimento específico.

- Gerenciar problemas com processos de escala: Lidar com problemas na qualidade dos dados requer um sistema bem definido de escala baseado no impacto, na duração ou na urgência de um problema. Especifique a sequencia de escala dentro dos termos de serviço da qualidade dos dados. O sistema de rastreamento de acidentes irá implementar os processos de escala, qual auxilia a expedir um cuidado e uma solução eficiente para os problemas com a qualidade dos dados.

- Gerenciar problemas de ritmo de trabalho: O termo de serviços da qualidade dos dados especifica objetivos para monitoramento, controle e solução que definirem o ritmo de trabalho operacional. O sistema de rastreamento de acidentes pode suportar gestão de ritmos de trabalho para rastrear desempenho com diagnósticos e resoluções de problemas.

Implementando um sistema de rastreamento de problemas com a qualidade dos dados provém um grande número de benefícios. Primeiramente, compartilhamento de informação e conhecimento pode aumentar o desempenho e reduzir a duplicação de esforços. Em segundo lugar, uma analise de todos os problemas irá auxiliar os membros da equipe de qualidade dados à determinar quaisquer padrões repetitivos, sua frequência, e a fonte em potencial deste problema. Empregar um sistema de rastreamento de problemas treina os profissionais a reconhecer problemas com a qualidade dos dados cedo nos fluxos de informação, como uma prática geral que os auxilia nas operações do dia-a-dia. A informação bruta do sistema de rastreamento de problemas é uma entrada para relatórios contra as medidas e condições do Termo de Serviço. Dependendo da governança estabelecida para a qualidade dos dados, relatórios de Termo de Serviço podem ser mensais, trimestrais ou anuais. Particularmente focado em casos de recompensas e penalidades.

12.2.11 LIMPAR E CORRIGIR DEFEITOS NA QUALIDADE DOS DADOS

O uso de regras de negócios para monitorar a conformidade com as expectativas leva a duas atividades operacionais. A primeira é determinar e eliminar a raiz de qualquer inicio de problema. A segunda é isolar os itens de dados que estão incorretos, e gerar meios para trazer esses dados para a conformidade dentro das expectativas. Em algumas situações, pode ser tão simples quando jogar fora os resultados e começar o processo de informar dados corretos desde o ponto inicial do erro. Em outros casos, jogar fora os resultados não é possível, nesses casos é necessário corrigir os erros.

Existem três maneiras para fazer a correção dos dados:

- Correção Automatizada: Envie os dados para a qualidade de dados e use técnicas de limpeza de dados e de transformação de dados, também utilizando uma variedade de padronizações, normalizações e correções baseadas nas regras do negócio. Os valores modificados são corrigidos sem verificações manuais. A correção de endereços automática é um dos exemplos que enviam endereços de entrega para um padronizador de endereços o qual, por meio de regras de padronização, efetua uma análise sintática e uma análise de referência normalizando e corrigindo os endereços de entrega. Ambientes com padrões bem definidos, geralmente aceitam regras, e padrões de erros conhecidos, melhor servem a correção e limpeza automática.
- Correção manual direcionada: Usa ferramentas automatizadas para limpar e corrigir dados, mas requer uma revisão manual antes de protagonizar as correções antes de guardar a informação. Aplicar limpeza de nome e endereço, identificar soluções e correções automáticas baseadas em padrões, e alguns mecanismos de pontuação são utilizados para proporcionar um nível de segurança naquela correção. Correções com pontuação maiores que um nível definido de segurança podem ser aplicadas sem necessidade de revisão manual, mas correções com pontuações abaixo destes padrões são apresentadas para os gestores de qualidade de dados para revisão e aprovação. Aplique todas as correções aprovadas, e revise aquelas não aprovadas para entender o porque, ou não, de ajustar a aplicação de regras. Ambientes nos quais dados sensitivos requerem uma supervisão humana são bons exemplos de onde a correção manual direcionada pode ser utilizada.
- Correção Manual: Os gestores da qualidade dos dados inspecionar registros inválidos e determinam os valores corretos para fazer correções e aplicar a atualização do registro.

12.2.12 PROJETO E IMPLEMENTAÇÃO OPERACIONAL DE PROCEDIMENTOS DE DQM

Utilizando regras definidas para validação da qualidade dos dados gera meios de integrar inspeção de dados em um pacote de processos operacionais com DQM. Integrar as regras de qualidade de dados em um serviço de aplicação, ou em serviços de dados que suplementem o ciclo de vida dos dados, por meio de uma introdução das ferramentas e tecnologia de qualidade dos dados, o uso de um motor de regras e de ferramentas que geram relatórios para monitorar e relatar, ou desenvolver aplicações próprias para a inspeção da qualidade dos dados.

O framework operacional requer que estes serviços estejam disponíveis para as aplicações e serviços de dados, e os resultados apresentados são responsáveis por quatro atividades. O time de desenvolvimento deve projetar e implementar os procedimentos detalhados para disponibilizar o operacional destas atividades.

1. Inspeção e monitoramento: por meio de alguns processos automatizados ou por meio de processo manual, introduza os pacotes de dados para medir a conformidade dentro das regras de qualidade de dados, baseadas em um full-scan ou por meio de métodos de sampling. Use ferramentas de diagnósticos, análises e padronização de dados para

identificar a ferramenta de solução que irá realizar os serviços de inspeção. Acumule os resultados e depois os deixe disponíveis para o analista de dados operacional. O analista deve:

- o Revisar as medições e métricas associadas.
- o Determinar se qualquer dos níveis mínimos de aceitação existente não são apresentados.
- o Criar um novo relatório de incidente com dados.
- o Designar o incidente para um analista de dados para diagnóstico e avaliação.

2. Diagnóstico e avaliação de alternativas de reparos: O objetivo é revisar os sintomas exibidos pelo acidente na qualidade dos dados, por meio da linhagem de dados incorretos, diagnostique o tipo do problema e aonde ele se originou e aponte quaisquer possíveis raízes para o problema. O procedimento também descreve também como o analista de dados pode:

- o Revisar os problemas com os dados dentro do contexto de informação apropriada da linha de processamento, e rastrear a introdução da corrente de erros para isolar a localidade no processo aonde o erro é introduzido.
- o Avaliar se existiu ou não alguma mudança no ambiente que pode ter introduzido erros para o sistema.
- o Avaliar se existiu ou não algum problema no processo que possa ter contribuído para o acidente na qualidade dos dados.
- o Determinar se existiu algum provedor de dados externo que possa ter causado problemas e ter afetado a qualidade dos dados.
- o Avaliar alternativas para abordagem do problema, qual pode incluir uma modificação no sistema para eliminar as raízes do problema, introduzindo uma inspeção adicional baseada no custo da correção contra o valor da correção de dados.
- o Prover atualizações para o sistema de rastreamento de erros na qualidade de dados.

3. Resolvendo o problema: Provendo um número de alternativas para resolver o problema, a equipe de qualidade de dados deve conferir com os proprietários do negócio de dados para selecionar uma das alternativas para solucionar o problema. Estes procedimentos devem definir como o analista pode:

- o Contabilizar os custos relativos e méritos alternativos.
- o Recomendar uma das alternativas.
- o Gerar um plano para desenvolvimento e implementação da solução, qual pode incluir tanto modificar os processos e corrigir os dados incorretos.
- o Implementar a solução.
- o Gerar atualizações para o sistema de rastreamento de incidentes.

4. Relatórios: Para dar transparência ao processo de DQM, deverá existir relatórios periódicos no estado do desempenho da DQM. A equipe de operações de qualidade de dados deverá desenvolver e preencher estes relatórios, quais devem incluir:

- o Scorecard de qualidade de dados, qual dá uma visão de alta qualidade das avaliações associadas com várias métricas, apresentadas para diferentes níveis da organização.

- o Tendências da qualidade dos dados, qual demonstra por meio do tempo como a qualidade dos dados é medida, e quando os níveis indicadores estão com uma tendência alta ou baixa.
- o Desempenho da qualidade dos dados, qual monitora quão bem a equipe operacional de qualidade de dados esta respondendo aos problemas com a qualidade de dados e quão bem estão indo os diagnósticos e a administração do tempo.
- o Estes relatórios devem alinhar-se o máximo possível às métricas e medidas do Termo de Serviço de qualidade de dados, para que as áreas importantes para atingir os Termos de Serviço de qualidade de dados estejam em algum nível, em relatórios internos da equipe.

12.2.13 MONITORAMENTO OPERACIONAL DE DQM PROCEDIMENTOS E DESEMPENHO

Responsabilidade é critico para os protocolos de governança de controle de qualidade de dados. Todos os problemas devem ser designados à algum número de profissionais, grupos, departamentos, ou organizações. O processo de rastreamento deveria especificar e documentar a maior responsabilidade a lidar com um problema para evitar que problemas em zonas cinzentas nas quais ninguém atua. Desde que o termo de responsabilidade especifique o critério de avaliação de desempenho da equipe de qualidade dos dados, é racional esperar que o sistema de rastreamento de erros irá coletar dados de desempenho relacionados com a resolução do problema, atividades de trabalho, volume de problemas, frequência, e também como o tempo de resposta, o diagnóstico, o planejamento da solução e resolver problemas. Essas métricas podem ser insights valiosos na efetividade do ritmo de trabalho atual, bem como os sistemas e recursos a serem utilizados, são pontos de gestão de dados importantes que podem levar melhorias operacionais para o controle da qualidade dos dados.

12.3 Ferramentas de qualidade de dados

DQM emprega técnicas e ferramentas bem estabelecidas. Essas ferramentas focam desde avaliar empiricamente a qualidade da analise de dados, até a normalização dos valores de dados de acordo com as regras de negócio definidas, e até a habilidade de identificar e solucionar duplicações de registros para uma única representação. Também como agendar essas inspeções e mudanças de maneira mais regular. Ferramentas de qualidade de dados podem ser dívidas em quatro categorias: Análise, Limpeza, Melhoria e Monitoria. As principais ferramentas utilizadas são: Análise sintática, análise de perfil e padronização, transformação de dados, solução de identidade e combinação, melhorias e relatórios. Alguns vendedores agrupam essas funções para soluções mais completas de qualidade de dados.

12.3.1 ANÁLISE DO PERFIL DE DADOS

Antes de fazer qualquer melhora nos dados, é preciso ser capaz de distinguir dados bons de dados ruins. A tentativa de qualificar a qualidade dos dados é um processo de análise e descoberta. A análise envolve uma revisão objetiva dos valores dos dados preenchidos nos conjuntos de dados por meio das medições quantitativas e da revisão do analista. Um analista de dados não é totalmente capaz de apontar todas as instancias de erros nos dados.

No entanto, a habilidade de documentar situações aonde os valores de dados aparentemente não estão adequados da condições para comunicar estas instancias a especialistas, os quais que por meio de seu conhecimento do negócio é capaz de confirmar a existência de problemas.

Análise do perfil de dados é um pacote de algoritmos que possuí dois propósitos:

- Análise estatística e definição dos valores de qualidade de dados dentro um pacote de dados.
- Explorar relação que existem entre as coleções de valores de dados dentro e por entre todo o conjunto de dados.

Para cada coluna em uma tabela, uma ferramenta de análise do perfil de dados providenciará a frequência da distribuição de valores diferentes, gerando insights com relação ao tipo e ao uso de cada coluna. Em adição, fazer a análise do perfil de uma coluna pode resumir características chaves dos valores dentro de cada coluna como os valores mínimos, máximos e a média.

Análise entre colunas pode deixar exposto valores agrupados dependentes, enquanto análises entre tabelas explora pacotes de valores que ultrapassem barreiras que podem representar relações entre chaves estranhas entre as entidades. Desta maneira, a análise do perfil define as anomalias de dados. A maior parte das ferramentas de análise do perfil de dados permite fazer o drill down dos dados analisados para uma investigação mais profunda.

12.3.2 ANÁLISE SINTÁTICA E PADRONIZAÇÃO

Análise sintática de dados permite que o analista de dados defina pacotes de parâmetros que alimentem os motores de regras utilizados para distinguir valores válidos e inválidos de dados. Ações são disparadas quando um padrão específico é encaixado. Extraia e rearranje os componentes separadamente (conhecidos como "tokens") em uma representação padrão quando fizer a análise sintática de um padrão válido. Quando um padrão inválido é reconhecido a aplicação pode tentar transformar o valor inválido em um que se encontre de acordo com as expectativas.

Muitos dos problemas com a qualidade dos dados estão em situações que uma variação mínima no valor de representação dos dados gera uma confusão ou uma ambiguidade. Análise sintática e padronização de valores de dados são valiosas. Por exemplo, considere as diferentes maneiras que números de telefones são esperados para se conformar em um Plano numérico já formatado. Enquanto alguns têm dígitos, outro tem caracteres alfabéticos e todos utilizam caracteres especiais diferentes para separação. Pessoas podem identificar cada um como sendo um número de telefone. No entanto para determinar se esses números estão corretos (talvez por compará-los to um diretório mestre de clientes), ou para investigar se existem números duplicados quando deveria existir apenas um para cada fornecedor, os valores devem ser analisados sintaticamente dentro de seus segmentos de componentes (código de área, câmbio e linha de número) e depois são transformados em um formato padrão.

A habilidade humana de reconhecer padrões familiares contribui para nossa habilidade de caracterizar valores de dados variantes que pertencem a mesma classe de valores abstratos; pessoas reconhecem diferentes tipos de números telefônicos por que se conformam a frequentemente usar os padrões. Um analista descreve um formato de padrão que inteiro representa um objeto de dados, tais como o Nome da Pessoa, a Descrição do Produto e assim em diante. A ferramenta de qualidade dos dados analisa sintaticamente valores de dados que se conformam com qualquer uma desses padrões, e até os transforma em uma forma única e padronizada que irá simplificar a implementação, a análise de semelhantes e os processos de limpeza. Análise sintática de padrões pode automatizar o reconhecimento e a subsequente padronização de valores componentes significativos.

12.2.3 TRANSFORMAÇÃO DE DADOS

Quando erros de dados são identificados, regras de dados específicas são acionadas para transformar esses erros em um formato que é aceito pela arquitetura desejada. Projete essas regras diretamente com a ferramenta de integração de dados, ou dependa em uma tecnologia agrupada alternativa dentro ou acessível da ferramenta. Faça a padronização mapeando dados de alguma forma de padrão, para uma representação correspondente ideal. Um bom exemplo é o "Nome do Cliente", sabendo que nomes podem ser representados em milhares de formas diferentes. Uma boa ferramenta de padronização será capaz de analisar sintaticamente os diferentes componentes do nome de um cliente, tais como primeiro nome, nome do meio, sobrenome, iniciais, títulos, designações gerais e depois rearranjar esses componentes em uma apresentação que outros serviços de dados estão aptos a serem manipulados.

Transformação de dados se constrói nesses tipos de técnicas de padronização.Guie suas transformações baseadas em regras mapeando valores de dados em seus formatos originais e seus padrões em apresentações alvo. Analise sintaticamente os componentes padrões que estão sujeitos a serem rearranjados, corrigidos, ou a qualquer mudança feita por essas regras na base de seu conhecimento. Na verdade, padronização é um caso especial de transformação, empregando regras que capturam contexto, linguística, e idiomas reconhecidos como comuns ao passar do tempo, por meio de análises repetidas pelo analista de regras, ou pelo fornecedor de ferramentas.

12.3.4 RESOLUÇÃO E ENCAIXE DE IDENTIDADES

Utilize registros de ligação e encaixe na identificação e reconhecimento, e incorpore abordagens usadas para avaliar "similaridade" dos registros para usar em analises duplicadas e eliminação, fusão/exclusão, householding (unidade familiar), melhoria de dados, limpeza e iniciativas estratégicas tais como dados de integração de clientes ou gestão de dados mestres. Um problema comum com a qualidade dos dados envolve os dois lados de uma mesma moeda.

- Múltiplas instâncias de dados que na verdade se referem a mesma entidade do mundo real.
- A percepção, de um analista ou de uma aplicação, que um registro não existe para uma entidade do mundo real, quando na verdade existe.

Na primeira situação, alguma coisa introduzida de maneira similar, mas mesmo assim representações de valores de dados variantes são feitas no sistema. E numa segunda situação, uma pequena variação na representação impede a identificação de um encaixe perfeito ou de um registro já existente no pacote de dados.

Ambas as situações são designadas por meio de um processo chamado análise de similaridade, no qual o grau de similaridade entre qualquer um dos dois registros é avaliado, geralmente baseado em aproximações de encaixe entre os pacotes de valores de atributos nos dois registros. Se a pontuação é maior que o nível minimo especificado, os dois registros se encaixam e são apresentados ao cliente final como mais provável a representar a mesma entidade. É por meio da análise de similaridade que pequenas variações são reconhecidas e que os valores dos dados são conectados e subsequentemente consolidados.

A tentativa de comparar cada registro contra todos os outros para gerar uma pontuação de similaridade é, não só ambicioso, mas também grande consumidor de tempo e de processamento computacional. A maior parte dos combos de ferramentas de dados usam algoritmos avançados para bloquear registros que são mais prováveis de conter encaixes para pacotes menores, enquanto abordagens diferentes são tomadas para medir a similaridade. Identificar registros similares dentro do mesmo pacote de dados provavelmente significa que os registros são duplicados e que necessitam de limpeza e/ou serem eliminados. Identificando registros similares em pacotes diferentes podem indicar um link por meio dos pacotes de dados, o que facilita a limpeza, conhecimento sobre a descoberta e engenharia reversa – todos quais contribuem ao agregar dados mestres.

Duas abordagens básicas para encaixes são determinística e probabilística. Encaixe determinístico, como a analise sintática e padronização, baseiam-se em padrões definidos e em regras para designar pesos e pontuações para determinar uma similaridade. Alternativamente, encaixe probabilístico baseia-se em técnicas estatísticas para avaliar a probabilidade de que qualquer par de registros representa a mesma entidade. Algoritmos determinísticos são previsíveis uma vez que os padrões se encaixem e as regras aplicadas sempre terão a mesma determinação de encaixe. Entrelace desempenho à variedade, número e ordem das regras de encaixe. Encaixe determinístico funciona com um desempenho razoável quando usada a primeira vez, mas só tão boa quanto as situações antecipadas pelos desenvolvedores das regras.

Encaixe probabilístico baseia-se na habilidade de fazer amostras de dados para propósitos de treinamento observando os resultados esperados para um subpacote dos registros e afinando o encaixe para um ajuste próprio baseado nas analises estatísticas. Esses encaixes não dependem das regras, então os resultados são não determinísticos. De qualquer maneira, como as probabilidades podem ser refinadas baseadas em experiência, encaixes probabilísticos são capazes de melhorar sua capacidade de precisão de encaixe quando mais dados são analisados.

12.3.5 ENRIQUECIMENTO

Aumentar o valor de dados de uma organização por meio de uma melhoria de dados. Melhoria de dados é um método para adicionar valor à informação, por meio do acúmulo de informações adicionais sobre a base do pacote das entidades, após isso ele mescla todos esses pacotes de informação para gerar uma visão mais focada dos dados. Melhoria de dados é um processo de inteligentemente ir adicionando dados de fontes alteradas como produto secundário de conhecimento inferido de aplicar outras técnicas de qualidade dos dados, tais quais análise sintática, identidade de solução e limpeza de dados.

Análise sintática de dados designa características para os valores de dados que aparecem numa instância de dados, e essas características auxiliam a determinar fontes potenciais para benefícios adicionados. Por exemplo, se for determinado que o nome de um negócio seja atrelado a um atributo chamado de nome, então deve-se marcar aquele valor de dados como um negócio. Deve-se usar a mesma abordagem para qualquer situação em que os valores de dados se organizam em hierarquias semânticas.

Indexando informações sobre limpezas e padronizações que foram aplicadas geram sugestões adicionais para mais tarde fazer o encaixe dos dados, a ligação dos registros e os processos de resolução de identidade. Criando uma representação associativa dos dados que passam um meta-contexto, e adicionando detalhes sobre os dados, mais conhecimento é coletado sobre o real conteúdo, não apenas sobre a estrutura daquela informação. Representações associativas fazem referências mais interessantes sobre os dados, e consequentemente permitem o uso de mais informações para a melhoria dos dados. Alguns exemplos de melhoria de dados incluem:

- Marcas de tempo/datas: Uma maneira de melhorar os dados é documentar o tempo e a data que os dados são criados, modificados ou retirados, isso pode ajudar a rastrear eventos históricos dos dados.
- Auditar a informação: Auditar pode documentar a linhagem dos dados, o que também é importante para o rastreamento histórico e para a validação dos dados.
- Informação contextual: Contextos de negócios, como localização, ambiente, e métodos de acessos são todos exemplos de conteúdo que pode enriquecer dados. Melhorias contextuais também incluem marcar registros de dados para uma revisão e análise do começo ao fim dos processos.
- Informação geográfica: Existe um número de melhorias geográficas possíveis, tais como padronização de endereços, o que inclui códigos regionais, municípios, mapas de bairros, pares de latitude / longitude, ou outros tipos de dados baseados em localidades.
- Informação demográfica: Para dados de clientes, existem muitas maneiras de adicionar melhorias demográficas tais como idade, estado civil, gênero, renda, código étnico; ou para negócios entidades, revenda anual, número de empregados, tamanho do espaço ocupado, etecetera.
- Informação psicográfica: Use esse tipo de melhoria para segmentar a população alvo por comportamentos específicos, tais como marcas preferidas, organização de

membros, atividades de lazer, preferências para as férias, transporte público, meios de transporte, tempo preferido para faze compras, etecetera.

12.3.6 RELATÓRIOS

Inspeção e monitoramento de conformidades da expectativa da qualidade dos dados, monitoramento de desempenho dos gestores de qualidade de dados de acordo com o Termo de Serviço da Qualidade dos Dados, processamento do ritmo de trabalho para acidentes com a qualidade dos dados, e supervisão manual da limpeza e correção dos dados são todas apoiadas por bons relatórios. É ideal ter uma interface de usuário para reportar resultados associados com a medição, métrica e atividade da qualidade dos dados. É sábio incorporar visualização para relatórios comuns, tabela de pontos, painéis de instrumento e para provisão de requisições de ad-hoc como parte dos requerimentos funcionais para qualquer ferramenta de qualidade de dados adquirida.

12.4 Sumário

Os princípios de guia para a implementação de DQM em uma organização, o resumo da mesa de papéis para cara atividade DQM, e problemas organizacionais e culturais que possam surgir durante o processo de gestão de qualidade de um banco de dados estão resumidos abaixo.

12.4.1 ESTABELECENDO PRINCÍPIOS DE QUALIDADE DE DADOS

Quando montar um programa de DQM, é racional agrupar um pacote de princípios guia que moldem os tipos de processos e usos de tecnologia descritos neste capítulo. Alinhar todas as atividades realizadas para dar suporte a pratica de qualidade dos dados com um ou mais dos princípios de guia. Toda organização é diferente, com fatores motivacionais variantes. Algumas frases de exemplo que podem ser úteis em um documento de Princípios da Qualidade dos Dados inclui:

- Gerenciar dados como um bem organizacional essencial. Muitas organizações só vão tão longe a ponto de colocar os dados como um bem nas suas folhas de balanço.
- Todos os elementos de dados terão um padrão para definição, tipo e valor de domínio aceito.
- Nivelar a governança de dados para um melhor controle e desempenho de DQM.
- Usar padrões da indústria e internacionais sempre que possível.
- Usuários de dados de do começo ao fim dos processos estabelecem as expectativas de qualidade dados.
- Definir as regras do negócio para consolidar a conformidade com a expectativa da qualidade dos dados.
- Validar instâncias de dados e pacotes de dados de acordo com as regras de negócio.
- Donos de processos de negócios irão acordar com e seguir o Termo de Serviço da Qualidade dos Dados.
- Aplicar correções de dados à fonte original, se possível.
- Se não é possível corrigir os dados em sua fonte, encaminhar as correções de dados para o dono da fonte original sempre que possível. O poder para influenciar os

fornecedores de dados (externos) para entrar em conformidade com os requisitos locais pode ser limitado.

- Relatar níveis medidos de qualidade dos dados para os gestores de qualidade dos dados, donos do processo do negócio e gestores do Termo de Serviço corretos.
- Identificar um registro dourado para todos os elementos.

12.4.2 RESUMO DO PROCESSO

O resumo do processo para a função DQM é demonstrado na tabela 12.2. Os papéis responsáveis derivados, papéis de aprovação e papéis contribuintes também são demonstrados, para cada atividade, dentro da função de gestor de operador de dados. O quadro também é demonstrado no Apêndice A9:

Atividades	Entregas	Papéis Responsáveis	Papéis de Aprovação	Papéis de Contribuição
10.1 Desenvolver e promover conscientização da qualidade dos dados (O)	Treinamentos em qualidade dos dados Processos de governança de dados Estabelecer um conselho de gestores de qualidade dados	Gestor de qualidade dos dados	Gestor de negócios Diretor DRM	Arquiteto de informações Especialista no assunto
10.2 Definir os requerimentos de qualidade de dados ((D)	Documento de requerimento de qualidade de dados	Gestor de qualidade de dados Analistas da qualidade dos dados	Gestores de negócios Analistas de qualidade de dados	Arquitetos de informação Especialistas no assunto
10.3 Analisar e avaliar a qualidade dos dados (D)	Relatório de avaliação de qualidade de dados	Analistas de qualidade de dados	Gestores do negócio Diretor DRM	Conselho de gestores da qualidade dos dados

Atividades	Entregas	Papéis Responsáveis	Papéis de Aprovação	Papéis de Contribuição
10.4 Definir as métricas de qualidade dos dados (P)	Documento de métrica da qualidade dos dados	Gestor da qualidade dos dados Analistas de qualidade de dados	Gestores de negócios Diretor DRM	Conselho de gestores da qualidade dos dados
10.5 Definir regras de negócio da qualidade dos dados (P)	Regras de negócio da qualidade dos dados	Analistas de qualidade dos dados	Gestores do negócio Diretor DRM Gestor de qualidade de dados	Arquitetos de informação Especialistas no assunto Conselho de gestores da qualidade dos dados
10.6 Testar e validar os requerimentos da qualidade dos dados (D)	Teste de casos de qualidade de dados	Analistas de qualidade dos dados	Gestores do negócio Diretor DRM	Arquitetos de informação Especialistas no assunto
10.7 Configurar e avaliar os níveis da qualidade dos dados (P)	Relatórios da qualidade dos dados	Gestor de qualidade de dados	Gestores do negócio Diretor DRM	Conselho de gestores da qualidade dos dados
10.8 Continuamente medir e monitorar a qualidade dos dados (C)	Relatórios da qualidade dos dados	Gestor de qualidade dos dados	Gestores do negócio Diretor DRM	Conselho da qualidade dos dados
10.9 Gerenciar problemas com a qualidade dos dados (C)	Relatório da qualidade dos dados	Gestor de qualidade de dados Analistas de qualidade dos dados	Gestores do negócio Diretor DRM	Arquitetos de informação Especialistas no assunto

Atividades	Entregas	Papéis Responsáveis	Papéis de Aprovação	Papéis de Contribuição
10.10 Limpar e corrigir defeitos na qualidade dos dados (O)	Relatórios de solução de problemas com a qualidade dos dados	Gestor da qualidade de dados Analistas de qualidade dos dados	Gestores do negócio Diretor DRM	Arquitetos de informação Especialistas no assunto
10.11 Projeto e implementação de procedimentos operacionais de DQM(D)	Procedimentos operacionais de DQM	Gestor de qualidade de dados Analistas da qualidade de dados	Gestores do negócio Diretor DRM	Arquitetos de informação Especialistas no assunto Conselho de gestores da qualidade dos dados
10.12 Monitorar procedimentos e desempenhos operacionais de DQM (C)	Métricas operacionais de DQM	Gestor da qualidade dos dados Analistas de qualidade dos dados	Gestores do negócio Diretor DRM	Conselho de gestores da qualidade dos dados

Tabela 12.2 Resumo dos Processos de Gestão da Qualidade de Dados

12.4.3 PROBLEMAS ORGANIZACIONAIS E CULTURAIS

P1: É realmente necessário ter qualidade dos dados se muitos processos alteram os dados para informações e usam a informação para propósitos de business intelligence?

R1: A cadeia de valores do BI mostra que a qualidade dos recursos de dados está diretamente ligados com o impacto dos objetivos do negócio da organização. O fundamento da cadeia de valor é o recurso dos dados. Informação é produzida dos recursos de dados por meio da engenharia da informação, muitos dos mesmos produtos são desenvolvidos de matérias primas. A informação é usada pelos trabalhados do conhecimento em uma organização para gerar a BI necessária para gerenciar a organização. O BI é utilizado para dar suporte a cadeia de estratégias de negócio, que por sua vez dão suporte aos objetivos do negócio. por meio da BI os objetivos são alcançados. Portanto, a ênfase em qualidade deve ser colocada no recurso dos dados, não nos entre os processos de desenvolvimento de informações ou entre o processo de BI.

P2: Qualidade de dados é grátis?

R2: Voltando a segunda lei da termodinâmica, um recurso de dados é um sistema aberto. Entropia continuará a aumentar sem qualquer limite, o que significa que a qualidade do recurso de dados irá continuar a decair sem qualquer limite. A energia deve ser gasta para criar e manter a qualidade dos dados. Essa energia chega à um custo. Tanto o recurso da qualidade dos dados iniciais quanto a manutenção dos recursos de qualidade dados vêm à um custo. Portanto, a qualidade dos dados não é grátis.

É mais barato construir qualidade dentro de recursos de dados desde o inicio, do que construir essa qualidade mais tarde. Também é mais barato fazer a manutenção desta qualidade dos dados por meio da vida dos dados, do que melhorar a qualidade dos passos maiores. Quando a qualidade do recurso dos dados começa a deteriorar se torna muito mais cara para melhorar a qualidade dos dados e isso gera um impacto muito maior para o negócio. Portanto a qualidade dos dados não é grátis; Mas é barata para construir e manter. O que muitas pessoas querem dizer quando dizem que a qualidade dos dados é gratuita é que o Custo x Benefício de manutenção da qualidade dos dados desde o inicio é menor do que o Custo x Benefício de deixar a qualidade dos dados se deteriorarem.

P3: São problemas na qualidade dos dados alguma coisa nova que emergiu com a evolução da tecnologia?

R3: Não. Problemas na qualidade dos dados sempre estiveram presentes, mesmo nos dias do cartão de 80 colunas. O problema é quando vai ficando pior com o aumento da quantidade de dados em manutenção, e a idade dos dados. O problema também se tornou mais visível com as técnicas de processamento que são mais poderosas e estão incluindo uma variação maior de dados. Dados que aparentavam ser de mais qualidade nos sistemas isolados de ontem agora mostram sua qualidade baixa quando combinados com os processos de análise de grandes organizações.

Toda organização deve se tornar consciente da qualidade dos seus dados, se eles querem usar esses dados para dar suporte ao seu negócio de maneira efetiva e eficiente. Qualquer organização que considere qualidade dos dados um problema recente que pode ser adiado para uma consideração mais tardia está colocando a sobrevivência de seu negócio na linha dura, ignorando a qualidade de seus dados.

P4: Existe alguma coisa a fazer além de garantir uma qualidade alta de dados?

R4: A coisa mais importante é estabelecer uma arquitetura única para toda a companhia. E então construir e manter todos os dados dentro desta arquitetura única. Uma arquitetura de dados única para toda a empresa não significa que todos os dados são armazenados em um único servidor central. Quer dizer que todos os dados são desenvolvidos e gerenciados dentro do contexto de uma arquitetura de dados única. Os dados podem ser enviados para outros servidores quando necessários para uma maior eficiência operacional.

Tão pouco qualquer organização permita que sejam desenvolvidos dados dentro de arquiteturas múltiplas, ou pior ainda, sem qualquer arquitetura de dados, existirão problemas monumentais com a qualidade dos dados. Mesmo quando são existem problemas cruciais com a qualidade dos dados. Portanto a coisa mais importante é gerenciar todos os dados dentro de uma arquitetura única para toda a empresa.

12.5 Leituras recomendadas

As referências listadas abaixo são leituras adicionais que dão suporte ao material apresentado no capítulo 12. Essas leituras recomendadas também estão incluídas na bibliografia no fim desde guia.

Apesar de não ser uma das dez funções de gestão de dados, desenvolvimento profissional é crucial para o desenvolvimento da profissão de gestão de dados. O capítulo 13 discute a característica de um profissional em gestão de dados e vários componentes de profissionalismo: organização profissional de membros, educação e treinamento para a continuidade da educação, programas de certificação, ética e membros notáveis na profissão de gestão de dados.

13.1 Características da profissão

Gestão de dados é uma profissão legítima emergente no campo de tecnologia da informação. A profissão é definida como um campo vocacional que requere conhecimento e habilidades especializadas, ou pessoas interessadas nessa vocação. Os profissionais de gestão de dados de hoje sentem uma espécie de chamado e dedicação com a importância dos dados como um recurso. Esse chamado e reconhecimento faz com que a vocação de gestão de dados seja mais que "somente um trabalho". Profissionais aspirantes são precisos e calorosamente bem vindos neste campo.

Muitos estudos recentes mostram que profissões reconhecidas, incluindo medicina, direito, padres, militares, engenharia, arquitetura, enfermagem e contabilidade, compartilham características comuns. Algumas destas características são:

1. Existe uma associação profissional para o suporte destas profissões.
2. A publicação de um conceito de *Corpo de estudos* reconhecido.
3. Um diploma profissional ou ênfase disponível de uma instituição de ensino superior que usa um *curriculum* válido por uma sociedade profissional.
4. Registro de um campo para prática por meio de *certificação* voluntária ou licença obrigatória.
5. Disponibilidade de *continuidade de educação* e uma expectativa de continuidade de desenvolvimento de habilidades para profissionais.
6. A existência de um código de ética específico, muitas vezes com um juramento formal de dedicação a esse código, também incluindo uma obrigação com a sociedade além de expectativas ocupacionais.
7. Membros notáveis da profissão reconhecidos com o público, reconhecidos por seu profissionalismo.

Profissionais aspirantes ao campo de gestão de dados são encorajados à:

1. Juntar-se a DAMA Internacional e participar da partição local de sua DAMA.
2. Se familiarizar com o guia DAMA-DMBOK® da DAMA e como dicionário DAMA de gestão de dados.

3. Participar do simpósio anual da DAMA Internacional (Agora chamado de Mundo de dados corporativos) e / ou conferências profissionais workshops, palestras e ou cursos técnicos durante cada ano.
4. Obter o Certificado Profissional de Gestão de Dados (CDMP®).
5. Obter uma graduação em ciências da computação ou em gestão de sistemas de informação com foco em gestão de dados, e/ou dar suporte ao desenvolvimento de tais programas em suas faculdades ou universidades regionais.
6. Dedicar-se a manter o nível de comportamento ético-profissional mais elevado.

13.2 Afiliando-se à DAMA

A associação de gestão de dados, ou DAMA Internacional, é uma alta organização para profissionais de gestão de dados no mundo todo. A DAMA internacional é uma organização sem fins lucrativos, com mais de 7500 membros em 40 localidades ao redor do globo. Para encontrar uma localidade próximo à você, visite o site da DAMA Internacional,www.dama.org.

A DAMA Internacional procurar amadurecer a profissão de gestão de dados em diversas maneiras, dentre elas:

- Em parceria com as Conferencias de Wilshire, o simpósio da DAMA Internacional (chamado agora de Mundo de dados corporativos) é a maior conferencia de gestão de dados no mundo.
- Em parceria com IRMUK, o simpósio europeu da DAMA Internacional é a maior conferencia de profissionais de gestão de dados da Europa.
- Em parceria com o ICCP, a DAMA Internacional oferece programas de certificação profissionalizante, reconhecido profissionais de gestão de dados certificados (CDMPs®) a DAMA® publica guias de estudos para esses exames.
- O exame da certificação CDMP®, desenvolvida pelos membros da DAMA Internacional, também é utilizado pelo Instituto de Data Warehouse (TDWI) no seu programa de certificação profissional em Business Inteligence (Intelligence) (CBIP).
- Em parceria com os autores do modelo curricular IS 2002, e baseado no framework.
- Framework do modelo de currículo da DAMA Internacional®, a DAMA Internacional® trabalha para expandir o modelo curricular IS 2002 para incluir tópicos de Qualidade de Dados, Data Warehousing, e Meta-dados.
- Em parceria com a DAMA® Chicago, a DAMA Internacional® publica o Guia de Implementação de Recursos de Gestão de Dados.
- A DAMA Internacional® publica o Dicionário DAMA de Gestão de Dados, uma publicação irmão do Guia DAMA-DMBOK®. O Dicionário é o Glossário para o Guia DAMA-DMBOK®. O Dicionário está disponível separadamente em um CD-ROM®.
- A publicação do Guia DAMA-DMBOK® em CD-ROM.

13.3 Treinamento e Educação Contínua

Profissionais em qualquer campo participam em educação contínua para se manter atualizado com as melhores práticas para aprofundar o desenvolvimento de habilidades especializadas. Alguns treinamentos em gestão de dados são focados em desenvolver habilidades com produtos tecnológicos específicos. A DAMA Internacional® e outras organizações internacionais provêm educação em conceitos, métodos e técnicas de produtos neutros.

A DAMA Internacional® atualmente faz o simpósio anual nos Estados Unidos, Reino Unido e na Austrália. Existem planos para conferências adicionais no futuro. Em adição, os Grupos Locais da DAMA Internacional® patrocinam, em mais de 20 países, palestrantes que apresentam tópicos educacionais em reuniões locais.

Profissionais em gestão de dados podem se inscrever em revistas profissionais e à newsletters online, e devem ser bem nutridos de tópicos relacionados a gestão de dados e afins.

13.4 Certificação

Certificação profissional é uma indicação de conhecimento, habilidades e experiência em um campo. A DAMA Internacional® e o Instituto para Certificação de Profissionais da Computação (ICCP) construíram em conjunto o Certificado do profissional em gestão de dados (CDMP®). O programa de certificação dá ao profissional de gestão de dados a oportunidade de demonstrar crescimento profissional que podem melhorar seus objetivos pessoais e de carreira. A certificação da DAMA Internacional e coordenada com um currículo de modelo educacional e com trabalho sendo feito para definir as escalas de trabalho para o campo da gestão de dados.

A DAMA Internacional® é um membro constituinte do ICCP, um consórcio de profissionais de associações de TI, que juntas criam padrões e credenciais de certificação desde 1973. O ICCP oferece um produto reconhecido internacionalmente e é um fornecedor neutro de programas de certificação internacional que testa fundamentos estritos da indústria para a profissão computacional. O escritório do ICCP administra os testes e o programa de recertificação para o CDMP®.

13.4.1 COMO OBTER O CDMP®?

O processo de certificação CDMP® funciona da seguinte maneira:

1. Obter a informação e a aplicação (www.dama.org ou www.iccp.org).
2. Preencher a aplicação.
3. Organizar-se para fazer o(s) teste(s) por meio da DAMA® ou do ICCP. O teste está disponível online por meio do escritório do ICCP.
4. Passar no exame de IS Core (mandatório).
5. Passar nos dois exames especialidades.
6. Pelo menos um dos seguintes exames de especialidades deve ser feito:

       i.   Gestão de dados

      ii.   Data Warehousing

    iii.   Gestão de Dados

    iv.   Dados e Qualidade da Informação

7.   Ter a experiência e as qualificações educacionais mínimas.

8.   Assinar o código de ética do ICCP.

13.4.2 EXAME E CRITÉRIO DO CDMP®

Três exames ICCP devem ser passados dentro da pontuação demonstrada na tabela 13.1.

Pontuação	Credencial obtida
Passar Todos os exames com mais de 50%	Certificado Prático de CDMP®
Passar Todos os exames com mais de 70%	Certificado de Mestre em CDMP®

Tabela 13.1 Requisitos de pontuação para o ICCP

O certificado Prático em CDMP® é garantido para os profissionais que fizeram mais de 50% em todos os três exames. Esses indivíduos podem contribuir como um membro do time ou em tarefas distribuídas, por terem um conhecimento de conceitos, habilidades e técnicas em uma especialização de dados particular.

O certificado de Mestre em CDMP® é garantido para os profissionais que fizeram mais de 70% em todos os três exames. Esses indivíduos têm a habilidade de liderar e serem mentores de uma equipe de profissionais, todos eles são mestres nos conceitos, habilidades e práticas de sua especialização em dados.

Os exames podem ser refeitos para melhorar sua pontuação e passar de Prático para o nível Mestre da certificação. Você pode estar hábil a substituir o fornecedor de certificados para até um exame específico.

13.4.3 CRITÉRIOS ADICIONAIS PARA A CERTIFICAÇÃO CDMP®

Critério CDMP®	Certificado Prático em CDMP®	Certificado de Mestre em CDMP®
# Anos de experiência profissional com gestão de dados	2	4+
Substituir por mais de 2 anos em uma graduação ou mestrado em uma disciplina apropriada para a experiência de trabalho	2	2
Recertificado Requerido	Sim	Sim
Educação / Atividade Profissional contínua Requerida	120 horas em cada ciclo de 3 anos	120 horas em cada ciclo de 3 anos
Código de ética do ICCP	Sim	Sim

Tabela 13.2 Critério de certificação CDMP®

13.4.4 EXAMES DE QUALIFICAÇÃO CDMP®

Candidatos a certificação CDMP® devem fazer três exames de qualificação. O exame IS Core deve estar entre um desses três exames. Os outros exames são de escolha do candidato baseados em sua experiência profissional. A tabela 13.3 mostra qual Função de gestão de dados são cobertas como tópicos em cada exame específico no programa de CDMP®.

13.4.5 FORNECEDORES DE TREINAMENTOS E CERTIFICAÇÕES ACEITOS

Qualquer um dos certificados à seguir pode ser substituído por um dos exames específicos da "escolha do candidato" requeridos para a CDMP®. Outros programas de certificação podem ser aceitos, mas será necessária uma avaliação. Confira com o escritório do ICCP ou com os contatos da DAMA®.

IBM
- Certificado IBM de administrador de banco de dados – DB2 Banco de dados Universal.
- Certificado IBM Avançado de administrador de banco de dados – DB2 Banco de dados Universal.
- Certificado IBM especialista em soluções – DB2 Banco de dados Universal.
- Certificado IBM especialista em soluções – DB2 Gestor de Conteúdo.

Information Engineering Services Pty. Ltd.
- Certificado de modelador de dados de Business.

Insurance Data Management Association (IDMA)
- Certificado de gestor de dados Insurance.

Microsoft
- Certificado Microsoft de administrador de Banco de Dados.

Certificado Oracle:

- Profissional Oracle (xx) Certificado de administrador Profissional de Banco de Dados Oracle (xx) (Para o nível de CDMP® Pratico).
- Certificado de administrador Mestre de Banco de Dados (Para o nível de CDMP® Mestre).

Project Manager Institute:

- Profissional de Gerente de Projetos (PMP®).
- Associado certificado em Gestão de Projetos (CAPM®).

Exames Específicos do Programa CDMP®	DAMA-DMBOK Funções de gestão de dados									
	Governança de dados	Gestão de arquitetura de dados	Desenvolvimento de dados	Gestão operacional de dados	Gestão da segurança dos dados	Gestão de dados mestres e de referência	Gestão de Data Warehousing e Business Inteligente	Gestão do conteúdo de documentos	Gestão de meta-dados	Gestão da qualidade dos dados
Gestão de dados	X	X	X			X	X		X	X
Administração de Banco de dados				X	X					
Desenvolvimento de sistemas			X							
Data Warehousing							X			
business intelligence e Analises							X			
Qualidade dos dados e da informação	X									X
Sistemas de segurança					X					
Framework de Zachman		X								
Processo de gestão de negócio							X			

Tabela 13.3 Tópicos dos exames CDMP

13.4.6 PREPARAÇÃO PARA OS EXAMES

A preparação para fazer os exames do ICCP pode ser feita de várias maneiras:

- Participar de cursos de revisões do exame ICCP sendo membro de uma DAMA local.
- Pesquise os tópicos do exame (nos níveis 1 e 2) postados no www.iccp.org/outlines.html para se familiarizar com a matéria que é coberta em cada exame.
- Entre em contato com o ICCP (office@iccp.org) para o guia de estudo CDMP®, qual cobre todos os exames no programa de CDMP® e tem amostras de exames / questões, para estudo próprio. O ICCP também vende o Guia de Estudo para Exames de Gestão de Dados da DAMA Internacional e o Guia de Estudos de Data Warehousing.

13.4.7 FAZENDO OS EXAMES CDMP®

O exame ICCP pode ser feito em qualquer lugar no mundo com um ICCP Proctor[33] aprovado para validar a identidade física, supervisionar e monitorar o exame.

Os exames ICCP são oferecidos nos Simpósios da DAMA Internacional® (conhecido agora como Mundo corporativo de dados).

Uma autorizada da DAMA® pode organizar uma sessão de exames. É necessária a presença de um proctor voluntário da autorizada. Um proctor é um individuo autorizado pelo ICCP a supervisionar a parte escrita de um exame feito por um candidato. Essa pessoa precisa estar de acordo com as linhas guia (www.iccp.org/iccpnew/testing.html) e precisar estar apto a supervisionar a pessoa que está fazendo o exame. O ICCP se reserva ao direito de rejeitar o proctor proposto. Contate office@iccp.com ou por meio do telefone 001 8472994227 ou 8008438227 para assistência ao determinar um proctor apropriado.

Exames também podem ser feitos por Internet; Entre em contato com o ICCP, conforme dito acima para mais informações.

O exame acontece por meio do Driver de USB, ou de um laptop individual. Existem 110 questões de múltipla escolha à serem respondidas em 90 minutos. Cem questões são pontuadas e 10 questões teste para desenvolvimento de testes futuros. Você não precisará saber qual o tipo de questão está respondendo. Questões e possíveis respostas de distração são listadas aleatoriamente em uma ordem diferente para cada examinado. Portanto, apesar desde guia conter exemplos de questões que permitam respostas do tipo "todas ou nenhum das acima" são feitas para propostas de estudo, esse tipo de resposta não estará disponível no exame real.

O teste por meio do computador permite uma pontuação automática após a realização do exame. Um perfil de desempenho do ICCP se torna disponível para download, e um será enviado depois para o individuo pelo ICCP. Este perfil mostra seus pontos fortes e fracos durante o exame.

13.4.8 DESENVOLVIMENTO E RECERTIFICAÇÃO PROFISSIONAL

Para manter seu CDMP® atualizado, você deve ganhar 120 horas aprovadas de educação contínua durante um período de 3 anos. Muitas atividades contam, incluindo simpósios da DAMA® e reuniões locais. Para maiores informações, entre em contato com o ICCP (office@iccp.org) ou veja o livreto das certificações do ICCP ou entre em www.iccp.org/iccpnew/recertification%20Guidelines2005.pdf.

A Tabela 13.4 identifica alguns exemplos de como ganhar tais créditos.

---

[33] Nota de tradução: Proctor está explicado no parágrafo seguinte.

Atividade	Crédito ICCP para Recertificação
Instituições Formais de ensino	1 Hora Trimestral = 8 Créditos 1 Hora Semestral = 12 Créditos 1 Unidade de continuidade de Estudos = 10
Programas Organizados Independentes Reuniões, Seminários, Conferencias Profissionais	Contam tempo de um programa de educação
Dando Aulas, Palestras ou apresentações Programa de estudo particular Artigos, livros publicados.	Para cada categoria de atividade, o crédito de recertificação é limitado a 60 por um período de 3 anos.
Fazer outros exames de ICCP	Depende da pontuação no exame: 70% ou mais = 60 Créditos 60-69% = 30 Créditos 50-59% = 20 Créditos Menos que 50% = 0 Créditos
Voluntário(sem compensação), conta como um Oficial eleito, membro de um comitê ou de um conselho de uma organização profissional. Voluntário(sem compensação), conta como um Oficial eleito, membro de um comitê ou de um conselho de uma organização profissional.	Você pode servir como um oficial eleito, ou como um membro de um conselho ou de um comitê de uma organização profissional, por exemplo DAMA, ICCP ou outra organização profissional. Para processos de documentação ou auditoria, uma carta ou certificado da organização profissional é necessário. 20 créditos são permitidos para cada ciclo de 3 anos: 1 Servir como um oficial eleito para uma organização profissional. • Um mínimo de 3 meses de participação: 2 créditos de recertificação por ano do calendário. (Nenhum crédito é dado por serviços com duração menor à 3 meses) • Mínimo de seis meses de participação: 5 créditos de recertificação por ano do calendário • Doze meses de participação 10 créditos de recertificação por ano do calendário 2 Servir como um voluntário / nominado membro de um comitê ou conselho para uma organização profissional: • Um mínimo de 3 meses de participação: 1 crédito de recertificação por ano do calendário. (Nenhum crédito é dado por serviços com duração menor à 3 meses) • Mínimo de seis meses de participação: 3 créditos de recertificação por ano do calendário • Doze meses de participação 5 créditos de recertificação por ano do calendário

Tabela 13.4 Maneiras de ganhar Créditos de Desenvolvimento / Recertificação profissional

Créditos de recertificação podem ser adicionados online por meio do formulário de transmissão de desempenho profissional em www.iccp.org/cgi-bin/pdform.php. A franquia local da DAMA Internacional® também pode manter atualizações de reuniões presenciais de recertificações e as enviar de tempo em tempo. Uma taxa de manutenção anula para o ICCP é mandatória para manter registros de seus créditos de recertificação. Você receberá um transcrito anual do ICCP.

13.5 Éticas profissionais

Como profissionais de gestão herdamos uma obrigação profissional para com a profissão e seus membros, e para todos aqueles que usam a informação dos dados. Consumidores de informação esperam que os dados possuam certas qualidades (completude, precisão, validade, etecetera). Da mesma maneira, nossos consumidores de informação, gestores de qualidade de dados, gestores e colegas esperam qualidades profissionais de honestidade, integridade, confiança, respeito, maturidade, cortesia e cooperação. por meio destes comportamentos combinados apresentamos a "cara" do profissional de gestão de dados para outros. Profissionais de gestão de dados devem batalhar para manter os mais altos padrões de ética e conduta profissional.

Profissionais de gestão de dados tradicionalmente tem se desvencilhando de responsabilidades para as maneiras com que os dados são utilizados por pessoas. De uma maneira geral, a responsabilidade profissional por dados tem sido limitada a fazer dados e informações 'adequadas para uso' para um propósito de negócio particular. Mas o que são esses negócios, e são estes éticos? É possível para um negócio se manter continuamente consciente do potencial técnico ou das possíveis brechas na ética dos dados que eles planejaram utilizar? Consumidores de dados de negócios não são os únicos responsáveis pelas brechas éticas; profissionais gestores de dados têm um papel de conselheiros no uso ético dos dados. Manejo ético de dados inclui um Framework legal, atividades envolvendo manuseio de pacotes de dados, e enquadrar questões de análise imparciais.

Quando discutindo o manuseio ético de dados, o manuseio de dados pessoais (como por exemplo, nome, endereço, visão religiosa, orientação sexual) e privacidade (acesso ou restrição de acesso a essa informação) são tópicos chave. Muito foi escrito como nas Leis americana Sarbanes-Oxley, HIPPA, e outras leis emergentes nos anos 90 para nossa proteção; e estão disponíveis para informação e revisão.

Existem dois tipos de ética: ética compilada e ética imposta. Ética compilada é aquela que é parte de um código pessoal de responsabilidades. Ética imposta é aquela forçada por uma lei ou regulação. Estes dois tipos de framework de ética são uma maneira de entender as abordagens de leis de privacidade no Canadá e nos Estados Unidos, e são demonstradas abaixo, para mostrar quão os dois países desenvolveram abordagens diferentes mas leis similares. Pesquise a lei local quando desenvolver uma política corporativa para lidar com o manuseio de dados pessoais e privativos.

Sob os regimes regulatórios dos estados unidos, organizações projetam e implementam seus próprios programas baseados no critério imposto pela Federação de Comércio (FTC):

- Identificação: Coletores de dados devem disponibilizar o que será feito com a informação antes de coletar informações pessoas dos consumidores.
- Escolha: Devem ser dadas opções aos consumidores com respeito a como e pra que sua informação pessoal coletada poderá ser aplicada para propósitos além daqueles qual a informação é provida.
- Acesso: Consumidores devem estar aptos a verem e a contestarem a precisão e quão completos dos dados coletados sobre eles.
- Segurança: Coletores de dados devem ser tomar os passos necessários para garantir que a informação coletada seja precisa e esteja segura de uso não autorizado.
- Aplicação: O uso de mecanismos confiáveis para impor sansões para a não conformidade com a prática de informação correta.

A lei de privacidade canadense é hibrida entre um regime compreensivo de proteção contra a pirataria junto com a própria regulação da indústria. PIPEDA (Proteção de Informação Pessoal e de Documentos Eletrônicos) cobre todos os negócios que coletam, usam e espalham informações pessoais no curso de atividades comerciais. Estipulando regras, com exceções, que organizações devem seguir na coleta, uso e disseminação de dados pessoais.

As dez linhas guia abaixo são obrigações que todas as organizações que coletam, usam e disseminam informações pessoas devem seguir:

- Responsabilidade: Uma organização é responsável por informação pessoal que esteja sob seu controle e deve designar um indivíduo para ser responsável pela conformidade com o princípio.
- Identificar propósitos: Uma organização deve identificar os propósitos para qual a informação pessoal é coletada, até, ou antes, do tempo que a é informação está sendo coletada.
- Consentimento: Uma organização deve obter conhecimento e consentimento do indivíduo para a coleção, uso ou aprovação de uso pessoal, a não ser quando não é apropriado.
- Limitação de coleta, uso, aplicação e retenção: A coleta de informação pessoal deve ser limitada para o quanto é necessária para o propósito identificado pela organização. A informação deve ser coletada por meios justos e legais. Informações pessoais não serão usadas ou aplicadas para outros meios que não os que foram usados para coleta, a não ser com o consentimento do individuo ou conforme requerido pela lei. Informação pessoal só pode ser guardada pelo tempo necessário para cumprir estes propósitos.
- Precisão: Informação pessoal deve ser precisa, completa e atualizada como necessário pelos propósitos que essa vá ser utilizada.
- Garantias: Informação pessoal deve ser protegida pela segurança apropriada para sensitividade da informação.
- Abertura: Uma organização deve fazer informações especificas sobre suas políticas e práticas relacionadas com a gestão de suas informações pessoas prontamente disponíveis aos indivíduos.

- Acesso individualizado: Sob requerimento, um individuo deve ser informado da existência, uso e aplicação de sua informação pessoal, e deve ser garantido acesso a aquela informação. Um individuo deve ser capaz de desafiar a precisão e finalização da informação e ter ela concertada de acordo com o apropriado.
- Conformidade de desafio: O individuo deve ser capaz de endereçar um desafio de acordo com a conformidade dos princípios acima para o individuo designado ou responsável pela conformidade na organização.

No Canadá, o comissário de privacidade federal tem a responsabilidade de sozinho manusear as reclamações sobre privacidade contra organizações. De qualquer modo, eles fazem o papel de responsável quando as decisões são recomendações e não legalmente cabíveis ou quando não tem valor precedente, mesmo dentro de seu próprio escritório.

Profissionais de dados envolvidos com business intelligence(BI), são ativamente envolvidos com os seguintes tipos de analises:

- Quem são as pessoas, incluindo identificação de terroristas e criminais.
- O que as pessoas fazem, incluindo análise do perfil dos dados.
- Quando as pessoas fazem o que fazem, incluindo análise de dados, imparcialidade, e precisão.
- Aonde as pessoas fazem o que fazem, incluindo análise do perfil dos dados e escolhas relacionadas.
- Como as pessoas são tratadas, incluindo análise de saídas, tais como pontuação e rastreamento preferencial, que irá marca-las como altamente privilegiada ou não para negócios futuros.

É correto perguntar quando essas atividades são éticas ou não, e explorar as implicações para a comunidade antes de dar continuidade com o trabalho. Geralmente, no entanto mesmo com a confirmação da decisão de continuidade, a maneira com que um processo é feito é alterado. Os dados podem se tornar anônimos, a informação privada pode ser removida do arquivo, a segurança em arquivos pode ser aumentada ou confirmada, e uma revisão de leis locais ou outras aplicáveis é necessária. A figura 13.1 resume a avaliação de riscos éticos.

Esteja consciente das seguintes armadilhas na maneira com que se lida com informação.

- Palpite e Procura: O analista tem um palpite e quer satisfaze-lo, mas usa-se apenas de dados que satisfaçam seu palpite.
- Coleta de dados para resultados pré definidos: O analista é pressionado para coletar dados e produzir resultados em desejos pré definidos.
- Uso parcial de dados coletados: Dados são utilizados para satisfazer uma abordagem escolhida; dados são manipulados para a abordagem escolhida.

Um modelo - Avaliação de riscos éticos

1. Identificar indivíduos

2. Comportamento para captura

Método de marcação

Método de gravação

Transações identificadas

4. Privilégios
concedidos ou
retirados

3. Análise de perfil de prospects

Transações atuais e futuras

DAMA-DMBOK®

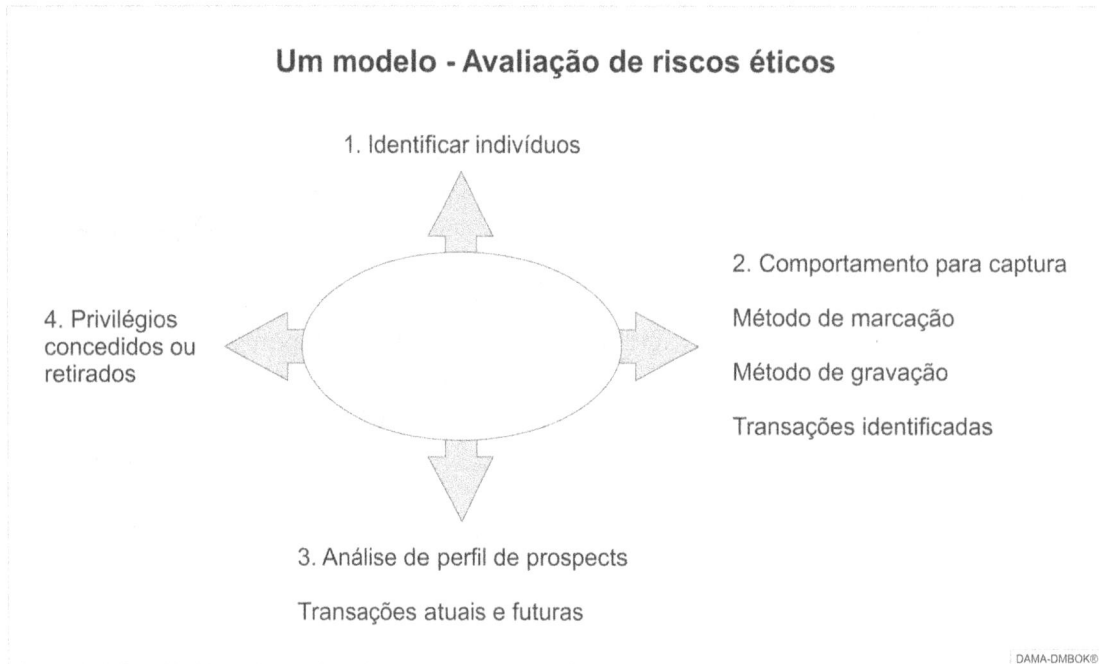

Figura 13.1 Modelo de risco ético para projetos

Em resumo, usuários de negócios talvez não estejam conscientes de "onde os dados vem" e de problemas éticos não sejam óbvios à eles. Monitoramento automatizado não é proteção suficiente de atividades não éticas; os próprios analistas devem refletir sobre possíveis parcialidades. Normas culturais e éticas no local de trabalho influenciam comportamento – aprenda e use o risco de modelo ético. A DAMA Internacional encoraja profissionais de dados a se levantarem e terem uma postura profissional, e apresentar a situação de risco para os líderes de negócio; talvez eles apenas não tenham pensado sobre essas implicações no seu trabalho.

13.6 Profissionais de gestão de dados notáveis

13.6.1 PRÊMIO DE RECONHECIMENTO VITALÍCIO (LIFETIME ACHIEVEMENT AWARD)

O Prêmio de reconhecimento reconhece um individuo por contribuições significativas para a profissão de gestão de dados durante o curso de sua vida. A maior honra concedida pela DAMA Internacional®.

2002 John Zachman
2006 Michael Brackett

13.6.2 PRÊMIO DE RECONHECIMENTO PROFISSIONAL (PROFESSIONAL ACHIEVEMENT AWARD)

O premio de reconhecimento profissional era formalmente conhecido como o prêmio de reconhecimento individual (Individual Achievement Award). Reconhece um membro da DAMA Internacional® qual fez uma contribuição significante e demonstrativa para a profissão de gestão de dados.

1988 John Zachman
1988 Walter Vitale
1991 Jo Meador
1992 Gary Schudt
1993 Belkis Leong-Hong
1995 Ronald Ross
1997 Clive Finkelstein
1998 Larry English
1999 Claudia Imhoff
2000 Peter Chen
2001 Peter Aiken
2001 E.F. "Ted" Codd
2002 Davida Brger
2002 William (Bill) H. Inmon
2003 Graeme Simsion
2004 Len Silverston
2005 Claudia Imhoff
2006 Patricia Cupoli
2007 Roberto Seiner
2008 David Marco
2009 Jaylene McCandlish

13.6.3 PRÊMIO DE RECONHECIMENTO DO GOVERNO (GOVERNMENT ACHIEVEMENT AWARD)

O Prêmio de reconhecimento do Governo reconhece os membros da DAMA Internacional que trabalham no setor publico de gestão de dados como líderes e práticos.

2004 Dr. John D. Graham
2005 Judith Newton
2008 Suzanne Acar
2009 Glenn Thomas

13.6.4 PRÊMIO DE RECONHECIMENTO ACADÊMICO (ACADEMIC ACHIEVEMENT AWARD)

O Prêmio de reconhecimento acadêmico reconhece membros da DAMA Internacional de Universidades por pesquisas que se sobressaem, ou contribuição teóricas no campo de gestão de dados

2003 Dr. Terry Halpin
2004 Dr. Richard Nolan
2005 Dr. Richard Wang
2006 Dr. Gordon Everest
2007 Dr. Herbert Longnecker
2008 Dr. John Talburt
2009 Eva Smith

13.6.5 PRÊMIO DA COMUNIDADE DAMA (DAMA COMMUNITY AWARD)

O Prêmio da Comunidade DAMA reconhece membros da DAMA Internacional que foram além de seus chamados de voluntários ao serviço da organização DAMA.

2003 Brett Champlin
2004 Larry Dziedzic
2005 Dr. Peter Aiken
2006 Len Silverston
2007 Jack Olson
2008 Michael Scofield
2009 Mark Mosley

Para ecoar o comentário inicial de John Zachman no prefácio: Wow, que trabalho realmente monumental!

O guia DAMA-DMBOK® é o primeiro do seu tipo na profissão de gestão de dados, apesar de outros Corpos de Conhecimento existirem em outras profissões. O desenvolvimento de uma profissão formal de gestão de dados de uma coleção de diferentes disciplinas na verdade demanda, que um Corpo de Conhecimento seja desenvolvido. Isso é exatamente o que foi feito aqui.

O primeiro DAMA-DMBOK® é perfeito? Não. Mas, é um passo importante na direção correta. A DAMA®, incluindo tanto a DAMA Internacional® e a Fundação DAMA®, tem "tomado o risco" e se posicionado no que deve definir a profissão de gestão de dados de uma maneira formal, certificada, reconhecida e respeitada. O conteúdo do primeiro Guia DAMA-DMBOK® será avaliado, revisado e posteriormente relançado em versões atualizadas.

Não foi fácil agregar material para fazer o primeiro Guia DAMA-DMBOK®. Centenas de pessoas estavam envolvidas, no desenvolvimento e revisão dos conteúdos, e preparando a manuscrito da versão final para publicação. Essas pessoas vieram de disciplinas diferentes, de campos profissionais variados e de diferentes campos de operação. Todos possuíam ideias e pensamentos diferentes sobre o que deveria ser incluso na profissão de gestão de dados. Mesmo assim, em ficar com o tema de profissionais criando uma profissão, o empenho de uma vasta gama de profissionais precisou ser considerada.

Você provavelmente notou algumas inconsistências de acordo com o que leu no Guia DAMA-DMBOK®. Tais inconsistências são o resultado da inclusão de pensamentos e idéias de vários profissionais de gestão de dados. Apesar de algumas tentativas de consistência terem sido feitas, foi tomado o máximo de respeito sobre o estilo, o objetivo era evitar forçar o pensamento de alguns em muitos. É melhor encarar as inconsistências entre profissionais, as avaliando, decidindo sobre a melhor abordagem e incluir os refinamentos nas revisões do Guia DAMA-DMBOK®.

A evolução da profissão de gestão de dados e do Guia DAMA-DMBOK® é bem interessante. Na metade e final dos anos 90 preocupações estavam surgindo sobre o desenvolvimento formal de uma profissão de gestão de dados. Um grande número de profissionais de gestão de dados sentiram que alguém poderia desenvolver isso para eles. Estes foram tempos bem desconcertantes.

No começo dos anos 2000 alguns de nós na DAMA® tivemos a visão de uma profissão de gestão de dados forma, certificada, reconhecida e respeitada. Desenvolvemos então um curriculum escolar, começamos com certificações formais, estabelecemos a Fundação, e então preparamos frases de missão. Então decidimos desenvolver um Corpo de Conhecimento (BOK), qual rapidamente se desenvolveu para um Corpo de Conhecimento Completo (CBOK).

Subsequentemente, uma discussão envolvendo a marca dos produtos desenvolvidos pela DAMA. Então surgiu o Data Management Body of Knowledge (DAMA-DMBOK®). Discussões mais aprofundadas sobre a marca levaram até o DAMA-DMBOK®. Quando inicialmente olhamos o conteúdo de um corpo de conhecimento completo, ficou claro que não poderia ser colocado em um único documento. Então por essa razão, o DAMA-DMBOK®, foi concebido como um guia para o corpo de conhecimento completo para a gestão de dados.

O Guia DAMA-DMBOK® é uma tarefa tão exuberante que o seu desenvolvimento, na realidade começou com o Dicionário DAMA® de gestão de dados publicado em 2008. O Dicionário, da mesma maneira que o DAMA-DMBOK® não é perfeito e será revisado. De qualquer maneira foi um começo e formou a base para o DAMA-DMBOK® publicado em 2009. Planos de melhoria tanto para o Dicionário, quanto para o Guia já estão encaminhados.

A evolução da profissão formal de gestão de dados só pode continuar se os profissionais estiveram ativamente envolvidos. Encorajo à cada um de vocês que se tornem envolvidos na evolução de uma profissão formal de gestão de dados, e que vocês encorajem seus colegas de profissão a se tornarem envolvidos. É só por meio de uma participação ativa de profissionais de gestão de dados que uma profissão realmente viável de gestão de dados poderá evoluir e sobreviver.

Michael Brackett
Liliwaup, Washington
Janeiro, 2009

A1 Fornecedores de gestão de dados

Função	Fornecedores
1 Governança de dados	• Executivos de negócio • Executivos de TI • Gestores de dados • Corpos regulatórios
2 Gestão de arquitetura de dados	• Executivos • Gestores da qualidade dos dados • Produtores de dados • Consumidores de informação
3 Desenvolvimento de dados	• Gestores de dados • Especialistas no assunto • Comitê de direcionamento de TI • Conselho de governança de dados • Arquitetos e analistas de dados • Desenvolvedores de software • Produtores de dados • Consumidores da informação
4 Gestão de operações de dados	• Executivos • Comitê de direcionamento de TI • Conselho de governança de dados • Gestores de dados • Arquitetos e modeladores de dados • Desenvolvedores de software
5 Gestão da segurança dos dados	• Gestores de dados • Comitê de direcionamento de dados • Conselho da gestão de dados • Governo • Consumidores
6 Gestão de dados mestres e de referência	• Comitês de direcionamento • Gestores de dados de negócios • Especialistas no assunto • Organizações padrões • Provedores de dados

Função	Fornecedores
7 Gestão de DW e BI	• Executivos e Gerentes • Especialistas no assunto • Conselho de governança de dados • Consumidores de informação (Internos e externos) • Produtores de dados • Arquitetos e analistas de dados
8 Gestão de documentos e conteúdo	• Empregados • Partidos externos
9 Gestão de meta-dados	• Gestores de dados • Arquitetos de dados • Modeladores de dados • Gestores de Dados • Outros profissionais de dados • Partes interessadas • Governo e indústrias reguladoras
10 Gestão da qualidade dos dados	• Fontes externas • Corpos regulatórios • Especialistas no assunto do negócio • Consumidores de informação • Produtores de dados • Arquitetos de dados • Modeladores de dados • Gestores de dados

A2 Input de gestão de dados

Função	Inputs
1 Governança de dados	• Objetivos do negócio • Estratégias de negócio • Objetivos de TI • Estratégias de TI • Necessidades dos dados • Problemas dos dados • Requerimentos obrigatórios

Função	Inputs
2 Gestão de arquitetura de dados	• Objetivos do negócio • Estratégias de negócio • Arquitetura do negócio • Arquitetura dos processos • Objetivos de TI • Estratégias de TI • Estratégias de Dados • Necessidades dos dados • Problemas dos dados • Arquitetura técnica
3 Desenvolvimento de dados	• Objetivos e estratégias do negócio • Necessidades e problemas dos dados • Arquitetura de dados • Arquitetura de processos • Arquitetura de aplicativos • Arquitetura técnica
4 Gestão de operações de dados	• Objetivos do negócio • Arquitetura de dados • Modelos de dados • Legalidade dos dados
5 Gestão da segurança dos dados	• Objetivos do negócio • Estratégias de negócio • Regras de negócio • Processos de negócios • Estratégia de dados • Questões de privacidade de dados • Políticas e padrões relacionados a TI
6 Gestão de dados mestres e de referência	• Drivers de negócios • Requerimento de dados • Políticas e regulamentos • Padrões • Pacotes essenciais • Dados mestres • Dados transacionais

Função	Inputs
7 Gestão de DW e BI	• Drivers de negócio • Dados e requerimentos de acesso de BI • Requerimentos de Qualidade de Dados • Requerimentos de Segurança de Dados • Arquitetura de Dados • Arquitetura Técnica • Padrões de Modelagem de Dados e roteiros • Dados transacionais • Dados Mestres e de Referência • Dados externos e da indústria
8 Gestão de documentos e conteúdo	• Documentos de texto • Relatórios • Planilhas • Emails • Mensagens instantâneas • Fax • Mensagens de voz • Imagens • Gravações de vídeo • Gravações de áudio • Registros em papel • Microfilme
9 Gestão de meta-dados	• Requerimentos de meta-dados • Problemas com meta-dados • Arquitetura de dados • Meta-dados de negócios • Meta-dados técnicos • Meta-dados de processos • Meta-dados operacionais • Gestão estratégica de meta-dados
10 Gestão da qualidade dos dados	• Requerimentos de negócios • Requerimentos de dados • Expectativas da qualidade dos dados • Políticas e padrões dos dados • Meta-dados de negócio • Meta-dados técnicos

A3 Participantes na gestão de dados

Função	Participantes
1 Governança de dados	• Gestores de dados • Coordenadores de dados • Gestores de dados de negócio • Profissionais dos dados • Executivos de DM • CIO
2 Gestão de arquitetura de dados	• Gestores da qualidade dos dados • Especialistas no assunto • Arquitetos de dados • Analistas e modeladores de dados • Outros arquitetos organizacionais • Executivos e gestores de DM • CIO e outros executivos • Administradores de bancos de dados • Administrador de modelos de dados
3 Desenvolvimento de dados	• Gestores de dados e especialistas no assunto • Arquitetos e analistas de dados • Administradores de bancos dados • Administradores de modelos de dados • Desenvolvedores de software • Gerentes de projetos • Executivos de DM e outros Gerentes de TI
4 Gestão de operações de dados	• Administradores de bancos de dados • Desenvolvedores de software • Gerentes de projetos • Gestores de dados • Arquitetos e analistas de dados • Executivos de DM e outros gerentes de TI • Operadores de TI
5 Gestão da segurança dos dados	• Gestores de dados • Administradores da segurança dos dados • Administradores de bancos de dados • Analistas de BI • Arquitetos de dados • Líder de DM • CIO/CTO • Analistas de Help Desk

Função	Participantes
6 Gestão de dados mestres e de referência	• Gestores de dados de negócios • Especialistas no assunto • Arquitetos de dados • Analistas de dados • Arquitetos de aplicação • Conselho de governança de dados • Provedores de dados • Outros profissionais de TI
7 Gestão de DW e BI	• Gestores e outros executivos de negócios • Executivos de DM e outros gestores de TI • Gestor de programa de BI • Especialistas no assunto e os outros consumidores de dados • Gestores de dados • Gestores de projeto • Arquitetos e analistas de dados • Especialistas em integração de dados • Especialistas em BI • Administradores de banco de dados • Administradores de segurança dos dados • Analistas da qualidade dos dados
8 Gestão de documentos e conteúdo	• Todos os funcionários • Gestores de dados • Profissionais de DM • Equipe de gestão de registros • Outros profissionais de TI • Gestores executivos de dados • Outros gestores de TI • CIO • CKO
9 Gestão de meta-dados	• Especialista em meta-dados • Arquitetos de integração de dados • Gestores de dados • Arquitetos e modeladores de dados • Administradores de banco de dados • Outros profissionais de DM • Outros profissionais de TI • Executivo de DM
10 Gestão da qualidade dos dados	• Analistas da qualidade dos dados • Gestores de dados • Outros profissionais de dados • Executivo de DM

A4 Ferramentas de gestão de dados

Função	Ferramentas
1 Governança de dados	• Website de intranet • E-mail • Ferramentas de meta-dados • Ferramentas de gestão de problemas
2 Gestão de arquitetura de dados	• Ferramentas de modelagem de dados • Ferramentas de gestão de modelos • Repositório de meta-dados • Ferramentas de produção de escritório
3 Desenvolvimento de dados	• Ferramentas de modelagem de dados • Sistemas de gestão de software • Ferramentas de teste • Ferramentas de gestão de modelos • Ferramentas de gestão de configurações • Ferramentas de produção de escritório
4 Gestão de operações de dados	• Gestão de sistemas de banco de dados • Ferramentas de desenvolvimento de dados • Ferramentas de administração de banco de dados • Ferramentas de produção de escritório
5 Gestão da segurança dos dados	• Sistema de gestão de banco de dados • Ferramentas de BI • Frameworks de aplicações • Tecnologias de gestão de identidade • Sistemas de controle de mudanças
6 Gestão de dados mestres e de referência	• Aplicações de referência de gestão de dados • Aplicações de gestão de dados mestres • Ferramentas de modelagem de dados • Ferramentas de modelagem de processos • Repositórios de meta-dados • Ferramentas de análise do perfil dos dados • Ferramentas de limpeza de dados • Ferramentas de integração de dados • Processos de negócio e motor de regras • Ferramentas de gestão de mudanças

360 DAMA-DMBOK

Função	Ferramentas
7 Gestão de DW e BI	• Executivos e Gerentes de negócios • Especialistas no assunto • Gestor de BI • Gestores de dados • Arquitetos e analistas de dados • Especialistas em integração de dados • Especialistas em BI • Administradores de banco de dados • Administradores de segurança dos dados • Analistas da qualidade dos dados
8 Gestão de documentos e conteúdo	• Empregados • Gestores de dados • Profissionais de DM • Equipe de gestão de registro de dados • Outros profissionais de TI • Gestor executivo de dados • Outros gestores de TI • CIO • CKO
9 Gestão de meta-dados	• Repositórios de meta-dados • Ferramentas de modelagem dos dados • Sistema de gestão de banco de dados • Ferramentas de integração de dados • Ferramentas de BI • Ferramentas de gestão de sistemas • Ferramentas de modelagem de objetos • Ferramentas de criação de relatórios • Ferramentas de qualidade dos dados • Ferramentas de desenvolvimento e gestão de dados • Ferramentas de gestão de dados mestres e de referência
10 Gestão da qualidade dos dados	• Ferramentas de análise do perfil dos dados • Ferramentas de análises estatísticas • Ferramentas de limpeza de dados • Ferramentas de integração de dados • Ferramentas de gestão de problemas e eventos

A5 Derivados primários de gestão de dados

Função	Derivados primários
1 Governança de dados	• Políticas de dados • Padrões de dados • Problemas resolvidos • Gestão de projetos e serviços de dados • Informação e qualidade dos dados • Valor de dados reconhecidos
2 Gestão de arquitetura de dados	• Modelo corporativo de dados • Analise da cadeia de valores da informação • Arquitetura do banco de dados • Integração de dados / arquitetura de MDM • Arquitetura de DW/BI • Arquitetura de meta-dados • Taxonomias e namespaces corporativos • Arquitetura de gestão de documentos • Meta-dados
3 Desenvolvimento de dados	• Requerimentos de dados e regras do negócio • Especificações e modelo lógico de dados • Especificações e modelos físicos dos dados • Meta-dados (de negócios e técnicos) • Modelagem de dados e padrões de projeto de DB • Modelagem de dados e revisão de projeto de DB • Modelos de dados de versão controlada • Testes dos dados • Desenvolvimento e testes de bancos de dados • Produtos de informação • Serviços de acesso aos dados • Serviços de integração de dados • Dados migrados e convertidos
4 Gestão de operações de dados	• Ambientes técnicos de DBMS • Desenvolvimento e testes, QA e produção de bancos de dados • Dados de fontes externas • Desempenho dos dados • Planos para a recuperação de dados • Continuidade do negócio • Plano de retenção de dados • Dados arquivados e deletados

Função	Derivados primários
5 Gestão da segurança dos dados	• Políticas de segurança de dados • Padrões de privacidade e confidencialidade de dados • Perfil dos usuários, senhas e membros • Permissões da segurança dos dados • Controle da segurança dos dados • Visão de acessos dos dados • Classificação de documentos • Histórico de acesso e autenticação • Audições de segurança dos dados
6 Gestão de dados mestres e de referência	• Requerimentos de dados mestres e de referência • Modelos de dados e documentações • Referências confiáveis de dados mestres • Linhagem de "Registro de ouro" de dados • Relatórios e métricas da qualidade dos dados • Serviços de limpeza de dados
7 Gestão de DW e BI	• Arquitetura de DW/BI • Data Warehouses • Data Marts e cubos OLAP • Dashboards e scorecards • Aplicações de analise • Extratos de arquivos (para mineração de dados/Ferramentas de estatísticas) • Ferramentas de BI e interface do usuário. • Mecanismo de feedback de qualidade de dados / loop
8 Gestão de documentos e conteúdo	• Registros feitos em muitos formatos de mídia • Registros de E-discovery • Emails e cartas de saída • Todos os contratos e documentos financeiros • Políticas e procedimentos • Registros e logs de audições • Notas de reuniões • Relatórios formais • Notas importantes
9 Gestão de meta-dados	• Repositórios de meta-dados • Qualidade de meta-dados • Arquitetura e modelos de meta-dados • Análise operacional de meta-dados • Analise de meta-dados • Linhagem de dados • Análise de alteração de impacto • Procedimentos de controle de meta-dados

Função	Derivados primários
10 Gestão da qualidade dos dados	• Melhor qualidade dos dados • Gestão da análise operacional dos dados • Perfis de dados • Relatórios de certificação de dados.

A6 Consumidores de gestão de dados

Função	Consumidores
1 Governança de dados	• Produtores de dados • Trabalhadores do conhecimento • Gestores e executivos • Profissionais de dados • Clientes
2 Gestão de arquitetura de dados	• Gestores de dados • Arquitetos de dados • Analistas de dados • Administradores de banco de dados • Desenvolvedores de software • Gestores de projeto • Produtores de dados • Trabalhadores do conhecimento • Gestores e executivos
3 Desenvolvimento de dados	• Criadores de dados • Trabalhadores do conhecimento • Clientes • Profissionais de dados • Outros profissionais de TI
4 Gestão de operações de dados	• Criadores de dados • Consumidores de informação • Clientes corporativos • Profissionais de dados • Outros profissionais de TI
5 Gestão da segurança dos dados	• Produtores de dados • Trabalhadores do conhecimento • Gestores • Executivos • Clientes • Profissionais de dados

Função	Consumidores
6 Gestão de dados mestres e de referência	• Usuários de aplicativos • Usuários de BI e de relatórios • Desenvolvedores e arquitetos de aplicação • Arquitetos e desenvolvedores de dados de integração • Arquitetos e desenvolvedores de BI • Vendedores, clientes e parceiros
7 Gestão de DW e BI	• Trabalhadores do conhecimento • Gestores e executivos • Clientes externos • Sistemas internos • Profissionais de dados • Outros profissionais de TI
8 Gestão de documentos e conteúdo	• Usuários de negócios e de TI • Agências reguladores governamentais • Gestor sênior • Clientes externos
9 Gestão de meta-dados	• Gestores de dados • Profissionais de dados • Outros profissionais de TI • Trabalhadores do conhecimento • Gestores e executivos • Clientes e colaboradores
10 Gestão da qualidade dos dados	• Gestores de dados • Profissionais de dados • Outros profissionais de TI • Trabalhadores de conhecimento • Gestores e executivos • Clientes

A7 Métricas de gestão de dados

Função	Fornecedores
1 Governança de dados	• Valores de dados • Custo de gestão de dados • Atendimento de objetivos • Número de reuniões que aconteceram • Número de decisões feitas • Representação / cobertura de gestão estratégica • Contabilidade de profissionais de dados • Maturidade do processo de gestão de dados
2 Gestão de arquitetura de dados	

Função	Fornecedores
3 Desenvolvimento de dados	
4 Gestão de operações de dados	<ul><li>Desempenho</li><li>Disponibilidade</li></ul>
5 Gestão da segurança dos dados	
6 Gestão de dados mestres e de referência	<ul><li>Referências de qualidade de dados mestres</li><li>Mudanças de atividade</li><li>Problemas, custos, volume</li><li>Uso e re-uso.</li><li>Disponibilidade</li><li>Cobertura da gestão de dados</li></ul>
7 Gestão de DW e BI	<ul><li>Utilização de métricas</li><li>Satisfação do cliente/usuário</li><li>Porcentagem da matéria de área de cobertura</li><li>Métricas de resposta/desempenho</li></ul>
8 Gestão de documentos e conteúdo	<ul><li>Retorno do investimento (ROI)</li><li>Indicadores chaves de desempenho KPI</li><li>e balanced scorecards</li></ul>
9 Gestão de meta-dados	<ul><li>Qualidade de dados mestres</li><li>Conformidade do serviço de dados mestres</li><li>Contribuição do repositório de meta-dados</li><li>Qualidade da documentação de meta-dados</li><li>Representação e cobertura da gestão estratégica</li><li>Utilização / Referência de meta-dados</li><li>Maturidade da gestão de meta-dados</li><li>Disponibilidade do repositório de meta-dados</li></ul>
10 Gestão da qualidade dos dados	<ul><li>Estatísticas de valores de dados</li><li>Violações de erros e requerimentos</li><li>Conformidade com expectativas</li><li>Conformidade com os níveis de serviço</li></ul>

A8 Classes de produtos de software

Função	Descrição
Sistemas de gestão de bancos de dados	<ul><li>Sistemas de gestão de bancos de dados relacionais (RDBMS)</li><li>Sistemas de gestão de bancos de dados multidimensionais(OODBMS)</li><li>Sistema de gestão de banco de dados hierárquico</li><li>Sistema de gestão de banco de dados de redes</li></ul>

Função	Descrição
Ferramentas de modelagem e de meta-dados	• Ferramentas de modelagem de dados • Ferramentas de gestão de modelos • Ferramentas de modelagem de processos • Ferramentas de modelagem de objetos • Repositórios de meta-dados • Glossários • Diretórios • Taxonomias
Desenvolvimento de dados e ferramentas administrativas	• Ferramentas de desenvolvimento de banco de dados • Ferramentas de administração de banco de dados • Ferramentas de testes • Ferramentas de gestão de configurações de softwares (biblioteca de código fonte e controle de versão) • Ferramentas de gestão de defeitos e problemas • Ferramentas de gestão de projetos
Ferramentas de integração de dados	• Ferramenta de movimento de dados (ETL) • Ferramenta de integração de aplicativo corporativo (EAI) • Ferramentas de transparência de dados
Ferramentas de Business Inteligence	• Ferramentas de requisição e relatórios de Ad Hoc • Ferramentas de relatórios corporativos • Ferramentas de Processamento analítico online (OLAP) • Ferramentas de OLAP para Desktop • Ferramentas de OLAP multidimensionais (MOLAP) • Ferramentas de OLAP relacionais (ROLAP) • Ferramentas de análise estatística • Ferramenta de mineiração/suposição de dados • Ferramentas de modelagem de cenário • Aplicações de análise especializada (análise) • Sistemas de informação executivos • Ferramentas de gestão de performance
Ferramentas de gestão de dados mestres e de referência	• Sistemas de ambientes de gestão de dados mestres • Soluções integradas à dados de clientes • Soluções integradas à dados de produtos • Ferramentas de gestão de hierarquia dimensional

A9 Sumário das tabelas de processamento

A9.1 GOVERNANÇA DE DADOS

Atividades	Entregas	Papéis Responsáveis	Papéis de Aprovação	Papéis de Contribuição
1.1.1 Compreender necessidades corporativas estratégicas dos dados (P)	Necessidades corporativas estratégicas dos dados	Executivo de DM	Conselho de governança de dados, CIO	Gestores de dados, gestores de dados
1.1.2 Desenvolver e manter a estratégia de dados (P)	Estratégia de dados – Visão, Missão, Caso do negócio, objetivos, metas, princípios, métricas, implementação, mapa do negócio	Executivo de DM	Conselho de governança de dados, CIO	Gestores de dados, gestores de dados
1.1.3 Estabelecer papéis e organização dos profissionais de gestão de dados (P)	Equipe e organização de serviços do gestor de dados	CIO	Conselho de governança de dados	Executivo de DM
1.1.4 Estabelecer a organização da gestão estratégica e de governança de dados(P)	Conselho de governança de dados, Comitê de gestão de dados, Equipes de gestão de dados	Executivo de DM, CIO, Conselho de governança de dados	Gestor sênior	Gestores de dados, gestores de dados
1.1.5 Identificar e apontar a Gestão de dados (P)	Regras de negócio da qualidade dos dados	Executivos de DM, executivos de gestão de dados	Conselho de gestão de dados	Coordenadores de gestores de dados, gestores de dados

Atividades	Entregas	Papéis Responsáveis	Papéis de Aprovação	Papéis de Contribuição
1.1.6 Desenvolver Revisar e aprovar políticas, procedimentos e padrões de dados (D)	Políticas de dados, Padrões de dados, procedimentos de gestão de dados	Executivo de DM	Conselho de governança de dados, CIO	Comitê de gestão de dados, equipe de gestores de dados, profissionais de gestão de dados
1.1.7 Revisar e aprovar a arquitetura de dados (P)	Modelo corporativo de dados adotado Arquitetura de dados relacionada	Conselho de governança de dados	Conselho de governança de dados, CIO	Arquiteto de dados corporativos, comitê de gestão de dados, Gestores de dados, Arquitetos de dados Executivos de DM
1.1.8 Planejamento e patrocínio de projetos e serviços de gestão de dados (P)	Gestores de projeto de dados, Gestores de serviços de banco de dados	Conselho de governança de dados	Conselho de governança de dados, CIO, Comitê de direcionamento de TI	Executivos de DM, Gestores de dados, gestores de dados
1.1.9 Estimar valores de produtos e custos associados aos dados (P)	Estimativas de valores de produtos de dados, Custo estimado de gerência de dados	Gestores de dados	Conselho de governança de dados	Executivo de DM Gestores de dados
1.2.1 Supervisionar a organização e os profissionais de dados (C)	Organização e equipe de gestão de serviços de dados	Executivos de DM	CIO	Gestores de dados

Atividades	Entregas	Papéis Responsáveis	Papéis de Aprovação	Papéis de Contribuição
1.2.2 Coordenar atividades de governança de dados (C)	Organização, calendário, reuniões, agenda, documentação, Reuniões de governança de dados	Executivo de DM, arquiteto de dados organizacionais, arquitetos de dados	Conselho de governança de dados, comitê de gestão de dados, equipes de gestão, CIO	Gestores de dados
1.2.3 Gerenciar e solucionar problemas relacionados com os problemas (C)	Problema, relatório, problema, solução	Conselho de governança de dados, comitê de gestão de dados, equipes de gestão	Conselho de governança de dados, comitê de gestão de dados, equipes de gestão	Executivo de DM, gestores de dados
1.2.4 Monitorar e garantir conformidades regulatórias. (C)	Equipe de relatórios, problemas de não conformidade	Gestores de dados	Conselho de governança de dados	Executivos de DM, CIO
1.2.5 Comunicar, monitorar e forçar conformidade com políticas de dados, padrões, procedimentos e arquitetura (C)	Políticas/ arquitetura/ padrões/ procedimento e comunicação. Problemas de não conformidade	Gestores de dados, gestores de dados	Conselho de governança de dados, Comitê de gestão de dados	Executivos de DM
1.2.6 Revisão de projetos e serviços de gestão de dados. (C)		Executivo de DM	Conselho de governança de dados	Gestores de dados
1.2.7 Comunicar e promover o valor de dado e a gestão de dados (C)	Gestão de dados de site, Newsletter de gestão de dados, Compreensão e reconhecimento	Executivos de DM, Profissionais de DM, Gestores de dados, CIO	Conselho de governança de dados	Gestores de dados

A9.2 GESTÃO DE ARQUITETURA DE DADOS

Atividades	Entregas	Papéis Responsáveis	Papéis de Aprovação	Papéis de Contribuição
2.1 Compreender as necessidades de informação corporativas (P)	Listas de informações requeridas essenciais	Arquiteto de dados corporativos, Especialistas no assunto do negócio	Conselho de governança de dados, comitê de direcionamento de dados, Executivos de DM, CIO	
2.2 Desenvolver e manter o modelo de dados corporativos (P)	Modelo de dados corporativos: • Modelo de área de interesse • Modelo conceitual • Modelo lógico • Glossário	Arquitetos de dados corporativos	Conselho de governança de dados, comitê de direcionamento de dados, Executivos de DM, CIO	Arquitetos de informação Gestores e equipe de gestores de dados
2.3 Analisar e alinhar com outros modelos de negócio(P)	Análise de matrizes da cadeia de valor da informação • Entidade / função • Entidade / Org e papel • Entidade / aplicação	Arquitetos de dados corporativos	Conselho de governança de dados, comitê de direcionamento de dados, Executivos de DM, CIO	Arquitetos corporativos Gestores e equipe de gestores de dados
2.4 Definir e manter a arquitetura de dados (P)	Arquitetura da tecnologia de dados (Tecnologia, distribuição e uso)	Arquitetos de dados corporativos	Conselho de governança de dados, comitê de direcionamento de dados, Executivos de DM, CIO	Administradores de banco de dados, outros profissionais de gestão de dados.

Atividades	Entregas	Papéis Responsáveis	Papéis de Aprovação	Papéis de Contribuição
2.5 Definir e manter a integração da arquitetura de dados (P)	Arquitetura de integração de dados • Linhagem / fluxo de dados • Ciclo de vida da entidade	Arquitetos de dados corporativos	Conselho de governança de dados, comitê de direcionamento de dados, Executivos de DM, CIO	Administradores de banco de dados, outros profissionais de gestão de dados.
2.6 Definir e manter as arquiteturas de Data Warehouse e BI (P)	Arquitetura de Data Warehouse e BI	Arquitetos de dados de Warehouse	Conselho de governança de dados, comitê de direcionamento de dados, Executivos de DM, CIO	Especialista em BI, especialista em integração de dados, administradores de banco de dados, outros profissionais de gestão de dados.
2.7 Definir e manter taxonomias e namespaces corporativos (P)	Taxonomias corporativas, Namespace XML, Gestão padrão de conteúdos	Arquitetos de dados corporativos	Conselho de governança de dados, comitê de direcionamento de dados, Executivos de DM, CIO	Outros arquitetos de dados, outros profissionais de gestão de dados
2.8 Definir e manter a arquitetura de meta-dados (P)	Arquitetura de meta-dados	Arquitetos de meta-dados	Conselho de governança de dados, comitê de direcionamento de dados, Executivos de DM, CIO	Especialistas em meta-dados, outros profissionais de gestão de dados

A9.3 DESENVOLVIMENTO DE DADOS

Atividades	Entregas	Papéis Responsáveis	Papéis de Aprovação	Papéis de Contribuição
3.1.1 Analisar requerimentos da informação (D)	Padrão de informação específica requerida	Arquitetos de dados, analistas de dados	Gestores de dados	Gestores de dados, outros especialistas no assunto
3.1.2 Desenvolver e manter modelos conceituais de dados (D)	Relatórios e diagramas do modelo conceitual dos dados	Arquitetos de dados, analistas de dados	Gestores de dados, arquitetos de dados	Gestores de dados, outros especialistas no assunto
3.1.3 Desenvolver e manter modelos lógicos de dados (D)	Relatórios e diagramas do modelo lógico dos dados	Arquitetos de dados, analistas de dados, modeladores de dados	Gestores de dados, arquitetos de dados	Gestores de dados, outros especialistas no assunto
3.1.4 Desenvolver e manter modelos físicos dos dados (D)	Relatórios e diagramas do modelo físico dos dados	Arquitetos de dados, modeladores de dados, DBAs	DBAs, Arquitetos de dados	Desenvolvedores de software
3.2.1 Projetar um banco de dados físico (P)	Especificações DDL, especificações do cubo de OLAP, esquemas XML	DBAs, arquitetos de aplicações, desenvolvedores de software	Arquitetos de dados, DBAs, arquitetos de aplicação	Analistas de dados, Modeladores de dados, desenvolvedores de software
3.2.2 Projetar produtos de informação (D)	Telas da aplicação, Relatórios	Desenvolvedores de software	Arquitetos de aplicação	Analistas de dados, DBAs
3.2.3 Projetar serviços de acesso aos dados (D)	Especificações do serviço de acesso do projeto de dados	Desenvolvedores de software, DBAs	Arquitetos de aplicação, Arquitetos de dados	Analistas de dados, DBAs
3.2.4 Projetar serviços de integração de dados (C)	Mapas de fonte-para-meta, especializações do projeto ETL, projetos de conversão	Especialistas em integração de dados, DBAs, Analistas de dados	DBAs, Arquitetos de dados, arquitetos de aplicações	Analistas de dados, gestores de dados, DBAs

Atividades	Entregas	Papéis Responsáveis	Papéis de Aprovação	Papéis de Contribuição
3.3.1 Desenvolver padrões de modelagem e projetos de dados(C)	Documentos padrões de modelagem de dados, documentos padrões de projeto de dados	Arquitetos de dados, analistas de dados, modeladores de dados, DBAs	Executivos de DM, conselho de governança de dados	Gestores de dados, arquitetos de aplicações, desenvolvedores de software
3.3.2 Revisar modelos de dados e qualidade do projeto do banco de dados (C)	Partes encontradas na revisão do projeto	Arquitetos de dados, analistas de dados, modeladores de dados, DBAs	Executivos de DM, Gestores de projeto	Arquitetos de aplicação, desenvolvedores de software
3.3.3 Gerenciar versão e integração da modelagem dedos (C)	Livrarias e conteúdos de gestão de modelos	Administradores de modelos de dados, modeladores de dados	Arquitetos de dados, Executivos de DM	Analistas de dados, DBAs
3.4.1 Implementar, desenvolver e testar mudanças no banco de dados(D)	Desenvolver e testar ambientes DB, tabelas de bancos de dados, outros projetos de DB	DBAs	Executivo de DM	Arquitetos de dados, analistas de dados, desenvolvedores de software
3.4.2 Criar e manter testes de dados (D)	Testar banco de dados, testar dados	DBAs, analistas de dados, desenvolvedores de software, analistas de teste	Arquitetos de dados, arquitetos de aplicações, gestores de dados	Gestores de dados, desenvolvedores de software, analistas de dados
3.4.3 Migrar e converter dados (D)	Dados migrados e convertidos	DBAs, desenvolvedores de software	Gestores de dados, arquitetos de dados	Analistas de dados
3.4.4 Construir e testar produtos da informação (D)	Produtos da informação: telas, relatórios	Desenvolvedores de software	Gestores de dados, arquitetos de aplicação, arquitetos de dados	DBAs Analistas de dados

Atividades	Entregas	Papéis Responsáveis	Papéis de Aprovação	Papéis de Contribuição
3.4.5 Criar e testar serviços de acesso à dados (D)	Serviços de acesso à dados (interface)	Desenvolvedores de software	Arquitetos de dados, arquitetos de software	DBAs
3.4.6 Criar e testar serviços de integração à dados (D)	Serviços de integração de dados (ETL, etecetera)	Gestores de dados, especialistas em testes	Gestores de dados, arquitetos de dados	Analistas de dados, DBAs
3.4.7 Validar requerimentos da informação (D)	Requisitos validados Aceitação da assinatura do usuário	Gestores de dados, especialistas testes	Gestores de dados	Analistas de dados, arquitetos de dados, DBAs
3.4.8 Preparar para o lançamento dos dados (D)	Treinamento de usuário, documentação do usuário	Gestores de dados, especialistas no assunto, especialistas em treinamento, analistas de dados	Gestores de dados, arquitetos de dados	Gestores de dados, arquitetos de dados, DBAs

A9.4 GESTÃO DE OPERAÇÕES DE DADOS

Atividades	Entregas	Papéis Responsáveis	Papéis de Aprovação	Papéis de Contribuição
4.1.1 Implementar e controlar ambientes de bancos de dados	Gestão da produção do ambiente de banco de dados, mudanças controladas à bancos de dados produzidos, lançamentos	DBAs	Executivo de DM	Programadores de sistema, Gestores de dados, analistas de dados, desenvolvedores de software, gestores de projeto

Atividades	Entregas	Papéis Responsáveis	Papéis de Aprovação	Papéis de Contribuição
4.1.2 Dados adquiridos externamente (O)	Dados adquiridos externamente	DBAs, analistas de dados, gestores de dados	Conselho de governança de dados	Gestores de dados, analistas de dados
4.1.3 Plano de recuperação de dados (P)	Disponibilidade de SLAs de dados, plano de recuperação de dados	DBAs	Executivo de DM, Conselho de governança de dados	
4.1.4 Backup e dados recuperados (P)	Backup e registros de banco de dados, bancos de dados recuperados, continuidade do negócio	DBAs	Executivo de DM	
4.1.5 Definir os níveis de serviço do banco de dados (P)	Desempenho SLA do banco de dados	DBAs	Executivo de DM, Conselho de governança de dados	
4.1.6 Monitorar e ajustar o desempenho do banco de dados(O)	Relatórios do desempenho do banco de dados, desempenho do banco de dados	DBAs		
4.1.7Planejar a retenção de dados (P)	Plano de retenção de dados, procedimentos de gestão de storage	DBAs	Executivo de DM	Especialistas em gestão de storage
4.1.8 Arquivar, recuperar e excluir dados (P)	Dados arquivados, dados recuperados, dados excluídos	DBAs	Executivo de DM	

Atividades	Entregas	Papéis Responsáveis	Papéis de Aprovação	Papéis de Contribuição
4.1.9 Gerenciar banco de dados especializados (C)	Bancos de dados geo-espaciais, bancos de dados CAD/CAM, bancos de dados XML, bancos de dados de objetos	DBAs	Executivo de DM	Gestores de dados, especialistas no assunto
4.2.1 Entender os requerimentos da tecnologia dos dados (O)	Requerimentos da tecnologia dos dados	Arquitetos de dados, DBAs	Executivo de DM	Gestores de dados, outros profissionais de TI
4.2.2 Definir a arquitetura de banco de dados (P) (mesma que 2.3)	Arquitetura de tecnologia de dados	Arquiteto de dados	Executivo de DM, conselho de governança de dados	DBAs, analistas de dados, gestores de dados
4.2.3 Avaliar a tecnologia dos dados (P)	Achados da ferramenta de avaliação, seleção das decisões da ferramenta	Analistas de dados, DBAs	Executivo de DM, Conselho de governança de dados	Gestores de dados, outros profissionais de TI
4.2.4 Instalar e administrar a tecnologia dos dados (O)	Tecnologia instalada	DBAs	Executivo de DM	Analistas de dados, outros profissionais de TI
4.2.5 Licenças tecnológicas de inventario e rastreamento de dados (C)	Licença de inventario	DBAs	Executivo de DM	Analistas de dados
4.2.6 Apoio à uso e problemas com a tecnologia dos dados	Identificados e resolvidos os problemas com a tecnologia	DBAs	Executivo de DM	Analistas de dados

A9.5 GESTÃO DE SEGURANÇA DE DADOS

Atividades	Entregas	Papéis Responsáveis	Papéis de Aprovação	Papéis de Contribuição
5.1 Entender a segurança, necessidade e regulação dos requerimentos de dados (P)	Requerimentos e regulações da segurança dos dados	Gestores de dados, Executivos de DM, administradores da segurança	Conselho de governança de dados	Gestores de dados, departamento legal, segurança do TI
5.2 Definir a política de segurança dos dados (P)	Política de segurança dos dados	Gestores de dados, Executivos de DM, administradores da segurança	Conselho de governança de dados	Gestores de dados, departamento legal, segurança do TI
5.3 Definir os padrões de segurança dos dados (D)	Padrões da segurança dos dados	Gestores de dados, Executivos de DM, administradores da segurança	Conselho de governança de dados	Gestores de dados, departamento legal, segurança do TI
5.4 Definir procedimentos e controle de segurança (D)	Procedimento e controles da segurança dos dados	Administradores da segurança, DBAs	Executivo de DM	Gestores de dados, segurança do TI
5.5 Gerenciar senhas e membros do grupo de usuários (C)	Contas, senhas e papéis no grupo dos usuários	Administradores da segurança	Gerência	Produtores de dados, consumidores de dados, Help Desk
5.6 Gerenciar permissões e acessos aos dados (C)	Acessos e permissão de recursos de dados	Administradores da segurança, DBAs	Gerência	Produtores de dados, consumidores de dados, desenvolvedores de software, help desk

Atividades	Entregas	Papéis Responsáveis	Papéis de Aprovação	Papéis de Contribuição
5.7 Monitorar autenticação e comportamento de usuários (C)	Registros de acessos, alertas de notificações de segurança, relatórios da segurança dos dados	Administradores da segurança, DBAs	Executivo de DM	Gestores de dados, Help Desk
5.8 Classificar a confidencialidade de informação (C)	Documentos confidencias, bancos de dados confidenciais	Autores do documento, projetistas de relatório, gestores de dados	Gerência	Gestores de dados
5.9 Fazer auditorias na segurança dos dados (C)	Relatórios de auditória da segurança dos dados	Auditores segurança dos dados	Conselho de gestores de dados executivo de DM	Administradores da segurança, DBAs, gestores de dados

A9.6 GESTÃO DE DADOS MESTRES E DE REFERÊNCIA

Atividades	Entregas	Papéis Responsáveis	Papéis de Aprovação	Papéis de Contribuição
6.1 Compreender necessidades de integração de dados (P)	Dados mestres e referência requeridos	Analistas de negócio	Partes interessadas, conselho de governança de dados	Gestores de dados de negócio, especialistas no assunto
6.2 Identificar contribuidores e fontes de referência de dados (P)	Descrição e colocação de fontes e contribuidores	Arquitetos de dados, gestores de dados	Conselho de governança de dados	Analistas de dados, especialistas no assunto
6.3 Definir e manter a arquitetura de integração de dados (P)	Arquitetura e mapa de locais da integração de dados mestres e de referência	Arquitetos de dados	Conselho de governança de dados	Arquitetos de aplicações, gestores de dados

Atividades	Entregas	Papéis Responsáveis	Papéis de Aprovação	Papéis de Contribuição
	Especificação de serviços do projeto de integração de dados	Arquitetos de dados, Arquitetos de aplicações	Gestores de TI	Outros profissionais de TI, partes interessadas
6.4 Implementar soluções de gestão para dados mestres e de referência (D)	Gestão de aplicações e bancos de dados mestres e de referência	Arquitetos de aplicação, arquitetos de dados	Conselho de governança de dados	Outros profissionais de TI
	Serviços de qualidade de dados	Arquitetos de aplicação, arquitetos de dados	Conselho de governança de dados	Analistas de dados, outros profissionais de TI
	Replicação de dados e serviços de acessos para aplicativos, serviços de replicação de dados para DW.	Arquitetos de aplicação, arquitetos de dados, desenvolvedores de integração	Conselho de governança de dados	Analistas de dados, outros profissionais de TI
6.5 Definir e manter regras de encaixe (P)	Registros de regras de encaixe (especificações funcionais)	Analistas de negócio, arquitetos de dados, gestores de dados de negócio	Conselho de governança de dados	Arquitetos de aplicação, especialistas no assunto
6.6 Estabelecer registros dourados (C)	Dados mestres e de referência confiáveis	Gestores de dados	Partes interessadas	Analistas de dados, arquitetos de dados, especialistas no assunto, outros profissionais de TI
	Cruzar referência de dados	Gestores de dados	Partes interessadas	Analistas de dados, especialistas no assunto

Atividades	Entregas	Papéis Responsáveis	Papéis de Aprovação	Papéis de Contribuição
	Relatórios de linhagem de dados	Arquitetos de dados	Gestores de dados	Analistas de dados,
	Relatórios da qualidade dos dados	Analistas de dados	Gestores de dados, partes interessadas	Arquitetos de dados
6.7 Definir e manter hierarquias e afiliações (C)	Afiliações e hierarquias definidas	Gestores de dados	Partes interessadas	Analistas de dados, geradores de dados
6.8 Planejar e implementar a integração de novas fontes(D)	Avaliações da fonte da qualidade e da integração dos dados	Analistas de dados, Arquitetos de dados, Arquitetos de aplicações	Gestores de dados, gestores de TI	Geradores de dados, especialistas no assunto
	Novas fontes de dados integradas	Arquitetos de dados, Arquitetos de aplicações	Gestores de dados, partes interessadas	Analistas de dados, outros profissionais de TI
6.9 Replicar e distribuir dados dados mestres e de referência (O)	Dados replicados	Arquitetos de dados, Arquitetos de aplicações	Gestores de dados, partes interessadas	Analistas de dados, outros profissionais de TI
6.10 Gerenciar mudanças nos dados mestres e de referência	Alterar procedimentos de requisição	Arquitetos de dados	Conselho de governança de dados, gestores de dados	Outros profissionais de TI, partes interessadas
	Alterar respostas e requisições	Gestores de dados	Conselho de governança de dados	Partes interessadas, analistas de dados, arquitetos de dados, arquitetos de aplicação
	Alterar requisições de métricas	Arquitetos de dados	Gestores de dados, Conselho de governança de dados	Analistas de dados, outros profissionais de TI

A9.7 GESTÃO DE DW E BI

Atividades	Entregas	Papéis Responsáveis	Papéis de Aprovação	Papéis de Contribuição
7.1 Entender as necessidades de informações de BI (P)	Requerimentos de DW-BIM para o projeto	Analista de dados/BI Gestor do programa de BI Especialista no assunto	Gestor de dados, Executivos e gestores de negócio	Especialistas em meta-dados, Líder do processo de negócio
7.2 Definir a arquitetura de data warehouse/ BI (P) (Igual a 2.5	Arquitetura de BI DW	Arquiteto de Data Warehouse, Arquiteto de BI	Arquiteto de dados corporativos, Executivo de DM, CIO. Comitê de direcionamento de arquitetura de dados, conselho de governança de dados	Especialistas em BI, Especialistas em integração de dados, DBAs, outros gestores de dados, Arquitetos de TI
7.3 Implementação de Data Warehouses e Data Marts (D)	Data Warehouses, Data Marts, cubos OLAP	Especialistas em BI	Arquiteto de data warehouse, equipes de gestão de dados	Especialistas em integração de dados, DBAs, outros gestores de dados, outros profissionais de TI
7.4 Implementação de ferramentas de BI e interfaces de usuários. (P)	Ferramentas de BI e ambientes de usuários, Requisições e dashboards, scorecards, aplicações analíticas, etecetera	Especialistas em business intelligence	Arquiteto de Data Warehouse, Comitê de gestão de dados Conselho de governança de dados, Executivos e gestores de negócio	Arquiteto de Data Warehouse, Outros gestores de dados, outros profissionais de TI

Atividades	Entregas	Papéis Responsáveis	Papéis de Aprovação	Papéis de Contribuição
7.5 Processamento de dados para BI (O)	Dados integrados e acessíveis Detalhes da resposta da qualidade dos dados	DBAs Especialistas em integração de dados	Gestores de dados	Outros gestores de dados, outros profissionais de TI
7.6 Monitorar e ajustar processos de Data Warehouse (C)	Relatórios de desempenho de DW	DBAs Especialistas em integração de dados		Operadores de TI
7.7 Monitorar e ajustar a atividade e desempenho de BI (C)	Relatório de desempenho de BI, novos índices, Novas agregações	Especialistas em Business intelligence, DBAs, Analistas de BI		Outros gestores de dados, Operadores de TI, Auditores de TI

A9.8 GESTÃO DE CONTEÚDO E DOCUMENTOS

Atividades	Entregas	Papéis Responsáveis	Papéis de Aprovação	Papéis de Contribuição
8.1. Gestão de Documentos e Registros				
8.1.1 Plano para gerenciar registros de documentos (P)	Mapa e estratégia para gestão de documentos	Gerentes de sistemas de documentos; gerentes de registros	Conselho de governança de dados	Arquitetos de dados, analistas de dados, monitores de dados de negócios

Atividades	Entregas	Papéis Responsáveis	Papéis de Aprovação	Papéis de Contribuição
8.1.2 Implementar sistemas de gestão de documentos/regis tros para aquisição, armazenagem, acesso e controles de segurança (O, C)	Sistemas de gestão de documentos/regis tros (incluindo sistemas de imagem e e-mail), Portais Documentos em papel e eletrônicos (textos, gráficos, imagens, áudio e vídeo)	Gestores de sistemas de documentos Gestores de registros	Especialistas no assunto	
8.1.3 Backup e recuperação de documentos/regis tros	Arquivos de backup Continuidade dos negócios	Gestores de sistemas de documentos Gestores de registros		
8.1.4 Retenção e disposição de documentos e registros	Arquivos Armazenamento gerenciado	Gestores de sistemas de documentos Gestores de registros		
8.1.5 Auditar gestão de documentos/regis tros 8.2. Gestão de conteúdo	Auditorias de gestão de documentos/regis tros	Gerencia do Departamento de Auditoria	Administração	
8.2.1 Definir e manter taxonomias da empresa (P)	Taxonomias da empresa (arquitetura do conteúdo da informação)	Gerentes de conhecimento	Conselho de Governança de Dados	arquitetos de dados analistas de dados Monitores de dados de negócios

Atividades	Entregas	Papéis Responsáveis	Papéis de Aprovação	Papéis de Contribuição
8.2.2 Documentar/inde xar meta-dados de conteúdo de informação (D)	Palavras-chave indexadas, meta-dados	Gestores de sistemas de documentos Gestores de registros		
8.2.3 Prover acesso e recuperação de conteúdo (O)	Portais Análises de conteúdo Informações alavancadas	Gestores de sistemas de documentos Gestores de registros	Especialistas no Assunto	arquitetos de dados analistas de dados
8.2.4 Governança de qualidade de conteúdo (C)	Informações alavancadas	Gestores de sistemas de documentos Gestores de registros	Monitores de dados de negócios	Profissionais de gestão de dados

A9.9 GESTÃO DE META-DADOS

Atividades	Entregas	Papéis Responsáveis	Papéis de Aprovação	Papéis de Contribuição
9.1 Compreender os requerimentos de meta-dados (P)	Requerimentos de meta-dados	Especialistas em meta-dados Gestores de dados, Arquitetos e modeladores de dados Administradores de bancos de dados	Arquiteto de dados corporativos, Líder de DM Comitê de Gestão de dados	Outros profissionais de TI Outros profissionais de DM

Atividades	Entregas	Papéis Responsáveis	Papéis de Aprovação	Papéis de Contribuição
9.2 Definir a arquitetura de Meta-dados (P)	Arquitetura de meta-dados	Arquitetos de meta-dados, Arquitetos de integração de dados	Arquiteto de dados corporativos, Líder de DM Comitê de Gestão de dados CIO Administradores de bancos de dados	Especialistas em meta-dados, Outros gestores de TI, Outros profissionais de TI
9.3 Desenvolver e manter os padrões de meta-dados (P)	Padrões de meta-dados	Arquitetos de meta-dados, Gestores de dados, Administradores de dados	Arquiteto de dados corporativos, Líder de DM Comitê de gestão de dados	Outros profissionais de TI Outros profissionais de DM
9.4 Implementar e gerenciar um ambiente de meta-dados (D)	Métricas de meta-dados	Administradores de base de dados	Arquiteto de dados corporativos Líder de DM Comitê de gestores de dados	Outros profissionais de TI

Atividades	Entregas	Papéis Responsáveis	Papéis de Aprovação	Papéis de Contribuição
9.5 Criar e manter meta-dados (O)	Atualizados: • Ferramentas de modelagem de dados • Sistemas de gestão de bancos de dados • Ferramentas de integração de sistemas, • Ferramentas de BI • Ferramentas de gestão de sistemas • Ferramentas de modelagem de objetos • Ferramentas de geração de relatórios • Ferramentas de qualidade dos dados • Ferramentas de desenvolvimento e Gestão de Dados de dados • Ferramentas de dados mestres e de referência	Especialistas em meta-dados	Arquitetos de dados corporativos, Líder de DM Comitê de gestão de dados	Outros profissionais de TI
9.6 Integrar meta-dados (C)	Repositórios de meta-dados	Arquitetos de integração de dados Especialistas em meta-dados Gestores de dados Arquitetos e modeladores de dados Administradores de banco de dados	Arquitetos de dados corporativos, Líder de DM Comitê de gestão de dados	Outros profissionais de TI

Atividades	Entregas	Papéis Responsáveis	Papéis de Aprovação	Papéis de Contribuição
9.7 Gerenciar repositórios de meta-dados (C)	Repositórios gerenciados de meta-dados Administração Princípios, práticas, táticas	Arquitetos de integração de dados Especialistas em meta-dados Gestores de dados Arquitetos e modeladores de dados Administradores de banco de dados	Arquitetos de dados corporativos, Líder de DM Comitê de gestão de dados	Outros profissionais de TI
9.8 Distribuir e entregar meta-dados (O)	Distribuição de meta-dados Arquitetura e modelos de meta-dados	Administradores de banco de dados	Arquitetos de dados corporativos, Líder de DM Comitê de gestão de dados	Arquitetos de meta-dados
9.9 Requisições, relatórios e análise de meta-dados(O)	Qualidade de meta-dados Análise operacional de gestão de meta-dados Análise de meta-dados Linhagem de dados Análise do impacto da mudança	Analista de dados, Analista de meta-dados	Arquitetos de dados corporativos, Líder de DM Comitê de gestão de dados	Especialistas em BI Especialistas em integração de dados, Administradores Outros gestores de dados

A9.10 GESTÃO DA QUALIDADE DOS DADOS

Atividades	Entregas	Papéis Responsáveis	Papéis de Aprovação	Papéis de Contribuição
10.1 Desenvolver e promover conscientização da qualidade dos dados (O)	Treinamentos em qualidade dos dados Processos de governança de dados Estabelecer um conselho de gestores de qualidade dados	Gestor de qualidade dos dados	Gestor de negócios Diretor DRM	Arquiteto de informações Especialista no assunto
10.2 Definir os requerimentos de qualidade de dados ((D)	Documento de requerimento de qualidade de dados	Gestor de qualidade de dados Analistas da qualidade dos dados	Gestores de negócios Analistas de qualidade de dados	Arquitetos de informação Especialistas no assunto
10.3 Analisar e avaliar a qualidade dos dados (D)	Relatório de avaliação de qualidade de dados	Analistas de qualidade de dados	Gestores do negócio Diretor DRM	Conselho de gestores da qualidade dos dados
10.4 Definir as métricas de qualidade dos dados (P)	Documento de métrica da qualidade dos dados	Gestor da qualidade dos dados Analistas de qualidade de dados	Gestores de negócios Diretor DRM	Conselho de gestores da qualidade dos dados
10.5 Definir regras de negócio da qualidade dos dados (P)	Regras de negócio da qualidade dos dados	Analistas de qualidade dos dados	Gestores do negócio Diretor DRM Gestor de qualidade de dados	Arquitetos de informação Especialistas no assunto Conselho de gestores da qualidade dos dados

Atividades	Entregas	Papéis Responsáveis	Papéis de Aprovação	Papéis de Contribuição
10.6 Testar e validar os requerimentos da qualidade dos dados (D)	Teste de casos de qualidade de dados	Analistas de qualidade dos dados	Gestores do negócio Diretor DRM	Arquitetos de informação Especialistas no assunto
10.7 Configurar e avaliar os níveis da qualidade dos dados (P)	Relatórios da qualidade dos dados	Gestor de qualidade de dados	Gestores do negócio Diretor DRM	Conselho de gestores da qualidade dos dados
10.8Continuamente medir e monitorar a qualidade dos dados (C)	Relatórios da qualidade dos dados	Gestor de qualidade dos dados	Gestores do negócio Diretor DRM	Conselho da qualidade dos dados
10.9 Gerenciar problemas com a qualidade dos dados (C)	Relatório da qualidade dos dados	Gestor de qualidade de dados Analistas de qualidade dos dados	Gestores do negócio Diretor DRM	Arquitetos de informação Especialistas no assunto
10.10 Limpar e corrigir defeitos na qualidade dos dados (O)	Relatórios de solução de problemas com a qualidade dos dados	Gestor da qualidade de dados Analistas de qualidade dos dados	Gestores do negócio Diretor DRM	Arquitetos de informação Especialistas no assunto
10.11 Projeto e implementação de procedimentos operacionais de DQM(D)	Procedimentos operacionais de DQM	Gestor de qualidade de dados Analistas da qualidade de dados	Gestores do negócio Diretor DRM	Arquitetos de informação Especialistas no assunto Conselho de gestores da qualidade dos dados

Atividades	Entregas	Papéis Responsáveis	Papéis de Aprovação	Papéis de Contribuição
10.12 Monitorar procedimentos e desempenhos operacionais de DQM (C)	Métricas operacionais de DQM	Gestor da qualidade dos dados Analistas de qualidade dos dados	Gestores do negócio Diretor DRM	Conselho de gestores da qualidade dos dados

A10 Padrões

A10.1 Leis de privacidade fora dos EUA

A10.2 Leis de privacidade dos EUA

A10.3 Regulamentos de segurança específicos da indústria e de privacidade

A10.4 Padrões

A10.1 LEIS DE PRIVACIDADE FORA DOS EUA

- **Argentina:** Personal Data Protection Act of 2000 (aka Habeas Data).
- **Austria:** Data Protection Act 2000, Austrian Federal Law Gazette Part I No. 165/1999 (DSG 2000).
- **Australia:** Privacy Act of 1988.
- **Brazil:** Privacy currently governed by Article 5 of the 1988 Constitution.
- **Canada:** The Private Act – July 1983, Personal Information Protection and Eletronic Data Act (PIPEDA) of 2000 (Bill C-6).
- **Chile:** Act on the Protection of Personal Data, August 1998.
- **Columbia:** No specific privacy law, but the Columbian constitution provides any person the right to update and access their personal information.
- **Czech Republic:** Act on Protection of Personal Data (April 2000) No 101.
- Denmark: Act on Processing of Personal Data. Act No. 429, May 2000.
- **Estonia:** Personal Data Protection Act, June 1996, Consolidated July 2002.
- **European Union:** Data Protection Directive of 1998.
- **European Union:** Internet Privacy Law of 2002 (DIRECTIVE 2002/58/EC).
- **Finland:** Act on the Amendment of the Personal Data Act (986) 2000.
- **France:** Data Protection of 1978 (revised in 2004)
- **Germany:** Federal Data Protection Act of 2001.
- **Greece:** Law No. 2472 on the Protection of Individuals with Regard to the
- Processing of Personal Data, April 1997.
- **Hong Kong:** Personal Data Ordinance (The "Ordinance").
- **Hungary:** Act LXIII of 1992 on the Protection of Personal Data and the Publicity of Data of Public Interests.
- **Iceland:** Act of Protection of Individuals: Processing Personal Data (Jan 2000).

- **Ireland:** Data Protection (Amendment) Act, Number 6 of 2003.
- **India:** Information Technology Act of 2000.
- **Italy:** Data Protection Code of 2003 Italy: Processing of Personal Data Act, Jan. 1997.
- **Japan:** Personal Information Protection Law (Act).
- **Japan:** Law for the Protection of Computer Processed Data Held by Administrative Organizations. December 1988.
- **Korea:** Act on Personal Information Protection of Public Agencies Act on Information and Communication Network Usage.
- **Latvia:** Personal Data Protection Law, March 23, 2000.
- **Lithuania:** Law on Legal Protection of Personal Data (June 1996)
- **Luxembourg:** Law of 2 August 2002 on the Protection of Persons with Regar to the Processing of Personal Data.
- **Malaysia:** Common Law principle of confidentiality Draft Personal data Protection Bill Banking and Financial Institutions Act of 1989 privacy provisions.
- **Malta:** Data Protection Act (Act XXVI of 2001), Amended March 22, 2002, November 15, 2002 and July 15, 2003.
- **New Zealand:** Privacy Act, May 1993; Privacy Amendment Act, 1993; Privacy Amendment Act, 1994.
- **Norway:** Personal Data Act (April 2000) – Act of 14 April 2000 No. 31 Relating to the Processing of Personal Data (Personal Data Act).
- **Philippines:** No general data protection law, but there is a recognized right of privacy in civil law.
- **Poland:** Act of the Protection of Personal Data (August 1997).
- **Singapore:** The E-commerce Code for the Protection of Personal Information and Communications of Consumers of Internet Commerce.
- **Slovak Republic:** Act No. 428 of 3 July 2002 on Personal Data Protection.
- **Slovenia:** Personal Data Protection Act, RS No. 55/99.
- **South Korea:** The Act on Promotion of Information and Communications Network Utilization and Data Protection of 2000.
- **Spain:** ORGANIC LAW 15/1999 of 13 December on the Protection of Personal Data.
- **Switzerland:** The Federal Law on Data Protection of 1992.
- **Sweden:** Personal Data Protection Act (1998:204), October 24, 1998.
- **Taiwan:** Computer Processed Personal data Protection Law – applies only to public institutions.
- **Thailand:** Official Information Act (1997) for state agencies (Personal data Protection bill under consideration).
- **Vietnam:** The Law on Eletronic Transactions (Draf: Finalized in 2006).

A10.2 LEIS DE PRIVACIDADE DOS EUA

- Americans with Disabilities Act (ADA).
- Cable Communications Policy Act of 1984 (Cable Act).
- California Senate Bill 1386 (SB 1386)

- Children´s Internet Protection Act of 2001 (CIPA).
- Children´s Online Privacy Protection Act of 1998 (COPPA).
- Communications Assistance for Law Enforcement Act of 1994 (CALEA).
- Computer Fraud and Abuse Act of 1986 (CFAA).
- Computer Security Act of 1987 – (Superseded by the Federal Information Security Management Act (FISMA)).
- Consumer Credit Reporting Reform Act of 1996 (CCRRA) – Modifies the Fair Credit Reporting Act (FCRA).
- Controlling the Assault of Non-Solicited Pornography and Marketing (CAN-SPAM) Act of 2003.
- Eletronic Funds Transfer ACT (EFTA).
- Fair and accurate Credit Transactions Act (FACTA) of 2003.
- Fair Credit Reporting Act.
- Federal Information Security Management Act (FISMA).
- Federal Trade Commission ACT (FTCA).
- Driver´s Privacy Protection Act of 1994.
- Eletronic Communications Privacy Act of 1986 (ECPA).
- Eletronic Freedom of Information Act of 1996 (E-FOIA).
- Fair Credit Reporting Act of 1999 (FCRA).
- Family Education Rights and Privacy Act of 1974 (FERPA: also known as the Buckley Amendment).
- Gramm-Leach-Bliley Financial Services Modernization Act of 1999 (GLBA).
- Privacy Act of 1974.
- Privacy Protection Act of 1980 (PPA).
- Right to Financial Privacy Act of 1978 (RFPA).
- Telecommunications Act of 1996.
- Telephone Consumer Protection Act of 1991 (TCPA).
- Uniting and Strengthening America by Providing Appropriate Tools Required to Intercept and Obstruct Terrorism Act of 2001 (USA PATRIOT Act).
- Video Privacy Protection Act of 1988.

A10.3 REGULAMENTOS DE SEGURANÇA ESPECÍFICOS DA INDÚSTRIA E DE PRIVACIDADE

- **Financial Services:** Gramm-Leach-Bliley Act (GLBA), PCI Data Security Standard.
- **Healthcare and Pharmaceuticals:** HIPAA (Health Insurance Portability and Accountability Act of 1996 and FDA 21 CFR Part 11.
- **Infrastructure and Energy:** FERC and NERC Cybersecurity Standards, the Chemical Sector Cyber Security Program and Customs-Trade Partnership against Terrorism (C-TPAT).
- **U.S. Federal Government:** FISMA and related NSA Guidelines and NIST Standards.
- CAN SPAM – Federal law regarding unsolicited electronic mail.

A10.4 PADRÕES

ANSI/EIA859 : Data Management.

AS 4390-1996 Records Management.

CAN-SPAM - Federal law regarding unsolicited electronic mail.

FCD 11179-2, Information technology—Specification and standardization of data elements - Part 2: Classification for data elements.

ISO 1087, Terminology—Vocabulary.

ISO 15489-1:2001 Records Management—Part 1: General.

ISO 2382-4:1987, Information processing systems—Vocabulary part 4.

ISO 2788:1986 Guidelines for the establishment and development of monolingual thesauri.

ISO 704:1987, Principles and methods of terminology.

ISO Standards Handbook 10, Data Processing—Vocabulary, 1982.

ISO/IEC 10241:1992, International Terminology Standards—Preparation and layout.

ISO/IEC 11179-3:1994, Information technology—Specification and standardization of data elements - Part 3: Basic attributes of data elements.

ISO/IEC 11179-4:1995, Information technology—Specification and standardization of data elements - Part 4: Rules and guidelines for the formulation of data definitions.

ISO/IEC 11179-5:1995, Information technology—Specification and standardization of data elements - Part 5: Naming and identification principles for data elements.

ISO/IEC 11179-6:1997, Information technology—Specification and standardization of data elements - Part 6: Registration of data elements.

ISO/TR 15489-2:2001 Records Management -- Part 2: Guidelines.

UK Public Record Office Approved Electronic Records Management Solution.

Victorian Electronic Records Strategy (VERS) Australia.

Adamson, Christopher and Michael Venerable. Data Warehouse Design Solutions. John Wiley & Sons, 1998. ISBN 0-471-25195-X. 544 pages.

Adamson, Christopher. Mastering Data Warehouse Aggregates: Solutions for Star Schema Performance. John Wiley & Sons, 2006. ISBN 0-471-77709-9. 345 pages.

Adelman, Sid and Larissa T. Moss. Data Warehouse Project Management. Addison-Wesley Professional, 2000. ISBN 0-201-61635-1. 448 pages.

Adelman, Sid and others. Impossible Data Warehouse Situations: Solutions from the Experts. Addison-Wesley, 2002. ISBN 0-201-76033-9. 432 pages.

Adelman, Sid, Larissa Moss, and Majid Abai. Data Strategy. Addison-Wesley, 2005. ISBN 0-321-24099-5. 384 pages.

Afyouni, Hassan A. Database Security and Auditing: Protecting Data Integrity and Accessibility. Course Technology, 2005. ISBN 0-619-21559-3.

Aiken, Peter and M. David Allen. XML in Data Management: Understanding and Applying Them Together. Morgan Kaufmann, 2004. ISBN 0-12-45599-4.

Alderman, Ellen and Caroline Kennedy. The Right to Privacy. 1997. Vintage, ISBN-10:0679744347, ISBN-13: 978-0679744344.

Ambler, Scott W. and Pramodkumar J. Sadalage. Refactoring Databases: Evolutionary Database Design. Addison-Wesley, 2006. ISBN 0-321-29353-3.

Ambler, Scott. Agile Database Techniques: Effective Strategies for the Agile Software Developer. Wiley & Sons, 2003. ISBN 0-471-20283-5.

Anderson, Ross J. Security Engineering: A Guide to Building Dependable Distributed Systems. Wiley, 2008. ISBN 0-470-06852-6.

Aspey, Len and Michael Middleton. Integrative Document & Content Management: Strategies for Exploiting Enterprise Knowledge. 2003. IGI Global, ISBN-10: 1591400554, ISBN-13: 978-1591400554.

Avison, David and Christine Cuthbertson. A Management Approach to Database Applications. McGraw Hill, 2002. ISBN 0-077-09782-3.

Axelrod, C. Warren. Outsourcing Information Security. Artech House, 2004. ISBN 0-58053-531-3.

Baca, Murtha, editor. Introduction to Metadata: Pathways to Digital Information. Getty Information Institute, 2000. ISBN 0-892-36533-1. 48 pages.

Barry, Douglas K. Web Services and Service-Oriented Architectures: The Savvy Manager's Guide. Morgan Kaufmann, 2003. ISBN 1-55860-906-7.

Batini, Carlo, and Monica Scannapieco. Data Quality: Concepts, Methodologies and Techniques. Springer, 2006. ISBN 3-540-33172-7. 262 pages.

Bean, James. XML for Data Architects: Designing for Reuse and Integration. Morgan Kaufmann, 2003. ISBN 1-558-60907-5. 250 pages.

Bearman, David. Electronic Evidence: Strategies for Managing Records in Contemporary Organizations. 1994. Archives and Museum Informatics. ISBN-10:1885626088, ISBN-13: 978-1885626080.

Benson, Robert J., Tom Bugnitz, and Bill Walton. From Business Strategy to IT Action: Right Decisions for a Better Bottom Line. John Wiley & Sons, 2004. ISBN 0-471-49191- 8. 309 pages.

Bernard, Scott A. An Introduction to Enterprise Architecture, 2nd Edition. Authorhouse, 2005. ISBN 1-420-88050-0. 351 pages.

Berson, Alex and Larry Dubov. Master Data Management and Customer Data Integration for a Global Enterprise. McGraw-Hill, 2007. ISBN 0-072-26349-0. 400 pages.

Biere, Mike. business intelligence for the Enterprise. IBM Press, 2003. ISBN 0-131-41303-1. 240 pages.

Bischoff, Joyce and Ted Alexander. Data Warehouse: Practical Advice from the Experts. Prentice-Hall, 1997. ISBN 0-135-77370-9. 428 pages.

Bloem, Jaap, Menno van Doorn, and Piyush Mittal. Making IT Governance Work in a Sarbanes-Oxley World. John Wiley & Sons, 2005. ISBN 0-471-74359-3. 304 pages.

Boddie, John. The Information Asset: Rational DP Funding and Other Radical Notions.

Prentice-Hall (Yourdon Press Computing Series), 1993. ISBN 0-134-57326-9. 174 pages.

Boiko, Bob. Content Management Bible. Wiley, 2004. ISBN-10: 0764573713, ISBN-13:978-07645737.

Brackett, Michael H. Data Resource Quality: Turning Bad Habits into Good Practices.Addison-Wesley, 2000. ISBN 0-201-71306-3. 384 pages.

Brackett, Michael H. Practical Data Design. Prentice Hall, 1990. ISBN 0-136-90827-6.

Brackett, Michael. Data Sharing Using A Common Data Architecture. New York: John Wiley & Sons, 1994. ISBN 0-471-30993-1. 478 pages.

Brackett, Michael. The Data Warehouse Challenge: Taming Data Chaos. New York: John Wiley & Sons, 1996. ISBN 0-471-12744-2. 579 pages.

Brathwaite, Ken S. Analysis, Design, and Implementation of Data Dictionaries. McGraw-Hill Inc., 1988. ISBN 0-07-007248-5. 214 pages.

Bruce, Thomas A. Designing Quality Databases with IDEF1X Information Models.

Dorset House, 1991. ISBN 10:0932633188. 584 pages.

Bryce, Milt and Tim Bryce. The IRM Revolution: Blueprint for the 21st Century. M.

Bryce Associates Inc., 1988. ISBN 0-962-11890-7. 255 pages.

Cabena, Peter, Hadjnian, Stadler, Verhees and Zanasi. Discovering Data Mining: From Concept to Implementation. Prentice Hall, 1997. ISBN-10: 0137439806.

Calder, Alan and Steve Watkins. IT Governance: A Manager's Guide to Data Security and BS 7799/ISO 17799, 3rd Edition. Kogan Page, 2005. ISBN 0-749-44414-2.

Carbone, Jane. IT Architecture Toolkit. Prentice Hall, 2004. ISBN 0-131-47379-4. 256 pages.

Carlis, John and Joseph Maguire. Mastering Data Modeling - A User-Driven Approach. Addison Wesley, 2000. ISBN 0-201-70045-X.

Caserta, Joe and Ralph Kimball. The Data Warehouse ETL Toolkit: Practical Techniques for Extracting, Cleaning, Conforming and Delivering Data. John Wiley & Sons, 2004. ISBN 0-764-56757-8. 525 pages.

Castano, Silvana, Maria Grazia Fugini, Giancarlo Martella, and Pierangela Samarati. Database Security. Addison-Wesley, 1995. ISBN 0-201-59375-0.

Celko, Joe. Joe Celko's SQL for Smarties: Advanced SQL Programming, 3 Edition. ISBN 10: 0123693799. 840 pages.

Celko, Joe. Joe Celko's Trees and Hierarchies in SQL for Smarties. Morgan Kaufmann, 2004. ISBN 1-558-60920-2.

Chisholm, Malcolm. How to Build a Business Rules Engine: Extending Application Functionality Through Metadata Engineering. Morgan Kaufmann, 2003. ISBN 1-558-60918-0.

Chisholm, Malcolm. Managing Reference Data in Enterprise Databases: Binding Corporate Data to the Wider World. Morgan Kaufmann, 2000. ISBN 1-558-60697-1. 389 pages.

Coad, Peter. Object Models: Strategies, Patterns And Applications, 2nd Edition. Prentice Hall PTR, 1996. ISBN 0-13-840117-9.

Collier, Ken. Executive Report business intelligence Advisory Service, Finding the Value in Metadata Management (Vol. 4, No. 1), 2004. Available only to Cutter Consortium Clients, http://www.cutter.com/bia/fulltext/reports/2004/01/index.html).

Cook, Melissa. Building Enterprise Information Architectures: Re-Engineering Information Systems. Prentice Hall, 1996. ISBN 0-134-40256-1. 224 pages.

Correy, Michael J. and Michael Abby. Oracle Data Warehousing: A Practical Guide to Successful Data Warehouse Analysis, Build and Roll-Out. TATA McGraw-Hill, 1997. ISBN 0-074-63069-5.

Covey, Stephen R. The 7 Habits of Highly Effective People. Free Press, 2004. ISBN 0743269519. 384 Pages.

Cox, Richard J. and David Wallace. Archives and the Public Good: Accountability and Records in Modern Society. 2002. Quorum Books, ISBN-10: 1567204694, ISBN-13: 978-1567204698.

Cox, Richard J. Managing Records as Evidence and Information. Quorum Books, 2000. ISBN 1-567-20241-4. 264 pages.

DAMA Chicago Chapter Standards Committee, editors. Guidelines to Implementing Data Resource Management, 4 Edition. Bellevue, WA: The Data Management Association (DAMA International®), 2002. ISBN 0-9676674-1-0. 359 pages.

Date, C. J. An Introduction to Database Systems, 8th Edition. Addison-Wesley, 2003. ISBN 0-321-19784-4.

Date, C. J. and Hugh Darwen. Databases, Types and the Relational Model: The Third Manifesto, 3rd Edition. Addison Wesley, 2006. ISBN 0-321-39942-0.

Date, C. J., What Not How: The Business Rules Approach To Application Development. Addison-Wesley, 2000. ISBN 0-201-70850-7.

Date, C. J., with Hugh Darwen. A Guide to the SQL Standard, 4th Edition. Addison-Wesley, 1997. ISBN 0-201-96426-0.

DeAngelis, Carla. Data Modeling with Erwin. Indiana: Sams Publishing, 2000. ISBN 0-672-31868-7.

Dearstyne, Bruce. Effective Approaches for Managing Electronic Records and Archives. 2006. The Scarecrow Press, Inc. ISBN-10: 0810857421, ISBN-13: 978-0810857421.

Delmater, Rhonda and Monte Hancock Jr. Data Mining Explained, A Manager's Guide to Customer-Centric business intelligence. Digital Press, Woburn, MA, 2001. ISBN 1-5555-8231-1.

Deming, W. Edwards. Out of the Crisis. The MIT Press, 2000. ISBN 0262541157. 507 pages.

Dennis, Jill Callahan. Privacy and Confidentiality of Health Information. Jossey-Bass, 2000. ISBN 0-787-95278-8. DM Review Magazine– www.dmreview.com. Note: www.dmreview.com is now www.information-management.com.

Dorsey, Paul. Enterprise Data Modeling Using UML. McGraw-Hill Osborne Media, 2007. ISBN 0-072-26374-1.

Dreibelbis, Allen, Eberhard Hechler, Ivan Milman, Martin Oberhofer, Paul van Run, and Dan Wolfson. Enterprise Master Data Management: An SOA Approach to Managing Core Information. IBM Press, 2008. ISBN 978-0-13-236625-0. 617 pages.

Dunham, Jeff. Database Performance Tuning Handbook. McGraw-Hill, 1998. ISBN 0-07-018244-2.

Durell, William R. Data Administration: A Practical Guide to Successful Data Management. New York: McGraw-Hill, 1985. ISBN 0-070-18391-0. 202 pages.

Dyche, Jill and Evan Levy. Customer Data Integration: Reaching a Single Version of the Truth. John Wiley & Sons, 2006. ISBN 0-471-91697-8. 320 pages.

Dyche, Jill. E-Data: Turning Data Into Information With Data Warehousing. Addison-Wesley, 2000. ISBN 0-201-65780-5. 384 pages.

Eckerson, Wayne W. Performance Dashboards: MEassuring, Monitoring, and Managing Your Business. Wiley, 2005. ISBN-10: 0471724173. 320 pages.

EIM Insight, published by The Enterprise Information Management Institute–http://eiminstitute.org.

Ellis, Judith, editor. Keeping Archives. Thorpe Bowker; 2 Sub edition. 2004. ISBN-10:1875589155, ISBN-13: 978-1875589159.

English, Larry. Improving Data Warehouse And Business Information Quality: Methods For Reducing Costs And Increasing Profits. John Wiley & Sons, 1999. ISBN 0-471-25383-9. 518 pages.

Entsminger, Gary. The Tao Of Objects. M & T Books, 1990. ISBN 1-55851-155-5. Erl, Thomas. Service-Oriented Architecture: A Field Guide to Integrating XML and Web Services. Prentice Hall, 2004. ISBN 0-131-42898-5.

Erl, Thomas. Service-Oriented Architecture: Concepts, Technology and Design. Prentice Hall, 2004. ISBN 0-131-85858-0.

Finkelstein, Clive and Peter Aiken. Building Corporate Portals with XML. McGraw-Hill, 1999. ISBN 10: 0079137059. 512 pages.

Finkelstein, Clive. An Introduction to Information Engineering: From Strategic Planning to Information Systems. Addison-Wesley, 1990. ISBN 0-201-41654-9.

Finkelstein, Clive. Enterprise Architecture for Integration: Rapid Delivery Methods and Techniques. Artech House Mobile Communications Library, 2006. ISBN 1-580-53713-8. 546 pages.

Finkelstein, Clive. Information Engineering: Strategic Systems Development. Addison-Wesley, 1993. ASIN B000XUA41C.

Firestone, Joseph M. Enterprise Information Portals and Knowledge Management. Butterworth-Heineman, 2002. ISBN 0-750-67474-1. 456 pages.

Fleming, Candace C. and Barbara Von Halle. The Handbook of Relational Database Design. Addison Wesley, 1989. ISBN 0-201-11434-8.

Gertz, Michael and Sushil Jajodia. Handbook of Database Security: Applications and Trends. Springer, 2007. ISBN 0-387-48532-5.

Gill, Harjinder S. and Prekash C. Rao. The Official Guide To Data Warehousing. Que, 1996. ISBN 0-789-70714-4. 382 pages.

Goldberg, Adele and Kenneth S, Rubin. Succeeding With Objects. Addison-Wesley, 1995. ISBN 0-201-62878-3.

Graham, Ian, Migrating To Object Technology. Addison-Wesley, 1995. ISBN 0-201-59389-0.

Hackathorn, Richard D. Enterprise Database Connectivity. Wiley Professional Computing, 1993. ISBN 0-4761-57802-9. 352 pages.

Hackney, Douglas. Understanding and Implementing Successful Data Marts. Addison Wesley, 1997. ISBN 0-201-18380-3. 464 pages.

Hagan, Paula J., ed. EABOK: Guide to the (Evolving) Enterprise Architecture Body of Knowledge. MITRE Corporation, 2004. 141 pages. A U.S. federally-funded guide to enterprise architecture in the context of legislative and strategic requirements.

Available for free download at http://www.mitre.org/work/tech_papers/tech_papers_04/04_0104/04_0104.pdf.

Halpin, Terry, Ken Evans, Pat Hallock, and Bill McLean. Database Modeling with Microsoft Visio for Enterprise Architects. Morgan Kaufmann, 2003. ISBN 1-558-60919-9.

Halpin, Terry. Information Modeling and Relational Databases: From Conceptual Analysis to Logical Design. Morgan Kaufmann, 2001. ISBN 1-558-60672-6.

Harrington, Jan L. Relational Database Design Clearly Explained, 2nd Edition. Morgan Kaufmann, 2002. ISBN 1-558-60820-6.

Hay, David C. Data Model Patterns: A Metadata Map. Morgan Kaufmann, 2006. ISBN: 0-120-88798-3. 432 pages.

Hay, David C. Data Model Patterns: Conventions of Thought. Dorset House Publishing 1996. ISBN 0-932633-29-3.

Hay, David C. Requirements Analysis From Business Views to Architecture. Prentice Hall, 2003. ISBN 0-120-28228-6. Henderson, Deborah, Tandum Lett, Anne Marie Smity, and Cora Zeeman.

Fit For Use to a Fault. The MIT 2008 Information Quality Industry Symposium (MIT 2008), Boston, Mass. July 2008.

Hernandez, Michael J. Database Design for Mere Mortals: A Hands-On Guide to Relational Database Design, 2nd Edition. Addison-Wesley, 2003. ISBN 0-201-75284-0.

Higgs, Edward. History and Electronic Artifacts. Oxford University Press, USA. 1998. ISBN-10: 0198236344, ISBN-13: 978-0198236344.

Hillmann, Diane I. and Elaine L. Westbrooks, editors. Metadata in Practice. American Library Association, 2004. ISBN 0-838-90882-9. 285 pages.

Hoberman, Steve. Data Modeling Made Simple: A Practical Guide for Business & Information Technology Professionals. Technics Publications, LLC, 2005. ISBN 0-977-14000-8.

Hoberman, Steve. The Data Modeler's Workbench. Tools and Techniques for Analysis and Design. John Wiley & Sons, 2001. ISBN 0-471-11175-9.

Hoffer, Jeffrey A., Joey F. George, and Joseph S. Valacich. Modern Systems Analysis and Design, 4th Edition. Prentice Hall, 2004. ISBN 0-131-45461-7.

Hoffer, Jeffrey, Mary Prescott, and Fred McFadden. Modern Database Management, 7th Edition. Prentice Hall, 2004. ISBN 0-131-45320-3. 736 pages.

Horrocks, Brian and Judy Moss. Practical Data Administration. Prentice-Hall International, 1993. ISBN 0-13-689696-0.

Howson, Cindi. The business intelligence Market. http://www.biscorecard.com/, Requires annual subscription to this website.

http//:www.fjc.gov/public/home.nsf/pages/196

http//:www.uscourts.gov/ruless/Ediscovery_w_Notes.pdf

http://www.fgdc.gov/metadata/geospatial-metadata-standards

http://www.olapcouncil.org/research/resrchly.htm

Huang, Kuan-Tsae, Yang W. Lee and Richard Y. Wang. Quality Information and Knowledge. Prentice Hall, 1999. ISBN 0-130-10141-9. 250 pages.

Humphrey, Watts S. Managing The Software Process. Addison Wesley, 1989. ISBN 0-201-18095-2.

Imhoff, Claudia, Lisa Loftis and Jonathan G. Geiger. Building the Customer-Centric Enterprise: Data Warehousing Techniques for Supporting Customer Relationship Management. John Wiley & Sons, 2001. ISBN 0-471-31981-3. 512 pages.

Imhoff, Claudia, Nicholas Galemmo and Jonathan G. Geiger. Mastering Data Warehouse Design: Relational and Dimensional Techniques. John Wiley & Sons, 2003. ISBN 0-471-32421-3. 456 pages.

Inmon, W. H. Advanced Topics in Information Engineering. John Wiley & Sons - QED, 1989. ISBN 0-894-35269-5.

Inmon, W. H. and Richard D. Hackathorn. Using the Data Warehouse. Wiley-QED, 1994. ISBN 0-471-05966-8. 305 pages.

Inmon, W. H. Building the Data Warehouse, 4th Edition. John Wiley & Sons, 2005. ISBN 0-764-59944-5. 543 pages.

Inmon, W. H. Building the Operational Data Store, 2nd edition. John Wiley & Sons, 1999. ISBN 0-471-32888-X. 336 pages.

Inmon, W. H. Information Engineering For The Practitioner. Prentice-Hall (Yourdon Press), 1988. ISBN 0-13-464579-0.

Inmon, W. H., Claudia Imhoff and Ryan Sousa. The Corporate Information Factory, 2nd edition. John Wiley & Sons, 2000. ISBN 0-471-39961-2. 400 pages.

Inmon, William H. and Anthony Nesavich,. Tapping into Unstructured Data: Integrating Unstructured Data and Textual Analytics into business intelligence.Prentice-Hall PTR, 2007. ISBN-10: 0132360292, ISBN-13: 978-0132360296.

Inmon, William H., Bonnie O'Neil and Lowell Fryman. Business Metadata: Capturing Enterprise Knowledge. 2008. Morgan Kaufmann ISBN 978-0-12-373726-7. 314 pages.

Inmon, William H., John A. Zachman and Jonathan G. Geiger. Data Stores, Data Warehousing and the Zachman Framework. McGraw-Hill, 1997. ISBN 0-070-31429-2. 358 pages.

IT Governance Institute. Control Objectives for Information and related Technology (CobiT). www.isaca.org/cobit©

Jacobson, Ivar, Maria Ericsson, and Agneta Jacobson. The Object Advantage. Addison-Wesley, 1995. ISBN 0-201-42289-1.

Jaquith, Andrew. Security Metrics: Replacing Fear, Uncertainty and Doubt. Addison-Wesley, 2007. ISBN 0-321-349998-9.

Jenkins, Tom, David Glazer, and Hartmut Schaper. Enterprise Content Management Technology: What You Need to Know, 2004. Open Text Corporation, ISBN-10:0973066253, ISBN-13: 978-0973066258.

Karpuk, Deborah. Metadata: From Resource Discovery to Knowledge Management. Libraries Unlimited, 2007. ISBN 1-591-58070-6. 275 pages.

Kent, William. Data and Reality: Basic Assumptions in Data Processing Reconsidered. Authorhouse, 2000. ISBN 1-585-00970-9. 276 pages.

Kepner, Charles H. and Benjamin B. Tregoe. The New Rational Manager. Princeton Research Press, 1981. 224 pages.

Kerr, James M. The IRM Imperative. John Wiley & Sons, 1991. ISBN 0-471-52434-4.

Kimball, Ralph and Margy Ross. The Data Warehouse Toolkit: The Complete Guide to Dimensional Modeling, 2nd edition. New York: John Wiley & Sons, 2002. ISBN 0-471-20024-7. 464 pages.

Kimball, Ralph and Richard Merz. The Data Webhouse Toolkit: Building the Web-Enabled Data Warehouse. John Wiley & Sons, 2000. ISBN 0-471-37680-9. 416 pages.

Kimball, Ralph, Laura Reeves, Margy Ross and Warren Thornwaite. The Data Warehouse Lifecycle Toolkit: Expert Methods for Designing, Developing and Deploying Data Warehouses. John Wiley & Sons, 1998. ISBN 0-471-25547-5. 800 pages.

Kline, Kevin, with Daniel Kline. SQL in a Nutshell. O'Reilly, 2001. ISBN 0-471-16518-2. Kroenke, D. M. Database Processing: Fundamentals, Design, and Implementation, 10th Edition. Pearson Prentice Hall, 2005. ISBN 0-131-67626-3. 696 pages.

Krogstie, John, Terry Halpin, and Keng Siau, editors. Information Modeling Methods and Methodologies: Advanced Topics in Database Research. Idea Group Publishing, 2005. ISBN 1-591-40375-8.

Landoll, Douglas J. The Security Risk Assessment Handbook: A Complete Guide for Performing Security Risk Assessments. CRC, 2005. ISBN 0-849-32998-1.

Lankhorst, Marc. Enterprise Architecture at Work: Modeling, Communication and Analysis. Springer, 2005. ISBN 3-540-24371-2. 334 pages.

Litchfield, David, Chris Anley, John Heasman, and Bill Frindlay. The Database Hacker's Handbook: Defending Database Servers. Wiley, 2005. ISBN 0-764-57801-4.

Liu, Jia. Metadata and Its Applications in the Digital Library. Libraries Unlimited, 2007. ISBN 1-291-58306-6. 250 pages.

Loshin, David. Enterprise Knowledge Management: The Data Quality Approach. Morgan Kaufmann, 2001. ISBN 0-124-55840-2. 494 pages.

Loshin, David. Master Data Management. Morgan Kaufmann, 2008. ISBN 980-12-374225-4. 274 pages.

Loshin, David. Master Data Management. Morgan Kaufmann, 2009. ISBN:0123742250.288 pages.

Lutchen, Mark. Managing IT as a Business: A Survival Guide for CEOs. John Wiley & Sons, 2003. ISBN 0-471-47104-6. 256 pages.

Maizlish, Bryan and Robert Handler. IT Portfolio Management Step-By-Step: Unlocking the Business Value of Technology. John Wiley & Sons, 2005. ISBN 0-471-64984-8. 400 pages.

Malik, Shadan. Enterprise Dashboards: Design and Best Practices for IT. Wiley, 2005. ISBN 0471738069. 240 pages.

Marco, David and Michael Jennings. Universal Meta Data Models. John Wiley & Sons, 2004. ISBN 0-471-08177-9. 478 pages.

Marco, David, Building and Managing the Meta Data Repository: A Full Life-Cycle Guide. John Wiley & Sons, 2000. ISBN 0-471-35523-2. 416 pages.

Martin, James and Joe Leben. Strategic Data Planning Methodologies, 2nd Edition. Prentice Hall, 1989. ISBN 0-13-850538-1. 328 pages.

Martin, James. Information Engineering Book 1: Introduction. Prentice-Hall, 1989. ISBN 0-13-464462-X. Also see Book 2: Analysis and Design and Book 3: Design and Construction.

Martin, James. Information Engineering Book II: Planning and Analysis. Prentice-Hall, Inc., 1990. Englewoood Cliffs, New Jersey.

Mattison, Rob, Web Warehousing & Knowledge Management. McGraw Hill, 1999. ISBN 0-070-41103-4. 576 pages.

Mattison, Rob. Understanding Database Management Systems, 2nd Edition. McGraw-Hill, 1998. ISBN 0-07-049999-3. 665 pages.

Maydanchik, Arkady. Data Quality Assessment. Technics Publications, LLC, 2007, ISBN 0977140024. 336 pages.

McComb, Dave. Semantics in Business Systems: The Savvy Manager's Guide. The Discipline Underlying Web Services, Business Rules and the Semantic Web. San Francisco, CA: Morgan Kaufmann Publishers, 2004. ISBN: 1-55860-917-2.

McGilvray, Danette. Executing Data Quality Projects: Ten Steps to Quality Data and Trusted Information. Morgan Kaufmann, 2008. ISBN 0123743699. 352 pages.

Melton, Jim and Stephen Buxton. Querying XML: XQuery, XPath and SQL/XML in Context. Morgan Kaufmann, 2006. ISBN 1-558-60711-0.

Mena, Jesus, Data Mining Your Website, Digital Press, Woburn, MA, 1999, ISBN 1-5555-8222- 2.

Morgan, Tony. Business Rules and Information Systems: Aligning IT with Business Goals. Addison-Wesley, 2002. ISBN 0-201-74391-4.

Morris, Henry. Analytic Applications and Business Performance Management. DM Review Magazine, March, 1999. www.dmreview.com. Note: www.dmreview.com is now www.information-management.com.

Moss, Larissa T. and Shaku Atre. business intelligence Roadmap: The Complete Project Lifecycle for Decision-Support Applications. Addison-Wesley, 2003. ISBN 0-201-78420-3. 576 pages.

Muller, Robert. J. Database Design for Smarties: Using UML for Data Modeling. San Francisco, CA, USA, Morgan Kaufmann, 1999. ISBN 1-558-60515-0.

Mullins, Craig S. Database Administration: The Complete Guide to Practices and Procedures. Addison-Wesley, 2002. ISBN 0-201-74129-6. 736 pages.

National Information Standards Association (NISO), ANSI/NISO Z39.19-2005: Guidelines for the Construction, Format, and Management of Monolingual Controlled Vocabularies. 2005. 172 pages. www.niso.org.

Newton, Judith J. and Daniel Wahl, editors. Manual For Data Administration. Washington, DC: GPO, NIST Special Publications 500-208, Diane Publishing Co., 1993. ISBN 1-568-06362-8.

Olson, Jack E. Data Quality: The Accuracy Dimension. Morgan Kaufmann, 2003. ISBN:1-558-60891-5. 294 pages.

Parsaye, Kamran and Mark Chignell. Intelligent Database Tools and Applications: Hyperinformation Access, Data Quality, Visualization, Automatic Discovery. John Wiley & Sons, 1993. ISBN 0-471-57066-4. 560 pages.

Pascal, Fabian, Practical Issues In Database Management: A Reference For The Thinking Practitioner. Addison-Wesley, 2000. ISBN 0-201-48555-9. 288 pages.

Peltier, Thomas R. Information Security Policies and Procedures: A Practitioner's Reference, 2nd Edition. Auerbach, 2004. ISBN 0-849-31958-7.

Perks, Col and Tony Beveridge. Guide to Enterprise IT Architecture. Springer, 2002. ISBN 0-387-95132-6. 480 pages.

Piedad, Floyd, and Michael Hawkins. High Availability: Design, Techniques and Processes. Prentice Hall, 2001. ISBN 0-13-096288-0.

Poe, Vidette, Patricia Klauer and Stephen Brobst. Building A Data Warehouse for Decision Support, 2nd edition. Prentice-Hall, 1997. ISBN 0-137-69639-6. 285 pages.

Ponniah, Paulraj. Data Warehousing Fundamentals: A Comprehensive Guide for IT Professionals. John Wiley & Sons – Interscience, 2001. ISBN 0-471-41254-6. 528 pages.

Poole, John, Dan Change, Douglas Tolbert and David Mellor. Common Warehouse Metamodel: An Introduction to the Standard for Data Warehouse Integration. John.

Wiley & Sons, 2001. ISBN 0-471-20052-2. 208 pages. Poole, John, Dan Change, Douglas Tolbert and David Mellor. Common Warehouse.

Metamodel Developer's Guide. John Wiley & Sons, 2003. ISBN 0-471-20243-6. 704 pages.

Purba, Sanjiv, editor. Data Management Handbook, 3rd Edition. Auerbach, 1999. ISBN 0-849-39832-0. 1048 pages.

Redman, Thomas. Data Quality: The Field Guide. Digital Press, 2001. ISBN 1-555-59251-6. 256 pages.

Reingruber, Michael. C. and William W. Gregory. The Data Modeling Handbook: A Best-Practice Approach to Building Quality Data Models. John Wiley & Sons, 1994. ISBN 0-471-05290-6.

Riordan, Rebecca M. Designing Effective Database Systems. Addison-Wesley, 2005. ISBN 0-321-20903-3.

Rob, Peter, and Carlos Coronel. Database Systems: Design, Implementation, and Management, 7th Edition. Course Technology, 2006. ISBN 1-418-83593-5. 688 pages.

Robek. Information and Records Management: Document-Based Information Systems. Career Education; 4th edition. 1995. ISBN-10: 0028017935.

Ross, Jeanne W., Peter Weill, and David Robertson. Enterprise Architecture As Strategy: Creating a Foundation For Business Execution. Harvard Business School Press, 2006. ISBN 1-591-39839-8. 288 pages.

Ross, Ronald G. Business Rules Concepts, 2nd Edition. Business Rule Solutions, 2005. ISBN 0-941-04906-X.

Ross, Ronald G. Principles of the Business Rule Approach. Addison-Wesley, 2003. ISBN:0-201-78893-4.

Ross, Ronald. Data Dictionaries And Data Administration: Concepts and Practices for Data Resource Management. New York: AMACOM Books, 1981. ISN 0-814-45596-4. 454 pages.

Rud, Olivia Parr. Data Mining Cookbook: Modeling Data for Marketing, Risk and Customer Relationship Management. John Wiley & Sons, 2000. ISBN 0-471-38564-6. 367 pages.

Schekkerman, Jaap. How to Survive in the Jungle of Enterprise Architecture.

Frameworks: Creating or Choosing an Enterprise Architecture Framework. Trafford, 2006. 224 pages. ISBN 1-412-01607-X.

Schmidt, Bob. Data Modeling for Information Professionals. Prentice Hall, 1999. ISBN:0-13-080450-9.

SearchDataManagement.com white paper library–http://go.techtarget.com/r/3762877/5626178.

Shostack, Adam and Andrew Stewart. The New School of Information Security. Addison-Wesley, 2008. ISBN 0-321-50278-7.

Silverston, Len. The Data Model Resource Book, Volume 1: A Library of Universal Data Models for All Enterprises, 2nd Edition, John Wiley & Sons, 2001. ISBN 0-471-38023-7.

Silverston, Len. The Data Model Resource Book, Volume 2: A Library of Data Models for Specific Industries, 2nd Edition. John Wiley & Sons, 2001. ISBN 0-471-35348-5.

Simsion, Graeme C. and Graham C. Witt. Data Modeling Essentials, 3rd Edition. Morgan Kaufmann, 2005. ISBN 0-126-44551-6.

Spewak, Steven and Steven C. Hill, Enterprise Architecture Planning. John Wiley & Sons - QED, 1993. ISBN 0-471-59985-9. 367 pages.

Sutton, Michael J. D. Document Management for the Enterprise: Principles, Techniques, and Applications. Wiley, 1996, ISBN-10: 0471147192, ISBN-13: 978-0471147190.

Tannenbaum, Adrienne. Implementing a Corporate Repository, John Wiley & Sons, 1994. ISBN 0-471-58537-8. 441 pages.

Tannenbaum, Adrienne. Metadata Solutions: Using Metamodels, Repositories, XML, And Enterprise Portals to Generate Information on Demand. Addison Wesley, 2001. ISBN 0-201-71976-2. 528 pages.

Taylor, David. Business Engineering With Object Technology. New York: John Wiley 1995. ISBN 0-471-04521-7.

Taylor, David. Object Oriented Technology: A Manager's Guide. Reading, MA: Addison-Wesley, 1990. ISBN 0-201-56358-4.

Teorey, Toby, Sam Lightstone, and Tom Nadeau. Database Modeling and Design, 4th Edition. Morgan Kaufmann, 2006. ISBN 1-558-60500-2.

Thalheim, Bernhard. Entity-Relationship Modeling: Foundations of Database Technology. Springer, 2000. ISBN 3-540-65470-4.

The Data Administration Newsletter (TDAN)– http://www.TDAN.com.

The Open Group, TOGAF: The Open Group Architecture Framework, Version 8.1 Enterprise Edition. The Open Group. (www.opengroup.org). ISBN 1-93-16245-6. 491 pages.

Thomas, Gwen. Alpha Males and Data Disasters: The Case for Data Governance. Brass Cannon Press, 2006. ISBN-10: 0-978-6579-0-X. 221 pages.

Thomsen, Erik. OLAP Solutions: Building Multidimensional Information Systems, 2nd edition. Wiley, 2002. ISBN-10: 0471400300. 688 pages.

Thuraisingham, Bhavani. Database and Applications Security: Integrating Information Security and Data Management. Auerbac Publications, 2005. ISN 0-849-32224-3.

Van der Lans, Rick F. Introduction to SQL: Mastering the Relational Database Language, 4th Edition. Addison-Wesley, 2006. ISBN 0-321-30596-5.

Van Grembergen, Wim and Steven Dehaes. Enterprise Governance of Information Technology: Achieving Strategic Alignment and Value. Springer, 2009. ISBN 0-387-84881-5, 360 pages.

Van Grembergen, Wim and Steven Dehaes. Implementing Information Technology Governance: Models, Practices and Cases. IGI Publishing, 2007. ISBN 1-599-04924-3, 255 pages.

Van Grembergen, Wim and Steven Dehaes. Strategies for Information Technology Governance. IGI Publishing, 2003. ISBN 1-591-40284-0. 406 pages.

Vitt, Elizabeth, Michael Luckevich and Stacia Misner. business intelligence. Microsoft Press, 2008. ISBN 073562660X. 220 pages.

Von Halle, Barbara. Business Rules Applied: Building Better Systems Using the Business Rules Approach. John Wiley & Sons, 2001. ISBN 0-471-41293-7.

Watson, Richard T. Data Management: Databases And Organization, 5th Edition. John Wiley & Sons, 2005. ISBN 0-471-71536-0.

Weill, Peter and Jeanne Ross. IT Governance: How Top Performers Manage IT Decision Rights for Superior Results. Harvard Business School Press, 2004. ISBN 1-291-39253-5. 288 pages.

Wellheiser, Johanna and John Barton. An Ounce of Prevention: Integrated Disaster Planning for Archives, Libraries and Records Centers. Canadian Library Assn. 1987. ISBN-10: 0969204108, ISBN-13: 978-0969204107.

Wertz, Charles J. The Data Dictionary: Concepts and Uses, 2nd edition. John Wiley & Sons, 1993. ISBN 0-471-60308-2. 390 pages.

Westerman, Paul. Data Warehousing: Using the Wal-Mart Model. Morgan Kaufman, 2000. ISBN 155860684X. 297 pages.

Whitman, Michael R. and Herbert H. Mattord. Principles of Information Security, Third Edition. Course Technology, 2007. ISBN 1-423-90177-0.

Wirfs-Brock, Rebecca, Brian Wilkerson, and Lauren Wiener. Designing Object-Oriented Software. NJ: Prentice Hall, 1990. ISBN 0-13-629825-7.

Wremble, Robert and Christian Koncilia. Data Warehouses and Olap: Concepts, Architectures and Solutions. IGI Global, 2006. ISBN: 1599043645. 332 pages.

Zachman, John A. A Framework for Information Systems Architecture, IBM Systems Journal, Vol. 26 No. 3 1987, pages 276 to 292. IBM Publication G321-5298. Also available in a special issue of the IBM Systems Journal, Turning Points in Computing: 1962-1999, IBM Publication G321-0135, pages 454 to 470 http://researchweb.watson.ibm.com/journal/sj/382/zachman.pdf.

Zachman, John A. and John F. Sowa,. Extending and Formalizing the Framework for Information Systems Architecture, IBM Systems Journal. Vol. 31 No. 3 1992, pages 590 – 616. IBM Publication G321-5488.

Zachman, John A. The Zachman Framework: A Primer for Enterprise Engineering and Manufacturing. Metadata Systems Software Inc., Toronto, Canada. eBook available only in electronic form from www.ZachmanInternational.com.

Zachman, John. A Concise Definition of the Enterprise Framework. Zachman International, 2008. Article in electronic form available for free download at http://www.zachmaninternational.com/index.php/home-article/13#thezf.

www.ingramcontent.com/pod-product-compliance
Lightning Source LLC
Chambersburg PA
CBHW081800200326
41597CB00023B/4095